Japan's National Security Strategy

日本国家安全保障战略研究

李秀石◎著

时 事 出 版 社

前　言

著者研究日本国家安全保障战略的大部分资料是日本首相官邸、内阁府、防卫省、外务省等官网公布的法律，有法律约束力的政府文件及出版物，参议院的调查报告，历届首相的咨询机构及经团联等民间团体提交的政策研究报告。通过实证研究大量的第一手资料，力求判断全面、准确。

著者对日本安全与外交领域的探索，经历了“去粗取精，去伪存真，由此及彼，由表及里”（毛泽东：《实践论》）的认识过程。此著的基础研究如下：

（1）安倍内阁“重启”日本宇宙战略——从和平研发技术到“军事利用”宇宙的演变，《国际观察》2015 年 1 期。

（2）试论日本对东盟的安全合作政策，《日本学刊》2014 年 2 期。

（3）试析日本在太平洋和印度洋的战略扩张——从“反海盗”到“保卫”两洋海上通道，《国际观察》2014 年 2 期，人大复印报刊资料《国际政治》2014 年 5 期全文转载。

（4）日本海洋战略的内涵与推进体制——兼论中日钓鱼岛争端激化的深层原因，《日本学刊》2013 年 3 期，人大复印报刊资料《国际政治》2013 年 10 期全文转载，获“2014 年《日本学刊》优秀论文隅谷奖二等奖”。

（5）解析日本“动态遏制”战略，《国际观察》2012 年 2 期。

（6）日本海洋战略凸显战略野心，《人民论坛》2012 年 10 月总第 380 期。

（7）日本海洋战略对中国的影响与挑战，《学术前沿》2012 年 7 月总第 6 期。

（8）日本“离岛”立法对中日关系的影响与挑战，《日本学刊》2011 年 4 期。

（9）解析日本的东亚外交——从鸠山到菅直人的东亚合作政策，《国际展望》2011 年 3 期。

（10）解读麻生内阁“新日本安全保障战略”，《日本蓝皮书 2010》社会科学文献出版社 2010 年版。

（11）马英九上台后的日本对台政策，《日本学刊》2010 年 5 期，人大复印报刊资料《中国外交》2011 年 1 期全文转载，获全国台湾研究会“2011 年度台湾研究优秀论文三等奖”。

（12）日韩关系的现状及其走势，《国际观察》2009 年 2 期，人大复印报刊资料《国际政治》2009 年 6 期全文转载。

（13）试析日本亚太外交战略，《现代国际关系》2009 年 1 期。

（14）解读日本“新福田主义”，《国际问题论坛》2008 年秋季号。

（15）中日关系中的台湾问题——稳定性、复杂性、不确定性及潜在危机，《日本学刊》2008 年 4 期。

（16）解析日本“资源外交”，《世界经济研究》2007 年 11 期。

（17）日本新保守主义对外战略初探，《国际问题论坛》2007 年秋季号。

（18）论中日复交前日本的“两个中国”政策——对中日关系现实的启示，《日本学刊》2006 年 1 期，获“中华日本学会 2005—2006 年度《日本学刊》优秀论文三等奖”。

（19）论日本“和平国家”性质的演化，《现代国际关系》2005 年 2 期，人大复印报刊资料《国际政治》2005 年 5 期全文转载。

（20）日本国防转型与“中国军事威胁”，《社会观察》2004 年 11 期。

（21）论日美军事同盟与日本军事战略的外向转变，《面向亚太》2004 年 12 期。

（22）“行使集体自卫权”与日本防卫转向，《现代国际关系》2003 年 6 期，人大复印报刊资料《国际政治》2003 年 10 期全文转载。

（23）日本政治危机因素及其对中日关系的影响，《世界经济研究》2003 年 4 期。

（24）日美安保体制与日本军事走向，《国际关系与东亚安全》天津人民出版社 2001 年版。

（25）日美安保体制十年变迁，《欧亚观察》1999 年 3—4 期，2000 年 1 期连载。

《日本国家安全保障战略研究》是著者在这一探索过程的第三部学术专著，论证了鸠山、菅直人、野田及安倍政府的防务和外交战略，重点阐述了日本积极配合美国战略东移插手南海争议，在东南亚合纵连横构建“亚太安全保障合作框架”；制定并实施海洋战略，“国有化”中国钓鱼岛及其附属岛屿，推进两洋战略扩张；重启宇宙战略，强化军事，利用宇宙空间等重大问题。安倍第二次内阁改变此前按部门分领域制定战略的决策模式，完成日本国家安全保障战略的顶层设计，是著者最重视的研究课题。此书不仅揭示了安倍政府以应对中国“夺岛”为纲，全面推进强军备战的战略安排，而且论证了日本最高决策体制及决策机制的变化，及其对中日关系、中国周边安全及亚太地区安全形势的影响。日美军事同盟是历届政府的最重要的防务政策之一，为便于读者了解民主党政府与自民党政府的政策异同，没有将这部分内容剥离出来单独阐述。著者从日本防卫战略、“新海洋立国”战略和宇宙战略的发展变化，验证了民主党政府与自民党政府在同一战略轨道上的政策连续性。

此书是著者1995年结束留日学业归国，从研究日本近现代史转为研究当代日本后取得的第三个主要科研成果——完成了研究日本安全与外交的“三部曲”。第一部专著是《日本新保守主义战略研究》，主要阐述了从2001年执政的小泉纯一郎、安倍晋三（第一次内阁）、福田康夫、麻生太郎四届日本自民党政府的防务与外交战略，同时考察了21世纪日本的新保守主义政治家与20世纪日本保守主义政治家之间的思想联系及其异同。第三部专著的研究对象为鸠山由纪夫、菅直人、野田佳彦三届民主党内阁、第二次安倍内阁及第三次安倍内阁。第三部与第一部是“姊妹篇”，覆盖了21世纪日本的安全与外交领域。第二部专著《日本教科书问题剖析1868～2012》，从日本国内意识形态斗争的角度对上述两部专著的研究对象加以补全，从日本近现代政治的“晴雨表”——日本教科书问题切入，关于日本政治斗争及政治思想的演变追根溯源深入研究，对当代日本历史修正主义的组织结构和社会活动，特别是21世纪日本自民党首相的思想脉络及其在党内外的政治活动展开实证研究，再现了安倍晋三等人通过否定日本对外侵略历史的“捷径”接近权力顶峰的政治足迹，同时也刻画了日本各界民间团体及个人在近现代史上、在当代，反对篡改历史维护和平民主的正义斗争。

三部学术专著合计百余万字，其基础科研成果有数倍之多。这些著述从不同角度阐释了当代日本政治、安全、外交、意识形态的“进化”及其对中日关系的影响。著者衷心希望，多年的笔耕劳作能为实现中华民族的伟大复兴事业贡献绵薄之力。

谨向时事出版社副社长苏绣芳、编辑付鹏两位同志表示深深的谢意！

著　者

目　录

第一部　日本防卫战略篇

第二部　日本海洋战略篇

第三部　日本重返东南亚篇

第四部 日本宣示国家安全保障战略

第一部　日本防卫战略篇

第一章 鸠山内阁的外交与安全政策

按照惯例，麻生内阁应该在2009年末修订指导今后5年军力建设的政策文件——《防卫计划大纲》。2009年1月，麻生首相设立了私人咨询机构“安全保障与防卫力量恳谈会”（麻生恳谈会）。在召开了12次研讨会、3次视察陆海空自卫队基地的基础上，“麻生恳谈会”汲取了小泉和安倍（第一次安倍内阁）首相咨询机构的研究成果，参考福田首相“外交政策学习会”的讨论意见，于8月4日向麻生首相提交了《“安全保障和防卫力量恳谈会”报告》（即《麻生恳谈会报告》），阐述日本国家安全保障战略设想。[①] 一个月后，民主党在众议院大选中大获全胜，把长期占据日本主要执政党地位的自民党赶下了台。

第一节 鸠山内阁的安全战略设想

鸠山由纪夫首相上台后表示“全面修改防卫政策”，决定延期一年制定新《防卫计划大纲》，实际上把按照2007年安倍内阁通过的《海洋基本法》的规定，构建“海洋法制”作为当务之急。直至2010年2月16日，鸠山内阁才确定“新时代安全保障

---

① 「『安全保障と防衛力に関する懇談会』報告書」（2009年8月）、http：//www. 9joren.net/9jou-now/9jou-now（18）. htm。

与防卫力量恳谈会”（“鸠山恳谈会”）的成员。经内阁官房长官平野博文建议，京阪电气铁道股份公司 CEO 代表、董事会主席佐藤茂雄担任了恳谈会的主席，代理主席由独立行政法人日本贸易振兴机构亚洲经济研究所的所长白石隆担任。恳谈会共有 5 位委员：庆应大学法学部教授添谷芳秀，三井住友海上火灾保险股份公司顾问（原防卫事务次官）伊藤康成，日立制作所顾问、前防卫省统合幕僚长（参谋长联合会议主席）斋藤隆担任“专门委员”，“麻生恳谈会”的两位成员京都大学教授中西宽、前驻美大使加藤良三留任，分别担任委员和“专门委员”。至 2010 年 5 月 8 日，“鸠山恳谈会”共举行了 8 次会议，讨论修订新《防卫计划大纲》的方针政策，内阁官房负责整理讨论会的主要观点。一个月后，鸠山首相辞职，恳谈会的讨论纪要成为“鸠山恳谈会”的最终成果。

“鸠山恳谈会”试图从民主党的一贯立场出发修订防卫政策。鸠山首相在出席恳谈会的第一次讨论会时指出：民主党新政府将重新讨论修订《防卫计划大纲》的重要性，有必要从“继承”与“变化”两个角度重新审视日本的防卫体制。“鸠山恳谈会”成员多次讨论研究的主要问题，反映了鸠山首相拟定新《防卫计划大纲》的基本思路。

首先，恳谈会评估了国际安全形势，认为全球安全环境发生了重要变化：一是随着新兴国家的崛起，美国改变了在军事、政治和经济方面的影响力；二是应对宇宙和网络空间的威胁越来越重要，日本对网络领域的威胁认识不足。地区安全环境面临以下主要课题：第一，需要健全遏制并且能够应对朝鲜发射弹道导弹的态势；第二，中国呈现出生率下降的倾向，今后不可能保持军费增长的势头，有必要思考中国今后的发展道路；第三，虽然俄罗斯在远东地区的军队与冷战时相比维持在较低水平上，但训练活动频繁，仍然需要关注；第四，应该关注东盟和印度等国对地区安全保障环境的影响。[①]

其次，关于日本今后的防卫政策，有意见认为，不应仅仅限于防卫领域，应该就日本的安全保障战略进行广泛的讨论，确定防卫力量的应有地位。特别是此前美国发表了四年一次的《战略评估报告》（QDR），应在充分讨论日本安全保障战略的基础上，思考如何将《防卫计划大纲》与 QDR 衔接起来的问题。[②] 这种意见认为，日本需要跟随美国“重返”亚太的步伐，调整日本的防卫战略，制定能够与美国的新军事战略对接的安全保障战略。还有委员主张，应该集中讨论“安全保障战略与防卫力量的关系”，必须从更高的角度来思考安全保障战略，否则不能引导防卫力量发挥其应有的作用。因而需要在广泛讨论安全保障战略的过程中思考防卫力量的作用。“鸠山恳谈会”成员的上述讨论内容证明，即使在与自民党势不两立的民主党执政时期，在首相咨询机构中仍然存在日本应该配合美国“重返亚太”调整日本防卫战略的主张。显然，这种意见与鸠山首相的政治理想相距甚远。

根据对全球及地区安全环境的判断，“鸠山恳谈会”主要讨论了以下 5 个课题：

1. 日本与同盟国的合作：需要仔细梳理“日美同盟”、“日美安保条约”、“日美安全保障体制”的起源，找出日本对美国保持“相对优势”之处进一步加强。从本质上看，“日美同盟”是以“日美安保条约”、“日美安保体制”为核心的广泛的日美合作关系的整体。日本自卫队在迄今为止的日美防卫合作中，主要在日本周边发挥“传统作用”。考虑到日美同盟的将来，应对

---

① 首相官邸：「新たな時代の安全保障と防衛力に関する懇談会（第 8 回）議事要旨」（平成 22 年 5 月 28 日）、www. kantei. go. jp/jp/singi/shin-ampobouei2010/dai8/gijiyousi. pdf。

② 首相官邸：「新たな時代の安全保障と防衛力に関する懇談会（第 1 回）議事要旨」（平成 22 年 2 月 18 日）、www. kantei. go. jp/jp/singi/shin-ampobouei2010/dai1/gijiyousi. pdf。

全球性课题的“非传统作用”越来越重要，因此需要考虑如何发挥传统与非传统作用，以及如何在这两个领域分配日本资源的问题。

2. 日本与地区合作：（1）思考日本与邻国之间的合作关系要与美国影响政治和经济的力量变化相联系。（2）日韩之间是否存在新的安全保障合作的可能性。（3）能否与中国关于应对恐怖主义这类国际社会的共同课题进行合作。（4）应该为亚太地区的自然灾害作出贡献。

3. 今后日本的方向是加强“多层次的防卫交流和安全保障合作”：（1）中南美和非洲等偏远地区的问题大多与日本安保有关，“有必要一面思考‘到哪为止、与何种国家、怎样合作’的问题，一面采取应对措施”。（2）关于国际公共产品，是否能够以“确保日本周边”的方式作出贡献。在“多层次的防卫交流和安全保障合作”上，日本应着眼于应对“国际社会的共同课题”的国际合作、交流及对话，认清国际合作主体多样化的趋势，尤其要关注政府与民间、政府与非政府组织（NGO）的合作。因此，恳谈会建议，日本应该采取以下举措：（1）迄今日本在全球发挥作用的方式是，以出动自卫队和提供政府开发援助（ODA）为中心，今后必须考虑通过位于自卫队与政府开发援助中间的协调机构进行合作的问题；（2）不仅日本的防务部门参加国际合作，也应该要求包括海上保安厅在内的警察、检察及法院等司法部门联手参加国际合作，“在这个意义上，不必担心关于行使武力的限制问题，日本还有许多可以开展国际合作的领域”；（3）在网络安全领域内，需要更多地进行国际合作与国际协调。

4. 日本今后的安全保障战略：必须在考虑陆地、海洋和空中防御的同时，考虑包括宇宙和网络空间在内的、对国际公共财产的威胁及其防御问题。[①] 关于日本自卫队将来的体制，既有以日美同盟为前提的部分，也有日本应该“自助”的部分，有必要思考日美各自的作用及其相互关系。在人员编制和财政预算严峻的状况下，必须妥善分配自卫队有限的资源，“思考自卫队的地理分布和运用态势”，加强搜集情报的功能和保密措施。恳谈会提出，应该重新讨论此前三个《防卫计划大纲》继承下来的“建设基础防卫力量的设想”。

5. “完善安全保障与防卫力量基础”：有关这个课题的讨论围绕人员、防卫生产和防卫技术的基础展开，强调日本财政窘境，要求进一步实行合理化。另一方面，恳谈会成员对日本产业基础的衰退表示担心。但是，在是否放宽“武器出口三原则”的问题上，恳谈会成员的意见与持积极态度的自民党明显不同：“日本作为和平国家，迄今为止以避免助长国际纷争的理念进行应对，应该珍视这一理念，预防纷争‘创造和平的国家’就是一个新观点。”同时也有意见认为，恳谈会的目标是提出有关国家安全保障战略的建议，对使用“创造和平的国家”的概念表示质疑。[②]

“鸠山恳谈会”的议题及观点基本反映了民主党的新思维。民主党执政后试图重新规划安全保障战略，美国的军事和经济影响力相对弱化是其主要动因。这与鸠山首相在《我的政治哲学》一文中提出的主张一脉相承。鸠山政府试图找出日本在同盟体制中占据相对优势的领域加以强化，反映了民主党建立“日美对等”合作关系的政治理想。鸠山政府的地区合作意识也与自民党不同。在自民党政府与澳大利亚、印度建立安全合作框架之后，鸠山政府意欲在日韩安全合作关系上寻求突破，并且探讨与中国

---

① 首相官邸：「新たな時代の安全保障と防衛力に関する懇談会（第8回）議事要旨」（平成22年5月28日）。

② 首相官邸：「内閣官房：これまでの議論と主要な論点」（平成22年5月）、http://www.kantei.go.jp/jp/singi/shin-ampobouei2010/dai8/siryou.pdf。

在反恐等全球性安全问题上扩大合作。显然，这是鸠山首相强调防卫政策需要“继承”与“变化”的结果。作为影响地区安全环境的主要因素，恳谈会从关注朝、中、俄三国的动向，扩大到关注东盟和印度，折射出日本精英层对美国战略东移引发地缘政治变化的敏感度。尽管“鸠山恳谈会”的研讨活动在形成咨询报告前终止，但恳谈会提出的有关国际安全合作的部分建议仍然具有生命力，并且在鸠山下台后付诸实施。例如，通过自卫队与政府开发援助的中间协调机构对外开展安全合作的建议，指明了以跨机构、跨领域的方式，在敏感领域开展国际合作的新途径。这项建议演化为日本与菲律宾之间的“3+3”（外交+防务+海警）综合安全合作模式。又如，除防务部门外，海上保安厅及警察、检察及法院也可以携手进行国际合作的建议，也落实到日本在印度洋开展“反海盗”的活动中，作为“海洋事业项目”之一，成为推进日本海洋战略的重要途径。

第二节　日美同盟关系一波三折

鸠山首相在宣示“构建东亚共同体”的同时，重新审视日美同盟关系。夺取政权之前，日本民主党的主要领导人鸠山由纪夫、冈田克也等人几乎未就日本防卫领域发表过总体设想或者比较全面的主张。上台执政后，除鸠山首相、民主党干事长小泽一郎、与小泽关系密切的实力派人物——担任民主党参议院议员会长的舆石东等人，都是建立“日美中等边三角形”关系的鼓吹者。可以说，在中美两国之间保持平衡的主张，在民主党内占据相对优势。这种政策取向必然反映到鸠山政府对冲绳县普天间美军基地搬迁问题的态度上。

普天间基地搬迁问题是导致鸠山内阁下台的重要原因之一。

驻日美军使用的普天间机场位于冲绳县的宜野湾市，长达2800米的飞机跑道供以直升机为主的70多架美军飞机起降。长期以来，当地民众对美国军机噪音昼夜扰民表示强烈不满。1995年9月发生的驻冲绳基地的美军强暴当地少女的犯罪事件，再次激起当地民众的强烈抗议。美军高层人士飞抵冲绳“灭火”之际，曾在宜野湾市上空视察，承认机场地处居民住宅密集区，无论平时还是战时都难以发挥应有的作用。1996年4月，日美两国政府经多年谈判终于达成协议，决定在5—7年内，美军全面返还冲绳普天间机场，选定冲绳县的名护市边野古沿岸作为普天间机场的迁移地。美方还提出加强日美同盟的新要求，以便更有效地应对“后冷战”时期的地区及全球性问题。然而，普天间机场搬迁协议迟迟未能落实。其间，日美关系发生了许多复杂的状况。表1—1记录了日美关系中的主要问题及日美交涉情况，反映出日美两国政府不断深化同盟合作的努力，以及日本民主党执政后产生的新问题。

表1—1　日美关系大事记

1995年	9月	驻冲绳美军强暴当地少女犯罪事件
1996年	4月	日美两国政府关于美军归还普天间机场达成协议 桥本龙太郎首相与克林顿总统签署《日美安保共同宣言》
2001年	9月	美国遭受“9·11”恐怖袭击
	11月	日本向印度洋派遣海上自卫队舰艇为美军舰艇等提供燃油
2004年	1月	日本派遣自卫队参加伊拉克战后复兴支援活动
2005年	2月	日美政府发表日美同盟共同战略目标
2006年	5月	日美政府发表驻日美军重组路线图
	6月	小泉纯一郎首相与布什总统发表共同宣言《新世纪的日美同盟》
2009年	1月	美国奥巴马政府执政
	9月	日本民主党鸠山政府执政
	11月	鸠山由纪夫首相与奥巴马总统决定启动深化同盟合作的协商

续表

2010 年	1 月	日美政府以日美安保条约签署 50 周年为契机协商深化同盟合作
	3 月	日本“有识者委员会”发表承认日美“核密约”的报告
	5 月	日美政府确认推进普天间机场向冲绳县名护市边野古搬迁
	12 月	菅直人政府修订《2011 防卫计划大纲》
2011 年	3 月	发生“3·11”东日本大地震，美军在灾后复兴中展开“朋友作战”
	6 月	日美政府修订日美同盟共同战略目标
	10 月	菅直人政府研究缓和美国牛肉等进口限制
	11 月	野田政府表明日本参加 TPP 谈判
2012 年	1 月	奥巴马政府发表新国防战略
	4 月	日美政府发表修订驻日美军重组路线图的中期报告（共同声明）①

民主党在上台以前反对自民党政府与美国政府达成的普天间机场搬迁协议，在 2009 年众议院大选的竞选公约中提出将普天间基地“迁至冲绳县外”，普天间基地的最终解决目标是“根据国际环境的变化迁至日本境外”。如何处理普天间基地搬迁的难题，成为考验鸠山新政府是否转变自民党外交方针的重要标识。2009 年 10 月中旬，美国国防部长罗伯特·盖茨访问日本，与鸠山首相、冈田外相和北泽防卫相先后举行会谈。盖茨在一系列会谈中反复向日方强调：日美两国政府已经达成协议的现行计划是“唯一可行的”，美方拒绝日本政府的其他替代方案。盖茨明确表示，美国反对日本政府在履行协议上迟疑不决，这将导致 8000 名美国海军陆战队员迁移关岛基地等驻日美军的整编计划无法实施。北泽向盖茨表示，日本“无意拖延时间”。冈田表态说：“应尽早消除普天间基地的危险状况，尽快施行迁移计划。”鸠山首相则提出“需要冷静协商的时间”，等 2010 年 1 月冲绳县名护市的市长选举结束后再做决定。因为普天间基地搬迁问题需要得

① 「日米首脳会談：日米関係をめぐる近年の主な動き」、『毎日新聞』2012 年 5 月 1 日。

到国民特别是冲绳县民的理解，然后才能得出结论。日方的上述表态，导致在部分美军迁移至关岛的前提下实现削减驻冲绳美军的人数、归还美军基地占用土地的计划一度陷入僵局。于是，日美两国的“安保帮”危言耸听，纷纷谴责民主党政府“瓦解日美同盟”，四出奔走“拯救”。美国哈佛大学教授约瑟夫·奈通过媒体敦促日本政府：日方要求大幅度变更普天间机场搬迁计划，“我不想看到在这个问题上还要再花费 14 年的时间，最好在迄今为止的协议上妥协，把它从日美之间的议题中删除”，日本应该接受向名护市的施瓦布基地沿岸搬迁的方案。[①] 12 月 4 日，冈田外相向美国驻日大使鲁斯转达了鸠山首相的决断：2009 年内，关于普天间美军机场搬迁问题不做决断。三天后，社民党干事长重野安正要求民主党干事长小泽一郎向鸠山政府转达意见——废弃普天间机场搬迁至名护的日美协议。于是，美国“知日派”的代表、前国务卿助理阿米蒂奇在一次研讨会上公开指责鸠山政府：“维持联合执政体制比日美同盟更重要”，“损害了日美之间的基本信任”，呼吁日方应该认识到“日美‘安全保障保险’带来的价值与日本付出的代价相等”。[②]

在阿米蒂奇批评鸠山政府损害日美关系之际，民主党干事长小泽一郎率领一个 626 人组成的超大规模访华团前往中国。12 月 10 日，代表团在北京受到中国国家主席胡锦涛的亲切接见。这个庞大的访华团内有 143 位民主党国会议员，其中包括 80 位“小泽童子军议员”，还有议员各自招募的后援会的会员及秘书等。胡主席不但与所有国会议员一一握手、合影，还与全体成员合影留念。第二天，访问团分组访问北京的政府部门、农村等基层单

① 「普天間問題『日米合意の履行を』米ハーバード大ジョセフ・ナイ教授」、『産経新聞』2009 年 10 月 31 日。

② 「新・民主党解剖第 2 部」『覇者の憂鬱（3）日米同盟より中国重視』、『産経新聞』2009 年 12 月 10 日。

位并游览了万里长城。小泽前往韩国访问与李明博总统举行会谈。部分国会议员在民主党国会对策委员长、众议院议员山冈贤次的率领下访问上海，参加在上海国际问题研究院举办的学术研讨会。组团访华是小泽担任自民党国会议员时期精心培育的“草根”交流项目——“长城计划”的系列活动，已持续了多年此次恰逢民主党掌权，创下国会议员组团出访人数的最高纪录。虽然民主党议员把这次活动称为“纯粹的民间外交”，但在日美关系微妙的当口，143 位国会议员访问中国引起美方的密切关注，据说，美方认为“日本对美国的姿态与对中国不一样”①，有“偏爱”中国“疏远”美国之嫌。

实际上，鸠山政府在日美同盟关系上表现出的“摇摆”是非常有限的。分析鸠山政府倍受诟病的两件大事可以证明著者的这个观点。其一，鸠山政府为了揭露自民党政府的“密室政治”，下定决心拨乱反正，组成“有识者委员会”追查日美之间的“核密约”问题。委员会经过调查确认“存在日美密约”并发表了调查报告。鸠山政府以此敲打自民党“欺骗国民”，提高国民对民主党政府的支持率。与此同时，鸠山政府一面明言坚持“无核三原则”，一面暗示日本国民不必担心民主党政府的安全保障政策——日本将继续置身于美国的核保护伞下。冈田外相在众议院外务委员会上答辩称：如果不允许搭载核武器的美军舰艇进入日本港口，就不能保卫日本的安全，此事“应该由当时的内阁进行判断，现在不能束缚将来”。其二，民主党曾在竞选纲领中提出，上台后停止自卫队在印度洋为美军等补给燃油的活动。鸠山上台后，毅然决然兑现承诺，从印度洋撤回了海上自卫队的舰艇。性急的媒体立即发出了欢呼：日本今后将“脱美入亚”。但

① 「新・民主党解剖第2部」『覇者の憂鬱（3）日米同盟より中国重視』、『産経新聞』2009年12月10日。

鸠山本人对此予以否定。2009 年 11 月，美国总统奥巴马访问东京与鸠山首相举行会谈。会谈结束后，鸠山首相回答记者“为什么停止自卫队在印度洋补给燃油活动”的提问说，与最初提供燃油支援相比，最近的供油支援越来越少。在撤回补给舰之前的一个月内，一艘补给舰仅加过一次油，“究竟发挥多大作用呢?”日本为美军等进行海上反恐活动提供了后勤支援，还有更多的“日本独特的支援方法”，例如，救济阿富汗人摆脱贫困；开展新的加强治安的活动；对原塔利班士兵进行训练，使其掌握新职业技能等。所以，“我下定决心，与其进行补给支援，不如准备进行其他一揽子支援活动”。针对记者高度关注的“如何建立对等的日美关系”的提问，鸠山表示：“奥巴马总统也讲到日美关系当然应该是对等的。在这个文脉上，支援阿富汗问题或气候变暖的对策问题、废除核武器问题等，基本上是基于对等的考虑提出来的。这就是说，从自己一方提出各种议题。”显然，鸠山政府不但不可能带领日本“脱美入亚”，反而会满足美方的新需求，支持美军在阿富汗的活动。奥巴马总统对鸠山首相承诺 5 年内援助阿富汗 50 亿美元、援助巴基斯坦 10 亿美元给予了很高的评价，称赞日本在稳定阿富汗和巴基斯坦安全局势的“广泛的协作中”，“强调了日本卓越的作用”。由此看来，鸠山政府标榜的日美关系“对等”，并不意味着与美国分庭抗礼，而是要表明日本有自己关心的议题。在阿富汗及巴基斯坦继续“反恐”，是“奥巴马新政”的重点，美国早就要求日本介入阿富汗问题，自民党政府始终没有采取使美方满意的行动。鸠山政府承诺提供瓦解塔利班势力维护社会治安稳定的援助，对于遭受金融危机重创的美国而言，堪称雪中送炭。奥巴马政府对鸠山政府在普天间基地搬迁问题上的表现采取了克制态度，鸠山政府对此心领神会。

2010 年 1 月 19 日，日美两国政府为庆祝《日美安全保障条约》签署50周年举行了纪念活动。其间，双方反复强调的“继续”一词寓意深远。鸠山首相发表了高度评价日美同盟体制的谈话：“日美安保体制不仅对于我国的防卫，对于整个亚太地区的和平与繁荣也是继续不可缺少的。我认为，在依然存在不稳定、不确定因素的安全保障环境中，基于日美安保条约的美军的存在，给地区各国带来巨大的安心。因此，今后它也将作为公共财产发挥作用。”鸠山首相的赞美之词，令人联想到自民党福田康夫首相宣示的“新福田主义”——日美同盟是“亚太地区的公共财产”，只是措辞不同而已。鸠山首相的这番谈话，表明民主党政府将“继续”按照自民党政府制定的安全战略轨道，加强日美同盟合作关系。

2010年5月28日，日美安全保障协商委员会（SCC）举行“2+2”磋商。日本外相冈田、防卫相北泽与美国国务卿希拉里、国防部长盖茨出席了会议。会后发表了《日本国与美利坚合众国相互合作及安全保障条约签署50周年、日美安全保障协商委员会共同声明》（以下简称《共同声明》）。这是民主党政府与美国经过8个月的磨合之后达成的重要协议。鸠山政府基本接受了自民党政府与美国达成的普天间机场搬迁协议，打消了美国对民主党内反对驻日美军基地的“草根”理念可能左右日本对美政策的担忧。《共同声明》开宗明义：“担任SCC成员的内阁成员再次重申：日美同盟不仅保卫日本，对于亚太地区的和平与稳定也是继续不可缺少的。担任SCC成员的内阁成员根据东北亚安全保障形势的最新情况，再次重申了日美同盟的意义；再次重申了美国对保障日本安全的决心毫不动摇；再次确认了日本在为地区的和平与稳定做贡献的基础上发挥积极作用的决心。”“担任SCC成员的内阁成员认识到，美军在包括冲绳在内的日本，保持坚固的前方存在，提供防卫日本及维护地区稳定所必需的遏制力和能力，决心深化日美同盟，适应21世纪的新课题，在宽泛的领域内推进安全保障合作。”双方再次重申，减轻对冲绳等基地所在地区的影响，确保美军在日本持续存在。在这个意义上，“作为同盟变革与重组进程的一环，表明了普天间机场搬迁并把这个机场归还给日本的共同决心”。[①]《共同声明》在催促鸠山政府尽快落实已有协议的同时，也载入了鸠山政府的部分主张。双方确认“为了减轻冲绳过重的负担，将根据替代设施取得进展的情况，迅速指示采取以下具体措施：包括两国之间及单独训练在内，扩大向冲绳县外转移美军活动。在建设适当的设施的条件下，研究充分利用德之岛，也可以充分利用日本本土的自卫队设施和区域”。日美两国政府决心研究向冲绳县外、日本国外（关岛等）转移美国军机的单独训练和日美联合训练活动，决心通过切实履行冲绳特别行动委员会（SACO）的最终报告提出的措施，降低嘉手纳基地的噪音。此外，《共同声明》写入了鸠山政府提出的要求：共同研究美军基地的节能问题，探讨实现“绿色同盟”的可行性；在美军重组进程中，研究自卫队与美军共用设施——通过协调，改善相互运用性，达到两国军力更紧密的运用，为美军基地与所在地之间建立更加牢固的关系做贡献，研究扩大美军与自卫队之间共同使用设施的机会等。不可否认，双方为缓和冲绳地区自治政府及民众的反美情绪做出了努力。

驻扎冲绳的美军迁移关岛是这次日美“2+2”磋商的主要议题之一。两国政府重申，根据2009年2月17日签署的关岛协定，切实履行将8000名美国第三海军陆战队机动部队（ⅢMEF）成员及其家属约9000人从冲绳迁往关岛。何时搬迁至关岛取决于日本政府完成替代设施的具体进展。美方表示，将考虑冲绳当

---

① 日本外務省：「共同発表日米安全保障協議委員会」（2010年5月28日）、http：//www.mofa.go.jp/mofaj/area/usa/hosho/joint_1005.html。

地民众的忧虑，在包括遏制力在内的地区安全保障的整体脉络上，研究留在冲绳的美军第三海军特种部队成员的部队结构。不仅如此，双方还将促进嘉手纳以南的美军设施等归还日本：两国政府重申，根据《实施重组的日美路线图》归还嘉手纳以南的设施和区域，双方决定将瑞庆览基地的一部分、牧港补给地区的一部分“优先尽早归还”。关于美军存在的各种问题，与冲绳自治政府加强沟通。两国政府决心在信息、文化交流、教育课程、“研究伙伴”等领域探讨合作。在深化日美同盟方面，两国政府提出，加强现有的双边安全对话，在涉及传统安全保障威胁的同时，增加新的合作领域。《共同声明》宣称，日美同盟将谨慎灵活应对从恐怖威胁到气候变暖等21世纪的各种问题。值得注意的是，作为鸠山政府强调与中美两国发展“等边三角形”关系的政治标识，《共同声明》写入了“欢迎中国在国际场合中发挥负责任的建设性作用，日本及美国强调，为发展与中国之间的合作关系而努力”。[①] 这也是彰显民主党追求“对等的日美关系”的具体表现。

在上述“2+2”共同声明发布的同一天，鸠山内阁通过了一个内阁决议《关于日美安全保障协商委员会平成22年（2010）5月28日通过事项的当前政府工作》，阐明了鸠山首相的立场。内阁决议宣布：日美两国政府发表了以下内容的共同声明——为了尽早搬迁和归还普天间机场，决定在施瓦布基地的边野古地区及其毗邻水域设立替代设施。同时，从日本国内更加均衡分担同盟责任的重要性出发，随着建设替代设施的进展，应立即推进向冲绳县外转移训练和环保方面的措施，推进美军与自卫队间共同使用设施等具体措施。政府将根据“2+2”共同声明，研究确认普天间机场的搬迁计划。另外，“在减轻集中在冲绳县的基地负担

① 日本外務省:「共同発表日米安全保障協議委員会」(2010年5月28日)。

同时，日本全国承担同盟责任，为进一步深化同盟关系，将继续努力把基地分散到县外或国外，整顿和缩小美军基地”。[①] 这是鸠山首相践行竞选承诺的绝唱。最终，鸠山内阁不仅违背了鸠山首相将美军基地“至少迁往县外”的竞选公约，确认民主党执行自民党和公明党联合政府与美国达成的协议，而且罢免了拒绝在内阁决议上签字的社民党党首、消费者行政和少子化对策担当大臣福岛瑞穗，招致社民党退出执政联盟，鸠山内阁的支持率也跌破了20%。在这种状态下，大多数民主党人士对迎战7月举行的参议院选举丧失了信心，鸠山首相不得不向小泽一郎干事长请求辞职，并且为违背竞选承诺向冲绳县民公开道歉。2010年6月8日，鸠山内阁宣告下台。鸠山首相在10个月的政权运作中，完成了民主党的“去草根化”——从在野党到执政党的蜕变。

鸠山内阁的外交活动带有浓厚的重视“构建东亚共同体”、努力发展与中韩两国的合作关系的色彩。几乎无人把“鸠山外交”与自民党政府的“价值观外交”相提并论。2009年5月15日，鸠山在竞选民主党代表时会见记者，坚决否定前首相麻生太郎提倡的“共有重视自由、民主主义和法治的国家合作的价值观外交”，鸠山明确表示“我讨厌价值外交。所谓外交，就是价值观不同的国家如何构建共存共荣的关系”。然而，仅凭这类表态并不能说明鸠山出任首相后忽略价值观。2009年12月9日，鸠山首相访问印度尼西亚出席“巴厘民主主义论坛”，在会见印尼媒体人士时表示“我珍视自由与民主主义这一共同的价值。日本与印度尼西亚成为强有力的战略伙伴，能够对亚洲和全世界作出贡献”。有媒体评论说，鸠山首相的言论经常大幅摇摆，不知真意何在。就结果而言，鸠山内阁动摇了“共有价值观的日美同盟

① 首相官邸：「平成22年（2010）5月28日に日米安全保障協議委員会において承認された事項に関する当面の政府の取組について」（平成22年5月28日閣議決定）。

关系”，与政治体制和价值观不同的中国一味强调友好关系。社民党作为民主党政府的联合执政党，一直在美军基地问题上向民主党施加压力，社民党干事长重野安正曾向民主党干事长小泽一郎要求废弃普天间机场搬迁至名护的日美协议，表明为此不惜“退出联合政府”。小泽干事长一向主张日、美、中三国应建立“等距离关系”，也曾对重野安正连说了三次“我向政府转达你的意见”。民主党元老、参议院民主党议员会长舆石东，也是一位把“日美中等边三角形”挂在嘴边的政治家，于是，便出现了民主党政府“偏爱”中国、对美国“无情”的应对姿态。[①] 尽管这种姿态持续时间不长，并且实质性的举措不多，但彰显与自民党外交的差异。可以说，从鸠山内阁追求中美日“等边三角形”关系，到野田内阁后来一度倡议加强中、日、美对话有其必然性，但这只是一个侧面而已。另一个侧面是，“世界维吾尔代表大会”的主席热比娅、达赖喇嘛先后向鸠山政府表示，希望在2010年的5月和6月访问日本。鸠山政府不顾中国政府一贯坚决反对外国向热比娅和达赖喇嘛发放签证的立场，于4月15日向二人发放了入境签证。5月20日热比娅入境，参加了在东京和大阪举行的“研讨会”。达赖喇嘛于6月18日入境，除参加长野市的善光寺的法事活动外，还在金泽和横滨发表了所谓的讲演。热比娅于2006年就任“世界维吾尔代表大会”主席后，曾经窜访日本3次，达赖喇嘛窜访日本的记录多达13次。日本政府的一贯立场是“不把二人作为要人迎接，基于国内法发放签证”。[②] 在这个重要问题上，民主党政府与自民党政府的立场完全一致，两个主要执政大党在对华关系上，都有干涉中国内政的污点。

① 「新・民主党解剖第2部」『覇者の憂鬱（3）日米同盟より中国重視』、『産経新聞』2009年12月10日。

② “日本政府将向热比娅和达赖发放签证”，人民网东京2010年4月15日电。

鸠山政府虽然在日美关系上一波三折，但最后还是沿着自民党政府的战略轨道继续推进与其他国家的外交和安全合作关系。鸠山首相访问印度之行以及双方发表的政府文件表明，民主党政府继承并进一步充实了自民党政府构建的“共有共同价值观和战略利益的日印战略性全球伙伴关系”，提高和加强了日本与印度之间的“战略性合作机制”。由此看来，“共有共同价值观”与“共有战略利益”同样重要。“出尔反尔，言而无信”，这一日本政界的共性，同样体现在民主党人身上。

第二章　菅直人政府修改防卫战略

如前所述，鸠山政府把海洋战略的法制建设作为当务之急，同时还不得不处理美军普天间基地搬迁的难题，经过半年多的折腾，最终对美方屈服告别了首相官邸。菅直人内阁上台后，首先按照鸠山执政时通过的海洋法律的规定，制定落实海洋战略法律法规的海洋基本计划，然后才将修订《防卫计划大纲》提上日程。

第一节　修订《2011 防卫计划大纲》

美国提前通知日方，2010 年初将发布“重返”亚太的新战略。日本素以美国马首是瞻。时逢“草根”出身的执政新手日本民主党掌权，防务领域是其弱项。无论是执政经验、防务人才和相关知识储备，还是与防务部门之间的人脉关系，民主党都不能与自民党相比。但是，正是民主党的这块“短板”，导致日本军方的意见在《2011 防卫计划大纲》等政策文件中得到了充分反映。

解读菅直人内阁 2010 年 12 月 17 日发表的《2011 年度以后的防卫计划大纲》（即《2011 防卫计划大纲》和《中期防卫力量整备计划（2011—2015）》）（2011 中期防卫力量整备计划），必须对照小泉内阁 2004 年修订的《即《2005 年度以后的防卫计划大纲》》（2005 防卫计划大纲）进行分析。《2011 防卫计划大纲》

与《2005防卫计划大纲》所记载的防卫政策，既有延续也有扩大，不乏推陈出新。二者之间的变化，主要体现在评估日本的安全形势聚焦中国、增加自卫队的防卫目标、扩大自卫队的运用范围、对日美同盟体制的政策诉求四个方面。

首先，概述小泉政府修订的《2005防卫计划大纲》。

（一）小泉政府对日本安全形势的评估——面临多方面的威胁。2004年小泉政府修订防卫政策时的国际形势，可以总括为美国集中精力进行反恐战争，日本根据“9·11”恐怖袭击事件后国际安全形势的变化与美国统一步调。因此，《2005防卫计划大纲》判断，日本的安全保障环境受到多方面的威胁。其中，大规模杀伤性武器和弹道导弹不断扩散、国际恐怖组织活动频繁等“新威胁”是日本当前的紧要课题。在“多种事态”并存的情况下，恐怖主义作为重大威胁，影响国际社会的和平稳定，是世界各国共同的安全保障课题。在日本周边，主要是朝鲜半岛、台湾海峡的安全问题“不透明”、“不确定”，中国军事力量实现现代化并“企图扩大海洋活动的范围”，日本今后也要“关注中国的动向”。根据上述安全形势评估，日本应在东北亚地区针对朝鲜开发核武器和发射导弹等问题，积极参与防止大规模杀伤性武器扩散的活动。[①] 相对而言，日本对台湾海峡安全局势的关注是长期并没有过多的渲染。日本对中国增加军费、提高军力现代化的水平一贯说三道四，不足为奇。但关注中国的“企图扩大海洋活动的范围”显示，小泉政府找到了刷新“中国军事威胁”论，增加日本防卫目标的新论据。

（二）增加日本自卫队的防卫目标。《2005防卫计划大纲》一改日本自卫队“专守防卫”的战略方针，提出新防卫目标。第

① 首相官邸：「平成17年度以降に係る防衛計画の大綱について」（平成16年12月10日）、http：//www. kantei. go. jp/jp/kakugikettei/2004/1210taikou. html。

一目标："防止直接威胁波及日本，在威胁波及日本的情况下，排除威胁并使损失最小化，确保日本和平与安全，确保国民安心与安全。"第二目标："改善国际安全保障环境，防止威胁波及日本。"新防卫目标正式宣布了日本自卫队的新职能——承担保卫日本并参加国际安全保障活动两类任务，标志着日本的防卫方向从"专守防卫"，转变为内外兼顾，像保卫本土一般积极参与国际安全保障活动。

（三）扩大自卫队的运用范围。《2005 防卫计划大纲》根据新增加的防卫目标，制定了"改善国际安全保障环境"的基本方针："出于进一步巩固日本和平与安全的目的，有必要自主并积极努力与改善国际安全保障环境的国际社会进行合作活动（国际和平活动）。"[①] 这项冠以国际和平活动的基本方针，规定了日本对同盟国、东盟、亚太地区的合作架构及联合国的具体政策：第一，积极推行按战略使用政府开发援助（ODA）等外交活动；第二，针对地区争端、大规模杀伤性武器扩散、国际恐怖主义等，积极自主展开国际维和活动及外交；第三，通过亚太地区的国际合作框架——东盟地区论坛等加强合作；第四，"与日美合作相辅相成，建设亚太地区稳定的安全保障环境"；第五，联合国是国际社会有效应对 21 世纪各种新课题的"具有普遍性和全面性的唯一的国际机构"，日本将继续积极致力于提高联合国的实效性和可信性的改革。[②] 以上政策显示，"改善国际安全保障环境"的政策内涵，既包括日本的国际维和活动，也包括日本在亚太地区合作框架中的国际合作活动。"积极"、"自主"是第一至第三项政策的关键词。其关键作用在于，规定了第四、第五项政策的"边界"，充分反映了小泉政府对日美同盟的立场。

---

① 首相官邸：「平成 17 年度以降に係る防衛計画の大綱について」。

② 首相官邸：「平成 17 年度以降に係る防衛計画の大綱について」。

（四）明确日美同盟军事合作的政策边界。日本积极自主从事改善国际安全环境活动的基本方针表明，日本既不与美国共同开展上述活动，也不单独活动，而是要使日本的自主活动与日美同盟的活动结合起来“相辅相成”。日本认为日美建设“亚太安保环境”的目标一致，可以互相配合能力互补。但这并不包括应对全球性安全问题。在第五项日本对联合国的政策即是如此。日本主张联合国是国际社会有效应对21世纪的各种新课题的“具有普遍性和全面性的唯一的国际机构”，新课题中当然包括恐怖主义。这一表述实际上明确了小泉内阁的立场：日本将在联合国的框架内参与国际维和与反恐活动，不愿跟随美国发动反恐战争的步伐，参加阿富汗战争和伊拉克战争。长期以来，日本对外宣称，在宪法及“宪法解释”的约束下，“日本作为主权国家，拥有、但不行使集体自卫权”，[①] 更重要的是，小泉政府并不希望打破禁区在日美之间“行使集体自卫权”，把自卫队派遣到与日本的国家利益关系不大的地方，甚至在“地球的背面”与美军并肩作战。日本积极参加联合国倡导下的维和活动，主要目的是为了争当联合国安理会的常任理事国，所以，要积极推动联合国改革。小泉政府决定通过参加嵌入日本“入常”目的的联合国维和活动，提高日本的“政治大国”地位，为应对恐怖主义这一国际社会共同的安保新课题做贡献，而不是在日美同盟的框架内参加美国发动的反恐战争；将日美军事合作界定在亚太地区，并且附加了与日本自主的国际和平活动“相辅相成”的标准。

由此可见，《2005防卫计划大纲》关于日本安全形势的评估、防卫目标的扩大、自卫队的运用及对美同盟合作政策这四个方面的方针政策，是与当时国际社会的反恐氛围相对应的。自卫队进行外向性活动的目的是，在亚太地区建立更符合日本利益的

---

① 李秀石：“‘行使集体自卫权’与日本防卫转向”，《现代国际关系》2003年第6期。

安全环境，提高日本作为世界政治大国的地位，实现“入常”。所以，尽管出现了关注中国“企图扩大海洋活动”的新内容，但在具体作战指针上没有本质性的改变（后述）。

与《2005防卫计划大纲》相比，菅直人政府2010年修订的《2011防卫计划大纲》发生了质的变化。

（一）民主党政府对日本安全形势的评估——聚焦中国

与《2005防卫计划大纲》相比较，《2011防卫计划大纲》评估日本的安全保障形势发生显著变化，虽然提及恐怖主义是重大威胁，但主要从全球、亚太地区和日本周边三个角度渲染日本的安全保障环境“更加严峻”，宣称包括日本在内的地区各国正在面临海洋、宇宙及网络空间安全的“新风险”，妄指中国为“地区和国际社会的担忧事项”。

首先，《2011防卫计划大纲》界定了“新风险”的概念——当前全球安全形势的发展趋势，主要表现为重要国家之间发生大规模战争的可能性降低，但个别国家发生的混乱及安全问题的负面影响立即波及世界的风险不断提高。除了民族和宗教对立等因素导致地区纷争外，“围绕领土和主权、经济权益等尚未发展为武力纷争程度的对立和纷争——所谓灰色事态的纷争有增加的倾向”。中国、印度和俄罗斯等国的实力增强，美国的影响力正在“相对化”。全球力量的平衡发生了变化，但美国仍然是最有影响力的国家。包括日本在内的国际社会，除了继续应对恐怖主义、大规模杀伤性武器和弹道导弹扩散、海盗等紧急课题，应对“失败国家”等影响全球安保环境的课题之外，“增加了稳定使用海洋、宇宙、网络空间的风险这一新课题”。[①] 以上表述把日本为推行其海洋、网络、守备战略，特别是有战略、按计划实行“国有

---

① 首相官邸：「平成23年度以降に係る防衛計画の大綱について」（平成22年12月17日）、http：//www. kantei. go. jp/jp/kakagikettei/2010/1217 boneitaikon. pdf。

化”中国钓鱼岛，反将中国污蔑为国际社会共同面临的“稳定使用海洋、宇宙、网络空间的新风险”，定性为“灰色事态的纷争”。不仅只字不提日本激化东海争议、破坏地区和平稳定的恶劣行为，而且把日本描绘成受害国，要与国际社会共同面对新风险，贼喊捉贼。

其次，《2011 防卫计划大纲》用“更加严峻”一词渲染日本安保环境恶化，强调“日本安全保障的脆弱性”，即，日本的粮食和资源大多依赖海外，对于“贸易立国”的日本而言，确保海洋安全和国际秩序的稳定不可或缺。日本四面被海洋包围，基于漫长的海岸线和很多岛屿的地理因素，重要设施大多集中在沿海地区，导致“安全保障的脆弱性”。[①] 在这一借口下，《2011 防卫计划大纲》作为推进海洋战略的配套政策，推出了提高防卫岛屿的作战指针及其能力、确保太平洋与印度洋之间的海上通道安全等新政策。

第三，《2011 防卫计划大纲》妄称中国是“地区和国际社会的担忧事项”：在地区各国相互依存关系扩大和深化的同时，全球力量均衡的变化在地区有明显表现。“在日本周边地区，依然集中了包括核战力在内的大规模的军事力量，多数国家的军事力量现代化，军事活动频繁化。此外，残存着领土和海洋问题、朝鲜半岛和台湾海峡问题等不透明不确定的因素。”其中，朝鲜的军事动向是“包括日本在内的地区安全保障的紧要而重大的不稳定要因，同时也是国际防扩散努力的严重课题”；俄罗斯的军事活动“仍然有频繁化的倾向”；“中国继续增加国防费，迅速推进以核武器、弹道导弹战力、海空军为中心的现代化，加强军力的远程投放能力，此外，还在周边海域扩大并频繁活动，这种动向与中国的军事和安全保障方面的透明性不足相辅相成，成为地

---

① 首相官邸：「平成 23 年度以降に係る防衛計画の大綱について」。

区和国际社会的担忧事项。美国加强介入地区，更加重视活用双边、多边框架加强安全保障关系等”。[①] 以上内容表明，与朝鲜和俄罗斯相比，中国才是“新风险”的制造者，所以“是使地区各国和国际社会感到担忧的国家”。紧接着，《2011 防卫计划大纲》笔锋一转，提及美国加强介入地区的活动，用这种写作技巧凸显日本的意图：美国针对“新风险”加强双边同盟和多边安全合作，是为了应对“地区和国际社会的担忧事项”，突出美国“重返亚太”是为了遏制中国，美日共同应对“中国制造”新风险的意涵。菅直人政府对“中国威胁”的渲染程度，甚至超过了当时美国国防和外交当局的相关表态。2011 年 6 月 21 日，在华盛顿举行的日美安全保障协商委员会（“2 +2” 磋商）达成的共识即是证明。日本防卫相北泽俊美在记者会上表示：日美双方“首先讨论了亚太地区的形势，在亚太地区的安全保障环境变得更不确定这一点上达成了共识”。[②] 显然，半年前修订的《2011 防卫计划大纲》的重点，如安保环境“更加严峻”、面对“新风险”、中国成为“地区和国际社会的担忧事项”，并未得到美方的认同。

（二）以应对“新风险”为借口扩充防卫目标

日本防卫省的智库防卫研究所的研究官们这样阐释《2011 防卫计划大纲》的变化：日本安全保障的目标从《2005 防卫计划大纲》提出的两项增至三项。第一目标是防止直接威胁波及日本，在威胁波及日本的情况下，排除威胁并使威胁造成的损失最小化。第二目标是进一步稳定亚太地区的安全保障环境与改善全球安全保障环境预防威胁发生，以维护巩固自由开放的国际秩

① 首相官邸：「平成 23 年度以降に係る防衛計画の大綱について」。

② 日本外務省：「日米安全保障協議委員会（「2 +2」）共同記者会見」（平成 23 年 6 月 21 日）、http：//www. mofa. go. jp/mofaj/area/usa/hosho/kaiken1106. html。

序，确保日本的安全与繁荣。第三目标是为世界和平与稳定及人员安全保障做贡献。第一目标与《2005 防卫计划大纲》基本相同。“在第二目标中，作为‘预防威胁发生’的方法，并列记载了‘进一步稳定亚太地区的安保环境’和‘改善全球安保环境’，区分了日本在亚太与全球推行的安保政策。”而在《2005 防卫计划大纲》内，二者都表述为“改善国际安保环境”。《2005 防卫计划大纲》共提出防卫日本本土和改善国际安全环境两个目标，罗列了所有与安保有关的政策，但是，“很难按此确定具体政策的优先排序”。《2011 防卫计划大纲》努力改善这一点，“不是用安全保障目标乘以实施路径来表明政策领域，而是直接从安保目标引导出防卫力量的作用。根据防卫力量的作用，在规定‘态势’和‘体制’的条款内，具体写入能力建设的重点领域，通过这种方式落实政策”。①

日本军方对民主党政府扩充防卫目标评价颇高，主要观点如下：“与安全保障第一目标联动的是‘有效抑制及应对’，在第二目标中，与改善地区与全球安保环境联动的是‘进一步稳定亚太地区的安保环境’，‘改善全球安保环境’”，这是对防卫力量的作用的表述。为了在上述三个方面切实发挥作用，在表述应对各种事态的“必要态势”时，特别提出“保持快速反应的态势、统一运用的态势、国际和平合作活动的态势”，指出了建设上述态势的优先顺序。进而，在体制建设中规定了“一般原则”和“重视事项”——把能够在各种活动中充分利用的功能、具有非对称的应对能力的功能、非替代性的功能的建设作为“一般原则”；“重视事项”包括五个部分，即，1. 加强整合；2. 加强岛屿部的应对能力；3. 加强应对国际和平合作活动的能力；4.

① 日本防衛省防衛研究所編：『東アジア戦略概観 2011』平成 23 年 3 月 30 日発行、第 223～224 頁。

加强情报功能；5. 建设与科技发展相适应的高效而有成果的防卫力量。这样就明确了建设防卫力量的优先领域。此外，关于“态势”及“体制”的条款，具体指示自卫队重视何种能力建设和保持防卫的态势，以及用什么原则编成部队，这种规定在1976年、1995年、2004年修订的《防卫计划大纲》中都没有出现过。《2011防卫计划大纲》不但增加了这些条款，而且用与安保目标联动的方式，引导出防卫力量的作用，明确指出必须重视的能力建设领域和防卫力量建设的优先顺序。[①] 不难看出，日本军方如此肯定防卫目标的变化，是因为《2011防卫计划大纲》将防卫目标与防卫力量的作用“联动”起来，不但明确规定日本防卫力量必须切实发挥“进一步稳定亚太地区的安保环境”、“改善全球安保环境”的作用，而且指明了发挥上述作用的路径，落实在日本军事力量的能力建设的具体方面及其优先顺序上，不但实际操作性强，而且有利于合理配置资源，具有非常重要的战略意义。简言之，《2011防卫计划大纲》为自卫队正式参与地区和全球安全领域的活动放行，得到日本军方的高度赞赏。

（三）扩大日本防卫力量的外向运用范围

日本第二个防卫目标的具体规定是：“改善国际安保环境，有助于确保日本的安全与繁荣，为了解决纷争、恐怖主义等产生的根本原因，按战略有效并积极推进政府开发援助（ODA）等外交活动；综合研究日本周围的各种条件，按战略实施国际维和活动。为努力解决全球性安保课题，日本将与欧盟、北约加强合作关系，也要加强与欧洲各国的合作关系。与此同时，维护和加强稳定利用海洋、宇宙、网络空间等国际公共财产，在大规模破坏性武器和导弹运载方式的裁军、防扩散等国际合作中发挥积极作

① 日本防衛省防衛研究所編：『東アジア戦略概観2011』、第224~225頁。

用。”然而，仅凭一国之力应对全球性安保课题是极其困难的，“共有利益的国家平时进行合作十分重要”。[①]《2011 防卫计划大纲》规定的“共有利益”的国家，指同盟国美国以外的“共有安保利益”的韩国、澳大利亚、东盟国家及印度。在这些国家中，有美国的盟友韩、澳，也有被日本视为长期合作伙伴的东盟国家，以及“拥有确保从非洲、中东到东亚的海上交通安全等共同利益的、以印度为首的相关各国”，还有日本战后在国外建立的第一个军事基地的所在国吉布提。这些国家都是日本重点加强双边及多边安全合作的对象国。《2011 防卫计划大纲》对上述国家没有冠以“共有基本价值”，因为“价值观外交”是安倍第一次内阁和麻生内阁的外交符号，《2011 防卫计划大纲》规定的安全合作，已经远远超出了外交和意识形态的范畴，而且，“共有基本价值”难以包括意识形态不同的“共产党国家”越南。此外，日本选中的多边安全合作的对象有东盟地区论坛（ARF）、东盟扩大国防部长会议（ADMM + X）等影响较大的多边平台，日本意欲与其建立“实质性的合作关系”，规范“区域秩序”。[②]如前所述，日本宣称“积极”、“自主”开展国际安全合作活动并非单打独斗，而是要与日美同盟合作“相辅相成”，构建亚太地区稳定的安全保障环境。无需赘言，“共有利益”的合作对象国，不包括中国、俄罗斯和朝鲜。这表明日本认定中日、俄日、朝日之间不存在“共同利益”。既然日本已将中国作为“地区和国际社会的担忧事项”，那么，日本与“共同利益”的国家加强安全合作的目的，不外乎是要共同应对“担忧事项”——中国；塑造“地区秩序和规范”的主要目的，也是为了约束和制衡中国的“海洋活动”，应对中国制造的“新风险”。与中国相比，朝

① 首相官邸：「平成 23 年度以降に係る防衛計画の大綱について」。
② 首相官邸：「平成 23 年度以降に係る防衛計画の大綱について」。

鲜开发核武器及弹道导弹问题等，并未被视为与中国同等级的“新风险”和“担忧事项”。一言以蔽之，《2011 防卫计划大纲》确定了日本军事力量外向运用的“路线图”，从此，日本自卫队开赴亚太乃至全球各地执行海外派遣任务，不仅无须瞻前顾后，而且冠冕堂皇——从事“国际和平活动”。

（四）追求日美同盟“地位对等”

追求日美同盟“地位对等”，是民主党政府争取日美关系“对等”的主要体现。与迄今的防卫政策比较，《2011 防卫计划大纲》对日美军事同盟的要求明显增加。

第一，日本提出增加“日美动态防卫合作”应对“中间事态”的新要求。迄今为止的要求不变，例如，“美国的核抑制力不可或缺”，日本不能没有美方核保护伞。又如，日美同盟的作用在于“抑制高度的武力纷争”，这也是必不可少的。但这些老政策已经不能满足菅直人政府的胃口了。理由是在现在的安保环境中，日美同盟的作用不应该限定在以上范围内，因为在“平时”与“有事”之间的“中间状态”的安保问题越来越重要。在这种状况下追求日本的安全保障，除了依靠“美军存在”“扩大抑制力”以外，越来越凸显“日美动态防卫合作”的重要性。日方更为重视日美共同应对新课题，尤其是为了应对“中间事态”，加强警戒监视等方面的日美联合军事行动。第二，《2011 防卫计划大纲》强调，日本与盟国合作的深化和发展，应该与新安保环境相适应，有必要继续进行日美之间的战略对话并协调具体政策：1. 评估安保环境，研究日美同盟的“共同战略目标”、作用、任务和能力等；2. 应该继续促进已有的日美情报合作，加强联合训练、共同使用设施等平时状态下的各种合作；3. 通过国际维和活动，应对宇宙、网络空间、确保海上交通安全等，维护和强化国际公共财产，包括气候变化等领域在内，推进日美两国在地区和全球层面合作。[1] 第三，民主党政府敢于对美国讨价还价。《2011防卫计划大纲》向美方亮出了交换条件：“通过以支援接受国为首的各种政策，稳定支撑驻日美军顺畅并有效的驻扎，与此同时，切实进行驻日美军的重组，保持美军的抑制力，减轻当地的负担。”[2] “支援接受国”，即支援接受驻日美军的国家日本。以“支援接受国为首的各种政策”，就是以支援日本为首的各种政策。这表明民主党政府追求日美关系“对等”的政治理念——在对美政策上要求“付出”与“所得”成正比，既然日本为驻日美军支付了巨额费用，美军也应该对日本提供全方位的安保服务，包括平时和“中间事态”，不能仅停留在“有事”的范围内，需要全天候的“动态的日美同盟合作”。此外，日方还要求驻日美军保持抑制力与为日本当地民众减负并举。《2011防卫计划大纲》强调自卫队担负协助美军监视并封堵中国海军前出第一岛链的同盟义务，这也是旨在要求美军“协防”钓鱼岛的利益置换。同样，《2011中期防卫力量整备计划》列出了日美防务合作的项目清单，重申“出于驻日美军更顺畅并有效的考虑，谋求进一步的高效和透明，确保驻日美军的经费稳定”。[3] 用更直白的语言表达，即美军驻扎日本应该实际发挥作用，进一步提高效率和透明度，只有这样，日本才能保证为驻日美军继续提供经费并且不会缩水，美军驻扎日本才会更加顺畅。

总体来看，《2011防卫计划大纲》制定的方针政策更加深入、具体和外向。

第一，《2011防卫计划大纲》规定陆海空自卫队的首要任务是“有效抑制及应对”各种事态，具体担负7项任务：1. 确保

---

① 首相官邸：「平成23年度以降に係る防衛計画の大綱について」。

② 首相官邸：「平成23年度以降に係る防衛計画の大綱について」。

③ 日本防衛省：「中期防衛力整備計画（平成23年度～平成27年度）について」平成22年12月17日，http：//www.mod.go.jp/j/approach/agenda/gaideline/2011/chuuki.pdf。

周边海空领域安全；2. 应对岛屿攻击；3. 应对网络攻击；4. 应对游击和特种部队攻击；5. 应对弹道导弹攻击；6. 应对复合事态；7. 应对大规模或特殊自然灾害等。[①] 即平时在日本周边持续进行收集情报、警戒监视和侦察活动并使之常态化，确保情报优势，迅速无缝应对各种事态的发展；防备“正式的侵略事态”，对未来不确定的形势变化保持必要和最小限度的战备；这也是今后自卫队加强军力建设的目标。上述规定打破了平时与战时、日本本土及日本“周边”的界限，为日本自卫队“全天候”扩大军事活动大开绿灯。《2011 防卫计划大纲》这样回应日本国内外舆论对日本“平时动用军事力量”的质疑：在现在的安全保障环境中，军事力量在国际社会中的作用更加多样化。在非传统安全领域内，军事与非军事部门相互合作，军事力量发挥重要作用的机会正在增加，如利用军事力量重建和平、应对海盗等等，[②] 以此作为日本平时动用军事力量的正当性和合法性。

第二，日本防卫战略方针的外向性进一步扩大，集中体现在“维护亚太地区安全”的架构建设上：1. 日本与“共有利益”的国家或国家集团加强双边安全合作；2. 积极参与并利用东盟地区论坛、东盟扩大国防部长会议等多边框架，努力打造“维护区域秩序和规范”的实质性的合作关系；3. 与海上交通要道的国家加强合作，“切实保障从非洲、中东到东亚的海上交通安全”；4. 在此基础上，日本“多层次地组合亚太地区双边和多边安全保障合作使之网络化”，同时发挥日美同盟的作用，形成日美共同主宰亚太安全事务的国际格局。以《2011 防卫计划大纲》为起点，日本对亚太各国的安全合作，进入通过建立和加强双边和多边合作框架并将其连接成“亚太安全保障网”的新阶段。不难看出，

---

① 首相官邸：「平成 23 年度以降に係る防衛計画の大綱について」。

② 首相官邸：「平成 23 年度以降に係る防衛計画の大綱について」。

日本抓住了美国“重返”亚太有求于己的战略机遇，掌握地区准霸权的战略野心急剧膨胀。

第三，日本在国外“运用”防卫力量的矛头直指中国。在前述安全环境评估的铺垫下，《2011 防卫计划大纲》建立了以中国为“靶子”的“亚太安全保障网”的政策，具体内容是：“特别是，与中国作为构筑战略互惠关系的一环，在各领域内加强建设性的合作关系极为重要。从这个认识出发，（日本）也要积极参加与同盟国等的合作，以促进中国在国际社会采取负责任的行动。”[①] 以上规定中并无“抑制”和“假想敌”的字样，然而，日本与中国在各个领域内加强建设性的合作关系不过是文字游戏而已——作为“构筑战略互惠关系的一环”，日本与中国仅仅开展非传统安全领域的合作，只字不提中日安保合作；“促进中国在国际社会采取负责任的行动”，是中国没有“在国际社会采取负责任的行动”的另一种表述；日本“也要积极参加与同盟国等的合作，以促进中国在国际社会采取负责任的行动”，表达了日本积极与美国及其他国家进行安全合作以制衡中国的真实意图。换言之，日本要与中国加强在非传统安全合作领域的合作，与此同时，还要与美国及其他共有战略利益的国家进行安全合作，形成亚太安全合作架构，抑制中国越来越大的地区影响力，特别是应对中国制造的“新风险”——中国为了维护国家主权和领土完整采取的符合国际法的维权行动。和平崛起的中国，一贯坚持通过双边谈判和平解决岛礁争议的立场，反复强调中国“不打第一枪”。菅直人政府对此视而不见，通过修订《2011 防卫计划大纲》和《2011 中期》，将日本军事力量“全天候”外向运用的矛头直指中国，旨在为推进日本的海洋战略、“国有化”中国钓鱼岛提供军事保障。

---

① 首相官邸：「平成 23 年度以降に係る防衛計画の大綱について」。

以上分析表明，日本在评估安保环境上罔顾事实抹黑中国，竭力把中国综合实力的发展与亚太地区的“力量均势明显变化”描绘成因果关系，夸大中国对美军“亚太存在”的负面影响，推出针对中国的新防务政策，借美国战略东移之机，解决“地区和国际社会的担忧事项”，实现日本在军事领域“重返亚太”。日本民主党政府在争取日美同盟义务与权利“对等”的同时，在规划日本安保政策上增强了自主性和战略性。与此同时，菅直人及野田政府积极配合美国插手南海争议，立足亚太制衡中国，终于得到了美方的慷慨回报——希拉里国务卿、奥巴马总统等美国政要，时而施以口惠：钓鱼岛“适用日美安保条约第五条”。

第二节　加强“夺岛”军力建设

防御岛屿是岛国日本规划防务政策的重点，有关防御岛屿的政策在《防卫计划大纲》中占据重要位置。日本推行“新海洋立国”战略之前，关于防御岛屿的规定相对简单。日本防卫厅2004年出版的《防卫白皮书》显示，作为“防卫周边海域的作战”的组成部分，“在岛屿部署应对外来侵略”，“尽早集中自卫队阻止和击败侵略部队”。由此可见，2004年上半年，小泉政府并没有把在岛屿上进行“反侵略作战”列为首要作战任务，而是排在“沿岸海域、海岸地区及登陆地点、内陆地区等”之后，位居第五。①

2004年10月，小泉首相的咨询机构发表了《“安全保障与防卫力量恳谈会”报告——未来的安全保障与防卫力量设想》(简称《小泉恳谈会报告》)，提出了应对新威胁的建议：“应该

① 日本防衛庁:「日本の防衛」(防衛白書) 平成16年度版、「第3章わが国の防衛と多様な事態への対応」、http://www.clearing.mod.go.jp/hakusho_data/2004/2004/index.html。

把起因于国家之间纷争的威胁”，置于自卫队“保卫日本的作用与功能”的首要地位，并将“防卫岛屿和排除军事力量对周边海空领域的侵害”，排在“应对游击部队和特种部队”等6个“新威胁”的首位。究其原因，“小泉恳谈会”认为：当前不存在冷战时期正式的武装入侵，防卫力量的对手已经改变；美军的抑制力仍然能够有效应对核武器及其运载手段弹道导弹的威胁，日本的导弹防御体系也可以发挥补充作用。所以，有必要对低烈度地使用军事力量——如特种部队攻击重要设施、侵略岛屿、在周边海域的非法军事行为等作出及时反应。[①] 然而，小泉政府在修订《防卫计划大纲》之际并未全部采纳咨询机构的上述建议。11月28日小泉内阁发表的《2005防卫计划大纲》部分调整了防卫力量“有效应对新威胁和多种事态”的排序，将“应对岛屿侵略”排在应对弹道导弹攻击、游击队和特种部队攻击之后，定位为日本自卫队应对的第三个“新威胁”。应对岛屿侵略的具体规定包括：机动运送部署部队迅速应对；采取保持有效应对能力的体制等措施；在事先掌握征兆的情况下，进行阻止敌方侵略的作战；在岛屿被占领的情况下击溃敌方；统一运用自卫队，各部队相互配合迅速集中部队阻止并击败敌人。[②] 此后，日本防卫厅2005年出版的《防卫白皮书》，按照《2005防卫计划大纲》的上述规定作出相应修改，记载了“应对岛屿侵略”的内容。[③] 2006年出版的《防卫白皮书》关于岛屿的规定未变，但不再突出“岛屿侵

① 「『安全保障と防衛力に関する懇談会』報告書——未来への安全保障・防衛力ビジョン—」(2004年10月) 第24頁。

② 首相官邸:「平成17年度以降に係る防衛計画の大綱について」。

③ 日本防衛庁:『日本の防衛——より危機に強い自衛隊を目指して』(防衛白書) 平成17年度版、「第3章新たな脅威や多様な事態への実効的な対応と本格的な侵略事態への備え」、「第1節新たな脅威や多様な事態への実効的な対応」、「3、島嶼部に対する侵略への対応」、第163頁。

略”的紧迫性，仅作为自卫队的常态任务之一。[①] 在2007年发表的《防卫白皮书》中，“应对岛屿侵略”从“新威胁”转变为“保卫我国的各项实施政策”的一部分。[②] 这一表述延续至2008年出版的《防卫白皮书》。[③] 对比之下，2010年发表的《防卫白皮书》，凸显岛屿在日本安全保障上的“脆弱性”，“设想对岛屿的侵略是武力攻击日本的形态之一”。[④] 每年出版的《防卫白皮书》是反映日本防卫政策最新动向的官方文件，2004—2008年间有关岛屿作战指针的内容，反映了自民党执政时期的岛屿防御政策，2010年版《防卫白皮书》刊载的岛屿作战指针，反映出民主党政府的防务政策发生了重大转变。对比上述6年间《防卫白皮书》的相关内容，可见应对“岛屿侵略”政策的排序变化：2004年位居第五，2005年成为排序第三的“新威胁”，2007—2008年转为常态化政策。事实表明，在自民党政府的防卫政策中，岛屿作战在自卫队的任务排序中逐步提前。2010年菅直人上台，岛屿已被民主党政府视为代表日本国家安全保障的“脆弱性”的薄弱环节，外部军事力量对岛屿的侵略，被设定为其他国家“对日本发动武力攻击的形态之一”。2010年版《防卫白皮书》的出炉，与同年8月菅直人首相咨询机构“新时代安全保障

---

① 日本防衛庁:「日本の防衛」(防衛白書) 平成18年版、「第3章わが国の防衛のための自衛隊の運用と災害派遣や国民保護」、「第2節新たな脅威や多様な事態への実効的な対応」、「3島嶼部に対する侵略への対応」、http://www.clearing.mod.go.jp/hakusho_data/2006/2006/index.html。

② 日本防衛省:『日本の防衛——危機により強く、世界の平和により役立つために』(防衛白書) 平成19年度版、「第Ⅲ部わが国の防衛のための諸施策」、「第2節新たな脅威や多様な事態への実効的な対応」、「3、島嶼部に対する侵略への対応」、第202頁。

③ 日本防衛省:『日本の防衛』(防衛白書) 平成20年度版、「第Ⅲ部わが国の防衛のための諸施策」、「第2節新たな脅威や多様な事態への実効的な対応」、「3、島嶼部に対する侵略への対応」、第152頁。

④ 日本防衛省:『日本の防衛』(防衛白書) 平成22年度版、「第Ⅲ部わが国の防衛に関する諸施策」、「第2節新たな脅威や多様な事態への実効的な対応」、「3、島嶼部に対する侵略への対応」、第177~181頁。

与防卫力量恳谈会”提交咨询报告的时间基本吻合，可以认为，日本官方及民间的政策研究，为菅直人政府修订《防卫计划大纲》定下了基调。同一时期，日本自卫队假想中国夺取钓鱼岛的军事演习也越来越频繁和规模化。《读卖新闻》8 月 15 日披露，防卫省将根据新制定的“冲绳西南诸岛防卫计划”，于 12 月举行海陆空自卫队的联合军演，演习的主要内容是从“敌国”手中“夺回”远离日本本土的海岛。此前，出于对周边国家的政治和外交上的考虑，防卫省一直对进行大规模的“夺岛”演习态度谨慎。这次演习是日本首次正式举行“夺回偏远海岛（离岛）演习”，防卫省的一名匿名官员公开表示：此次演习要向中国传递信息，“演习将向中国表明日本保卫西南诸岛的立场和能力，形成威慑”。① 11 月，《每日新闻》报道说，防卫省决定在距离台湾 110 公里、距离中国大陆 350 公里的与那国岛上，建立陆上自卫队的驻扎所，部署 100 名“沿岸监视部队”，监视中国舰船在钓鱼岛等东海海域的活动，将来还要在石垣岛和宫古岛派驻陆上自卫队。② 这些动向显示，日本军方在菅直人政府修订《防卫计划大纲》之前，已经迫不及待地采取了行动。

2010 年 8 月，菅直人首相的咨询机构“新时代安全保障与防卫力量恳谈会”，向菅直人提交了题为《新时代日本安全保障与防卫力量的未来设想——以“创造和平国家”为目标》的咨询报告（即《菅直人恳谈会报告》），其中心内容为“确保周边海空领域及离岛、岛屿的安全”。报告提出，“离岛地区大多部署日本防卫力量薄弱，领土和利用海洋的自由处于难免受到威胁的状况之中。日本有必要在离岛地区部署必要的部队，预先集聚物

---

① 「自衛隊が離島奪還訓練、南西諸島想定し12 月」、『読売新聞』2010 年 8 月 19 日。

② 「防衛省：与那国に陸自 100 人配備、対中警戒を強化」、『毎日新聞』2010 年 11 月 10 日。

资，实施机动展开的训练，加强空中和海上、海中、沿岸的警戒监视活动，加强统一运用自卫队与联合运用日美军力。”[①]“菅直人恳谈会”提交报告之际，菅直人内阁（综合海洋政策本部）已于7月13日发表了海洋基本计划，决定按照低潮线保护法的规定，在划定日本专属经济区及大陆架的划界基点海岛设定“低潮线保护区”，加强保护和实际控制（后述）。这就是“应对岛屿攻击”在《菅直人恳谈会》报告，特别是在《2011防卫计划大纲》中倍受重视的根本原因。

如前所述，《2004防卫计划大纲》已经把应对“岛屿侵略”从此前规定的防卫目标的第五位提前到第三位。《2011防卫计划大纲》又把应对“岛屿攻击”从第三位提前到了第二位。“应对岛屿攻击”的作战指针规定：“迅速部署可机动运用的部队，与平时部署的部队联合，阻止并排除对岛屿的攻击。在此之际，包括以巡航导弹应对在内，在确立岛屿周边的防空态势的同时，确保周边海空领域空中优势及海上运输线安全。”此外，“体制建设的重要事项”规定：“在自卫队部署空白的岛屿，新部署必要的最低限度的部队，同时建设部队活动的据点，部队的机动能力、运输能力及有效的应对能力，加强应对岛屿攻击以及确保周边海空领域安全的能力。”[②]上述作战指针表明，民主党政府不但要在西南岛屿部署自卫队，而且重视横向运用陆海空自卫队的能力建设，采取整合部队、编成联合部队、集约并据点化等措施，“构建有效、高效的体制”，在重要的无人岛上实现驻军并建立“据点”设施。

《2011防卫计划大纲》及《2011中期防卫力量整备计划》

---

① 新たな時代の安全保障と防衛力に関する懇談会『新たな時代における日本の安全保障と防衛力の将来構想—「平和創造国家」を目指して—』(2010年8月)、第20頁。

② 首相官邸:「平成23年度以降に係る防衛計画の大綱について」。

决定从以下6个方面加强“应对岛屿攻击”的体制和能力建设：

（一）从建设有效、高效的防卫力量的思路出发，优先建设能够在各种活动中充分发挥作用的功能，如具备“非对称的应对能力”的功能、不可替代的功能。适当削减冷战型的装备和部队编制，重新审视部队的分布区域和陆海空自卫队的运用情况。重点建设包括西南地区在内的警戒监视、海上巡逻、防空、应对弹道导弹、运输及指挥通信的能力，充实防卫态势。[①]

（二）为应对岛屿攻击，首先加强军事力量的“整合”，加强以参谋长联席会议（统合幕僚监部）为首的指挥统制功能，健全各自卫队的横向运用功能，采取有效的必要措施，“加强动态防卫力量”。[②]

（三）为完善警戒监视体制，加强收集情报，提高部队迅速展开和应对的能力，提高防空能力，确保海上交通安全，整编和扩大陆海空自卫队的战斗能力，新增10架大型运输机和“搭载直升机的护卫舰” （DDH），增加5架多用途直升机（UH－60JA）和3架战斗直升机（AH－64D）、新型运输机、潜艇、预警机，增加F－15战机的电子战能力，在C－130H救援直升机上附加空中加油功能等，进一步提高远程投送能力和海上战斗力。

（四）“从推进统一运用和构筑日美共同应对体制的观点出发，在提高指挥和管理能力的同时，综合研究陆上自卫队的基本作战部队（师团、旅团）及方面军的部署问题。”[③] 为了“加强统一运用自卫队与联合运用日美军力”的基础，通过充分利用包括通讯卫星在内的高度信息通讯网络，加强一元化的指挥统制与情报共有体制，自卫队进行统一训练、以日美联合训练为首的各

---

① 首相官邸：「平成23年度以降に係る防衛計画の大綱について」。

② 日本防衛省：「中期防衛力整備計画（平成23年度～平成27年度）について」。

③ 首相官邸：「平成23年度以降に係る防衛計画の大綱について」。

种训练。[①]

（五）为防备“正式的侵略事态”，在必要的范围内，保有应对未来形势不确定性的变化的最小限度的专门知识和能力。

（六）不受惯例束缚，全面果断修改陆海空自卫队的预算分配，“排除纵向分配预算”。[②]

上述方针政策决定从“应对岛屿攻击”的作战部署及备战需要出发，一方面改变过去注重各兵种财政拨款均衡的“纵向分配预算”，将有限的资源向一线实战部队倾斜；另一方面，削减冷战时期配备的装备和人员编制，减少用于陆地战争的坦克、火炮和陆上自卫队的兵力，维持海上自卫队和航空自卫队的人数不变。调整部队的部署地区和自卫队的运用范围，重点加强西南岛屿等地区的警戒监视活动。实现将海上自卫队保有的潜艇从16艘增至22艘，增加“宙斯盾”导弹驱逐舰的数量，引进12架美国新型战斗机等军购目标。此外，针对“中国的海洋活动”和“岛屿攻击”，防卫省计划在西南岛屿部署自卫队填补驻军空白，今后5—8年，将在与那国岛、宫古岛、石垣岛上部署数百名陆上自卫队的“沿岸监视部队”。据共同社报道，西南岛屿的陆上自卫队目前只有驻扎在冲绳本岛上的2000人，完成岛屿部署后将增至4000人。

菅直人政府修订的《2011防卫计划大纲》，不但确定了日本自卫队“全天候”活动、积极自主开展“国际和平活动”等新职能，而且提出了“联合运用日美军力”的大方向，明示了相应的“基础”性的体制和能力建设——加强日美军力的一元化指挥和情报共有体制，以日美军力联合训练为首的各种军事训练和演习。从确立岛屿周边海空领域的优势，动用巡航导弹应对岛屿攻

① 日本防衛省：「中期防衛力整備計画（平成23年度~平成27年度）について」。

② 首相官邸：「平成23年度以降に係る防衛計画の大綱について」。

击，到“确保海上交通安全”，这些具有划时代性质的突破战后“专守防卫”框架的作战指针，都被涂上了“应对岛屿攻击”的“迷彩”。上述日本防卫领域的战略转变，是自民党政府想做而一直没有如愿以偿的。“国防帮”是自民党内强有力的派系，其主要作用是为自卫队的各部门争取财政预算。自民党政府与防卫省、日本各大军工企业之间早已形成了盘根错节的相互依存关系。出自“草根”的民主党基本上没有类似的背景。所以，菅直人政府敢于大刀阔斧实行改革，重新分配军费预算。使用炒作中国的海洋活动、渲染应对岛屿攻击的紧迫性的伎俩，为其改革防卫体制铺路，更重要的是，为落实据“岛”圈海计划，“国有化”中国钓鱼岛进行军事斗争的准备。总之，在应对岛屿攻击的招牌下，公布了新的建军方向、军力建设目标、具体路径，及其“正当性”和合理性。

事实证明，日本在挑起 2010 年“9・7”事件——在中国钓鱼岛海域非法抓扣中国渔船及船长事件之前，已经在谋划利用军事同盟框架“绑定”美国，要求美国在中日钓鱼岛争端中站在日本一边，借美国的军事优势恐吓中国，以保障日本顺利推进海洋战略。《2011 防卫计划大纲》重构日本自卫队体制的规定表明，日本已经把日美同盟的军事力量纳入日本对抗所谓中国威胁的战略布局，并着手重构日美“共用军力”的体制及基础。加强美军和自卫队的统一运用，是美国在冷战时期对日本提出的要求，美日“共有力量”也是 21 世纪初美国智库对日本政府的殷切希望。美方的意图是，让自卫队分担美军的任务，发挥更大的军事作用，巩固和扩大美军在亚太地区的军事影响力。如今，民主党政府终于积极要求美国共用军力了。不过，日本的意图是将美军为己所用，借美国军力对抗中国，把美国“绑在日本的战车上”，要求驻日美军在可能的中日军事冲突中将支援日本作为首要任务。显然，日方的企图偏离了美国推行亚太“再平衡”战略的方向，不能不引起美方的警觉。因此，美方在继续约束日本发展进攻性军力的同时，满足了日本加强日美部队联合训练的要求，通过向自卫队“传、帮、带”，重点培养其“岛屿防御能力”。2010年12月3—10日，日美双方的主要部队在日本各地举行了代号“利剑”的世界最大规模的海空联合军演。据防卫省参谋长联席会议（统合幕僚监部）公布，实战演习项目包括应对弹道导弹攻击，“防卫岛屿的海上和空中作战”是最重要的两项内容，“演练双方的联合行动要领，维持和提高统一运用的能力”。[①] 日本媒体把诸如此类的联合军演统称为日美联合“夺岛”训练。2011年1月举行的代号为“山樱”的联合模拟军演，检测“岛屿作战”时日美统一指挥系统和情报传递情况；2月在美国西海岸举行的“假想防卫离岛”等日美联合训练，演练“有事”之际两国部队的快速反应能力……日本自卫队通过与经验丰富的美国海军陆战队协同演练，快速提高海空作战能力。组建于2002年3月的“离岛防御特种战部队”，自2006年开赴美国参加首次日美联合“夺岛作战”训练后，至今已经在冲绳等地与美军进行过多次争夺岛屿控制权的联合演习。美军注重提高日美协同指挥作战能力，帮助日本自卫队加强海空一体战的军力，有利于扭转以美军为主、日本为辅的同盟关系。改善自卫队的军力建设局限在为美军拾遗补缺的状况，实现自卫队具备一定程度的“自我完善的军事性能”，早在20世纪90年代就是日本军方人士——如日本前参谋长联席会议主席、防卫厅顾问佐久间一，航空自卫队参谋广中雅之、海上自卫队参谋堂下哲郎等人的公开主张。[②] 10

① 防衛省統合幕僚監部：「平成22年度日米共同統合演習（実動演習）について」（平成22年11月11日）、http：//www. mod. go. jp/jso/press2010/press_ pdf/p20101111. pdf。

② 《军事研究》1999年4月号，第30、36~37页。

多年后，经民主党政府修改的防卫政策早已超出了他们的胃口。

第三节 日本军方引导对华舆论战

2010年以来，日本多数媒体加入宣传“中国军事威胁”的舆论攻势，种种极端言论见诸报端。例如，“中国一直把‘第一岛链’的内侧当作本国海域”，“中国稳步向‘第二岛链’扩大势力”；冷战结束后出现的“美国单极时代”似乎正朝着多极化的趋势发展，但亚洲整体的国际秩序迅速向“中国单极时代”迈进。美中两国似乎在不希望冷战时代再现这一点上达成了共识，但不可否认的事实是，国际秩序正以中国为中心发生变化。[①] 更有人危言耸听：东亚的美中军事平衡正在向中国倾斜。[②]“中国军队不仅意欲将包括日本实际控制的尖阁列岛（中国钓鱼岛及其附属岛屿——著者）在内的专属经济区纳入自身势力范围，还想要在冲绳南部、我国领土最南端的冲之鸟周围海域乃至西太平洋确立势力范围，挤压在这一地区占统治地位的美国海军力量。中国在部分地区举行的军事训练挑战美国的霸权，为日后进出整个太平洋做准备，将西太平洋纳入自身的影响范围之内。如果对此置之不理，任由中国从东海进入西太平洋的意图成为既成事实，那么美军的行动将受到强大制约，日美安保体制也将遭到弱化。如果真是这样的话，一旦日本海上生命线的要冲——台湾被中国统一，日本恐将沦为中国的属国。”[③] 诸如此类的谬论屡见不鲜，在误导日本普通民众和社会舆论的同时，助推日本扩军备战的势头。

---

① “中国的地缘政治学”，日本《选择》月刊2010年6月号。

② 渡部恒雄：“军事平衡向中国倾斜”，日本《经济学人》周刊，2010年5月18日号。

③ 平松茂雄：“这是欲将西太平洋纳入自身影响范围之内的行动”，《产经新闻》2010年5月21日。

日本政府特别是日本军方智库大肆炒作“中国军事威胁”，对日本国内外舆论发挥着专业导向作用。日本早在20世纪90年代开始鼓噪“中国威胁”，连续多年无理指责中国经费开支和军力发展“不透明”，在防卫政策文件中不厌其烦地“关注”中国。日本防卫省2011年出版的《防卫白皮书》再次提高指责中国的调门，用“高压应对”来描述中国“与包括日本在内的周边各国之间的利害对立”，[①] 赤裸裸地挑拨中国与周边国家之间的关系。《2011防卫计划大纲》甚至公然以“国际社会”自居，宣称“中国成为地区和国际社会的担忧事项”，毫不掩饰其敌视中国的立场。

日本防卫省防卫研究所编撰的《东亚战略概观2011》发起了新一轮的舆论攻势，用长达25页的篇幅表述“中国从协调到强硬”的变化，从中国“摸索对等的美中关系”、“在周边海域加深摩擦”、“中国军事情势”三个角度肆意臆断。例如，污蔑中国“在周边海域加深摩擦”，妄称中国20世纪90年代在南海表现“强硬”，20世纪90年代末至2000年初，“从强硬姿态大幅度转换为协调”，但从2009年3月开始，中国频繁展开护渔活动，与邻国之间的渔业纠纷增加，并且在南海举行多兵种的联合实弹演习，所以“中国在南海的行动频繁而强硬化”，中国还采取了妨碍美国海军舰艇航行的行动。又如，《东亚战略概观2011》这样表述“摸索对等的美中关系”：中国在美中经济与战略对话中，要求美国相互尊重对方的核心利益。但是，中国的“核心利益扩大化”，中国外交部发言人谈到，核心利益指“国家主权、安全、领土完整与发展的利益”，核心利益超出了台湾问题的范畴。“在中国国内，进一步扩张本国利益的定义的倾向

① 日本防衛省：「日本の防衛」（防衛白書）平成23年度、http：//www. clearing. mod. go. jp/hakusho_ data/2011/2011/html/n1231000. html。

正在加大，在对外政策方面也明显存在着在中国国力增强的前提下，将其转变为外交杠杆的思维”，中国军方引领中国的“政策调整”。“也许可以说，人民解放军表态先行，然后，在中国政府内实施政策调整，把军方的见解作为正式观点采用。”“围绕中国在国际社会中的权利主张的强硬论，在人民解放军内确实高涨起来，中国领导层关于外交和安全保障政策调整内部意见遇到困难。从这个意义上，不能不说包括军事关系在内，全面改善美中关系决非前景有望。”①

为了扩大引导国内外舆论的影响，日本军方颠倒黑白抹黑中国，污蔑在2010年4月间，“中国海军舰艇编队的直升飞机两次对警戒监视的日本海上自卫队舰艇异常接近”；9月7日又发生了“尖阁诸岛海面中国渔船冲撞事件”（“9·7”钓鱼岛非法抓扣中国渔船及船长事件——著者注），“中国在东海的强硬姿态，带来了促进日本与美国的安保合作的结果”。北泽俊美防卫大臣与盖茨国防部长在2010年5月25日于美国举行会谈时，关于“应对频繁活动的中国海军深化合作达成了一致”。9月23日，前原诚司外务大臣与希拉里国务卿在纽约会谈，希拉里“表明尖阁诸岛列入日美安保条约适用范围的立场”。10月11日，北泽俊美防卫大臣和盖茨国防部长在夏威夷举行会谈之际，盖茨发表了重要讲话：在中国扩大海洋活动之际，与海洋问题有关的国家进行协商是很重要的。11月，菅直人首相在横滨举行的亚太经济合作组织会议（APEC）会议期间与奥巴马总统会谈，菅直人首相对“美国在日中关系发生问题时一贯支持日本表示感谢”……“在日本国民层次上，对日美同盟和美军存在的重要性加深了认识。”罗列上述信息旨在强调日本军方的一个观点：中国在东海

---

① 日本防衛省防衛研究所編：『東アジア戦略概観2011』、「第4章中国、協調から強硬へ、2、周辺海域で深まる摩擦（1）南シな海をめぐる対立」、第91~119頁，第96~106頁。

采取强硬姿态制造摩擦，美国支持日本加强同盟合作。

《东亚战略概观 2011》宣称："中国海军和渔政等执法机构在东海、南海这些周边海域活动频繁，其中也有使相关各国产生忧虑的挑衅和强硬行动。中国在周边海域的这种新动向，促进了周边各国对强化军事力量的中国共有警戒感。"[①] 这是日本军方智库公然诽谤中国在东海和南海采取"挑衅和强硬行动"的记录。如此不负责任地指责中国的目的，无非是为了制造舆论：不仅美国支持日本，就连地处东海和南海的"周边各国"也和日本一样对中国持警惕态度。防卫研究所的中国问题学者只字不提日本自卫队的舰机在公海对中方进行近距离抵近侦察等高危行动，完全无视日本海上保安厅巡逻艇严重妨碍中国公务船在中国领土钓鱼岛附近海域执法的危险动作，一味主观臆测，罔顾事实，抹黑中国，无非是为了渲染中国的海洋活动成为"地区和国际社会的担忧事项"，力促美国支持日本应对中国，误导国内民众及国际社会，甚至企图通过发起舆论战"绑架"东南亚国家，妄称"周边各国"与日本"共有警戒感"。足见其舆论导向的规模、力度、无视事实的荒谬程度前所未有。

2011 年 4 月，防卫研究所的中国问题研究官抛出了第一期《中国安全战略报告》（创刊号），又一轮对华舆论战敲锣开场。2012 年 2 月、12 月，《中国安全战略报告 2011》、《中国安全战略报告 2012》相继出台。三册报告从不同角度渲染"中国军事威胁"，出版间隔越来越短，舆论导向性不断增强，抹黑中国的伎俩愈发炉火纯青。

炒作"中国的海洋活动"对日本及亚太地区造成负面影响是《中国安全战略报告 2011》的重点。这份官方出版物共分为 6 个

---

① 日本防衛省防衛研究所編：『東アジア戦略概観 2011』、「第 4 章中国、協調から強硬へ、2、周辺海域で深まる摩擦（2）東シナ海における対日摩擦」、第 109 ~ 111 頁。

部分，除前言和结语外，正文部分围绕4条主线展开：向海洋发展的中国；在南海引起摩擦的中国；挺进外海的中国海军；人民解放军在外交政策上的抬头。

（一）前言部分主要论述两个问题：一是“中国海洋权益的扩大”；二是“中国的非妥协性对外行动”。开场白为老调重弹——中国军费开支“大大超过日本，东亚地区中首屈一指”。重头戏是煽动鼓噪“中国如果在南海与声索国之间发生冲突，将威胁到包括日本在内的所有利用这一海上通道的国家的安全”。防卫省智库的学者从中国的东海划界主张说起：“与海洋相关的中国的政策动向，给日本的安全保障带来直接和间接的影响。中国的海洋活动在日本近海活跃化和常态化的影响自不待言，中国在南海展开的军事动向及外交的间接影响也相当之大。举例而言，将来若在南海发生偶然冲突，包括日本在内的，共有海上交通线的所有周边国家的安全保障都将受到威胁。而且，中国海军在海南岛正在建设大规模海军基地，海南岛不但扼守南海，而且也位于中国进入西太平洋的要冲。从太平洋军力平衡的观点而言，其动向也不容不关注。”总之，中国的东海划界主张、建造航母、国内军事设施的建设，以及遵循国际法的军事活动统统被贴上了“中国的非妥协性对外行动”的标签，被作为中国“打破太平洋军力平衡”的“证据”。此外，还有描述“中国的航母计划”的专栏，预测中国如将“瓦良格”号航母部署在南海，可能招致该地区的军备竞赛。①

（二）《中国安全战略报告2011》评估中国的海洋战略。其认为中国的海洋立法工作仍不充分，中国存在“海洋关联部门太多，政出多门的问题”，中国存在5个海上执法力量，此外，政府内部还有十余个对海洋行使管理职能和执法的部门。行政管理

① 日本防卫省防卫研究所编：《中国安全战略报告2011》，2012年中文版，第40页。

和执法方面都欠缺效率。副部级的国家海洋局“难以发挥综合协调职能”，海监“并不拥有警察的职权”，“拥有海洋警察权的是公安部指挥下的海警，然而，海警却又没有能力在广阔海域开展执法活动”。海监“只需在执行重大维权任务时协调、指挥其他海上执法力量的权限，借此谋取自身权限的扩大。而海警同样在谋取权限和实力的强化，渔政和海巡也都在建造大型舰艇，努力扩充实力”。“对于中国来说，维护海洋权益的重要性日益升高，然而，海洋有关部门和海上执法力量却在制定海洋战略过程中为权力和资源明争暗斗。”中国“海上执法力量纷纷引进新舰艇，扩大活动范围，特别是渔政和海监高调进入南海，屡屡采取强硬行动，挑起与相关国家的冲突”。“不仅是海军，海监和渔政等海上执法力量各自的维权活动也在增强。各执法力量希望通过维权活动来争取预算和权限的增大，可说是有着竞争的关系。在竞争逻辑的推动下，维权活动更加活跃，这也从侧面造成了中国总体上的强硬姿态。”日本军方之所以不厌其烦地絮叨中国各涉海部门之间的“内斗”，就是为了论证“内斗”造成了中国对外“总体上的强硬姿态”，以推卸日本打破中日两国领导人达成的搁置争议的共识，严重恶化中日关系的责任。

（三）《中国安全战略报告 2011》继续用很大篇幅表述中国“在南海引起摩擦”，恶意挑拨中国与东盟国家之间的关系。例如，“中国在南海的一系列强硬行动，使东南亚各国对中国一向宣传的‘和平发展道路’失去了信任”。为了恢复东盟各国对中国“一度失去的信任”，中国“必须显示出更进一步的协调态度。为此，在制订‘行为准则’方面需要有具体的行动”。[①] 这类渲染中国在南海引起摩擦的内容，同样是为了阐释

① 日本防卫省防卫研究所编：《中国安全战略报告 2011》，2012 年中文版，第 3、11、17、21 页。

日本将中国作为“地区和国际社会的担忧事项”的伪命题，片语不提日本一面在东海挑衅中国领土主权激化东海争议，一面插手南海争议，扩大日本在东南亚地区的军事及准军事存在的活动。

（四）刻意夸大中国海军“挺进外海”。《中国安全战略报告2011》不但处心积虑地离间中国与东南亚国家间的关系，制造这些国家与日本立场一致的假象，而且浓墨重彩渲染中国海军的活动针对美军，杜撰出中国海军的两大目标：第一目标是“进入西太平洋对美军航母机动舰队试图逼进中国的行动给予一定的反制”；第二目标是“提高对美国的核威慑力”。“骚扰‘无暇’号”则是为了实现“提高对美国的核威慑力”而排除障碍，“要求美军停止在中国附近的情报收集工作，此可理解为是对美国设施‘法律战’”。为了突出日本能够在对抗中国方面发挥非常重要的遏制作用，《中国安全战略报告2011》在“对东亚安全的影响”一节中，深入解读了中国的海洋活动：中国海军穿越东海在西太平洋开展舰队训练已常态化，情报收集机频繁飞越东海上空相当活跃。东海和南海一样是中国进入海洋的重要通道，将来中国在东海的军事力相对提高后，在这一海域也开始采取在南海显示出的强硬态度的可能性很高。[①] 中国符合国际法的军事活动为何“影响东亚安全”？日本军方学者的答案是：“中国意图削弱美军在本国周边海域存在，强化在东海军事作战能力的措施是一个避不开的课题。南海周边各国的军事力与中国相比大为落后，在该海域没有永久据点的美军的存在感也不算很强，因此，南海是一个较易行使军事影响力的海域。而另一方面，在东海，中国正面对的便是日本，而美军在日本拥有基地，维持着强大的前沿战斗力，中国要增强其军事存在就不那么容易。”显而

① 日本防卫省防卫研究所编：《中国安全战略报告2011》，2012年中文版，第22页。

易见，渲染中国影响东亚安全的目的是为了恶化中美关系，彰显日本对美国的军事价值，强调日本是美国在亚太地区军事存在的强有力的支撑。

（五）《中国安全战略报告2011》极力宣扬“人民解放军在外交政策上的抬头”，误导国内外舆论。其指责中国在2010年“再使南海问题升温，引起中国与周边国家及美国的摩擦与对立”；中国利用海军和海洋执法力量推进南海活动的中长期目标之一，是提高对美国军事力量的抵抗能力。人民解放军在外交政策上的抬头，执着于核心利益。日本军方学者炮制出“中国领导人与防务部门对核心利益的态度不同”的观点，称中国领导人仅限于台湾问题，防务部门不仅要求美国停止对台军售，也继续强烈要求美国舰机停止在中国专属经济区内的军事活动，“在围绕领土主权和海洋权益的安全问题上军方表态的增加是一个新的趋势”。不难看出，日本军方智库对中国“内斗”的炒作，从海洋执法部门提升到中国领导人与中国防务部门的层次上。通过预设上述“场景”，展开推论，最后加以总结：中国这样做带来的结果是，中国外交磋商“陷入僵局”，因为中国把“维权”和着眼于将来“远海作战”的增强军事实力放在优先位置上，“因此谋求局势稳定化的外交谈判的余地不大”。① 这就是说，中国军方表态增加已成趋势，中国通过外交途径解决东海、南海争议——此路不通。另一条路径绝非外交谈判，只能是在近海和远海使用武力。“远海作战”的对手，非美国莫属。由此可见日本防卫省智库学者逻辑推理的专业水平。

《中国安全战略报告2011》刊行十个月后，防卫省智库又出版了《中国安全战略报告2012》，抹黑中国“内斗”的舆论战，

① 日本防卫省防卫研究所编：《中国安全战略报告2011》，2012年中文版，第19、22、32～33页。

又把矛头对准了中国人民解放军与中国共产党中央之间的关系，抛出了两个伪命题：一个是“外界对中国军队‘文官治军’的关注日益高涨”；另一个是“牢不可破的党军关系与面临课题的政军关系”。日本军方学者用“有人提出质疑”、“有人提出看法”的手法写道：“党中央是否对军方与政府做到了统一管理”，“中国军方决心改变中国外交的游戏规则”，对此需要从日本的外交与安全政策的视点加以关注。中国是否经过充分的协调之后采取对外行动，这一点是危机管理的重要课题。接下来，他们提出两个“如果”让读者思考：“如果人民解放军与国务院各大部委未经协调就分头开展活动，这对于党中央而言，尽管在政策上并不重要，但由此引发对外危机的频度将会上升。反之，如果各个部门之间充分做好调整，这也意味着党中央对于该项行动赋予了明确的政治目的，日本应该有意识地采取应对措施。”[①] 这就是说，如果是解放军独自活动，必然“引发对外危机的频度上升”，从中可以得出解放军能够挑起和激化钓鱼岛争端的结论。“军队独走”是20世纪日本军国主义统治日本发动对外侵略战争的出发点，人们对此记忆犹深。通过与历史相联系的方式进行引导，不仅能够让日本民众接受中国“侵犯日本领海”的官方宣传，而且有利于制造中国“打破现状”对外军事扩张的假象，有利于日本在道义上占上风。反之，如果不是解放军单独行动，而是各部门经过充分准备后采取的行动，就意味着在党中央出于“明确的政治目的”的领导下，中国政府有组织有计划地“与周边国家及美国制造摩擦与对立”，日本对此应该采取应对措施。日本军方学者用这种“二选一”的方法设问求解，无论读者怎样选择，结果都是一样——中国之所以不能通过外交途径解决纷争，原因是中国军方或党中央导致中国对外采取强硬行动，这就是

① 日本防卫省防卫研究所编：《中国安全战略报告2012》2012年中文版，第2页。

“中国成为地区和国际社会的担忧事项”的原因。事实证明，防卫省智库在日本插手南海争议，尤其是“国有化”中国钓鱼岛前后抛出的三册《中国安全战略报告》，用“贼喊捉贼”的伎俩抹黑中国，掩盖日本的战略意图与破坏东海局势稳定的行径。为日本军方引领多数媒体参与对华舆论战定下了统一口径：“我们认为，人民解放军的言行在先，而军方部门与外交部门的协调在后。”①

为了提高舆论战的效果，日本军方学者在炮制《东亚战略概观》和《中国安全战略报告》时经常使用四步诱导法，即“肯定—断定—诱导—求证”。第一步，首先肯定中国：“中国展示出愿为维护国际秩序的稳定而和平行使自己强大力量的态度。如联合国维和活动、人道主义援助、救灾和国际紧急救援等等非传统安全领域的活动，向国际社会具体地展示协调态度”——这种表述可以使读者对表述内容产生客观并且没有恶意的好感。第二步，一口咬定中国要打破国际秩序：“中国想改变国际体系及规则的愿望膨胀”——突然且尖锐地提出问题，引起读者的兴趣。第三步，提出两个问题让读者思考选择：“中国想改变国际体系及规则的愿望膨胀而影响对外政策和国防政策否，抑或是中国与国际社会相互依存关系的深化足以有理由让中国回避纷争，将强大力量用于维护国际秩序稳定否？”——这一设问手法限定了读者的思考范围，只能选择“是”或“否”。第四步，为读者提供唯一的判断标准：“中国在海洋争端上如何应对，便是‘试金石’”②——诱导读者自己证实“中国强硬应对”海洋争端。日本军方学者使用四步诱导法对读者进行洗脑，逐步引导读者认同

---

① 日本防卫省防卫研究所编：《中国安全战略报告 2012》，“军队与外交部门的政策协调”，第 24 ~ 25 页。

② 日本防卫省防卫研究所编：《中国安全战略报告 2011》，2012 年中文版，第 35 ~ 36、38 ~ 39 页。

“中国想改变国际体系及规则的愿望膨胀”，必然导致“影响对外政策和国防政策”，不能“回避纷争”，更不能将强大力量用于维护国际秩序，最后得出否定中国“展示协调”的结论。这就是防卫省的出版物不厌其烦地炒作中国“强硬应对”、进行“挑衅”的深层含义。

日本军方学者的惯用伎俩是偷换概念。这个手法的诀窍在于，用“强硬”二字偷换了国际法和国际规则的法律概念，诱导读者按照“强硬”或“不强硬”来否定或肯定中国遵循国际法维护国家主权和海洋权益的合法行为。事实证明，日本表面上言必称“国际法”，实际上不但目中无法，而且将日本的国内法妄称为“国际法”或“基于国际法的论理的法律”，混淆国际社会的视听。按照日本军方的判断标准，中国只有接受日本及其他国家侵占中国岛礁的事实，“不强硬”应对海洋争端，才能不“影响对外政策和国防政策”、“回避纷争”，“将强大力量用于维护国际秩序”。这样一来，日本即可达到永久霸占中国钓鱼岛及其附属岛屿，实现拥有世界第6位的“海洋国土”的战略目标了。中国南海岛礁主权的声索国、陆地领土的声索国的领土主张也能够实现了。防卫省的中国问题研究官们，引导媒体参加舆论战并误导国内民众的外宣伎俩，堪称独门绝技。通过以上实例解析，可见日本军方主导对华舆论战之冰山一角。

综上所述，日本防卫省防卫研究所绞尽脑汁炮制《中国安全战略报告》系列等外宣出版物，旨在给中国打上“打破现状”的烙印，支持日本政府污蔑中国挑战国际秩序破坏亚太地区稳定，制造中美关系紧张氛围，达到日本挺身抑制“中国的海洋活动”，掌握地区准霸权的目的。

第三章 民主党推出“动态遏制”战略

2010—2012年，日本民主党政府围绕修订日本防务战略方针共炮制出10个文件。其中包括菅直人内阁和安全保障会议审议通过的政策文件，如《2010年防卫白皮书》、《关于2011年以后的防卫计划大纲》、《中期防卫力量整备计划（2011—2015年）》、《2011年防卫白皮书》、《2012年防卫白皮书》，此外还有防卫省防卫研究所刊行的官方出版物，如《东亚战略概观2011》、《东亚战略概观2012》、《中国安全战略报告》（创刊号）、《中国安全战略报告2011》、《中国安全战略报告2012》等。其中，《2011防卫计划大纲》和《2011中期防卫力量整备计划》等政策文件表明，民主党政府确定了以“动态遏制”为核心的新防务战略，正面应对“假想敌”中国，通过各种途径构筑“动态防卫力量”，凸显日本自卫队全面配合美国推行亚太“再平衡”战略，实现日本在军事领域“重返亚太”。

第一节 “动态遏制”理论及战略意图

名曰“动态遏制”战略的新军事战略，核心内容是通过“构建动态防卫力量”，对“中间区域的安全保障问题”实施

“动态遏制”。下面梳理并分析《2011 防卫计划大纲》等系列文件关于“动态遏制”的理论、基本概念及其战略意图。

（一）“动态遏制”的理论及基本概念。“动态遏制”不同于传统的遏制。就传统的遏制理论而言，军事力量发挥着“惩罚性遏制”与“拒止性遏制”的重要作用。但是，它唯独在两种状况下无效：一种是对手采取不给对方应对时间，企图变更现状的既成事实化战略（faitaccompli）；另一种是侦探对方动用遏制力量底线的侦察活动（probing）。这两种“失败的遏制类型”是传统遏制理论的盲点。为此，应该转变两分法的思维逻辑——区分把握“平时”与“有事”两种事态，采取两种不同的应对措施的思维逻辑，聚焦平时与有事之间的“中间区域”。日本军方对此充满了自信，“这个转变为重构遏制理论提出了新方向”。①

关于中间区域的概念，日本军方认为，从当前的安保环境看，在不能说是平时、也不能说是有事的中间区域内，军事力量活动的重要性增加。“虽然这种活动的烈度不高，但这种活动长期、平时、持续进行，正在普遍化。”② 在日本周边，尽管发生大规模纷争的可能性降低，但平时却在进行着频繁的军事活动。虽然这些军事活动不能说是违法的，但却包含着侵害日本权益的可能性。这种活动不是攻击行动，与传统的“遏制”的对象明显不同。2010 年 2 月美国发表的《四年防务评估报告》（QDR）也明记了“军事力量在中间区域发挥重要作用的观点”。即“在将来的战略环境中，正在增加既不是完全战争，也不是完全和平的灰色区域这一重要课题”。日本军方主张，对照《2011 防卫计划大纲》的相关内容，能够观察到两个文件有着“明确的相似性”。

① 『東アジア戦略概観 2011』第 234 頁。

② 「解説：新防衛大綱と日米防衛協力——動的日米防衛協力に向けて」、『東アジア戦略概観 2011』、第 242 頁。

所以，为了使从事中间区域活动的对手打消念头，“有必要重新构建‘遏制’的概念”。有关中间区域的概念形成过程显示，日方将中间区域挂靠在美方提出的“灰色区域”上，作为炮制新防卫理论及政策的根据。借用美国《防务评估报告》中的一个观点，为遏制普遍化、常态化的中间区域的军事力量的活动，“重构”传统的遏制理论，其目的就是为了推出动态遏制理论及动态遏制战略。

（二）“动态遏制”战略的内涵可概括为以下5点：1.“动态遏制”的对象不是侵略和武力攻击等军事行动，主要是根据区分平时和有事的标准难以采取军事应对行动的对象。尤其是上述用传统的遏制方式难以奏效的“既成事实化战略”和“侦察活动”，这是进行“动态遏制”的主要目的。简言之，日本针对中间区域的安全问题制定了“动态遏制”战略。2.“动态遏制”能够发挥的作用是，使对手认识到通过既成事实化战略和侦察活动，成功改变现状的可能性不大。当然，“动态遏制”也有局限性，它难以直接打消对手把军事行动升级到武力攻击或侵略的念头。所以，传统的遏制能力依然是最终解决问题的手段。3.“动态遏制”的性质不同于传统的遏制。构成动态遏制的各种活动，不是应对正式的军事活动的“惩罚”和“拒止”。但是，动态遏制必须基于传统的遏制能力，需要实际动用军事力量才能实现，实施动态遏制的关键在于“运用防卫力量”。4.“动态遏制”的三原则：一是保持获取情报的优势，重视警戒监视和收集情报；二是加强训练和演习；三是加强国际安全合作。“通过这些活动表明在时间上、地理上‘无缝’应对，打消对手的行动念头。”5.“动态遏制”作为新的遏制方法论，“在拒止性遏制的文脉上，补全了传统的遏制理论”，但这并非忽视传统遏制力量的作用。如果说，构筑“基础防卫力量”主要着眼于如何建设自卫队，“建设动态防卫力量”则聚焦如何运用自卫队。《2011 防卫计划大纲》从“统一”和“战略”的角度加强自卫队的能力建设，不再把防卫力量的作用分成“平时遏制”与“发生事态时的处置”两部分，而是“注重在平时与有事的中间区域，让防卫力量保持能动、持续和常态的活动”。[①] 日本军方阐释的上述内容表明，“建设动态防卫力量”、“动态遏制”中的“动态”二字的含义，远远超出了“机动”的范围。

（三）从《2011 防卫计划大纲》的具体规定分析“动态遏制”战略的意图，可以认为，日本防卫的首要目标“确保周边海空领域安全”，次要目标“应对岛屿攻击”，作为动态遏制战略的核心，集中体现自卫队“动态遏制”假想敌中国的战略意图。

1. “确保周边海空领域安全”没有明示地理范围。答案写在“应对岛屿攻击”的规定中。即“包括以巡航导弹应对在内，在确立岛屿周边的防空态势的同时，确保周边海空领域的空中优势及海上运输线安全”。[②]“岛屿周边”覆盖下述地理范围：（1）中国钓鱼岛列岛及其周边海域；（2）中日专属经济区划界重叠海域；（3）靠近台湾地区及中国钓鱼列岛的西南岛屿；（4）中国海军编队进出太平洋的国际水道——西南岛屿中间的国际海域；（5）日本违背《联合国海洋法公约》，用两块岩礁在第一岛链和第二岛链之间圈占的 42 万平方公里的“冲之鸟岛专属经济区”；（6）不存在国际争议的日本专属经济区及大陆架。上述区域全部囊括在日本的海洋战略之内。其中，存在中日领土主权及海洋权益争议的区域，无一不与中国的国家主权、海洋权益及国家安全利益相关，中国在这些海域的合法活动，都被日本划归“动态遏制”的对象——“中间区域事态”。2. 按照“动态遏制”的第一

① 『東アジア戦略概観 2011』、第 230 ~ 231 頁，第 233 ~ 235 頁。
② 首相官邸：「平成 23 年度以降に係る防衛計画の大綱について」。

原则，《2011 防卫计划大纲》规定，对已经存在“中间区域的各种事态”的周边海域加强实际控制。日本自卫队与海上保安厅相配合，通过在海空领域进行常态巡逻、近距离尾随跟踪等加强收集情报的活动，及时发现并迅速处置问题，这种称为“警戒监视”的遏制活动，已经在东海等海域付诸实施。3.《2011 防卫计划大纲》针对中国军力迅速发展的状况，大幅提高应对“武力攻击岛屿”的用兵力度，规定自卫队在采取“警戒监视”活动的同时，必须做好“应对岛屿攻击”的准备：“迅速部署可机动运用的部队，与平时部署的部队联合阻止、排除对岛屿的攻击。在此之际，包括以巡航导弹应对在内，在确立岛屿周边的防空态势的同时，确保周边海空领域的空中优势及海上运输线安全。”[①] 上述规定明示防卫岛屿的“底线”：（1）使用巡航导弹应对“岛屿攻击”；（2）动用“平时部署”和“可机动运用的部队”；（3）作战区域包括“周边海空领域”；（4）作战目标扩大到“确保周边海空领域的空中优势及海上运输线安全”。即日本决定通过“动态”运用军事力量达到遏制中国的目的。通过“警戒监视”活动，对“中间区域事态”如中国海军和海警等执法机构的活动进行遏制，宣示岛屿防御“底线”对中国进行战略威慑：如果中国在钓鱼岛或对日本西南岛屿采取军事行动，自卫队将在包括海上运输通道的大范围内，与中国展开一场较大规模的“海空一体战”。日本政府文件从不承认存在中日领土争议，因此，应对岛屿攻击实际上包括中国钓鱼岛列岛。

综观“动态遏制”战略的理论和基本概念，可以得出以下结论：

1.“动态遏制”作为日本的新军事战略，基本上沿着重视多边合作的“奥巴马主义”的脉络，将国际安全合作领域作为日本

① 首相官邸：「平成23年度以降に係る防衛計画の大綱について」。

新战略的组成部分，主要针对那些不违反国际法的规定，但可能危害日本利益的“中间区域”的安全问题；在既不能发动武力攻击，也不能任其发展下去的情况下，找到了一条运用军事力量加以遏制的“中间道路”。这是“动态遏制”与传统的遏制（凭借军事力量的“存在”发挥遏制作用）之间的根本区别，凸显实用功能。其实，这也不过是中国古代兵法的翻版，即把“用兵，不战而屈人之兵”，演化为“联合他国用兵，不战而屈人之兵”。

2. “动态遏制”战略的政治意义不容忽视。“中间区域”毕竟不同于“有事”——发生战事或紧急事态。动用军力实施遏制，有悖于日本禁止使用武力解决国际争端的宪法第 9 条等现行法律。为了解决这个问题，日本将这种可能侵害日本权益的状况称为“事态”，炮制出动态遏制中间区域事态的理论，并据此修订军事战略，开辟出一条在非战争、非武力冲突的条件下，动用自卫队遏制“假想敌”的新路，轻而易举地摆脱了二战后颁布的日本和平宪法限制拥兵、用兵以及用兵形式的羁绊。如今，日本已无需顾忌国内外对其平时动用自卫队的质疑。日本军方振振有词：当今，军事力量在国际社会中的作用更加多样化，例如，在打击海盗等非传统安全领域内，军事力量发挥重要作用的机会正在增加。①

3. 日本军方刻意淡化其“动态遏制”的理论建树，将中间区域的概念，挂靠在美国《四年防务评估报告》中提出的灰色区域上这并不是为了证明日本无意独树一帜。日本军方强调：“如果日美双方认识到在中间区域活动的重要性，今后的日美防卫合作，也有必要朝着更加重视动态的方向进行。”② 由此可见，日本

---

① 首相官邸：「平成 23 年度以降に係る防衛計画の大綱について」。

② 「解説：新防衛大綱と日米防衛協力——動的日米防衛協力に向けて」、『東アジア戦略概観 2011』第 242 頁。

真正的目的在于，从双方对安全形势评估的"相似性"，导出日美同盟在发生"中间区域"问题时采取联合行动的必然性，要求美军承担动态遏制"中间区域事态"的同盟义务。这就是说，联合他国用兵，首先要与美国一起共同用兵，应对中国在"'中间区域' vs '灰色区域'"的活动。"建设动态防卫力量"，"动态遏制"中间区域事态，是一整套的战略规划，这也是著者将《2011 防卫计划大纲》推出的新军事战略称为"动态遏制"战略的主要依据。

第二节　建设"动态防卫力量"

为了落实《2011 防卫计划大纲》的上述规定，日本决定彻底改革自卫队的军力配置，通过以下路径建设动态防卫力量：(1) 构建一元化的安全保障体制，彻底改革冷战型军力配置及军力运用方针；(2) 深化日美同盟关系实施动态防卫合作；(3) 在亚太地区加强双边和多边安全合作框架，联结成"多层次的亚太安全保障网"。

(一) 构建一元化安全保障体制，改革冷战型防卫力量。《2011 防卫计划大纲》提出，从"统一"和"战略"的角度构建一元化安保体制，北泽俊美防卫相强调："在军队等实力组织平时在日本周边频繁活动的状况下，只有各相关机构紧密协作，才能迅速、无缝进行处置。"① 内阁官房、防卫省及自卫队、警察、海上保安厅、外务省、法务省等各相关部门平时加强协作，发生"事态"时，以内阁首相为中心，迅速、准确作出决断，协

① 日本防衛省：「『平成 23 年度以降に係る防衛計画の大綱』及び『中期防衛力整備計画（平成 23 年度 ~ 平成 27 年度）』の決定について（防衛大臣談話）」（平成 22 年 12 月 17 日）、http：//www. mod. go. jp/j/approach/agenda/guideline/2011/daijin. pdf。

调地方公共团体，实现政府一元化应对。统一内阁府与各政府部门之间的关系，从战略出发加强横向收集情报的活动，实现共有情报、通信功能和应对网络攻击的能力，在此基础上推进开发和利用宇宙。此外，有必要在首相官邸设立国家安全机构，供“相关内阁成员调整政策，向内阁首相提出建议”。

《2011 防卫计划大纲》确定的建军目标是：自卫队必须“具备快速反应性、机动性、灵活性、持续性及多用途性”，根据军事技术水平的动向，在高端技术力量和强大的情报力量的支撑下，建设能够更有效地发挥遏制及处置能力的动态防卫力量，“主动开展进一步稳定亚太地区安保环境、改善全球安保环境的活动”。[①] 为贯彻这一目标，从以下 4 个方面实施军事改革：1. 统一指挥，“加强以幕僚监部的功能为首的指挥统制”能力。2. 建立高效运用体制，通过“重组、建立联合部队、集约、形成据点等”，加强各自卫队的横向运用能力。3. 推行结构性改革，裁减冷战时期的武器装备，对自卫队的装备、人员、编制、配置，实施高效化、合理化改革，向真正需要的能力建设方面有选择地集中投入资源，改革防卫力量的结构。4. 优先“通用型”能力建设。例如，“具备非对称的应对能力”、“不可替代的能力”。包括西南地区在内，重点建设警戒监视、海上巡逻、防空、应对弹道导弹、运输、指挥通信等功能。[②] 这些改革措施反映出民主党政府决心彻底改变以往注重各兵种财政拨款均衡的“纵向分配预算”，将有限的资源向一线实战部队倾斜。尤其是针对自卫队的老大难问题作出了精“干”简政的明确规定，力图改变部队中军官比例偏高的状态，实现一线战斗人员年轻化，“一兵多能”，“一军多用”，通过“战略性地部署”自卫队，加强部队

---

① 首相官邸：「平成 23 年度以降に係る防衛計画の大綱について」。
② 首相官邸：「平成 23 年度以降に係る防衛計画の大綱について」。

的横向运用能力。这是“建设动态防卫力量”的第一路径，也是需要依靠“日本自身的努力”实现的目标。

（二）深化日美同盟关系实施动态防卫合作。除了美国应一如既往向日本提供核保护伞，日美安保体制发挥“遏制高度武力纷争”的作用之外，日本要求进一步深化和发展同盟合作。“强化日美安保体制的政策”包括：1. 继续加强以往的各领域的合作：情报合作；包括“周边事态”在内的各种运用合作；弹道导弹防御合作；装备和技术合作等。此外，“为了提高并扩大延伸抑制的信任程度”，日美同盟应协商情报保护问题。2. 扩大和深化日美防务合作：日美同盟在警戒监视活动中加强合作，扩大日美两国、“日美+1”三边合作，以及包括日美的多国之间的联合训练。3. 增加日美两国军力共同使用的设施和区域，包括日本自卫队的设施，也包括设在日本和美国的美军设施及区域等。4. 从平时做起加强各种合作，日美协商国际维和事务，国际紧急救援活动，应对海盗行动等，在地区及全球活动中推进和强化日美合作。[①] 以上内容表明，日方要求美方不但要承担平时威慑日本的假想敌、“有事”时承担保卫日本的同盟义务，而且要承担“动态防卫合作”的义务，共同应对“中间区域事态”。

按照日本军方智库的解读，日美动态防卫合作应该包括3个方面：第一，为实施切实有效的抑制，平时加强日美联合行动，如日美合作进行警戒监视、共同训练、扩大共用设施、装备技术合作等；第二，为进一步稳定亚太地区的安保环境，推进日美韩、日美澳三边合作，在地区多边框架中推进日美合作；第三，为改善全球安保环境，在国际和平活动中加强日美合作，在反恐、反海盗、失败国家对策上作出贡献，加强应对气候变化、宇宙及网络攻击等全球性问题的合作。上述日美合作内容，与

---

① 日本防衛省：「中期防衛力整備計画（平成23年度~平成27年度）について」。

《2011防卫计划大纲》关于日本防卫力量发挥三个作用的规定紧密相关，[①] 即自卫队必须发挥有效遏制和应对侵略及各种事态、进一步稳定亚太地区的安保环境、改善全球安保环境三个作用。自卫队的这三个作用，“都具有与盟国进行合作的重要意义”，深化日美同盟合作，“日美动态防卫合作不可或缺”。日美动态防卫合作将与自卫队发挥上述三个作用“产生协同效果”。[②] 日本军方的解读表明，自卫队既要单独履行三个职责，也要与美军共同履行三个职责，以获得“1 +1 >2”的协作效果。这意味着日本自卫队将与美军在日本及其周边、亚太以及全球范围内与美军共同行动，日美同盟的价值将从亚太地区的“公共财产”，扩大为全世界的“共同财产”，实现日美同盟的亚太化和全球化。日本军方的胃口如此之大，不能不令人称奇。就美国而言，军方一向态度积极，超党派智库也一再加温促成。继2000年发表《美国与日本：迈向成熟的伙伴关系》（INSS报告，又称《阿米蒂奇报告Ⅰ》）后，2007年又发布了《美日同盟——让亚洲沿着正确道路走到2020年》（即《阿米蒂奇报告Ⅱ》），要求日本突破宪法束缚全面配合美国的军事行动，实现两国“共有力量”。[③] 然而，日方比较在意《阿米蒂奇报告Ⅱ》强调日美两国“对中国采取协调一致的态度”。[④] 自小泉内阁以来历届政府一直在解除“行使集体自卫权”的制约上徘徊，不愿被美国拖入不符合其自身利益的战争，同时也对美方人士提出的“中美共治”（G2）的主张保持高度警惕。日本民主党上台后，为了“在为霸权地位而奋斗

---

① 日本防衛省防衛研究所編：『東アジア戦略概観2011』、第242～243頁。

② 「解説：新防衛大綱と日米防衛協力——動的日米防衛協力に向けて」、日本防衛省防衛研究所编：『東アジア戦略概観2011』第242頁。

③ INSS特別レポート：『米国と日本：成熟したパートナーシップに向けて』（2000年10月11日）、http://www.h5.dion.ne.jp~hpray/shakai/yuujihou/yuujirekisi.htm。

④ 第2次アーミテージ報告：「米日同盟、2020年に向けアジアを正しく方向付ける」（2007年2月16日）、http://www.kyodo-center.jp/ugoki/kiji/070216armitage.htm。

的美国、企图成为霸权国家的中国之间的夹缝中”，解决“维持日本政治和经济自立、保卫国家利益”的难题，[①] 乘美国军费拮据之机，决定在接受美方“力量共有”的要求的同时，将驻日美军纳入“动态遏制”战略为己所用。日方的真实意图在于：第一，要求美军参加“警戒监视”活动，日美联手“动态遏制”中国的海洋活动，此举具有防止“中美共治”论变成现实的意义；第二，扩大日美双边以及日美与其他国家间的多边联合军演，赋予日美同盟稳定地区安全局势的“公共性”和“公益性”；第三，日本在向美军开放自卫队基地及军事设施的同时，要求自卫队使用位于日美两国的美军设施，在政治上彰显日美地位“对等”，在军事上扩大自卫队的海外活动；第四，指定自卫队与美军共同参与全球性安全合作的课题，如协商国际维和业务，国际紧急援助，应对海盗行动等。通过这类合作，自卫队不但能够规避违反“行使集体自卫权”的法律规定，更重要的是，可以有效控制日本被美国拖入反恐战争的风险，还能用美军作“盾牌”，提高自卫队的人员及基地的安全系数。总之，“建设动态防卫力量”的第二途径是实现日美“力量共有”，在日本周边发挥“动态遏制”中国海洋活动的作用，在亚太地区发挥日美主导并整合地区安全合作框架的作用，在国际维和等全球安全领域中，通过加强日美合作，在帮助美国的同时，提高日本的国际地位和影响力，扩大日本在国际安全事务中的军事存在。

（三）在亚太地区加强双边和多边安全合作框架，联结成“多层次的亚太安全保障网”，是建设动态防卫力量的第三途径。如前所述，《2011 防卫计划大纲》之所以把“进一步稳定亚太地区的安全保障环境”和“改善全球安全保障环境”作为两个不

---

① 鳩山由紀夫：「私の政治哲学」、『Voice』2009 年 9 月号、第 140 ~ 141 頁。

同的目标，就是为了“区别日本在亚太地区展开的安保政策与在全球展开的安保政策”，因为日本对亚太的安全政策占据最重要的地位。所谓加强亚太地区的国际安保合作框架建设并实现“联网”，包括多层次的国际安全合作：1. 充分发挥自卫队处理地雷、哑弹等能力，推进实质性合作，“支援地区各国的能力建设”。2. 与“共有基本价值”并且在安全上“共有利益”的韩国和澳大利亚，加强双边及包括美国的多边合作。3. 与“传统的合作伙伴”东盟各国维持并加强安保合作。4. 与“共有海上交通安全等共同利益”的“以印度为首的相关各国”加强合作。“共有利益”的定义是“切实保障从非洲、中东到东亚的海上交通安全等方面的共同利益”。5. 利用东盟地区论坛、东盟国防部长扩大会议等多边框架，“在维护区域秩序和规范问题上构建实际合作关系”。6. 与价值观和安全保障利益不同中国和俄罗斯，开展非传统安全领域的合作。在加强以上 6 个层次的国际合作的基础上，日本“在亚太地区，致力于多层次组合亚太双边和多边安全保障合作并使其网络化，与日美同盟相辅相成，有效稳定地区的安全保障环境”。① 北泽防卫相特别强调：“多层次推进与各国的协调活动”是“运用防卫力量”的第三原则，② 日本军方特别强调，这是“规定动态防卫力量的内容的非常重要的因素”。构筑亚太安全保障网的目的不仅是为了协调应对，更重要的是采取实际行动，运用防卫力量“包括为解决问题而采取实际行动的合作，有必要在各种局面中，多层次推进两国及多国之间的协作”。③ 所以，上述国际安保合作是日本构建动态防卫力量的三大组成部分之一。

---

① 首相官邸：「平成 23 年度以降に係る防衛計画の大綱について」。

② 「『平成 23 年度以降に係る防衛計画の大綱』及び『中期防衛力整備計画（平成 23 年度~平成 27 年度）』の決定について（防衛大臣談話）」（平成 22 年 12 月 17 日）。

③ 『東アジア戦略概観 2011』、第 232 頁。

综上所述，《2011防卫计划大纲》从彻底改革陆海空自卫队着手，提高军力部署的战略性，加强日美同盟体制的利益互换性。日本通过调整军力配置及指挥系统，加强日美动态军事合作，组建国际安全合作框架等途径，建设动态防卫力量，对中间区域的各种事态实施动态遏制，矛头直指假想敌——中国。从2004年修订《防卫计划大纲》至今，日本不但解除了战败后“专守防卫”的束缚，而且从参与反恐、防扩散等应对全球性安全问题的实践中，摸索出日本21世纪的安全保障之路——立足亚太，全面扩大和加强自卫队参与国际安全合作的框架建设，将日美同盟作为“亚太地区的公共财产”，以实现日美“共治亚太”。日本要求驻日美军承担以支援日本为“首要”任务的对等义务。同时，联合美国的盟国、友好国以及与日本“共有利益”的国家，构建“多层次安全保障网”，对中国实施“动态遏制”，建立仅次于美国的地区霸权。

第三节　“动态遏制”战略的意义及特点

“动态遏制”战略完成日本从“专守防卫”向外向型防卫战略的转变，促进日本调整对外战略结构，开启自卫队全面参与亚太国际安全合作的新时期。可以说，日本防卫战略的外向型转变始于《2005防卫计划大纲》，至《2011防卫计划大纲》完成转变。《2005防卫计划大纲》首次并列“防卫本国”与“国际和平活动”,[①] 国际维和活动成为自卫队的两项基本任务之一。从此，自卫队在保卫本土的同时承担反恐支援、战后重建、救灾等国际维和及人道主义援助任务，注重“有效应对新威胁和多种事态”的能力建设。在此基础上，《2011防卫计划大纲》关于自卫队的

① 日本防衛省:「平成17年度以降に係る防衛計画の大綱」。

国际活动的规定进一步增加，要求自卫队积极参加双边安全合作，努力构建安全保障合作框架并实现联网。出于建设动态防卫力量的需要，日本对国际维和、地区及全球性安全合作、救灾等人道主义援助活动以及政府开发援助（ODA）等对外政策进行“战略重组”，[①] 力求对外军事交流合作与外交、经贸、对外经济援助等紧密结合，重点投放战略资源，解决排序优先的重要课题，实现国家利益的最大化。这些变化表明，21 世纪前 10 年以获取能源和稀缺资源为主要目标的“资源外交”后退到第二线，[②] 2010 年后，以构建亚太安全保障网为目标的国际安保合作框架建设成为日本亚太战略的首要课题。ODA 等外交活动也随之转变为“安全外交”活动，为发展日本的国际安全合作的对象服务。建设动态防卫力量，不但要与共有安保利益的国家建立新合作框架，而且要整合自民党建立的日澳、日美澳、日印等双边或三边安全合作框架，把它们联结成“亚太安全保障网”，与日美同盟相辅相成，共同维护和制定美日主导下的“国际秩序”和“国际规则”，以此抑制中国的崛起。这些转变充分体现了日本民主党政府重视“运用自卫队”的政策变化。从自卫队介入国际关系领域开展“安保外交”、“安保合作”的角度上说，没有“历史认识包袱”的民主党政府，比自民党更加无所顾忌。从日本军事战略的纵向发展上看，这也是日本谋求铲除战败国的痕迹，实现所谓国家正常化的政治势力发展壮大的必然结果。在这股强大的政治力量中，恢复日本对外战争能力的政治夙愿，远远高于党派之间的歧见。

必须看到的是，与自民党历届政府相比，民主党政府制定的

---

① 首相官邸：「平成 23 年度以降に係る防衛計画の大綱について」。

② 详见李秀石：《日本新保守主义战略研究》，“第九章‘资源外交’加强综合安全保障战略”，时事出版社 2010 年版，第 166 ~ 184 页。

防卫战略创新大于继承。第一，民主党政府更加重视建立“全天候”型的务实合作关系，提出了国际安全合作的新标准——适应“各种局面”，构筑“实际合作关系”。第二，民主党政府在自民党政府推行的意识形态色彩浓厚的“价值观外交”的基础上，提出结交安全合作伙伴的新标准——“共有安全保障利益”。民主党政府选择对外合作对象国的标准是，兼顾价值观和安全利益。因此，在日本的安全合作伙伴中，“美国的盟国”、“友好国”排在第一位，“共有价值观”的国家次之。中、俄、朝三国不符合上述标准，但也可以进行非传统安全合作。第三，日本与安全合作伙伴开展安全的目的之一，是为了使中国在国际社会采取所谓的负责任的行动。说到底，是为了组建日本主导下的“亚太地区安全保障志愿者联盟”。第四，日本自卫队通过支援安全合作伙伴国的“能力建设”等途径，不断拓展参与亚太国际安全合作活动。著者认为，在美日经济地位相对弱化的情况下，日本作出了在地区安全领域“崛起”的战略抉择。

日本防卫战略发生巨变的主要原因是，民主党执政后的“去草根”化。经历普天间美军基地搬迁问题的“洗礼”之后，以民主党为主的联合政府，淘汰了反对美军基地的偏左的理想主义。除了顾及联合执政伙伴社民党的反对，阻止修改“武器出口三原则”外，在重大防卫问题上，民主党政府基本没有与自民党抗衡对峙。近年来，日本朝野大党围绕安保问题在国会展开激烈斗争的情景近乎绝迹。这正是失去政权的自民党梦寐以求的“太平盛世”。

相对而言，民主党政府制定的动态遏制战略加强了战略“自立”，日美同盟关系凸显利益置换，日美同盟进入“对等”发展的新时期。日本在日美同盟体制内的地位发生了重大变化：1. 日美两军间的“主从”关系，向“对等”关系转变。例如，自卫队从承担美军的防空、补给等辅助性任务，提升到联合收集军事情报，为美军间谍船等护航；又如，日本以提供美军基地及其费用为交换条件，要求美军承担维护日本安全利益的动态遏制、动态合作的义务；再如，日本在向美军开放自卫队基地及设施的同时，要求自卫队享有使用美军基地及设施的同等权利，其中包括美军在美国国内的基地和设施。这些都是民主党政府努力争取日美地位对等的结果。2. 经过21世纪前10年的战略调试，日本已把封堵中国海军穿越第一岛链进入西太平洋活动作为承担同盟义务的主要任务之一。在不存在高烈度的中美军事对抗的现状下，日本制定以中国为主要假想敌的“动态遏制”战略并且要求美国分担，首要动因是为了是确保日本“安心与安全”。日本抓住美国推行“亚太再平衡”战略的机遇，将所谓中间区域的安保问题作为防卫战略的重心，通过建设动态防卫力量，在亚太安全领域进行战略扩张，在加强日美同盟的同时，提高日本的军事存在，凸显日本军事战略的自立性。战略自立与战略自主或战略独立并不是完全对立的关系。自立是量变，是独立的基础；独立是质变，没有自立便没有独立。但是，在日美双方的战略目标大部分重叠，两国的战略利益交汇点扩大的条件下，日本寄居在同盟体制框架内成长壮大，建设“能战国家”，远比“独立门户”要容易得多。3. 日美两国亚太战略的利益交汇点扩大，“共同战略目标”增加：（1）中国海军经过日本西南岛屿之间的国际水道开赴西太平洋，是日美双方加强防范的重点。（2）在提升日韩双边军事合作关系的过程中，美国极力从中撮合，日本民主党政府凭借“不美化侵略历史”的优势，努力构建日韩“准同盟”合作框架——签署日韩军事情报保护协议，遗憾的是，在韩方国内政治力量的强烈反对下只差“临门一脚”——未能签署文件。（3）日本不但配合美国“搅局”南海，还在亚太地区合纵连横，组建应对中国海洋活动的“志愿者联盟”。日美在保障海洋“航行自由”这一伪命题上的合作，是日美共同战略利益的新增长点之一。（4）日方提出扩大“日美+X”联合军演，一举三得：符合美国掌控亚太安全局势的战略意图，有利于自卫队规避来自侵略历史“负资产”的不利影响，有利于减少地区各国在中日之间“二择一”的顾虑。（5）自第一次安倍内阁以来，自民党政府提出构建“多层次安保框架”的设想，为民主党政府建立“亚太安全保障网”的政策奠定了基础。这也成为民主党政府要求日美地位“对等”的筹码——美国需要日本协助其整合亚太地区的安全框架。日本利用美国战略东移强化战略自立，与美国进行利益置换，尤其要求美国支持日本对中国钓鱼岛及其附属岛屿的领土主张，为实现日本的“新海洋立国”战略提供军事支持。对于战后半个多世纪“免费搭乘安全车”的日本而言，无论自卫队与美军合作，还是“日美+X”模式，都能收获“狐假虎威”的效果。因此，日本争取战略“自立”而非“独立”，要求地位和权益“对等”，但不完全接受美方的战略安排。双方在互利互惠的平衡点上，逐步走向关系“对等”。美国把日本当作“提款机”，对日本政府颐指气使的时代结束了。

动态遏制战略的出台，证明日本防卫战略的覆盖范围急遽膨胀：从20世纪80年代日本协助美军防卫“关岛以西、菲律宾以北”的1000海里的水域、90年代模糊地理概念的“周边”，膨胀到立足亚太地区，覆盖包括“从非洲、中东到东亚的海上交通要道”在内的广阔地域。确保海上通道安全，同样是关乎中国国际贸易、对外经济合作、资源能源进出口等能否稳定发展的命脉。2011年7月7日，在日本74年前发动全面侵华战争的“卢沟桥事变”这一天，在亚丁湾的战略要地吉布提，举行了航空自卫队的永久性基地的挂牌仪式，以应对海盗为名派出的自卫队，从此有了“能够进行长期活动”的基地，不再借用美军基地。[①] 这不仅是日本战后建立的第一个海外军事基地，也是有史以来第一个建在非洲的基地。吉布提基地不仅象征着日本前所未有的战略扩张，而且预示着自卫队参与该地区国际安全活动趋向常态化、规模化。

在中日两国的经济、安全战略中，海洋皆占据极其重要的地位。日本“动态遏制”中国海洋活动的军事布局，正在引发中日之间的战略对抗，不能排除在钓鱼岛海域发生擦枪走火甚至局部武装冲突的可能性。日本通过立法和制定防卫战略等推进海洋战略，致使中日原本可以通过“搁置争议共同开发”缓解的结构性矛盾，发展为双方战略意志的较量。日本违背国际承诺，摆出要与中国存在领土及海洋权益争议的声索国联手构筑“中国包围网”的架势，严重破坏了中日战略互惠关系。

最后，谈谈“构建动态防卫力量”与“构建机动防卫力量”的区别。国内有研究把日文“動的”（出自日本防卫省防卫研究所的英译词为“Dynamic”）翻译成“机动”，将“動的防衛力を構築する”译成“构筑机动防卫力量”，而著者译为“动态”、“建设动态防卫力量”。理由是，“动态”即保持防卫力量活动的状态，在时间和空间上“无缝应对”各种事态。“机动”则是在“有事”时调动防卫力量赶赴现场，不能全面表现时空的连续性。如果把“动态遏制”作为“机动遏制”、“机动防范”，既不符合前述日本军方的理论阐释，也不易理解日本“补全”传统的遏制理论的建树及战略新思维。日本内阁官房长官仙谷由人发表的推介《2011 防卫计划大纲》的谈话也证明了这一点。仙谷强调：“‘建设动态防卫力量’是新防卫计划大纲的一大特色。”[②] 因为

---

① 「ジブチの自衛隊海外拠点で開所式…海賊対策強化」、『読売新聞』网站 2011 年 7 月 7 日。

② 首相官邸：「内閣官房長官談話」（平成 22 年 12 月 17 日）、http：//www.kantei.go.jp/jp/tyokan/kan/2010/1217danwa.html。

"建设动态防卫力量"，包括整合国内安保体制，有针对性地加强和提升军力配置及作战指针，深化日美同盟合作，构建亚太安全保障网等一整套的战略安排，如果译成"构筑机动防卫力量"或将产生误解——仅仅是对《2005 防卫计划大纲》的微调。因为，"提高防卫力量的'机动性'"，是自民党修订的《2005 防卫计划大纲》的建军目标。此外，如果按照"机动"翻译或表述，难以理解"构建亚太安全保障网"为何是"构建动态防卫力量"的三条路径之一。建设动态防卫力量包括了"机动性"。"机动"与"动态"一字之差，涉及对日本民主党的军事战略的整体判断。

第四章　野田政府全面深化日美同盟合作

2011年9月2日，“自卫官的儿子”野田佳彦出任首相后，民主党政府进入配合美国推行“亚太再平衡”战略，深化日美同盟合作的“深水区”。2012年4月27日，美国国务卿希拉里、国防部长帕内塔与日本外相玄叶光一郎、防卫相田中直纪出席了日美安全保障协商委员会（SCC）（“2+2”磋商），会后联合发布了文件。这次协商会议的结果表明，野田内阁不但完全修复了因普天间基地搬迁问题一度受损的日美关系，而且进一步提高了日本在日美同盟及美国亚太战略中的地位。同时也反映出美国政府加大笼络日本为己所用的对日政策，进一步深化、提升了日美同盟合作。

第一节　“2+2”磋商打开美军重组僵局

日美联合发布的文件显示，两国的外交和国防部长主要讨论了以下议题：1. 日本政府欢迎2012年1月美国国防部发表的优先向亚太转移防务重心的意图和新战略方针。双方强调，亚太地区的安全环境越来越不确定，必须落实日美安全保障协商委员会于2011年6月21日发表的“共同战略目标”，明确加强“介入的途径”，向亚太各国表明日美两国的战略意图。2. 决定调整日美安全保障协商委员会于2006年5月1日发表的《实施重组日美路线图》，将美国第三海军陆战队机动部队（ⅢMEF）的人员从冲绳搬迁关岛与搬迁后归还嘉手纳机场以南土地两个问题，与普天间基地替代设施问题是否取得进展分开处理。3. 双方强调，日本努力发展“动态防卫力量”以及加强包括西南诸岛的防卫态势的防卫战略，“加强了同盟的遏制力”。双方注意到，包括举行适时而有效的联合训练、共同展开警戒监视和侦察活动，以及共用军事设施在内的两国之间的“动态防卫合作加强遏制力”。4. 双方重申，上述措施将为防卫日本、进而为整个亚太地区的和平与稳定作出贡献，强调上述调整将加强美军与自卫队的相互运用性，促进关岛发展为战略基地。美国的意图是，为了在地区继续保持美国海军陆战队兵力的前沿部署，构筑地理分散的兵力态势，把海军陆空任务部队（MAGTF）驻扎在冲绳，在关岛、夏威夷、澳大利亚轮流驻扎兵力。“在各地确保具备高度作战能力的美国海军陆战队的存在，在加强抑制力的同时，能够灵活、迅速应对各种紧急事态。”①

美日“2+2”磋商的主要内容分为四个部分：

（一）美军驻关岛及冲绳部队的兵力结构。双方决定，由两国政府关于搬迁后美国海军陆战队最终驻扎在关岛及冲绳的兵力结构进行调整。美方向日方通报了亚太美军重新部署的最新情况：留守冲绳的美国海军陆战队包括第三海军陆战队机动部队司令部、第一海军陆战队空军兵团司令部、第三海军陆战队总后勤补给司令部、第三十一海军陆战队机动部队及海军陆战队的太平洋基地维护人员及其他人员。此外，美国正在关岛形成海军陆战

---

① 日本外務省：「日米安全保障協議委員会共同発表」（2012年4月27日）、http://www.mofa.go.jp/mofaj/area/usa/hosho/pdfs/joint_120427_jp.pdf。

队的“机动性存在”，包括第三海军陆战队机动旅的司令部、第四海军陆战团及第三海军陆战队的空中和地面的机动部队等。驻扎关岛的美国海军陆战队的兵员定额约5000人，在澳大利亚和夏威夷轮流驻扎，美国政府在西太平洋地区维持现有的军事存在并加强军事能力。[①] 这意味着在大约1.9万名驻冲绳的美国海军陆战队官兵中，有9000名官兵及其家属将迁至关岛、夏威夷和澳大利亚，剩余约1万名美军继续驻扎在冲绳。双方确定了美军重组的费用分担。日本政府在总计86亿美元的美军搬迁费中承担31亿美元，其中包括已经在2009年达成的协定中支付的部分，无需提供贷款及其他方式的财政支援，余下的美军搬迁费以及可能追加的费用由美国政府承担。日方承担的费用还包括“修整日本以外的训练场所”的开支。两国政府为了把关岛发展为“战略基地”，同时为了减轻美军驻扎对日本当地的影响，将不断评估安全环境的变化，考虑在地区范围内探索促进两国“动态防卫合作的新框架”。两国政府将“研究把关岛及北马里亚纳群岛联邦内的训练场所，作为美军和自卫队的共同使用设施进行修整的合作”，在2012年末指定具体合作领域。

（二）促进地区和平、稳定及繁荣的新倡议。新倡议的宗旨是，再次宣示日美加强“实效、高效、创造性的合作极为重要”。双方敲定了两项措施：其一，美国考虑继续支援在本地区的盟国及伙伴国，通过训练和演习，构筑“促进地区和平、稳定及繁荣的能力”；其二，“日本政府考虑各种增进地区安全的措施，例如，包括按照战略需要灵活使用政府开放援助（ODA）向沿岸国提供巡逻艇”。即美方将持续开展与盟友及伙伴国的多边演习，保持常态化的军事存在和遏制力，日本除参加日美军演和“日美+X”等多边军演外，以ODA方式向中国南海岛礁主权的声索

① 日本外務省：「日米安全保障協議委員会共同発表」（2012年4月27日）。

国、海上通道沿岸国提供巡逻艇，增强这些国家对抗中国的海上实力。显然，日本搭车美国“亚太再平衡”战略，实现日本“重返亚太”扩大军事存在的战略方针得到美方的支持，成为美国“再平衡”战略中的组成部分，形成了互利互补的责任分担——美国负责提供驻军、领衔军演、军事援助、扩大海军陆战队的落脚点等，整合亚太地区国家的军队及美军设施；日本负责从硬件和软件上援助中国南海岛礁主权的声索国，提供巡逻艇、培训海警等援助，增强其海上实力。以上是双方确定的“有效、高效、创造性的合作”的主要内容。

（三）冲绳县驻日美军基地的整合及归还土地。在基本不改变驻日美军重组路线图的前提下，两国政府为减轻冲绳县当地民众的负担，决定部分调整计划：在第三海军陆战队机动部队（ⅢMEF）从冲绳搬迁关岛后，不必等待解决普天间基地的替代设施问题，即可将嘉手纳机场以南的土地全部或部分归还日本。双方将嘉手纳基地以南的5处美军设施分割成13块，分为“迅速归还”、“ⅢMEF搬迁后归还”、“基地设施搬迁后归还”三个阶段归还给冲绳。[①] 美国官员对分阶段归还美军占用的土地十分乐观，认为“这等于打开了冲绳问题的死结”。但日方的反应并不一样，由于因先期归还的土地面积不大，因此很难启动冲绳当地的全面重新开发，“迅速归还”美军长期占用土地的象征意义大于实际意义，两国政府煞费苦心缓解冲绳民众的反美情绪。日本媒体普遍认为，普天间基地搬迁仍旧是一大棘手问题。冲绳县一直强烈反对将驻日美军普天间基地搬迁至县内名护市边野古地区的现行计划，今后随着美国国会的介入，将会使问题更复杂，困扰日本政府的“老、大、难”问题并没有彻底解决。

---

① 日本外務省:「日米安全保障協議委員会共同発表」(2012年4月27日)。

（四）普天间机场的替代设施及普天间机场搬迁。针对鸠山政府在这个问题上有过“动摇”，美方重申，普天间机场的搬迁地必须符合“运用上有效、政治上可行、财政上可负担、战略标准上达标”的条件。双方重新确认了在施瓦布营地边野古地区及其毗邻海域建设普天间机场替代设施的计划，“继续实施迄今特别指定的唯一有效的解决办法”，为维护同盟功能并避免“普天间机场固定化”尽快解决替代设施问题。此外，“2 +2”共同文件还肯定美军重组取得了重要进展，包括扩大向关岛转移飞机训练活动的计划，向横田基地搬迁空军总队司令部，向座间基地搬迁陆上自卫队的中央快速反应集团司令部等。最后，双方表明了“从更广阔的视野探讨日美同盟的作用、任务和能力（RMC）的意向”,[①] 寓意日美同盟还有更大的军事合作空间有待开辟。

此次日美“2 +2”磋商在冲绳美军搬迁关岛问题上取得较大进展有多方面的原因。为了打破僵局，双方在讨价还价的过程中都作出了一定的让步。著者从以下三个角度评述协商的成果及意义：

第一，美军搬迁关岛有利于加强亚太军力部署。一向鼓吹“美国遏制中国”的《产经新闻》，把驻扎冲绳的美国海军陆战队搬迁关岛，说成是美国对中国在亚太地区扩大军事活动作出的“快速反应”，是“一箭三雕”之举。美国政府为了减轻来自议会的压力，需要推动普天间基地的搬迁。2012 年 1 月，美国发布了新军事战略，一方面大幅削减驻扎亚太的地面兵力，另一方面在亚太加强军力部署。“减轻冲绳负担”打破僵局，避免议会施压，应对中国军队增大的威胁，提高美军在亚太地区的作战能力，是美国与日本展开交涉的“一箭三雕的折中方案”。如果说，冲绳的美军基地是连接日本九州、台湾和菲律宾，针对中国的

① 日本外務省：「日米安全保障協議委員会共同発表」（2012 年 4 月 27 日）。

“第一岛链”的中枢基地，那么，冲绳的美国海军陆战队迁往关岛的美军基地，就是把关岛强化为连接从小笠原群岛开始的“第二岛链”的中枢基地。除关岛以外，冲绳的美国海军陆战队还将被派遣到夏威夷、菲律宾和澳大利亚。更重要的是，美军推出了新战术——迁出冲绳的海军陆战队不是固定驻扎在各个基地，而是秘密轮换部署以提高机动能力。搬迁关岛的另一个理由是，中国军队的中程弹道导弹提高了性能，射程覆盖冲绳和关岛的美军基地。用美国国防部官员的话说，部分美军搬迁关岛以后，即使受到中国军队的攻击，美军在前沿分散部署的战斗力也能确保“双手自由”。①

第二，日本“重返亚太”的防卫战略扩张得到美方的支持。美国部分认同了日本在军事及政治上“重返亚太”的战略目标，认为日本努力发展动态防卫力量，加强包括西南岛屿的防卫态势，加强了同盟的遏制力。但是，对于两国进行“动态防卫合作”——举行“适时而有效的联合训练”，“共同展开警戒监视和侦察活动”等，美国并没有同样表示认同，会后共同发表的文件仅停留在“双方注意到”的表述上。显而易见，这是美国在日本为了对抗“中国军事威胁”而捆绑美军的政策选项上保持高度警惕的表现，美国并非一概认同或支持日本在亚太地区进行战略扩张，特别是企图借助美国军力获取日本自己的利益。

第三，突破“瓶颈”进一步深化了日美同盟合作关系。通过此次协商，日美双方终于跨过了横在实现深化同盟合作这一战略目标前面的一道障碍。正如日本外相玄叶光一郎在磋商结束后举行的新闻发布会上反复强调，双方“成功实现了普天间基地迁移问题与其他问题的切割”。跨过这道障碍，在很大程度上缓解了日美军事合作纠缠于普天间基地搬迁问题难以进展的困局。至

① 「グアム先行移転“一石三鳥”の米戦略」、『産経新聞』2012年2月8日。

少，两国政府可以从更宽阔的视野来审视日美同盟的战略规划，探讨双方的利益交汇点，拓展更大的合作空间。日美同盟合作的“瓶颈”，指分摊驻日美军重组费用的难题。媒体透露的消息表明，双方在搬迁费用上存在巨大分歧。早在2010年7月4日就有媒体报道说，美国国防部长盖茨向日方发出信函，要求日方增加承担美军驻冲绳海军陆战队移师关岛的费用，美方认为电力等基础设施的搬迁费超出了当初的预算，至少需要追加数百亿日元。[①]

2012年3月8日，在日本“3·11”特大地震海啸灾害一周年之际，《读卖新闻》网站传出一则消息：有人在美国当地时间7日透露消息称，美方要求日方增加驻冲绳美军搬迁关岛的费用，将从原先的28亿美元（约合2240亿日元）提高到40亿美元（约合3200亿日元）。从4月15日起，美国负责亚太事务的副国务卿坎贝尔开始在东京四处奔波，先后与外务省北美局长伊原纯一、防卫省政策局长西正典会面，一再要求必须在预定于“2+2”磋商会后共同发布的文件内，写入日本负担搬迁费的数额。坎贝尔说：“不可能有不写明金额的共同文件。”16日，坎贝尔又与北泽俊美防卫相会面，他甚至用29日启程访美的野田首相“说事”：如果日方坚持己见，“日美首脑会谈是不可能成功的”。驻日美国大使鲁斯积极配合坎贝尔对日方施压。鲁斯不但与野田首相一起用餐，而且还与坎贝尔一起会见北泽防卫相、长岛昭久首相辅佐官，说服日方接受坎贝尔的主张。在日美安全保障协商委员会举行正式会议之前的前期协商中，日美双方进行了一场“口水战”。美方最初要求日本政府，把在2006年日美关岛搬迁协定中承诺的分摊费用的上限28亿美元，增加到41亿美元。但日方仅同意按照美国物价上涨的幅度增加到31亿美元。另外，

① “美要求日方追加美军移师关岛费用”，《人民日报》2010年7月5日。

美方还要求将金额写入日美安全保障协商委员会共同发表的文件中，日方则担心此举会对国内讨论提高消费税问题产生负面影响。然而，美方突然在17日改变了态度，告知日本不必写明日本承担的搬迁费数额，就连自卫队与美军共同使用的美属北马里亚纳群岛的基地设施修整费，也可以按照日方的意向，作为关岛协定的“非公开数字”。据传，这是因为美国国会担心，如果与日方相持不下继续拖延，日本提高消费税后，野田首相将更难作出政治决断，“要从日本提钱的话，还是现在合适”。[①] 就这样，日美两国政府于2012年4月18日就修改驻日美军重组路线图进行协商，敲定了日方负担的搬迁费用。“瓶颈”是这样突破的。根据2006年日美政府达成的协议，美军移师关岛相关基础设施修缮费用的总额，经估算定为102.7亿美元（约合8216亿日元），日方负担60.9亿美元，其中，日本政府同意将司令部办公楼、士兵宿舍和生活相关设施费用共28亿美元作为支出的上限，美方不必偿还，余下的32.9亿美元（约合2632亿日元），是日方为美军的家属住宅和修缮基础设施而提供的贷款。经过此次协商，双方决定日本仍然按照原来商定的上限支付28亿美元（约合2260亿日元），考虑到当时美国物价上涨的因素增至31亿美元（约合2500亿日元），日本不必负担原来商定的32.9亿美元的贷款。以上金额均不写入会后共同发表的文件。[②] 玄叶外相会见记者称，美军整体搬迁费总额为150亿—180亿美元。而日本除了支付此前达成协议的28亿美元之外不再承担其他费用。坎贝尔也在华盛顿发表讲话：调整美军重组计划“突破了长期停滞的冲绳问题”，期待通过分阶段归还美军设施“减轻冲绳县民的

---

① 「日米共同文書：金額明記で攻防、米が恫喝まがい、一転譲歩」、『毎日新聞』2012年4月27日。

② 「グアム移転：日本負担31億ドルに、米と大筋合意」、『毎日新聞』2012年4月19日。

负担，作为好邻居构筑紧密关系”，“把位于冲绳县宜野湾市的美军普天间机场搬迁到该县的名护市边野古的现行计划，是最终的解决办法”。[1]

在2011年的地震、海啸、核泄漏的三重灾害打击下，日本已经无力发挥美国的“提款机”的作用。况且，日方多年来一直对支付驻日美军及其家属的水电费甚至花匠的工资不满。通过这次协商，日本拒绝了美国增加搬迁费至41亿美元的要求，并且无需支付32.9亿美元的搬迁贷款，民主党政府有理由对国民展示讨价还价的成果。美国政府鉴于日本国内反对民主党政府提高消费税的呼声越来越强烈，审时度势作出了让步，最终走出了僵局。尽管不能完全排除今后双方可能秘密交涉相关费用的可能性。日本全面配合美国的“亚太再平衡”战略，美国基本认同了日本《2011防卫计划大纲》中提出的“构筑动态防卫力量”，通过“构筑亚太安全保障网”，对“中国的海洋活动”进行“动态遏制”的新军事战略，并将把日本军事“重返亚太”的战略扩张，纳入美国的战略轨道，双方实现了战略利益互换。日本防卫政策有关自卫队与美军共同使用日美两国的军事基地及军事设施的规定不仅落到了实处，而且满足了日本向亚太地区扩大军事存在的战略需求——双方决定美军和自卫队可以共同使用在关岛及北马里亚纳群岛的美军基地进行训练或联合训练，日本为此承担相关基地设施的修整费用。况且，日本还决定加强“运作政府开发援助（ODA）的战略性”，向中国南海岛礁主权的声索国及周边国家提供巡逻艇及人员培训等援助，全面支持美国搅局南海。这种利益互换不但使美方从日本提取31亿美元的关岛搬迁费更加顺畅，而且有利于今后继续从日本索取。解决以上难题对双方

---

① 「キャンベル国務次官補『行き詰まりを打破』米軍再編計画中間報告」、『産経新聞』2012年4月27日。

而言都具有彰显日美同盟是“亚太地区安全保障的基石”的政治意义。美日两国通过此次磋商把双方共有战略资源提高到新水平上。

当然，落实上述日美共同文件仍有难度。文件仅规定美军分阶段向冲绳当地返还包括普天间机场在内的6个军事设施，但并未明确返还的具体期限。这是冲绳当地民众最不满意的。日本冲绳县名护市的市长稻岭进也对此表示强烈反对：“无法接受普天间基地的县内迁移方案。”冲绳县知事仲井真弘多认为，“如果没有明确要求美军尽早返还基地的话，协议就没有意义。”

日美“2＋2”协商发表的共同文件，对于美国推行“亚太再平衡”战略具有非常重要的意义。美国保守智库兰德公司副总裁安德鲁·赫恩高度评价说：“我认为这是件大事，多年来这一直是美日关系的主要障碍，它挡住了前进道路。”《华尔街日报》援引华盛顿官员及分析人士的话称，协议有助于美日安全保障关系正常化，从而讨论更多的重要战略问题，比如弹道导弹防御、中国军队的现代化等，而非继续纠缠于冲绳基地问题。《华盛顿邮报》4月27日评论说，冲绳的普天间基地一直被美日双方视为遏制中国军事侵犯的关键部分，但这个嘈杂的基地位于人口密集的城市区，冲绳居民早就忍无可忍。《纽约时报》认为，从冲绳撤出部分士兵，可以使美国国防部腾出地面部队在太平洋地区轮流驻扎。美国官员表示，随着增加部队轮换和海军舰艇的访问，美国在亚太地区的总兵力不仅不会减少，还可能相对增加。五角大楼官员称，这样可以提高美军应对中国可能扩张的能力，而且不减少对朝鲜半岛的遏制力。在美方的一片赞扬声中，没有一句提到冲绳县民的态度。

日本媒体解读文件的基调空前一致：日美共同牵制和应对中国。《东京新闻》4月27日称，美国将以机动灵活著称的海军陆空特遣队分散到关岛、夏威夷和澳大利亚的所有部署，都是以强化震慑力量为主，用来牵制中国扩张军备。日本时事通讯社报道说，把“日本自卫队将和美军共同使用美属北马里亚纳群岛的训练设施”写入文件，是为了应对和牵制在东海频繁活动的中国。《产经新闻》大胆预测：从夏威夷至关岛，再到澳大利亚，美国在亚太实施“巡回部署”。作为“巡回部署”另一个据点的菲律宾的巴拉望岛和吕宋岛，很有可能被选作日、美、菲三国共同使用的军事训练基地。此外，日本自卫队还将使用美国位于美属北马里亚纳群岛的天宁岛的美军基地。通过让美军和日本自卫队分散部署，能够使日美军队在遭受到中国等国的第一波次攻击后，仍然可以进行反击，旨在强化日美军队的“抗打击性”。[①] 由此可见，通过这次日美“2 +2”磋商，日美大致解决了美军重组与日本推行“动态遏制”防卫战略之间的衔接问题，开通了日美同盟覆盖亚太的道路。同时也为野田首相的访美之行创造了良好的氛围，两国首脑终于无需在普天间基地搬迁问题上耗费精力了。

第二节　日美《面向未来的共同愿景》

2012 年 4 月 29 日，日本首相野田佳彦访问美国，这是自 2009 年 9 月日本民主党执政以来，日本首相对美国的首次国事访问。4 月 30 日，奥巴马总统在白宫用了 2 个小时与野田佳彦首相举行会谈并共进午餐，这是近年访美的日本首相所没有过的高规格待遇。野田此行的最大成果是，两国首脑举行会谈后发表了日美两国关系的长期战略规划——题为《面向未来的共同愿景》的日美共同声明，这也是民主党三届政府对美外交的顶点。从日本外务省公布的会谈内容不难看出，日本对美国及其亚太战略的立

① “美日宣布：9000 名美军陆战队将开始撤出冲绳”，《环球时报》2012 年 4 月 29 日。

场，以及日本在日美同盟中的地位变化。

日美首脑高度赞扬了日美同盟60年来的作用：作为亚太地区和平、安全和稳定的基础，支撑日美两国之间的“全面伙伴关系”。日美两国在政府和民间部门的各个领域内进行广泛的合作与对话，特别是在2011年“3·11”大震灾中，日美同盟成为“紧密连接两国民众的纽带”，具有双向的民意基础和朝野共同参与的特点。双方一致认为，“两国人民的紧密纽带和我们的同盟，是我们面向未来的共同愿景的最大的财富。”为了发展未来两国人民之间的牢固的纽带，双方通过“加强纽带项目”和“朋友倡议”等，努力加强所有层次的人员交流，努力增加就读对方学校和大学的学生、研究人员的数量，进一步推进互相往来和旅游。双方决心实现以上共同愿景，在上述领域和其他领域扩大合作，使同盟更加强大。[①] 两国首脑用驻日美军在天灾中的高效救灾活动“朋友作战”，一笔勾销了60年间冲绳县内的32座美军基地占用大量土地，破坏了环境，美军飞机起降等造成的噪音污染，美军士兵的交通肇事、酗酒、性暴力及其他刑事犯罪等，给当地民众带来的人祸。

美国与日本民主党政府首次在共同声明中确认了“共有价值观”，强调日美同盟对于亚太地区的重要性，与此同时，两国还担负着在全球范围内进行合作的使命：日美共有民主主义、法制、开放的社会、人权、人员安全保障、自由而开放的市场的价值观。上述价值观是日美两国今天共同参与全球性课题的指针。数十年来，日美关系为世界经济增长的重要中心亚太地区以及超越亚太地区的和平与稳定作出了贡献。“我们重申，日美同盟对于亚太的和平、安全保障、经济繁荣不可或缺。”此外，日美共

① 日本外務省：「日米共同声明：未来に向けた共通のビジョン」（2012年4月29日）、http：//www. mofa. go. jp/mofaj/kaidan/s_ noda/usa_ 120429/pdfs/Joint_ Statement_ jp. pdf

同声明中还有如下表述：日美将与地区伙伴共同努力，促进相互理解、信赖及透明性，尊重地区的多元性。[①] 此前日美在共同发表的文件中从未提过“尊重地区的多元性”，美国是否反省了在中东地区推进“民主化”的失败教训，转为“尊重”亚太地区的多元性？是否包容社会制度和意识形态不同的国家？显然，这是日本民主党政府表述技巧的智慧结晶。

日美共同声明《面向未来的共同愿景》，是野田政府与奥巴马政府关于日美同盟的作用与责任达成的重要共识。

（一）深化日美同盟合作。野田高度评价此前两国“2＋2”协商扩大日美同盟合作的重要进展——提高“海洋、宇宙、网络等国际社会公共空间”的安全保障水平，通过共同训练等促进和发展自卫队与美军的运用合作。同时，野田希望美方研究军民共用横田机场问题，在这一困扰日本多年的难题上取得进展。双方决心切实履行日美“2＋2”协商达成的各项协议，野田特别对日美主导治理海洋、宇宙、网络等国际公共空间，“共同运用”日美军力，表示出高度的重视。“共同运用”是日美两国“共有力量”的升级版表述，即日美共有并共用两国的军事力量。

奥巴马与野田宣称，面对亚太地区的各种课题，进一步加强日美安保和防务合作。其中包括日本《2011防卫计划大纲》所规定的“构筑动态防卫力量”和美国的“亚太再平衡”战略。按照调整后的美军重组计划，努力构建地理上分散、运用上更具有抗打击性的兵力态势，进一步提高日美同盟应对地区多种紧急事态的能力。

（二）关于日美两国在亚太地区的合作。双方确定了日美主导并联合“地区伙伴”塑造亚太秩序的大方向。野田强调双方在

---

① 日本外務省：「日米共同声明：未来に向けた共通のビジョン」（2012年4月29日）。

地区秩序和规则的构建方面发挥主体作用的重要性，意欲将东亚峰会改造成讨论地区安全事务，应对地区安全威胁的多边平台。双方强调日美利用东亚峰会（EAS）、亚太经合组织（APEC）等框架，在地区秩序和规则的构建方面发挥主体作用的重要性，“加强开放、全面、被国际接受的规则和规范的制度并培育网络”。双方承诺，按照亚太经合组织构筑亚太自由贸易区（FTA-AP）的长期目标，形成亚太地区贸易和投资的高水平的规则，推进地区经济统一进程。日本与美国欢迎地区的所有伙伴为这一进程作出积极贡献。

（三）日美同盟应对各种全球性的传统与非传统安全问题。两国首脑决定：第一，根据2011年6月日美“2+2”协商修订的日美同盟的共同战略目标，[①] 共同应对恐怖主义、大规模杀伤性武器扩散、海盗等全球性课题。第二，在推进法治，保障人权的同时，进一步地协调共同应对维和、纷争后的治安措施、开发援助、有组织的犯罪、毒品走私及大规模传染病，以及新出现的安全保障上的威胁。第三，掌握国际公共空间的控制权。双方决心“必须确保负责任、守规则地使用海洋、宇宙、网络空间等事关生死存亡的重要空间，保护并发展这些领域的巨大潜能”。[②] 野田首相将海洋、宇宙、网络空间视为“事关生死存亡的重要空间”并非偶然。此前，鸠山和菅直人政府积极构建并推进海洋战略，野田政府对日本宇宙战略实施改革（后述），民主党三届政府的“圈海”战略和军事利用宇宙空间的战略，需要美国的认可和支持。野田首相高度重视宇宙领域的日美合作，完全出于优先建设日本“实用准天顶卫星系统”的战略需要。

---

① 日本外務省：「日米安全保障協議委員会共同発表より深化し，拡大する日米同盟に向けて：50年間のパートナーシップの基盤の上に」（2011年6月21日）、http：//www.mofa.go.jp/mofaj/area/usa/hosho/pdfs/joint1106_01.pdf。

② 日本外務省：「日米共同声明：未来に向けた共通のビジョン」（2012年4月29日）。

（四）野田建议进行“日美中战略对话”。野田首相对奥巴马表示，“与中国合作也很重要”，并向奥巴马介绍了中日关系的近况，“希望实现日美中战略对话”。奥巴马也向野田介绍了美中关系，双方一致希望“中国在国际社会中发挥积极作用”。[①] 中国是美日“共治”亚太的不可回避的话题。此外，据《产经新闻》2011 年 12 月 15 日报道，野田内阁外相玄叶光一郎，12 月 14 日在东京的日本记者俱乐部发表亚太外交政策演讲时首次提出，日美中三国的战略对话与合作，迎来前所未有的重要时代，应当建立日美中对话（机制）。玄叶称，日美中对话可以“从事务级别开始，发展到外长级别”。他将在 18 日访美时向美国国务卿希拉里提出这个设想。另外，玄叶还呼吁建立东亚峰会等“多边协作网络”，特别强调“这个网络不是用来包围中国和排斥中国”。《产经新闻》评论说，日本提出建立包括中国在内的战略对话还是第一次。日本外务省在野田上台前曾提出过这个设想。另外，美国总统奥巴马也表示将战略重点移向亚太，所以，外务省认为“宣布设想的时机已经成熟了”。据称，有关日美中三国对话的主题、日程安排等，日方曾分别知会中美两国，但没有得到中方“爽快的答复”。2010 年，发生日本海上保安厅巡逻艇在钓鱼岛海域非法抓扣中国渔船事件后，美方也曾提议美中日三方举行会谈，但中方“面露难色”，最终也未能实现。[②] 如果上述报道属实，那么，2012 年 4 月 30 日野田再向奥巴马提议日、美、中举行三边战略对话是何用意？能否用日本企图与美国共同管控“中国威胁”来解释？在举行日美首脑峰会的 5 天前，4 月 25 日，日本东京都知事石原慎太郎在美国制造了激化中日领土争端的“引爆点”——公然声称东京都将从私人手中“购买”中国

① 日本外務省：「日米共同声明：未来に向けた共通のビジョン」（2012 年 4 月 29 日）。
② “日本首提‘日美中三国对话’”，《环球时报》2011 年 12 月 16 日。

的钓鱼岛，拉开了“购岛”闹剧的序幕。野田政府提出上述建议的真意在于，建立日美中三国“2 比 1”的对话机制，为应对中国对日本“购岛”可能采取的反制措施投棋布子。著者判断的依据是，日本海洋战略将划分专属经济区及大陆架的“离岛”①（偏远海岛）“国有化”的政策及具体计划即将付诸实施。日美联手抑制中国的海洋活动是菅直人内阁以来的既定战略方针，野田不过是要求美方协助日本对中国钓鱼岛及其附属岛屿实施“国有化”并应对后续问题。

剖析日美两国的“共同愿景”，不难看出，菅直人内阁修订《2011 防卫计划大纲》有关“活用日美同盟”、“构建亚太安全保障网”、实现“构筑动态防卫力量”等新防卫战略方针，不仅得到美方的认同，而且与美国的亚太战略紧密结合在一起。解决驻日美军重组的难题，是落实美国亚太战略的重要步骤，其目的是在亚太地区构筑“地理上分散、运用上更有抗打击性的兵力态势”，美军重组不仅是美方的军事布局，而且是需要日本紧密配合的、旨在提高“日美同盟应对地区多种紧急事态的能力”的战略安排。由此可见，日美两国的战略调整，经过“2 + 2”磋商在日美首脑会议上进一步深化、契合，日美同盟化为应对包括安全领域在内的亚太地区所有紧急事态的“共同产品”，不但是亚太和平稳定的“基石”，还担负着推动亚太地区经济一体化的责任。日美两国《面向未来的共同愿景》全面规划了日美同盟的发展方向与合作范围，特别是为了抢占海洋、宇宙、网络空间这些“国际公域”的战略制高点，塑造对日美有利的“国际秩序”，决定联手拉拢“地区伙伴”建章立制，规范“潜在的战略竞争对

---

① 日本的“离岛”指远离日本本岛的偏远海岛。为防止与中文的离岛混淆，著者统称为偏远海岛。为表述方便，著者将“提供专属经济区及大陆架的外缘根据的离岛”简称为“划界基点海岛”。

手”。

第三节　野田与奥巴马协商“共治”亚太

在日美安全保障协商委员会“2+2”磋商后安排的这次美日首脑会谈中，野田摆出了“日美共治”亚太的架势。

首先，关于地区形势与日美两国的合作。双方把朝鲜问题放在首位。野田提出，朝鲜如果采取核试验等挑衅行动，“日美有必要携起手来，作为国际社会坚决应对”，奥巴马表示赞同。缅甸问题排在第二位。野田向奥巴马说明了4月21日举行的日缅首脑会谈的结果，双方一致认为，日美有必要进一步推动缅甸改革。排在第三位的是伊朗问题。野田表示，日本将继续不断对伊朗施加压力，并且考虑在适当情况下直接向伊朗做工作。第四位是阿富汗问题。奥巴马介绍了在芝加哥举行的北约（NATO）首脑会议关于阿富汗问题的“意图”。野田介绍说，在7月举行的东京会议上，预测了2015年后巩固阿富汗持续发展基础的情况，“希望看到具体的成果”。[①] 以上4个议题都是美方希望日方协助解决的棘手问题。迄今，美方在朝鲜、缅甸、伊朗和阿富汗问题上一再要求日本合作，日本也根据自身利益的需要，采取了相应的制裁措施等予以配合。日美联手施压反对朝鲜发展核武器；日本在加速对缅甸的经济开发的同时，支援“缅甸民主化改革”；日本配合美国对伊朗的核开发活动实施经济制裁；支援阿富汗战后重建。日美软硬实力互补，共同应对地区重要问题。

其次，加强日美双边经济合作。双方一致认为，“跨太平洋经济伙伴关系协议”（TPP）是实现亚太自由贸易区的途径之一。野田重申：继续推进日本加入TPP的双边谈判。野田和奥巴马表

---

① 日本外務省：「日米共同声明：未来に向けた共通のビジョン」（2012年4月29日）。

示，两国将继续推动TPP双边协商，进一步探讨如何推进两国间的经济协调与地区经济一体化。在能源合作问题上，野田表示，震灾后日本进口天然气激增，价格不断上涨；奥巴马对日本企业增加进口美国的天然气表示高度关切。关于核能合作，奥巴马希望日本完善核危害补偿条约（CSC），野田回答说“各部门正在加紧研究”。此外，奥巴马对汽车、保险以及美国对日出口牛肉问题表明了看法。双方还就稳定油价达成了共识。[①] 涉及经济的话题同样证明，奥巴马一方面敦促野田将TPP作为整合亚太经济的主渠道，另一方面要求日本扩大进口美国的产品，尤其希望野田政府支持日本企业购买美国生产的能源。奥巴马要求日本完善核危害补偿条约，反映出美国政府对美军在福岛核电站核泄漏的情况下，因参加救灾活动遭受核辐射问题的立场——部分美军核辐射受害者已经向日本提起了索赔诉讼。

第三，加强日美文化交流和人员往来。双方“认识到培养下一代作为进一步深化日美同盟基础的重要性”，为了促进两国青少年之间的交流，野田提出了“加强纽带项目”，奥巴马也发出了“朋友倡议”。[②] 附带指出，日本政府也在中日关系上使用过“纽带”一词。日本政府曾表示，在遭遇“3·11”大震灾时受到中国政府和中国人民大量的物质和精神援助，再次认识到日中两国之间的情谊纽带，决定在2012年通过“强化情谊纽带计划”开展青少年交流活动。2011年12月25日，中日领导人在会谈中决定，在迎来两国邦交正常化四十周年之际，将2012年定为“中日国民交流友好年”，在“新的相遇，心的纽带”的主题下，进一步加强两国民间的友好关系。此外还举办了许多庆祝中日邦

① 日本外務省：「日米共同声明：未来に向けた共通のビジョン」（2012年4月29日）。

② 日本外務省：「日米首脳会談（概要）」（平成24年5月1日）、http：//www. mofa. go. jp/mofaj/kaidan/s_ noda/usa_ 120429/pmm. html。

交正常化四十周年的活动。这一友好温馨的氛围，一直持续到野田政府取代东京都实施“购岛”，将中国钓鱼岛及其附属岛屿“国有化”前夕。对比日本政府对中美两国使用“纽带”一词的用意；日本政府加强日美青少年之间的“纽带”的目的是，培养下一代作为日美同盟进一步深化的基础；加强中日青少年的“情谊纽带”，则是为了“表达谢意”，“同时也希望他们能够亲眼见证日本灾区在以中国朋友为首的世界各方支援下，为走向复兴而进行的不懈努力”。[①]

野田与奥巴马会谈达成的另一项主要成果——《关于全球供应链安全的日美共同声明》,[②] 是日美“共治”亚太雄心的又一个体现。如果双方宣示的政策付诸实施，将为今后日美主导地区安全合作及全球安全事务铺设一条重要轨道。

2012 年 5 月 1 日发表的《关于全球供应链安全的日美共同声明》，这样阐述日美两国的意图：日美作为长期保持同盟关系的国家和主要贸易对象国，与安全而高效的物流有着重要的利害关系，关于恐怖主义和自然灾害对全球供应链的破坏性威胁拥有共识。两国迄今在关税、运输、海运安全中进行合作，并在此基础上形成了全球供应链。“两国为使陆海空环境中的物品、运输、设施及基地更加坚固、更加具有强大的恢复能力，再次表明加强协同努力的意向。”日美两国确信，面向加强全球供应链的活动，政府与民间合作，为了严格区分合法通商与潜在的威胁，应该在“接近利用事前情报和技术的危险的前提下，反映促进贸易和加强安全并立的重要性”。

美日两国政府将在以下方面协作：1. 深化美国“防止恐怖

---

① 《日本之风》，日本国驻华大使馆出版中文版，2012 年 9 月，第 4 页。

② 日本外務省：「グローバル・サプライチェーン・セキュリティに関する日米共同声明」（平成 24 年 5 月 1 日）、http://www.mofa.go.jp/mofaj/kaidan/s_noda/usa_120429/pdfs/Joint_Statement_jp.pdf。

行为”的海关与产业界伙伴关系制度（C-TPAT 制度）与日本的海关认定经营者制度（AEO 制度）（Authorized Economic Operator）之间的相互认证。2. 加速协商航空货物安全的相互认证，空运当局加强应对搭载客机的航空货物的威胁的措施。3. 为加强国境、港湾、海运及空运安全，在可能的范围内，努力在亚太地区进行区域能力建设。4. 支援全球供应链的新安全技术开发和引进。5. 根据需要，通过相关执法当局围绕防扩散措施实施联合调查研究。6. 在两国政府和民间促进对话、交换信息，共有最佳实践。双方一致认为，两国的努力应该与协调后的国际合作共同进行，有必要进一步整合相关国际机构和利害相关方。日美两国有意支援世界海关组织（WCO）、国际民用航空组织（ICAO）、国际海事组织（IMO）、万国邮政联盟（UPU）和亚太经合组织（APEC）加强全球供应链的努力。日美两国在战略层面上切实保证：第一，全球供应链在遭受大规模灾害和破坏后具有强大的恢复能力；第二，恐怖分子、国际犯罪组织和其他违法行为的主体，不能非法利用全球供应链计划并且实行攻击及违法活动；第三，将运输地和相关的重要基础设施等，特别指定为供应链系统中最重要的因素，保护其免受攻击和破坏。

日美两国决定，将通过与上述国际组织联合开展以下活动：1. 支援国际民用航空组织（ICAO）航空安全工作组，制定维护和管控风险的指针。此外，为应对国际新威胁，参加世界海关组织及国际民用航空组织等举行的会议进行协商，以特别指定不断进化的威胁，改善共有信息和分析信息。2. 在世界海关组织的 SAFE 标准框架内进行讨论，促进选定和特别指定潜在的威胁，支持发展“出发前信息”的全球可信性的必须条件，发表高危空运货物的通用定义和标准，推广应对范例。3. 基于日本海上集装箱货物的装箱信息事前报告制度（24 小时规则）已经法制化，加强日美两国有关装货信息的互换。4. 通过世界海关组织的全球封闭系统积极报告货物信息。另外，在地区内促进加入和扩大全球封闭系统，促进对该系统的支援，阻止非法运输危险物资。5. 在政府与民间合作的基础上，作为最佳实践，根据相互承认的美国“防止恐怖行为”海关与产业界伙伴关系制度（C-TPAT 制度）和日本海关认定经营者制度（AEO 制度），在世界海关组织的 SAFE 标准框架内，发展为统一的海关认定经营者制度。6. 在万国邮政联盟的框架下，奖励制定更加严格的事前数据的必要条件和筛选隔离的基本标准，研发应对的手续，加强国际邮政的安全。7. 在亚太经合组织及世界海关组织等举办的会议上，引导建立恢复贸易的共同合作及要求提供信息的国际标准。①

以上内容表明，《关于全球供应链安全的日美共同声明》是以美日现有的标准为基础，利用亚太经合组织及世界海关组织的平台，统一制定世界海关组织、国际海事组织、国际民用航空组织、万国邮政联盟等国际组织的新安全标准的宣言书。这进一步表明，美国与日本合作，欲将亚太经合组织作为区域经济合作的多边平台，推进亚太地区经贸领域整合的战略意图。美国准备与日本一起，进行保障全球供应链安全的功能性建设，其实质是利用亚太经合组织建章立制，通过主导建设亚太地区的经济安全秩序，确立美日在亚太经贸领域的领导地位。这是美国在把大量的海空军力东移亚太的同时，放下的“另一只靴子”。

上述日美共同声明的战略意义不可小觑：

第一，加强全球供应链安全措施的普遍意义在于，在遭受大规模自然灾害或恐怖主义袭击的情况下迅速恢复功能减少损失，具有应对天灾人祸的积极意义。对于预防国际社会的共同威

① 日本外務省：「グローバル・サプライチェーン・セキュリティに関する日米共同声明」（平成 24 年 5 月 1 日）。

胁——恐怖主义、大规模杀伤性武器的扩散、跨国犯罪活动而言有其必要性。另一方面，如果按照上述路线图进行治理，在美日两国的主导下制定全球统一的新安全标准及运作制度，有可能在陆运、海运、空运领域建立统一的安全系统。与此同时，必然确立发起制定新标准的核心国家美日两国的领导地位。无需赘言，新标准和新制度也将更多地反映美日两国的安全利益。然而，这对于那些在制定国际标准方面的“欠发达”国家来说没有公平性可言，因为这些国家制定和参与制定游戏规则的能力远远不及美日两国。

第二，美日两国计划主导建立的新安全系统，建立在共有“事前信息”的基础上。这将在陆运、海运、空运领域，导致部分国家出于国家防务、国家经济、“价值观”、国际关系等关乎国家利益的原因，为了避免负面影响或受制于人而不愿公开相关信息。例如，新安全系统首先要特定“潜在的威胁”，界定威胁的标准是什么？如何过滤、特定犯罪嫌疑人或犯罪主体？美日两国需要掌握涉嫌对象（个人、团体或国家主体等）进行国际运输的详细信息，而且要在发货前获取信息，并且采取禁止嫌疑人利用全球供应链的措施。这一覆盖全球供应链的新安全系统，必然将世界各国的运输活动置于美日的监视之下。在国家与国家之间欠缺高度互信的现阶段，只有美国的盟友才能满足美日两国提出的要求。但是，美日要在 APEC、UPU、WCO 等国际框架中推进双方商定的路线图。美日要以反恐为借口“共治”全球供应链，其能力和意图不能不令人质疑。

第三，全球统一的安全系统，无疑具有军民两用、平时和战时共用的性能。平时，它通过掌握全球供应链中“危险物资”或具有“潜在的威胁”的物资的运输信息，采取行动阻止其运输。战时，能够发挥限制、切断和破坏“敌国”利用全球供应链进行国际物资流通。这势必切断或严重压缩“敌国”的海外补给线，美日两国意欲领导构建全球供应链安全系统的军事意义就在于此。

第四，美日两国在上述共同声明内提出的三项保障措施之一是，“将运输地和相关重要基础设施等，特别指定为供应链系统中最重要的因素，保护其免受攻击和破坏”。① 从狭义上理解“运输地和相关重要基础设施”，至少包括机场、港湾及集装箱码头等，广义上或许包括沿海和内陆的主要城市。从微观上说，包括全球供应链的神经中枢——网络信息处理系统。尽管还不清楚美日两国界定的范围，但是仅就确保全球供应链的网络安全而言，掌控全球供应链的安全系统，便具备了对某个国家实施“断血”打击的能力。名曰反恐，防止跨国犯罪等目的而建立的安全监控系统，与切断或监视其他国家的经济与外部的联系的系统，不过是一枚硬币的两面。

通过分析确保全球供应链安全的日美共同声明，不难看出美日两国的战略意图。对于在金融和经济实力的增长面临新兴国家挑战的美国来说，从制定“标准”、建设“秩序”入手，刷新美国对亚太及全球事务的掌控能力，维护美国的霸权地位，的确是比投入巨额军费“性价比”更高的选择。美国拉上日本作为“能力建设”、“构建秩序”的伙伴，从两国互相认证做起，形成确保海陆空全球供应链的安全系统，既可借助日本的技术及软实力，也可避免美国孤掌难鸣，还能深化日美同盟合作，部分满足日本“日美共治”亚太及全球安全事务的野心。放眼世界，金融危机打击下的欧洲国家自顾不暇，新兴国家群体大多处于国际安全体系构建的“欠发达”地位，或者因“价值观”不同、与美

---

① 日本外務省:「グローバル・サプライチェーン・セキュリティに関する日米共同声明」(平成24年5月1日)。

国欠缺战略互信，被视为“竞争对手”甚至是“潜在的威胁”。只有日本有能力满足美国的需要。日本对中国经济规模超过自己心态失衡，为推行海洋战略、追求“国家正常化”，不断激化与中国在领土、历史等领域中的结构性矛盾，特别是日本极力支持美国推行亚太战略，在东海、南海不断向中国挑事、发难，表现得非常抢眼，促使美国将日本作为“共治”全球供应链的最佳盟友。

综上所述，在美国总统奥巴马执政期间，日本民主党政府已经换了三届首相。三届民主党政府的对美政策，从鸠山由纪夫标榜“构建东亚共同体”，试图兑现把美军普天间基地迁出冲绳县或迁到国外的竞选诺言，一度影响日美关系，到菅直人内阁极力配合美国战略东移，为美国国务卿希拉里搅局南海摇旗呐喊，日美关系得以修复。另一方面，“3·11”特大震灾、海啸、核泄漏三重灾害发生后，驻日美军通过“朋友作战”协助日本救灾也修复了形象。双方的努力为野田内阁上台后全面深化同盟合作创造了条件。经过举办“2+2”协商与首脑峰会，双方突破了长期困扰日美关系的“瓶颈”，进入策划日美“共治”亚太及全球安全事务的新阶段。因此，日本自民党下野期间，三届日本民主党政府的对美外交虽有“摇摆”，但回调迅速。可以说，从鸠山内阁刻意求“变”的极端，走向了日美“共治”亚太的另一个极端。不应将菅直人和野田内阁的对美外交，视为回归自民党政府的对美外交轨道。两届内阁所完成的深化日美同盟合作的重大课题——在驻日美军重组问题上实现互利互补，“对等”规划日美同盟的“共同愿景”，共同策划“日美共治”亚太及全球事务等——充分证明，日本民主党政府比自民党政府在对美国讨价还价上底气更足，办成的实事更多。从这个意义上说，鸠山内阁的“摇摆”反而增加了后任对美交涉的筹码。日本民主党政府将日美关系提升到全方位战略合作的新阶段。日方的战略目的，是为了确立日本仅次于美国的地区准霸权，日美双方的战略遏制矛头指向了中国。日本民主党上台前构建“中日美等边三角形”的理想，以下台前日美联手“2 比 1”遏制中国画上了句号。野田等人的所作所为，被鸠山由纪夫前首相评判为“自民党内的野田派”。美国用支持日本“军事重返”亚太，换取日本全面协助美国推行亚太战略。美日两国互相借力，美国支持日本承担美国心有余而力不足的责任，日本则紧跟美国“狐假虎威”，企图抓住这一战略机遇，形成美日“共治”亚太的格局，以此预防中美“共治”的噩梦变为现实。这不禁令人想到日方释放的“探测气球”——“加强日美中战略对话”，日本政府“变脸”之快、翻脸之彻底，国家战略使然。

第二部　日本海洋战略篇

第五章　日本海洋战略的形成

第一节　规划海洋战略的背景

日本筹划海洋战略的背景可以上溯至20世纪90年代中期。日本与中韩俄三国之间分别存在领土主权争议，日本虽然一贯坚持强硬立场，但毕竟不能改变韩俄两国实际控制争议领土——韩国独岛（日本称“竹岛”）、俄罗斯南千岛群岛（日本称“北方领土”）的现状。日本海上保安厅的船只曾前往韩日争议岛屿调查勘探，遭到韩国强烈反对，在岛屿附近一度引发双方海警舰船的对峙事件。此后，韩国在岛屿附近加强部署军警，日方近乎无计可施。这种窘境愈发使日本感到，在其唯一控制的中日争议领土钓鱼岛及其附属岛屿（日本称“尖阁诸岛”）问题上不能有一点闪失，这不仅涉及到中日领土争议，而且还是与中国之间划分东海专属经济区及大陆架的极其重要的依据。因此，日本不断激化与中国大陆及台湾地区之间的主权争端，挑起中日开发东海能源争议。甚至不顾中韩等国的反对，将冲之鸟礁作为“岛屿”划分日本专属经济区及大陆架的依据，无视国际法圈占国际公域，加强对争议海域的实际控制。

（一）日方以“等距离中间线”划分东海专属经济区，激化中日开发东海能源的争议。1996年2月上旬，中国海上石油钻井平台“勘探3号”在钓鱼岛岛北东方320公里、超过日本主张的“中间线”570米的海域采集到喷出火焰的天然气。[①] 4个月后，日本国会通过《日本国专属经济区及大陆架法》（1996年法律第74号），1997年6月，中国人民代表大会通过《中华人民共和国专属经济区和大陆架法》，中日各自主张的专属经济区界限的重叠部分成为悬案。中方法律规定，如果“中华人民共和国与海岸相邻或者相向国家关于专属经济区和大陆架的主张重叠的，在国际法的基础上按照公平原则以协议划定界限”；日方法律规定，如果“从基线开始测量出的最近距离为200海里的所有点所构成的线段”超过了“从基线起测定的中间线”时，“超过部分以中间线为准”。此后，日本在东海按照“等距离中间线”划界推行高压政策，激化与海峡两岸之间的渔业争议，尤其是针对中国大陆在东海开发能源提出无理要求。

2003年8月，中国海洋石油总公司（CNOOC）着手开发位于所谓中间线中国一侧的春晓天然气田时，日本资源能源厅要求中方“提供数据”。2004年10月，中日双方在北京就“东海争端”举行工作磋商之际，日方又改变以往主张“中间线”进行交涉的做法，提出“相互主张200海里线的中间的所有海域都是争议中的海域”。日方主张，中海油企图通过开发多个矿区“积累既成事实”,[②] 试图阻止中海油实施详细的开发计划。[③] 2005年1月以后，小泉首相把“应对东海资源开发”和“测量船”问题列入政治日程，并在第162届日本国会发表施政方针讲演时强调“努力保全海洋权益”，东海资源开发争议成为导致中日关系

① 李中邦：“日本调查大陆架及台湾地区政治情势对钓鱼岛主权的影响”，《日本学刊》2003年第6期，第89页。

② 《读卖新闻》2005年1月16日。

③ “东中国海天然气田开发判明全貌：中国‘日本越境’12矿区”，《读卖新闻》2005年1月1日。

“政冷经热”的主要原因之一。2005年2月，中海油正式宣布“春晓”天然气田下半年投产，7月，日本经产省采取“对抗措施”，授予帝国石油公司在东海试开采权。2008年6月18日，中日虽然达成了日本参加“春晓”天然气田合作开发等项共识，但由于日本媒体单方面解释“6·18共识”等原因，至今仍然不具备展开进一步交涉的政治条件。2009年9月，日本民主党执政后，中日关系明显升温，正当双方共同努力决定重启谈判之际，2010年9月7日又发生了日本在中国钓鱼岛海域非法扣押中国船长事件。日本主张“中间线”划界激化东海能源开发争议，至今仍是影响中日双边关系的重大问题。

（二）日本激化与海峡两岸之间的钓鱼岛及其附属岛屿（简称钓鱼岛）主权争议。从2003年2月起，日本海上保安厅、水产厅舰船屡次越过台湾当局“内政部”划定的“中华民国专属经济海域暂定执法线”，驱逐和扣押台湾渔船渔民，强索每艘渔船四五百万日元的“担保金”，企图将他们逐出争议海域，达到加强控制钓鱼岛的目的，日本与台湾地区的渔业纠纷显著增加，台湾苏澳地区的渔民曾自行集结68艘渔船，在钓鱼岛附近海域进行抗议。[①] 台湾当局虽然主张“拥有钓鱼岛列屿主权”，宣布“台湾专属经济区北界为北纬29度”，但日本根本不予承认，仅认定“台湾专属经济区北界从彭佳屿海域算起，约在北纬27度”。马英九上台后，2008年6月10日，日本海上保安厅的巡逻艇在钓鱼岛海域撞沉台湾“联合号”海钓船并扣押了船长。台湾当局召回台北经济文化代表处的代表许世楷，[②] 裁撤陈水扁执政时设立的“日本事务会”，6月16日又派出9艘台湾“海巡署”

---

① 《渔民寻求大陆保护》，香港《明报》2005年6月13日。

② 「尖閣諸島：魚釣島沖に台湾抗議船、政府艇も海保、領海侵入警告」、『每日新聞』2008年6月16日西部夕刊。

舰艇，护卫搭载保钓人士的海钓船进入被日方非法划为“日本领海”的钓鱼岛海域宣示“主权”。此后，日本对台方的保钓行动始终保持高度警惕，渔业纠纷至今仍未解决。

2004 年 1 月，台湾“内政部”用卫星绘制的钓鱼岛地图载入台湾宜兰县版图，随后，宜兰县政府以每平方米 100 元的公告地价，委托民间业者以公开竞价方式销售，顺利拍卖出 41 笔。[①]同年 3 月 24 日，7 名中国民间保钓人士登上钓鱼岛宣示主权，被日本海上保安厅扣留（后迫于中方压力释放）。日本众议院安全保障委员会随即通过《关于保全日本领域的决议》，要求政府采取警戒和警备对策。[②] 2005 年 2 月 9 日，日本政府将冲绳县石垣市民间渔业团体在钓鱼岛上建立的“灯塔”收归国有，由海上保安厅负责管理——为“灯塔”更换电池，进一步加强了对“非法登岛和侵犯领海”的警戒。[③] 另一方面，中国大陆与港台等地也出现了民间保钓人士联合起来的新动向。日本海上保安厅则不断加强对钓鱼岛的实际控制，驱逐两岸渔民，扣押渔船，严重妨碍两国加强战略互信，恶化双方民间的友好感情。

（三）日本始终担心美国不支持其领有钓鱼岛列岛的主张，也是对中日争议领土加强实际控制的主要动因之一。例如，1996 年中日领土矛盾激化时，美国政府发言人伯恩斯于 9 月 11 日表示：“美国既不承认也不支持任何国家对钓鱼岛的主权主张。”[④]日本对此耿耿于怀，自民党“海洋权益工作组”负责人武见敬三曾公开要求美国总统亲自表态“在尖阁诸岛问题上采取同盟行动”，“维护尖阁诸岛和东海的海洋权益是日美同盟的适用对

---

① ［台］《独家报道》周刊 2004 年 5 月 27 日。

② 《朝日新闻》2004 年 3 月 31 日。

③ 《朝日新闻》2005 年 2 月 10 日，《读卖新闻》2005 年 2 月 10 日。

④ ［香港］《东方日报》1996 年 9 月 12 日，转引自李中邦：“日本调查大陆架及台湾地区政治情势对钓鱼岛主权的影响”，《日本学刊》2003 年第 6 期，第 90 页。

象”。[①] 此后，每当中日之间发生领土风波，日本都要美方表态支持其领土主张，并不断加强实际控制钓鱼岛的措施。2010 年菅直人内阁制造激化中日钓鱼岛争议的“9·7”事件后，日本外相前原诚司立即赶赴华盛顿要求美方支持，得到希拉里国务卿在钓鱼岛“适用”日美安保条约第 5 条规定的答复。日本媒体立即解读称，这意味着美军“承担对日防卫义务”。[②] 美国高官的表态对日本激化中日钓鱼岛主权争端产生了非常负面的影响。

（四）日本将冲之鸟礁作为“岛屿”非法圈占分专属经济区及大陆架引起国际争议。“最南端的国土冲之鸟岛”，实际上是海水高潮时露出海面的两块岩礁。冲之鸟礁位于东京以南 1740 公里的太平洋海面上，因礁石岩质疏松在风浪的侵蚀下不断变小。1930 年冲之鸟尚有 6 块岩礁袒露水面，到 1987 年 6 块岩礁中有 4 块被海水覆没，仅余下北露岩和东露岩 2 块。东露岩的面积只有 1.58 平方米，高出海面 6 厘米，北露岩为 7.86 平方米，高出海面 16 厘米，涨潮时，两块岩礁露出水面的面积不足 10 平方米。日本把这两块珊瑚礁称之为“东小岛”和“北小岛”，从 20 世纪 80 年代起，为防止两块珊瑚礁继续风化变小，投入巨资进行人工加固，通过繁殖珊瑚加固岩礁，修筑围墙等阻挡海浪的侵蚀。2005 年 1 月 31 日，东京都知事石原慎太郎向小泉首相汇报称，东京都政府拨出 5 亿日元建设渔场——为聚积金枪鱼等洄游鱼类投放浮鱼礁，促使日本渔民到“冲之鸟岛”周围捕鱼；计划在“冲之鸟岛”附近建设一个利用深层海水温差发电的设施，不让中国“说三道四”。[③] 2005 年 3 月，日本将冲之鸟礁编入东京都小笠原村，并给这一无人居住的岩礁规定了邮政编码 100 -

---

① 武见敬三采访录：“如何维护日本的海洋权益”，《世界日报》2004 年 9 月 9 日。

② 「クリントン米國務長官『尖閣は日米安保適用対象』」、「読売新聞」2010 年 9 月 24 日。

③ 《读卖新闻》2005 年 2 月 1 日。

2100，电话区码为04998。3月底，日本国土交通省拨款3.3亿日元（约合308万美元），在冲之鸟礁上现有的一个建筑物——气象观测设施上，设置了一部气象雷达，监视附近海域的船只活动及水文情况。[①] 与此同时，日本采取了驱逐台湾渔民的行动。2005年10月8日，日本政府违反《联合国海洋法公约》第121条第3款的规定，以两块岩礁为基点划分了“冲之鸟岛专属经济区”，2008年11月12日，日本又在提交联合国“大陆架界定委员会”的日本外大陆架申请书中，将冲之鸟礁作为“岛屿”，主张划分专属经济区及大陆架。此前，2004年4月中日在北京协商“中国海洋调查船未经许可在日本专属经济区内活动问题”时，中方已经提出，“冲之鸟”是岩礁，其周围不能设定专属经济区，[②] 韩国也对此持反对立场。日本非法圈占国际公共海域的行为，造成了妨害航行自由等“自由使用的国际公域”的严重后果。

（五）向联合国大陆架界限委员会申报扩大日本大陆架问题。1997年联合国设置审查沿海国家大陆架的大陆架界限委员会，规定申请截止期限为2009年5月。1996—1999年度，日本耗资50亿日元对“日中两国边界的东海”，“对两国中间线的日方海域实施了考察”。2002年5月上旬，日本得知2002年6月俄罗斯提交的对北极海、白令海、巴伦支海、鄂霍次克海的大陆架申请被大陆架界限委员会驳回。为了避免重蹈俄罗斯的覆辙，日本海上保安厅在联合国经过一年左右的“活动”，终于获得俄罗斯调查大陆架的资料进行研究借鉴。日本吸取俄罗斯的教训，2003年8月作出决定，将在2004—2007年度投入1000亿日元，对准备申报的大陆架海域展开精密勘查。为了在2007年内完成调查，日

---

① 新华社2005年3月28日电。

② 《朝日新闻》2004年4月24日。

本政府向民间借调了20艘船只，对259个地质调查地点（此前仅指定了61个调查地点）和82条地壳结构线展开精密勘查。[①]在这种形势下，日本与周边邻国之间在大陆架划界问题上的争议的矛盾上升为主要矛盾之一。

（六）日本开发利用海洋资源满足国内经济发展的需要。日本是世界第三经济大国和民用核电大国，但国内资源和能源却极度匮乏。21世纪国际形势的变化直接影响日本企业获取石油资源：美国发动伊拉克战争以来，中东地区的恐怖暴力活动直接影响当地的原油生产和出口，对日本形成能源安全威胁；大规模自然灾害也在破坏国际能源市场的稳定，如2005年飓风“卡特林娜”给美国石油设施带来严重损失，直接导致石油价格上涨；但日本政府认为导致国际原油价格一再攀升的另一个主要原因并非天灾人祸，而是中国、印度等经济迅速发展的新兴大国的能源需求激增，预计今后世界石油需求量将从2003年每天7920万桶，增加到2030年每天1.154亿桶，中国和印度及其他亚洲发展中国家将占增加份额的40%以上。上述因素导致原油价格不断刷新历史最高纪录，给日本带来前所未有的不利影响，增加了获取能源的难度。[②] 与此同时，日本利用核能的风险增加。2007年7月，地震导致柏崎核电站放射性物质泄漏，国际原子能机构应邀赴日考察评估，地震学家建议把日本现有的55座核电站关闭1/3。[③]由此产生了对替代核电的能源石油及天然气的前瞻性需求。2011年“3·11”特大地震引发海啸和福岛核电站的核泄漏灾害，使这一前瞻性的需求变成了现实。此外，在激烈竞争的国际市场

① 《读卖新闻》2003年7月15日、8月26日。

② 日本经济产业省日本资源能源厅能源企划室《平成17年度能源报告》（能源白皮书2006），经济产业大臣二阶俊博：“写在2006年版能源白皮书发刊之际”，http://www.meti.go.jp。

③ ［英］利奥·刘易斯：“科学家解释核电站面临地震威胁，日本陷入核危机”，《泰晤士报》网站2007年7月19日。

上，能否稳定进口大量稀有金属，直接影响日本企业生产高新科技产品。于是，日本朝野的目光盯住了“21世纪的新边地——海洋”，尤其是“大陆架的石油、天燃气、深海海底的矿产资源”。①

综上所述，在中日领土主权之争、东海中日专属经济区划界未决的状况下，日本既担心美国在中日主权争议中保持“中立”，又对海峡两岸宣示钓鱼岛主权的活动感到忧虑。日本采取加强按照“中间线”管理“专属经济区”的高压政策，激化日本与海峡两岸之间的渔业纠纷，甚至阻止中方在无争议海域开采能源，逐步推进“国家管理”钓鱼岛，导致中日领土和海洋权益争议不断升级。中韩两国对日本指礁为“岛”非法划分“冲之鸟岛专属经济区”提出异议也招致日方不满。加之，日本近年能源资源供给面临各种新挑战。在这些因素相互影响下，日本朝野兴师动众筹划“圈海”。

第二节　自民党历届内阁筹海篇

20世纪90年代，日本政府“更新”了对海洋的认识。国土交通省②参照《联合国海洋法公约》，最早引进了“多层次的海洋概念和岛屿制度”：海洋不再是包括能够行使国家主权的领海和不属于任何国家主权范围的公海这一“二元秩序”，而是全新的、多层次的海洋概念——既有领海，也有承认沿海国专属的经济开发等拥有一定的主权性权利及其管辖权的专属经济区、大陆架等多层次的海洋概念。在这个多层次的海洋概念中，岛屿被赋

① 日本国土庁：「全国総合開発計画『21世紀の国土のグランドデザイン－地域の自立の促進と美しい国土の創造－』」（平成10年3月）、http：//www.kokudokeikaku.go.jp/document_archives/ayumi/26.pdf。

② 2001年1月6日，由运输省、建设省、北海道开发厅、国土厅合并重组为国土交通省。

予前所未有的存在价值——“在周围没有陆地的情况下，岛屿更能够获得广阔的专属经济区和大陆架”。日本政府的上述海洋概念锁定了岛屿带来的权益，贯穿于日本制定海洋政策的全过程，是日本无视《联合国海洋法公约》（简称《海洋法公约》）的规定，通过“培育”岩礁等人工造岛的方式，划设日本专属经济区及大陆架的决策根源。

日本谋划海洋战略始于20世纪90年代。早在1980年，日本海洋开发审议会就在国会答辩时提出制定海洋基本法的建议。1994年日本批准《联合国海洋法公约》，各界精英开始酝酿以保护偏远海岛、无人岛，特别是存在国际争议的岛屿，作为基点划分专属经济区（EEZ）和大陆架并实施“开发、利用、保全”的海洋战略。

1998年3月，日本内阁审议通过了当时的国土厅①制定的《21世纪的国土规划——促进地域自立与创造美丽的国土》。国土厅按照“联合国海洋法公约赋予我国的权力和职责”，将海洋和沿海地区分成与“新国土轴”对应的黑潮、亲潮和对马海流的沿海地区，与“西日本国土轴”对应的三大湾和与濑户内海等连接的地区，根据各地区的特点，综合规划和管理“沿海区域圈”。国土规划书规定，通过实施以下政策形成“理想的国土结构”：1. 构建海洋与人类的多样化关系；2. 综合推进沿海区域圈的规划和管理——确立国际海洋秩序与技术开发；3. 提出为了充分利用21世纪的新边地——海洋，将推进使用新船舶、新浮体等利用空间，以提高水产资源的基础生产力及其利用水平，推进技术研发及其实用化。同时，调查开发大陆架的石油、天然气，深海

① 日本负责土地、水资源、离岛振兴、灾害对策、大城市圈对策等综合性国土行政的政府机构。

海底的矿产资源，潮汐、波浪的海洋能量等。[①] 国土厅在制定国土规划之际，已经考虑到需要制定海洋基本法等法律及制度建设问题，决定按照今后制定的海洋基本法，构建海洋政策的新制度框架，在俯瞰国内外关于偏远海岛（离岛）的“历史性制度”的背景的基础上，参照《海洋法公约》及海洋基本法规定的制度，以及国际机构和各国的海洋政策，形成日本管理海洋的理念及政策。国土厅在这份规划书中指出了管理海洋的大方向——“权利”与“义务”并重，义务指“对国际公益的贡献义务”，权利指“日本经济社会的健全发展及稳定提高国民生活的权利”。按照这个方向管理偏远海岛及其周边海域，应该增加“保全”与“使用”的切入点，重新进行梳理并形成体系。[②] 可以说，日本国土厅充分利用《海洋法公约》的规定，将发展日本偏远海岛的经济、缩小偏远海岛与经济发达地区之间的发展差距的规划，与凭借偏远海岛划定专属经济区和大陆架，“创造美丽的国土”的海洋战略紧密结合起来。其中的关键词是，“保全”与“使用”，“权利”与“义务”，表明日本从保全和使用专属经济区和大陆架切入，保证日本行使权利与义务，以此作为21世纪日本“管理海洋”的方向。换言之，日本既有“日本经济社会的健全发展及稳定提高国民生活的权利”，同时也必须承担“对国际公益的贡献义务”，最重要的是日本必须实现“管理海洋”——“活用21世纪的新边地”。

要实现管理海洋，必须从“圈海”做起；要圈占海洋，必须从距离本土最远的偏远海岛切入。偏远海岛是周围被海洋包围，

---

① 日本国土庁：「全国総合開発計画『21世紀の国土のグランドデザイン－地域の自立の促進と美しい国土の創造－』」（平成10年3月）。

② 日本国土庁：「全国総合開発計画『21世紀の国土のグランドデザイン－地域の自立の促進と美しい国土の創造－』」（平成10年3月）。

与本土或主岛相比面积相对狭小的陆地。[①] 日本共有 6847 个 0.1 平方公里以上的偏远海岛，但其中只有 421 个岛上有人居住。在有人岛中，仅有散布在 76 个地区的 261 个岛屿，按照《偏远海岛振兴法》，由主管部门国土交通省负责实行振兴偏远海岛经济的政策。[②] 自 1953 年 7 月颁布《偏远海岛振兴法》以来，日本政府每隔 10 年修改一次法律。2002 年 7 月第五次修改后的《偏远海岛振兴法》第一条规定："本法律之目的如下：改善担负着保全日本领域及专属经济水域、利用海洋资源、保全自然环境等重要作用的离岛，在完善产业基础及生活环境等方面低于其他领域的状况，与此同时，为了活用离岛的地理及自然特性，充分利用地方的创意，制定改善其基础条件及振兴产业的对策。按照政策采取迅速、有力的实施振兴离岛事业的特别措施，促进离岛自立发展，稳定岛民生活和提高福利，一并为发展国民经济及增进国民利益作出贡献。"日本政府最后一次修改这项法律是在 2008 年 6 月，修改法第一条明确提出，这部法律的目的是"改善偏远海岛的产业基础及生活环境低于其他地区的状况"，具体包括改善海上和空中航线、港湾、机场、道路等交通及通信设施，改善电力、供水、农林水产、商业、医疗、教育文化、观光、防灾救灾及人口老龄化问题。[③] 事实证明，经过多次修改的《偏远海岛振兴法》的适用对象，始终是有人居住的岛屿，因此它只是管理部分偏远海岛的法律，并未覆盖全部。而日本参照《联合国海洋法公约》，从 2007 年 4 月起制定的《海洋基本法》等一系列法律法规的首要目的是，为了实现以偏远海岛为基点，划分日本专属经

---

① 「離島の概要」、http://www.pref.kagoshima.jp/_ _ filemst_ _ /38312/ritou-seika1 - 1.pdf)。

② 国土交通省都市・地域整備局離島振興課「離島の概要・日本の島嶼の構成（資料）」（平成 18 年 4 月 1 日）、http://www.pref.kagoshima.jp/_ _ filemst_ _ /38312/ritou-seika1 - 1.pdf。

③ 《離島振興法》，（昭和 28 年 7 月 22 日法律第 72 号）最終改正、（平成 20 年 6 月 18 日法律第 75 号）、http://law.e-gov.go.jp/htmldata/S28/S28HO072.html。

济区和大陆架，拓展日本的“新边地”，与《偏远海岛振兴法》之间存在着本质区别。第一，法律的适用范围发生根本变化——从振兴部分有人岛的经济，到覆盖所有偏远海岛，能够作为划分管辖海域的基点的偏远海岛尤为重要；第二，从提高岛民福利，到优先保护和建设无人岛；第三，从单一的振兴海岛经济的政策，扩展到应对领土争议和海洋权益争端、海洋资源开发竞争、建立和维护日本战略空间的国家战略；第四，偏远海岛的主管部门不再是国土交通省，而是国家一元化的领导体制——2007 年建立的内阁兼综合海洋政策本部。所以，从保全偏远海岛的低潮线切入，以保全和利用“日本专属经济区和大陆架”为目的的、包括偏远海岛立法在内的海洋法制建设，是涵盖经济、军事和外交领域的国家综合战略。尽管国土厅制定的上述国土规划，是将沿海地区与“管理海洋”相结合的产物，但仍不失为谋划海洋战略的嚆矢。

小泉纯一郎首相上台后，先后采取了四项重大举措：第一，2002 年 4 月小泉政府与中国钓鱼岛及其附属岛屿的所谓岛主签订了“租借”钓鱼岛及 2 座附属岛屿的“合同”。第二，2005 年 1 月，小泉首相把“应对东海资源开发”和“测量船”问题提上日程，并在第 162 届国会发表施政方针讲演时强调“努力保全海洋权益”。2 月 9 日，小泉政府将冲绳县石垣市的“民间渔业团体”——右翼团体在钓鱼岛上建立的灯塔收归国有，海上保安厅负责管理，包括“更换电池”在内，进一步加强了对钓鱼岛的警戒，严防“非法登岛和侵犯领海”。第三，2005 年 10 月 8 日，小泉政府违反《联合国海洋法公约》第 121 条第 3 款的规定，以两块岩礁为基点划分“冲之鸟岛专属经济区”及大陆架。第四，同样，小泉政府将《国土综合开发法》更名为《国土综合形成计划法》，增加了关于利用和保护海洋（专属经济区及大陆架）

的规定，这不仅标志着日本从开发已有的国土转变为圈占、保护并开发“海洋国土”的观念变化，而且表明日本政府已经在摸索制定海洋战略。

其间，日本政界和产业经济界团体关于开发、利用和保护海洋的新观点、新思维，发挥了引领海洋战略的法制建设，推动政界特别是政府部门的重要作用。2005 年 1 月 19 日，日本自民党所属 106 名国会议员宣布成立“推进大陆架调查议员联盟”，日本前国土交通相扇千景担任会长。目的是要将大陆架界线延伸到 350 海里，扩大专属经济区的范围。2006 年 4 月前后，日本国会议员与民间人士正式启动有关海洋战略立法的合作研究。以自民党为主、包括公明党和民主党的 11 名国会议员，与 12 名有识之士组成“海洋基本法研究会”（自民党参议员武见敬三担任代表）。研究会制定的《海洋政策大纲》和《海洋基本法概要》，为此后国会议员制定海洋基本法的细化条款奠定了基础。[①]

2006 年 9 月小泉内阁下台，安倍晋三担任首相，组建第一次安倍内阁。安倍执政第一年间积极推动海洋立法。12 月 6 日，《读卖新闻》头版用“担当大臣实现海洋政策一元化”的大标题，报道了自民党“海洋政策特别委员会”当日举行的海洋立法活动。一周后，这家大报再次发表社论呼吁：“现在是建设与海洋国家相适应的体制与战略的时候了。应该在国会通过海洋基本法案。”2007 年 1 月 7 日，《产经新闻》在头版醒目位置刊载了“海洋基本法即将通过——确保权益，民主党也赞成”的报道，过去只有与海洋相关的人讨论海洋政策，现在终于在国民看得见的层面上进行讨论了。1 月 17 日，日本自民党召开全体大会，通过自民党新一年将要开展的 35 项运动方针，其中包括“加强综

① 社团法人海洋産業研究会：「解説『海洋基本法』について」、http：//www2u. biglobe. ne. jp/ ~ RIOE/kaiyokihon1. htm。

合外交力量，切实实现海洋国家的目标，尽早制定海洋基本法”。在安倍内阁全力推动、媒体积极造势、朝野各界的共同努力下，3 个月后，《海洋基本法草案》分别得到自民党、公明党和民主党的赞同。4 月 3 日，日本众议院国土交通委员会举行会议，委员长盐谷立向委员会正式提交了《海洋基本法草案》和一份题为“推进新的海洋立国”的决议草案，包括共产党和国民新党在内的全体委员一致表示赞成。此后，上述法案及决议又作为国土交通委员会的提案，提交众议院全体大会表决，同样获得多数的赞成票顺利通过。4 月 20 日，众议院通过的上述法案及决议在参议院通过表决，同时通过审议的还有《海洋建筑物安全水域设定法》[①] 和《参议院国土交通委员会关于海洋基本法的附带决议》。[②] 7 月 27 日《海洋基本法》[③] 和《海洋建筑物安全水域设定法》生效。[④] 《海洋基本法》和《海洋建筑物安全水域设定法》及众参两院的决议顺利通过国会审议，是主要朝野大党自民党与民主党合作的结果，“共产党和国民新党的共同助推”也是重要原因。[⑤] 事实证明，日本朝野各党对海洋战略的法制建设几乎没有分歧。日本经济界用“掀开日本海洋政策史上具有历史意义的一页”来赞扬此立法成果，至此，日本的海洋政策“完成了从‘海洋围绕日本’到‘日本保卫海洋’的转变”。[⑥] 《朝日新闻》

---

① 日本衆議院：「海洋構築物等に係る安全水域の設定等に関する法律」（平成 19 年 4 月 20 日成立、7 月 27 日施行）、http：//www. shugiin. go. jp/itdb _ gian. nsf/html/gian/honbun/houan/g16601012. htm。

② 日本参議院：「参議院国土交通委員会海洋基本法案に対する付帯決議」（平成 19 年 4 月 19 日）、http：//www. sangiin. go. jp/japanese/gianjoho/ketsugi/166/f072_ 041901. pdf。

③ 「海洋基本法」（平成 19 年 4 月 20 日成立、4 月 27 日公布、同 7 月 27 日施行）、（平成 19 年 4 月 27 日法律第 33 号）、http：//law. e-gov. go. jp/announce/H19HO033. html。

④ 日本衆議院：「海洋構築物等に係る安全水域の設定等に関する法律」（平成 19 年 4 月 20 日成立、7 月 27 日施行）。

⑤ “日海洋基本法成立、首相统辖海洋战略”，《读卖新闻》2007 年 4 月 21 日网络版。

⑥ 社団法人海洋産業研究会常務理事中原裕幸：「解説：海洋基本計画策定に関する動きについて」、http：//www2u. biglobe. ne. jp/ ~ RIOE/kaiyokihon1. htm。

称赞说：日本由此“建立了基于战略角度应对‘有事’的体制”。[①] 从此之后，日本按照《海洋基本法》的战略规划，进入一面继续进行海洋法制建设，一面推进“海洋事业”——落实海洋战略项目的新时期。

《海洋基本法》堪称“覆盖包括日本200海里专属经济海域到沿岸地区的所有海洋范围的海洋管理政策大纲”，在充分消化《联合国海洋法公约》的前提下，提出了“新海洋立国”的战略目标——确保超过日本领土面积12倍、占世界第六位、总面积为447万平方公里[②]的“日本领海及专属经济区等”，其中包括中日争议领土钓鱼岛，以及用两块岩礁违法圈占的“冲之鸟岛专属经济区等”。《海洋基本法》赋予日本内阁一元化“管理海洋”的领导职能：建立由首相及内阁成员兼任的“综合海洋政策本部”，落实海洋基本法提出的开发、利用及保全专属经济区和大陆架的各项方针政策。《海洋基本法》作为“上位法”（母法），具有统领经济、外交、防卫等领域以及制定“下位法”（子法）的功能，为此后的海洋战略法制建设，特别是防卫战略的调整和政策配套作出了具体规定。

《海洋基本法》第一章第二条—第七条（“总则”部分）提出了6项基本理念：第一，确保海洋安全；第二，充实关于海洋的科学知识；第三，完善海洋产业的发展；第四，综合管理海洋；第五，关于海洋的国际协调；第六，国家的责任与义务。第八条规定：“国家有责任和义务依照上述基本理念，综合制定并实施海洋政策。”[③]《海洋基本法》是涉海领域中的“宪法”，约

---

① “旨在确保海洋权益的海洋基本法将于今天宣告成立”，《朝日新闻》2007年4月20日网络版。

② 在民主党政府的其他文件中，“日本领海及专属经济区等”的面积还被表述为“448万”、“440万以上”平方公里。“日本领海及专属经济区等”为日本法律用语，“等”指大陆架。

③ 「海洋基本法」（平成19年4月27日法律第33号）。

束日本政府不得偏离海洋战略法制建设的轨道，决定了海洋战略的不可逆转性。

日本国会通过《海洋基本法》以后，安倍内阁立即建立综合推进海洋战略的决策领导体制。2007 年 7 月 6 日，安倍首相担任本部长的综合海洋政策本部（海洋本部），按照《海洋基本法》第 38 条的规定，发布了《综合海洋政策本部令》（内阁官房第 202 号政令）。这项政令规定设置参事会，成员由本部长任命的 10 名专业人士组成，负责审议重要海洋政策，向本部长提供咨询。海洋本部的参事为非常勤，任期两年并可连任。[①] 7 月 27 日《海洋基本法》等生效后，海洋本部及参事会等正式运作。7 月 31 日，海洋本部举行了首次会议，决定按照《海洋基本法》的规定着手制订海洋基本计划。然而，此后不到两个月，安倍首相出于“健康原因”于 9 月 26 日宣布辞职。

福田康夫首相组阁执政后，继续推进海洋战略的法制建设。前述海洋基本法研究会更名为“海洋基本法后续研究会”，构思海洋基本计划。超党派国会议员、经济界和学界精英团体纷纷建言献策。在公开讨论及参事会讨论的基础上，2008 年 3 月 18 日，福田首相（本部长）召开第三次海洋本部会议和内阁会议，审议通过了《海洋基本计划》（即《福田海洋基本计划》）。《福田海洋基本计划》确定了优先保全偏远海岛等原则，设定了保全和管理偏远海岛的时间表——制定了今后 5 年的综合计划和具体措施：1. 推进海洋资源的开发及利用；2. 保全海洋环境；3. 推进专属经济区开发；4. 确保海上运输；5. 确保海洋安全；6. 推进海洋调查；7. 推进海洋科学技术研发；8. 推进海洋产业加强国际竞争力；9. 综合管理沿岸区域；10. 保全偏远海岛；11. 确保

① 「総合海洋政策本部令」（平成 19 年 7 月 6 日政令第 202 号）。

国际联系推进国际合作；12. 增进国民对海洋的了解和培养人才；13. 采取设立“海洋保护区”的措施以保全海洋环境。另外，还确定了包括无人岛在内的偏远海岛的管理体制、方针政策和实施日程；海洋本部必须制定“为了管理海洋保全和管理偏远海岛的基本方针”（暂定名称）；决定在完善偏远海岛的地理位置等基本信息的同时，适应经济活动、生态系统、周边海域的资源、气象、海象等各自的属性，建设防止侵蚀国土的海岸保全设施，推进周期性的空中摄影等实行保全和管理。[①]《福田海洋基本计划》进一步明确了包括无人岛在内的偏远海岛在海洋战略布局中的定位，确定了优先推进的具体政策。为了落实《福田海洋基本计划》的规定，2008 年 8 月，福田政府国土交通省所属的综合政策局，招集国际法、地理、国土规划、海上交通、海洋土木等各领域的专家学者，在国土交通省内设置了“为管理海洋保全、管理、利用并活用偏远海岛研究委员会”（偏远海岛研究委员会），汲取各界精英的智慧制定相关海洋法律。一个月后，福田首相宣布辞职，并将海洋战略法制建设的“接力棒”传给了麻生太郎。

“偏远海岛研究委员会”在麻生内阁上台后继续活动，从 2008 年 8 月到 2009 年 6 月共召开了 5 次讨论会。2009 年 9 月，在民主党鸠山内阁取代麻生执政的当月，偏远海岛研究委员会发表了题为《为管理海洋保全、管理、利用并活用偏远海岛》的研究报告（偏远海岛研究委员会报告），提出 4 项国家管理偏远海岛的基本方针：第一，外海孤岛、无人岛优先；第二，国家直接负责管理；第三，保护“冲之鸟岛”；第四，争取国际承认。[②]

---

① 首相官邸：「海洋基本計画」（平成 20 年 3 月 18 日閣議決定）、http：//www. kantei. go. jp/jp/singi/kaiyou/kihonkeikaku/080318kihonkeikaku. pdf。

② 日本国土交通省：「海洋管理のための離島の保全・管理・利活用のあり方に関する検討委員会報告書」（2009 年 6 月）、http：//www. mlit. go. jp/common/000048460. pdf。

以上过程表明，经过历届内阁的不断研究，海洋战略从包括无人岛在内的偏远海岛，逐步聚焦到保护决定日本专属经济区和大陆架外缘的偏远海岛，首先实现“圈海”的目标。麻生内阁虽然在下台前夕才公布研究结果，但在另一方面也为推进海洋战略做出了贡献：2008 年 11 月 12 日，根据《联合国海洋法公约》第 76 条第 8 款的规定，麻生内阁向联合国大陆架界限委员会提交了日本外大陆架划界的申请书，申请的大陆架扩大部分相当于日本国土面积的大约 2 倍，共 74 万平方公里。以上是历届自民党内阁落实《海洋基本法》的主要建树。

综上所述，日本政府从 20 世纪 80 年代开始构思海洋战略，在《联合国海洋法公约》生效后，当时的国土厅（国土交通省）将开发“海洋新边地”与振兴偏远海岛经济相结合规划海洋战略。至小泉内阁执政，一方面对中国钓鱼岛逐步推行“国家租借”、“国家管理”，加强警戒，另一方面大力推动海洋战略的立法研究。至安倍第一次内阁通过《海洋基本法》，福田内阁在《海洋基本计划》中设定了保全和管理偏远海岛的时间表，麻生政府发动各界精英深入研究，历时一年提交了《偏远海岛研究委员会报告》。尽管安倍第一次内阁、福田、麻生内阁的“存活期”均未超过一年，但却取得了海洋战略法制化的重大突破，通过了《海洋基本法》，进入落实海洋基本法的法制建设的新阶段。经过自民党历届内阁的不懈努力，“新海洋立国”战略，从包括无人岛在内的偏远海岛，逐步聚焦到“保护决定日本专属经济区和大陆架外缘的偏远海岛”，确定了实现“圈海”目标的切入点。2009 年 9 月，战后执政时间最长的保守主义政党日本自由民主党被民主党赶下了台。从此，鸠山由纪夫、菅直人和野田佳彦首相相继担任海洋本部的本部长，三届内阁从自民党手中接过“接力棒”，在继续推进海洋战略法制建设的同时，实施了数百个海洋战略项目。

第三节　产官学各界精英筹海篇

回顾日本海洋战略的法制建设进程，有许多经验值得充分借鉴。以经济团体联合会（经团联）为首的民间企业集团，研究制定或资助民间机构策划圈占和开发“日本管辖海域”及其立法，科研机构及大学中海洋学科的研究人员、超党派国会议员等朝野各界人士踊跃参加，为海洋战略的设计注入了空前的活力。其中，来自民间的推动力量与政府部门的一线官员的合作关系尤其令人瞩目。

民间最大的推动力量来自日本经团联。在对未来“陆地资源枯竭”的危机意识的驱动下，以经团联为首的经济界的研究机构率先谋划“圈海”，对于促进学界、政界规划海洋战略的路线图发挥了非常重要的先导作用。2000 年 4 月，经团联在关于国家产业技术战略的综合研究中，最先着眼于海洋。当时的研究主要集中在如何在海洋领域发展能源产业的技术、有关粮食方面的渔业和养殖业的技术、造船产业的技术等战略性课题。经团联的研究认为，日本国土厅的文件《21 世纪的国土规划——促进地域自立与创造美丽的国土》，并没有提出开发、利用和保全 200 海里专属经济区的计划，应该作为国家战略的一环，充分利用海洋空间，为振兴海洋相关技术，振兴海洋教育培养人才及科研人员，通过激活涉海相关企业发展日本经济，并且有助于国际合作和国际贡献，所以必须制定海洋规划。2000 年 6 月，经团联发表了第一份关于综合开发“第二国土”200 海里专属经济区的报告《21 世纪海洋规划——在日本 200 海里水域构筑海洋开发网络》（即

《经团联报告Ⅰ》)。[①] 这是第一份综合开发200海里专属经济区的政策建议报告。《经团联报告Ⅰ》从三个视角制定海洋规划：一是调查，通过调查掌握海洋数据，把握各个海域的潜在资源情况；二是利用，制定可持续性的开发和利用海洋的战略；三是保全，在推进可持续性开发的基础上，需要"与环境共生，海洋的再生和创造"。具体建议是：1. 开发方式。综合开发并充分利用海洋空间，不但要部分利用海洋的潜在资源，为了激发海洋多方面的功能，还有必要活用海面、海中和海底，掌握三维利用的平衡。2. 开发体制。"产、官、学及相关省厅"联合进行具体规划，在充分把握社会需求之后，应该充分考虑到海洋科学技术的创造、转移及产业化的全过程，由产、官、学一体推进。因为海洋涉及多个领域，所以，应该在相关省厅的整体运作下推进综合开发。3. 200海里水域与沿岸区域的联系。转变以往仅从陆地看问题的视点，增加从海上看问题的视点，综合管理沿岸区域，开发、利用、保全相结合，三位一体加以推进。4. 200海里水域的开发方向：（1）可持续利用资源：鱼类、海洋生物资源，包括深层水等海洋能源资源等，是取之不尽的可再生资源，应尽可能重点、有效活用，特别是海洋生物资源，在不久的将来可以应对粮食危机问题，希望将此作为"紧急的重点"领域。（2）活用有限的资源：锰结核、富钴结壳、甲烷氰化物等，是有限的海底矿产资源。当前，应掌握和开发利用针对200海里水域内的矿产资源的实验研究活动，在积极开展提高开发技术的同时，准备下一步商业性的资源开发和利用。（3）海洋观测及其空间的利用：按照海洋的特殊属性活用200海里水域，因此，需要在三维调查监

① 社团法人経済団体連合会：「21世紀の海洋のグランドデザイン～わが国200海里水域における海洋開発ネットワークの構築～」（2000年6月20日）、http：//www. keidanren. or. jp/japanese/policy/2000/028. html。

控海洋的同时，活用浮体建筑物等海洋空间利用技术，有效活用200海里水域。（4）构建200海里水域的海洋开发网络：按照各海域的特殊属性——例如，鄂霍茨克海的周边是流冰海域，适合开展地球变暖调查研究，那里也是很重要的水产粮食的生产海域，而且已经确认存在着甲烷氰化物等，有望作为海底矿产资源。这应该作为系统的国家项目，依靠国家资金，由相关省厅合作构筑海洋开发网络，根据海域的特性，进行活用生物资源，开发海洋能源，调查监控等。此外，《经团联报告Ⅰ》还提出了“各海域的勘探和资源开发基地设想”：在东海的冲绳海面、太平洋中部偏远海岛的周边海域等7个海域，建立“浮体式基地”或“国际海洋研究基地群”，发挥水产基地、环境观测和海底资源勘探基地的作用。建议强调应该立即着手“选定试验项目，如构筑以保护环境，应对21世纪的粮食危机、周边资源枯竭，开发可再生水产资源为重点的多用途基地”。[①]《经团联报告Ⅰ》提出的上述建议，针对政府国土开发规划政策的不足之处拾遗补缺，具有强烈的“圈海”、保全和管理海洋国土的战略意识，可谓思路开阔、设计全面、专业性强并具有前瞻性。

民主党上台后，2009年12月，鸠山政府制定了新经济增长战略的基本方针，将海洋定位为重要的“新边地”，提出了环境和能源领域的技术革新。按照预先日程安排，鸠山政府将在2010年春制定新的科学技术发展中期计划，6月制定新增长战略。经团联提出，应该在制定上述中期计划和新战略时，落实已经列入福田海洋基本计划的具体政策。于是，经团联在2010年4月20日《海洋基本法》立法三周年之际，发表了第二个政策建议报告

---

① 社团法人経済団体連合会：「21世紀の海洋のグランドデザイン～わが国200海里水域における海洋開発ネットワークの構築～」（2000年6月20日）。

《构筑海洋立国的增长基础的建议》（即《经团联报告Ⅱ》）。[①] 第二个报告提出的政策建议不仅更加具体详细，而且具有很强的针对性——敦促缺乏执政经验的民主党政府，加速制定海洋战略的法律法规，政府牵头通过勘探和开发海洋资源，确保和扩大日本的海洋权益并尽快获取经济利益。

与2000年撰写的第一份报告相比，《经团联报告Ⅱ》表明了来自日本大企业代表的强烈的危机意识。经团联认为，日本开发利用海洋的环境发生了变化：首先，获得资源的竞争激化。以中国和印度为首的新兴国家迅速发展，世界人口激增，获得矿产、能源、粮食等资源的竞争激化，“陆地资源不足乃至枯竭令人担忧”。在日本的大陆架中存在很多未开发的矿产和能源，有必要进行包括开发对环境的影响在内的调查勘探，与此同时，确保和扩大海洋权益。其次，安全保障环境发生了变化：“在日本专属经济区内，有外国可疑船只，有伪装成科学调查、进行不正当的资源勘探船等出没，对安全保障构成威胁。”2008年6月，日本制定了《外国船舶领海等航行法》。如果大陆架延长超过200海里扩大了海洋权益，必须进一步加强海上安全以确保海洋权益。另一方面，2007年后亚丁湾索马里海域海盗活动猖獗，马六甲新加坡海峡也存在海盗问题，2009年7月实施了《海盗应对法》。针对安全保障环境的变化，海上保安厅加强了“海上通道政策”，实施了“反海盗对策”，“通过派遣自卫队出国开展国际合作”的需要越来越多。再者，全球范围的环境问题愈发严重。异常气候导致海平面上升，海啸等自然灾害增加，船舶漏油污染海洋等破坏海洋环境，所以，需要根据海洋领域的政策应对防灾减灾等课题。

---

① 社团法人日本経済団体連合会：「海洋立国への成長基盤の構築に向けた提言」（2010年4月20日）、http：//www. keidanren. or. jp/japanese/policy/2010/033/honbun. html。

根据以上列举开发海洋的环境变化，《经团联报告Ⅱ》从不同角度提出了详细的政策建议。

（一）加强官民合作振兴海洋产业。敦促日本政府加大行动力度和速度，从国家利益出发，确保和扩大海洋权益，盯住实际利用，与民间、大学及研究机构联合，自主开发和实验技术，为今后实现产业化而开展具体的试验项目，适当投入财政预算，振兴海洋产业。建议日本政府应该为加强国际竞争力“创造出新的海洋产业”，采取财政和金融扶持措施。目前，日本与海洋有关的产业规模大约16.5万亿日元，就业人数为101.5万人左右。如果实现新增长目标将为实现扩大就业作出贡献。

（二）通过开发和利用海洋应对以下重要课题。1. 确保海洋资源等国家权益。首先，要确保专属经济区和大陆架。“1994年《联合国海洋法公约》生效后，规定领海12海里（约22平方公里），专属经济水域200海里（约370平方公里），在具备一定条件的情况下可延长到最大限度350海里（约648平方公里）。”2008年11月12日，日本按照《联合国海洋法公约》规定第76条第8款，向联合国大陆架界限委员会提交了日本大陆架划界申请书。如果联合国批准日本提出的申请，大陆架的扩大部分大约相当于其国土面积的2倍，共74万平方公里。为确保矿产和能源资源等海洋权益，管理和保全专属经济区和大陆架，《经团联报告Ⅱ》建议将海洋分为若干个海域，采取充分利用海上平台和偏远海岛的有效措施。在2000年6月提交的第一个政策建议报告《21世纪的国土规划——促进地域自立与创造美丽的国土》（即《经团联报告Ⅰ》）中，已经提出了设立7座海上平台管理和保全专属经济区和大陆架的设想。经济产业界高度评价鸠山内综合海洋政策本部于阁2009年12月1日制定的《管理海洋保全和管理偏远海岛的基本方针》，提出了保全和管理日本6000个以上海岛的政策，要求已经提交国会审议的《促进保全及利用专属经济区及大陆架保全低潮线和建设据点设施等法案》早日实现立法，以解决两大问题：一是国家指定“冲之鸟岛”和南鸟岛为“特定偏远海岛”，由国家直辖并管理建设港湾；二是构筑并活用海上平台，实施开发矿产资源和能源等实验项目。其次，确保矿产资源和能源。日本海洋资源的开发并不充分，既然政府已在《海洋能源和矿产资源开发计划》中，提出今后10年内实现商业开采甲烷水合物及海底热液矿床的目标，建议先勘探专属经济区和大陆架的资源储存量，以及各个矿床的规模等，制作潜在海洋矿产资源分布图，切实、迅速实施勘探和开发所需要的技术开发。2. 确保“安全与安心”。（1）海上运输。加强索马里海域的海上护航活动，增加护航活动的频率。为提高海上警察和海上警备的能力，也应充实护卫舰（即驱逐舰——著者）和巡逻机。支援索马里政府培训警察，提高无政府状态下的治安水平。为提高索马里对岸各国的取缔能力，帮助也门的海上保安机构培训职员，提供巡逻艇。（2）防灾减灾。利用“地球”号地心探测器进行观测和探查，收集并分析数据。开发下一代深海探测系统，升级实时观测地震海啸的海底光缆监测体系，并在全国应用。开发挖削岩层的技术。加强应对灾害的体制，海上保安厅等相关机构联合收集信息加强联系。（3）为低碳社会做贡献。将可再生能源技术开发等作为主要课题，如开发海上风力发电、波浪发电、海洋温差发电、海流和潮流发电等可再生能源技术并进行实验等。

（三）建立综合推进体制。1. 综合海洋政策本部发挥领导作用，全面管理和加强与相关省厅的联系，做到信息共享，推进海洋产业振兴所需要的研究开发等，做好协调工作。2. 大学与产业界努力提高技术开发力量，培养人才。[①]

（四）对中日东海权益争端及“外国科考船”的政策建议。《经团联报告Ⅱ》关于中日钓鱼岛主权及海洋权益争端提出政策建议，敦促民主党政府采取应对中日东海争议及中国科考船的强硬措施。经团联认为，在通常情况下，按照《联合国海洋法公约》，沿岸国必须同意其他国家在本国的专属经济区和大陆架内进行科学考察。另一方面，在其他国家的科学考察活动直接影响天然资源的勘探和开发的情况下，沿岸国也能够不同意其进行科考。为了杜绝伪装成科学考察进行不正当资源勘测的现象，应对在东海进行资源勘测的外国船只，建议日本政府进一步完善针对外国海洋科考和资源勘测的法律。例如，制定日本“批准”其他国家在日本专属经济区和大陆架进行科考的法律，“自卫队和海上保安厅对其他国家的船舶进行突袭检查”等。《经团联报告Ⅱ》提出，如果解决日本与台湾海峡两岸中间存在争议的钓鱼岛问题、中国大陆与日本之间的东海油气田开发分歧等海洋权益纠纷，日本的国土面积将从现在的37.78万平方公里、占世界第61位，扩大到447万平方公里，跃升至世界第6位。[②] 由此可见，代表日本经济界的团体经团联，已经明确提出了包括侵占中国钓鱼岛扩大日本东海权益在内的“圈海”目标，把开发和保全专属经济区和大陆架定位为“海洋立国的增长基础”，作为拉升国民经济增长，扩大海洋产业，解决陆地资源匮乏及国内就业，确保海上通道安全，应对防灾减灾，以及海洋可再生能源资源技术的开发等战略性课题的“新边地”。与8年前谋划开发200海里专属经济区的《经团联报告Ⅰ》相比，《经团联报告Ⅱ》策划海洋

① 社団法人日本経済団体連合会：「海洋立国への成長基盤の構築に向けた提言」（2010年4月20日）。

② 社団法人日本経済団体連合会：「海洋立国への成長基盤の構築に向けた提言」（2010年4月20日）。

战略的视野愈发宽阔，不仅从200海里的专属经济区扩大到最大限度350海里的大陆架，而且将“保障日本海上通道安全”、“通过派遣自卫队出国开展国际合作”纳入视野，提请政府解决日本与海峡两岸之间的领土主权争端及东海燃气田开发等权益纠纷，描绘出圈占“海洋国土”的辉煌前景，充分表明了大企业集团要求日本政府进行海洋扩张的战略意图。在经团联的带动下，其他日本民间团体纷纷加入谋划海洋战略的行列，研究制定海洋法律。其中，日本财团和海洋政策研究财团的活动令人瞩目。

笹川阳平担任会长的日本财团，在海洋领域特别是海洋安全问题上表现突出。此前，日本财团做过引起社会关注的两件事：一件是2003年5月—2004年2月，日本财团在船舶科学馆公开展示“朝鲜特工船”的残骸；另一件是2004年11月—2005年3月间，两次向冲之鸟礁派遣了“视察团”和“调查团”。2005年，日本财团发表了政策建议报告，呼吁在冲之鸟礁设立灯塔。2006年3月，日本海上保安厅在冲之鸟礁上建立了“冲之鸟岛灯塔”。此外，日本财团还资助研究开发海洋船舶、关于海洋航行安全的国际合作，向青少年普及海事知识等。[①] 在经团联的带动下，日本财团积极赞助民间学术机构研究制定海洋法律，并于2002年提出制定海洋基本法的建议。在日本财团的赞助下，2003年5月，社团法人海洋产业研究会拟定了一份报告《建议构筑200海里水域的海洋管理网络》，提出应该进行国家管理专属经济区和大陆架的体制建设，制定基本法及管理海洋的基本计划。[②] 2006年初，海洋产业研究会还在题为《在设定专属经济区10周年之际》的报告内，提出了5项政策提案和5个项目提案。2005年5

① 日本财团：「海洋基本法が成立、日本の海洋政策を一元化」（2007年4月20日）、「第10回海洋基本法研究会」（2006年12月7日）、http：//nippon. zaidan. info/seikabutsu/2001/00889/contents/00004. htm。

② 社团法人海洋産業研究会：「解説『海洋基本法』について」。

月，日本财团海洋管理研究会发表了《21 世纪我国的海洋政策建议》，关于日本管理海洋的政策理念和行政体制提出两项建议：第一，在基本理念和政策方面，日本迄今缺乏管理海洋的理念，没有明确全面统一管理大陆架、专属经济区、领海、沿岸地区的基本理念，也没有根据管理海洋的基本理念制定超越个别海洋法令的政策大纲。第二，在行政体制方面，至今没有明确国家与地方自治政府之间管理海洋的责任分担，尤其不明确管理沿岸地区的基本考虑。另外，在不存在实体法的海域——港湾、渔港、海岸保全地区等指定海域之外的海域，没有明确区分国家和地方公共团体的管理权限，至今仍然没有国家横向统辖各省厅的一揽子海洋政策的立项、协调、实施监督和评估的常设权威机构。关于沿岸地区的综合管理，应制定包括确定日本海洋管理理念在内的政策大纲，并向国内外公布。在制定该大纲之际，应该引进《联合国海洋法公约》、联合国环境开发会议等提出的国际管理海洋的理念，并覆盖日本从 200 海里专属经济区到沿岸地区的全部海洋。[①] 日本财团海洋管理研究会提出的上述建议很有针对性：第一，直接指出了“纵向垂直型”的政府机构不适应国家统一管理海洋的弊端，认为日本不具备国家统一管理海洋的权威机构；第二，提出国家管理海洋的理念不够完整清晰，没有包括专属经济区及沿岸地区；第三，指出日本政府与地方自治政府之间管理海洋的权限不清，二者间的职责模糊，仍然存在现行涉海法令不能覆盖的“空白”。上述重要建议和意见，都在此后的海洋法制建设中得以完善。此外，2005 年 11 月，海洋政策研究财团还提出了《21 世纪的海洋政策建议》。日本民间团体为政府谋划海洋战略献计献策，对日本政界推动国会立法产生了非常重要的影响。

---

① 日本财团・海洋管理研究会：「21 世紀におけるわが国の海洋政策に関する提案」、http：//nippon. zaidan. info/seikabutsu/2001/00889/contents/00004. htm。

另一方面，超党派国会议员团体及学界精英也在积极研究海洋战略的法律草案。2006年4月，以自民党为主，包括公明党和民主党的11名国会议员及12名“有识之士”成立了“海洋基本法研究会”。自民党参议员武见敬三担任研究会的代表，自民党众议员石破茂担任主席，庆应大学名誉教授栗林忠男作为“联合主席”，秘书处设在海洋政策研究财团内。海洋基本法研究会受到日本政府的高度重视，共有十个相关政府部门的官员作为观察员参加了研究活动，日本财团会长笹川阳平、自民党政调会长中川昭一、公明党政调会长斉藤铁夫等都曾到会致辞，积极支持海洋立法。2006年4月4日—12月7日，海洋基本法研究会共举行了十次会议，草拟出《海洋政策大纲》和《海洋基本法概要》，为此后国会议员提交立法草案打下了基础。[①] 国会议员在此基础上迅速展开制定法律条文的立法活动，费时3个月左右拟就《海洋基本法草案》，并且分别征得自民党、公明党和民主党国会议员的同意。2007年4月，经国会众参两院审议表决实现了立法。[②] 以上经过表明，以经团联为代表的大企业团体及民间研究机构，对制定《海洋基本法》发挥了非常重要的先导和促进作用。

继《海洋基本法》之后，日本民间团体继续参与海洋战略研究，促进福田康夫内阁按照海洋基本法的规定，酝酿《海洋基本计划》。剖析日本第一个《海洋基本计划》（即《福田海洋基本计划》）的制定过程，有助于认识福田内阁与政府各部门、国会议员、学界及民间团体在制定海洋战略中的合作互动关系。成立于2006年4月的海洋基本法研究会，完成研究制定《海洋基本法草案》的使命后，于2007年11月更名为“海洋基本法后续研

① 社团法人海洋産業研究会:「解説『海洋基本法』について」。

② 社团法人海洋産業研究会常務理事中裕幸:「解説『海洋基本計画策定に関する動きについて』」、『会報』第339号、http://www2u.biglobe.ne.jp/~RIOE/kaiyokihon1.htm。

究会”，人员也有所增加。其成员包括23名国会议员——自民党10人，公明党5人，民主党8人。此外，还有16位“有识之士”，以及来自十个相关政府部门的一线官员作为观察员参加研讨。国会议员中川秀直（自民党）担任研究会的代表，石破茂（自民党）继续担任主席。前原诚司（民主党）、大口善德（公明党）与庆应大学名誉教授栗林忠男三人担任“共同主席”。来自日本三大主要政党的四名国会议员，在五个研究会干部职务中占据了四个。2007年11月8日，海洋基本法后续研究会举行了首次会议，内阁官房兼综合海洋政策本部事务局的政府官员报告了制定海洋基本计划的情况，说明福田内阁（海洋本部）的基本立场。海洋政策研究财团等4个民间团体，提交了关于海洋基本计划的建议或要求书。11月29日，研究会召开第二次会议，经团联等11个团体提出了更为详细的建议和具体要求，其中有2个团体提交了书面材料。在海洋基本法后续研究会的活动期间，共有15个民间团体提交了书面意见、建议和要求；另有多个学术机构和学术团体提交了建议书，例如，由东京大学教授浦边彻郎担任委员长的深海资源研究会、久保重明担任会长的海洋调查技术学会、东京大学海洋研究所、东海大学海洋学部（海洋系）等。在海洋基本法后续研究会的最后一次会议上，日本财团笹川阳平会长、自民党政调会长中川昭一、公明党政调会长斉藤铁夫一齐到会致辞，会后还举行了记者招待会。12月19日，《海洋基本计划草案》提交给海洋本部第二次参事会议讨论，经过两次讨论并与相关政府部门反复协商后，年底送至福田康夫首相（本部长）和国土交通相（兼海洋相）冬柴铁三审阅。2008年1月，福田首相确定《海洋基本计划草案》后，2月4—25日付诸公开讨论，广泛听取各方意见。2月28日再交给参事会议讨论，最后，在3月18日召开的第三次海洋本部会议和内阁会议上，审议通过了《海洋基本计划》。[①]《海洋基本计划》的酝酿过程，堪称日本产、官、学紧密合作互动的一个范例。首先，广泛汲取产业界和学界等社会各方的意见和建议，经过反复讨论研究制定草案。共有54人和48个团体共提出了102份意见书，包括12项综合性意见和基本政策在内，意见和建议总计587项，重新汇总整理后公开的数字是592项，共188页。与此同时，还向10位参事咨询了意见。得到自民党“海洋政策特别委员会”（委员长仲村正治）的认可。其次，《海洋基本计划》明确规定在2008年度内制定保全和管理偏远海岛的基本方针，聚焦“圈海”的切入点并规定了时间表。第三，提出了推进开发专属经济水域及大陆架、确保海上运输安全、明确优先顺序等具体内容及数据化的目标。特别是明确规定海洋信息的一元化管理和提供信息的义务，解决了多年来争论不绝的难题，打破了纵向收集和管理信息数据的双重壁垒，向一元化管理和提供海洋信息迈出了非常重要的一步。[②]产、官、学三方的紧密合作，不仅在规划海洋战略上成效显著，而且对打破政府部门长期存在的条块分割的积弊产生了积极作用。

在2009年9月民主党上台后，海洋战略的法制建设及其相关调查研究工作，并未因政权更迭而停滞或改变。经济界团体、民间研究团体及学术机构，向日本政府提交了许多政策建议报告和开发海洋的项目设计方案。这些思维活跃、构思各异的建议和项目设计，远远超出了政府部门的职权范围和判断能力。由此催生了一个新事物——官产学联合研究筛选海洋开发项目建议方案的团体应运而生。提出海洋开发项目建议的团体或机构、相关企

① 社団法人海洋産業研究会常務理事中裕幸：「解説『海洋基本計画策定に関する動きについて』」、社団法人海洋産業研究会：「解説『海洋基本法』について」、『会報』第339号。

② 社団法人海洋産業研究会事務局：「解説『海洋基本計画』について」、『会報』第340号、http：//www2u. biglobe. ne. jp/ ~ RIOE/kaiyokihon1. htm。

业及“有识之士”，与相关政府部门一起，组成了“推进开发利用海洋设想调查会”（官产学调查会）。官产学调查会的委员构成，充分显示这个团体的科学性、务实性，以及朝野协同作战的综合实力。在8名“有识之士”中，有4名东京大学的著名教授——理学部研究科地球行星科学专业的茅根创，工学部研究科机械工学专业的荒川忠一，新领域创立科学研究科海洋技术环境学专业的佐藤彻、尾崎雅彦。另外还有独立行政法人水产综合研究中心的和田时夫、海洋政策研究财团的常务理事寺岛纮士等4人。相关企业包括鹿岛建设、新日铁工程技术、三井造船、三菱重工业等7家企业巨头。日本政府部门共派出了13名一线骨干官员担任产官学调查会的委员：内阁官房海洋本部事务局参事官(2人)，内阁府政策统括官、参事官，文部科学省研究开发局海洋地球科科长，农林水产省大臣官房环境生物链政策科科长、水产厅渔港渔场建设部建设科科长、增殖推进部参事官，经济产业省资源能源厅资源燃料部政策科燃料政策企划室室长，国土交通省综合政策局海洋政策科科长、海事局安全环境政策科科长、总务科技术企划官、河川局海岸室室长、环境省地球环境局环境保全对策科科长。[①] 这些政府官员的职务表明，他们的职责及工作经验涉及海洋或与海洋相关的所有领域，反映出日本海洋战略覆盖的各个方面，代表着日本综合运用日本各学科的科研和技术力量，有效开发利用海洋的战略规划的高度和广度。2009年12月22日—2010年3月25日，官产学调查会经过深入细致的甄别筛选，发表了《推进开发和利用海洋设想调查会报告》，从许多开发项目和建议中，选定了一个开发利用和保全200海里专属经济

① 首相官邸：「海洋の開発・利用構想の推進に関する調査会海洋の開発・利用構想の推進に関する調査報告書」（平成22年3月）、http：//www.kantei.go.jp/jp/singi/kaiyou/chousa/h21_houkokusho.pdf。

区的报告、两个关于“保全和利用冲之鸟岛”的报告，和一份地球变暖对策和可再生能源的报告，决定将这些报告列为4个重点调查项目，进一步展开全面评估。评估的目的是，推进海洋科学技术的研究开发，首先需要对这些新项目的必要性、可行性、波及效果，研究费用及其效果的“性价比”，项目与其他政策之间的优先顺序等进行调查研究，决定每个项目应该提交的机构和政府部门等今后应该采取的措施，官产学调查会和内阁官房应该在此项目中发挥怎样的作用。此外向政府部门提出采取措施的建议并进行调整，从可行性项目起，逐次按计划推进。① 推进开发利用海洋设想调查会的上述活动，堪称日本官产学有效合作的范例中的典型。不仅在学术、技术、研究能力上弥补了政府部门所不具备的专业性和科技前沿性，有效防止了出于部门利益、经济利益的低水平的重复开发，保证“海洋事业”的经费等政府投入都能用在刀刃上。政府各部门的科长级官员，历来是在第一线实干的骨干。科长直接参与，对于避免部门内官僚主义——管事者既不能全程参与项目的研究筛选，也不能具体承担项目；做事者只能听从上级指挥，知情有限的弊端。同时，来自政府一线骨干的意见，也在很大程度上保证了项目的可行性，有效降低了可行性不足的项目建议获得立项的可能性。有海洋生物、环保前沿科学领域的专家学者参加，对于兼顾海洋开发与海洋保护而言，也很重要。

此外，民主党鸠山内阁在海洋战略的法制建设中，也充分发挥了民间团体的作用。2009年12月发表的《管理海洋保全和管理偏远海岛基本方针》、2010年2月国会审议通过的《促进保全及利用专属经济区及大陆架、保全低潮线及建设据点设施等法

---

① 首相官邸:「海洋の開発・利用構想の推進に関する調査会海洋の開発・利用構想の推進に関する調査報告書」(平成22年3月)。

律》，都是调查研究与国会立法并举的结果。这些事实充分证明日本朝野对“依法”圈海的重要性有高度共识及强烈的危机感，把海洋法制建设视为迫在眉睫的头等大事。国会议员、专家学者和经济界的精英与相关政府部门的一线官员齐心合力酝酿立法，为政府各部门之间的协调工作拓宽了思路，提供了智慧和科学知识，形成了经济产业界牵头赞助，以民促官，凝聚学界精英，官、产、学各界优势互补的战略决策机制。经过实践检验的上述经验具有重要的参考借鉴意义。

综上所述，日本政府从 20 世纪 80 年代开始构思海洋战略，《海洋法公约》生效后，日本国土厅（国土交通省）将开发“海洋新边地”与振兴偏远海岛经济相结合构思海洋战略。至小泉内阁执政，通过从“岛主”手中“租借”和“管理”钓鱼岛本岛及两座附属岛屿两个步骤，实现“国家控制并管理”钓鱼岛。以经团联为首的大企业集团，研究或资助民间机构研究开发和保全专属经济区及大陆架的立法问题。随后，高等学府海洋学科的研究人员、超党派国会议员等朝野精英踊跃加入，为其海洋立法注入了活力。至安倍第一次内阁通过《海洋基本法》，福田内阁在《海洋基本计划》中提出“保全和管理偏远海岛”的命题并设定了时间表，麻生内阁发动各界精英进行研究，撰写出《管理海洋，保全、管理、利用并活用偏远海岛研究委员会报告》。小泉、安倍、福田及麻生历届自民党内阁不断推进海洋战略规划及其法制建设，为民主党上台后继续构建海洋战略法律体系作出了重要贡献。

第六章　日本海洋战略法制建设及领导架构

第一节　日本海洋战略的法律体系

2007—2010 年，自民党和民主党用“接力”方式完成了以“开发、利用并保全日本专属经济区和大陆架”的海洋法制建设，并且在修订后的《2011 防卫计划大纲》中完成了军事政策的配套，基本形成了日本海洋战略的法律体系。从野田佳彦内阁开始，海洋战略法制建设进入通过修改法律、更新海洋基本计划等进一步充实法律体系的新阶段。

标榜“新海洋立国”的海洋战略，以“确保超过国土面积 12 倍、拥有世界第六位的管辖海域”为目标，旨在解决日本资源匮乏与领土主权争议等经济和安全保障问题，具有国家综合发展战略性质。解剖复杂而缜密的海洋战略法律体系，对于借鉴日本战略规划的思路、立法程序、建立战略决策领导架构，以及应对与周边国家之间的岛屿主权争议的举措，无一不具有非常重要的意义。

海洋战略法律体系的结构分为以下 4 个层次：

第一层次是上位法（“母法”）。2007 年 4 月 20 日，日本国会通过的《海洋基本法》（安倍第一次内阁），具有“海洋宪法”的地位。这部法律启动日本海洋战略规划，明确国家管理海洋的理念和目标，构建一元化的国家管理海洋的体制。

第二层次是关于海洋立法方针的政府文件。2009 年 12 月 1 日，鸠山内阁发表《管理海洋——保护和管理偏远海岛的基本方针》，明确优先保护偏远海岛的立法方针等。

第三层次是为贯彻落实上位法的下位法（“子法”）。

1. 2007 年 4 月 20 日，日本国会通过《关于设定海洋建筑物等的安全水域的法律》（安倍第一次内阁），旨在为日本政府授权日本企业开发东海资源做准备。

2. 2008 年 3 月 18 日，福田内阁发表《海洋基本计划》，提出研究保全和利用偏远海岛的立法课题。

3. 2009 年 6 月 24 日，日本国会通过《处罚海盗行为及应对海盗法》（麻生内阁），日本海上自卫队护卫舰队及 P－3C 巡逻机在索马里亚丁湾为日本商船护航的活动，依法扩大到为所有国家的过往商船护航。

4. 2010 年 2 月 9 日，日本国会通过《促进保全及利用专属经济区及大陆架保全低潮线及建设据点设施等法律》（鸠山内阁），确定优先重点保护“决定日本专属经济区及大陆架的外缘的根据——划界的基点岛海”。

5. 2010 年 6 月 24 日，内阁官房发布 2010 年第 157 号政令《促进保全及利用专属经济水域及大陆架保全低潮线及建设据点设施等法律施行令》（菅直人内阁），指定南鸟岛和“冲之鸟岛”为“特定偏远海岛”，并进行建设港湾设施。

6. 2010 年 7 月 13 日，海洋本部发表《促进保全及利用专属经济水域及大陆架保全低潮线及建设据点设施等基本计划》（菅直人内阁），确定实施上述法律法规的具体实施计划。

7. 2012 年 3 月 2 日，综合海洋政策本部（野田内阁）在首相官邸网站公布了《关于地图海图记载决定专属经济水域（EEZ）

外缘的偏远海岛名称的决定》。按照鸠山内阁海洋基本方针关于“妥善管理偏远海岛名称”的规定（“确认、统一偏远海岛名称并在地图和海图标明加以活用”），“根据偏远海岛确保领海面积的大小等进行优先排序”，[①] 从2010年起首先为圈海面积最大的偏远海岛进行命名和登记。经日本地方自治政府确认、掌管地图的国土地理院和掌管海图的海上保安厅协商，决定了39座无名偏远海岛的名称，公布了39座偏远海岛的名称及其所在地，其中包括中国钓鱼岛附属岛屿中的4个岛屿，中国的固有领土被非法命名为“北西小岛、北小岛、北東小岛、北小岛”。[②] 除电子版的日本地图外，纸质地图和海图也在制作新版时记载了上述偏远海岛的名称。[③] 这是野田内阁为半年后实施“购岛”所做的准备工作之一。

8. 2012年8月29日，日本国会通过《海上保安厅法及领海内外国船舶航行法部分修改法案》（野田内阁），进一步充实海洋法律体系，应对中国公务船执法维权、科学考察及民间人士的“保钓”活动等。

9. 2012年9月5日，日本国会通过《处罚海盗行为及应对海盗法修正法》（野田内阁），旨在加强日本在印度洋及太平洋的战略扩张。

10. 2013年4月，海洋本部（安倍第二次内阁）发表《海洋基本计划》，继续推进海洋战略项目，加强海洋实力等。

第四层次是日本政府推行海洋战略的配套政策文件。

---

① 「『名無し』」10島に名称付与、EEZの外延の根拠、藤村官房長官答弁」、『産経新聞』2011年10月27日。

② 総合海洋政策本部：「排他的経済水域（EEZ）外縁を根拠付ける離島の地図・海図に記載する名称の決定について」、https：//www. kantei. go. jp/jp/singi/kaiyou/ritouhoushin/meisyou120302. html。

③ 総合海洋政策本部：「排他的経済水域（EEZ）外縁を根拠付ける離島の地図・海図に記載する名称の決定について」。

1. 2010 年 12 月 17 日，菅直人内阁（安全保障会议）发表《关于 2011 年以后的防卫计划大纲》、《中期防卫力量整备计划 2011—2015 年度》，调整防卫方针政策，为海洋战略提供军事保障。

2. 2013 年 12 月 17 日，安倍第二次内阁（安全保障会议）发表《国家安全保障战略》，完成国家安全保障战略的顶层设计，囊括海洋战略。

3. 2013 年 12 月 17 日，安倍第二次内阁（安全保障会议）发表《2014 年度以后的防卫计划大纲》、《中期防卫力整备计划（2014—2018 年度）》，按照《国家安全保障战略》提前修订防务政策。

4. 2014 年 7 月 1 日，安倍第二次内阁（国家安全保障会议）发表内阁决议《为保全国家存立保卫国民建设无缝安全保障法制》，部分解除“行使集体自卫权”的禁区。从此，安倍政府进入落实内阁决议、重构安全保障法制、修订日美防卫合作指针、建设“能战国家”的新时期。

以上列举的 4 个层次共 16 部法律和政策文件，初步构成了日本“新海洋立国”战略的法律体系，但这并不是日本海洋战略法律体系的全部。从海洋法制建设的进展来说，目前虽然已经基本形成了海洋战略的法律体系，但是从全面落实《海洋基本法》的角度看，上列文件主要是落实基本法有关偏远海岛规定的下位法，而基本法内还包括了其他诸多领域法律规定，例如，海洋经济开发、海洋资源商业化、海洋环保、设立海洋保护区、有关海洋的国际合作、海洋（特定偏远海岛等）观光旅游等等，这些未制定下位法。迄今完成立法的部分主要海洋战略中最重要的部分——关于“圈海”的决定性根据偏远海岛的立法及其政策配套，解决了海洋战略的领导及推进体制的建设问题。这也是著者将海洋战略定位为日本国家整体战略，将偏远海岛法制建设，视为日本海洋战略的核心的主要原因。预计今后还会有其他落实基本法的下位法相继出台，不断充实和扩大海洋战略法律体系，《海洋基本法》已经为此撑起了足够大的屋顶。

第二节　海洋战略的领导架构及推进体制

2007年至今，日本历届内阁按照《海洋基本法》的规定担负海洋战略的一元化决策和领导责任。民主党上台后海洋战略法制建设取得迅速进展，内阁兼综合海洋政策本部的决策指挥功能，与执行决策的各部门之间的协作关系较为顺畅，基本没有出现内阁既要兼任海洋战略的决策者和指挥者，又要担负协调中央各部门及地方政府的责任而不堪重负的局面。其原因在于，内阁官房分流海洋本部的具体业务，保障了海洋战略领导及推进体制的集权性、高效性和专业性。

海洋战略的领导及推进体制形似一座金字塔。海洋本部位于金字塔的顶端，是海洋战略的决策和指挥中枢，是“国家管理海洋”的最高领导机构。《海洋基本法》第4章“综合海洋政策本部”（第29—38条）规定，内阁设置海洋本部，集中、综合推进海洋政策。海洋本部的主要职能是：1. 制订并实行海洋基本计划；2. 总体调整相关行政机构根据海洋基本计划实施的政策；3. 起草、立项及总体调整其他海洋政策中的重要计划。海洋本部的组织系统如下：内阁首相担任本部长，按照日本内阁法的规定，首相是海洋本部事务的主管大臣；副本部长协助本部长，由国务大臣担任，本部员全部由国务大臣兼任；本部事务由内阁官房处理，内阁官房副长官受命负责处理。《海洋基本法》生效后，历届日本内阁依法设立了海洋本部，海洋政策担当大臣由国土交通相兼任，内阁官房负责处理海洋本部的业务，统辖各政府部门。如有必要，海洋本部有权向相关行政机构、地方公共团体、独立行政法人的长官或特殊法人的代表，要求提供资料、表明意见、说明及其他必要的协助；有权委托上述规定之外的人员提供必要的协助。[①] 海洋本部的组织系统、职能和权限，为推进海洋战略提供了组织保障。在这一高效集权体制下，日本政府全力推进海洋战略，确保每年所需经费列入国家预算，统一协调包括海上保安厅、海上自卫队等在内的所有相关政府部门，直接指导审核各部门承揽的海洋战略项目。总之，内阁及内阁官房构成的海洋战略的决策指挥中枢，统一指挥海洋法制建设，制订实施海洋基本计划，编制海洋预算，协调地方政府及民间团体，安排调查勘探和技术研发，加强海警及军事力量等，一元化领导推进海洋战略，集权，高效，精干。

处理海洋本部事务的内阁官房发挥了非常重要的作用。内阁官房既是“裁判员”也是“运动员”：既负责海洋本部的业务，同时也承担海洋战略项目，或承包项目后再转包给民间团体。内阁官房至少具备以下 7 个方面的功能：1. 委托民间机构或团体调查开发利用海洋的具体项目的可行性，掌握科技研发的最新动向，接受专家建议进行评估；2. 处理日本向联合国大陆架界限委员会申报扩大日本大陆架的有关事务；3. 与各国负责海洋事务的政府部门保持联系，举行协商会议；4. 调查决定专属经济区外缘的划界基点海岛掌握详细情况；5. 为开发和普及风力、海浪、潮汐等海洋可再生能源，从相关机构划定的实验发电效率和耐久性能的候选海域中，调查并确定综合实验海域；6. 更新专门知识，建立由海洋科学、海洋工学领域的专家组成的“建言会议”，根据资源学、矿物学、地质学、工学等专门知识，向政府部门负责

---

① 「海洋基本法」（平成 19 年 4 月 27 日法律第 33 号）。

海洋资源开发的工作组提出具体建议，提供智力支持；7. 召集专家和有识之士，对海洋基本计划的各项政策进行评估和修改，力争少走弯路，不断完善海洋战略。内阁官房的这些活动可谓集思广益，协调有序，重视专家，内通外联。内阁官房担负海洋本部事务局的职能，实现了内阁与海洋本部的一体化。《海洋基本法》赋予日本内阁领导推进海洋战略的职能和义务，使其成为一元化的决策、指挥、总体协调实施海洋战略的中枢，是有效调动朝野各界所有部门实现海洋战略目标的最重要的保障。

日本海洋战略的推进体制形似一座金字塔：海洋本部位于金字塔的顶端，是战略决策指挥中枢；承包“海洋事业”的中央政府部门及都、道、府、县各级自治政府位于金字塔的中部；基层行政组织、地方公共团体、民间团体、国立大学法人、研究机构、海岸及海湾的管理机构等构成金字塔的底部。中央政府的重要部门，几乎都是海洋项目的承包者。它们承包项目后，再向各自的下属单位、合作机构等转包。换言之，实际完成海洋项目的单位，根据各自的专长分包各中央部门承揽的海洋项目，瓜分“海洋事业预算”。当然，也存在同一海洋项目的参与者来自不同部门的情况，但项目经费完全按部门纵向分割。据著者的不完全统计，2011—2012 年，日本政府拨款实施的海洋战略项目中，除个别项目的完成单位标为“国家”或“未定”外，绝大多数都已确定分包单位。包括内阁官房在内，共有 10 个中央部门承包了 406 项“海洋事业”，分包单位多达数十个。以下是著者整理的海洋战略项目日本国内实施机构一览表，显示中央承包部门及其具体分包单位的纵向合作关系，其中不包括由国际机构实施的项目，[①] 表

① 著者根据首相官邸网页所载 2011 ~ 2012 年度海洋事业预算资料制表。総合海洋政策本部：「H23 年度海洋関連予算一覧表」、「H24 年度海洋関連予算一覧表」、http：//www. kantei. go. jp/jp/singi/kaiyou/ichiran _ h23. pdf、 https：//www. kantei. go. jp/jp/singi/kaiyou/sisaku/ichiran _ h24. pdf。

6—1 内的“（独）”、“（财）”标记，分别为独立行政法人、财团法人。

表 6－1　海洋战略项目日本国内实施机构一览表

内阁官房	内阁官房，民间团体
内阁府	内阁府防灾部门，警察厅，冲绳综合事务局，冲绳县及市町村，地方公共团体
总务省	总务省消防厅国民保护室
外务省	外务省国际合作局地球环境科、专门机构室，综合外交政策局安全保障政策室、海上安全保障政策室，国际法局条约科、海洋室，经济局渔业室，欧洲局俄罗斯科，亚洲大洋州局中国蒙古科、东北亚科
文部科学省	文部科学省，国立大学法人，东京大学，东京大学大气海洋研究所，高知大学，东海大学，东京海洋大学，京都大学，九州大学，国立极地研究所，北海道大学，东北大学，名古屋大学，高知工科大学，民间团体，（独）海洋研究开发机构，（独）水产综合研究中心，（独）防灾科学技术研究所，（独）农业环境技术研究所，日本原子能研究开发机构
农林水产省	都道府县市町村，都道府县资源管理协议会，市、町、村渔协，“国家”，水产厅，（独）水产综合研究中心，民间团体，“渔业者”
经济产业省	（独）石油天然气金属矿产资源机构，（独）产业技术综合研究所，（独）新能源产业技术综合开发机构，市中银行，民间团体
国土交通省	国土交通省海事局、地方运输局、海湾局、航空局、“离岛振兴科”、水管理与国土保全局下水道部、地方整备局，国土政策局，特别地区振兴官，地方自治体，东京都，鹿儿岛县，市、町、村，土木研究所，综合政策局，国土地理院，气象厅，海上保安厅、海上技术安全研究所，国土技术政策综合研究所，港湾空港技术研究所，海岸管理者，港湾管理者，（独）航海训练所，（财）促进日本船员福利与雇用中心
环境省	环境省、国立环境研究所，产业技术研究所，相关行政机构，各大学，公益法人，地方公共团体，民间团体
防卫省	海上自卫队，技术研究本部，索马里亚丁湾反海盗派遣自卫队

海洋战略项目日本国内实施机构一览表显示，参与推进海洋战略的部门，上自中央各部，下至各地方民间团体，可谓举国一

致。其中，总务省的项目相对单一，维护完善“全国瞬时警报系统”——将弹道导弹发射、海啸和紧急地震警报在第一时间通知各地民众。环境省的项目相对集中，推进海洋环境保护、生态观光、海上风力发电等。其他政府部门承担的海洋战略项目相当繁重。重点分析以下5个部门承担的项目，有助于加深了解日本政府各部门推进海洋战略的实际状况。

（一）国土交通省是实施“促进形成海洋国土”的重要部门。从专属经济区的划线基点基线、测量水路、制作海图、设置和维护航标、振兴偏远海岛、保护海岸、培养日本船员、完善港湾设施，到气象、航路、救难、应对海洋污染、为扩充海上保安厅的海警职能加强体制和实力建设等，实施海洋项目之多，参与单位之众，远远超过其他部门。这些项目被视为“确保日本专属经济区和大陆架”的当务之急。例如，港湾局和地方整备局分包的“推进特定离岛港湾设施建设”项目，是落实低潮线保护法、划定“冲之鸟岛专属经济区”圈占42万平方公里的国际公共海域的重要举措。又如，海上保安厅分包的海洋项目多达48项，日本政府不惜重金增强其实力配置、加强体制建设：淘汰老旧飞机和舰艇，引进续航时间更长、搜索监视能力更强的飞机，建设和完善航空基地的设施；建造能够搭载2架直升机、具备长期行动能力的大型舰艇；加强海上保安厅行使海上警察权的体制建设等，仅此3项在2011—2012年度就获得经费591.44亿日元。由此可见日本动用实力“圈海”的决心和投入。

（二）经济产业省的海洋项目，侧重海底能源和矿产资源开发、资源勘探开发技术研究。为了落实“10年后商业开采海洋资源”的目标，在“有可能延长大陆架的海域及专属经济区内”，调查石油资源的储存状况，研究深海能源资源的勘探技术，开发海洋石油对环境的影响等方面，承担了精心设计内容详实的战略项目。其中，实施深海矿产资源调查的（独）石油天然气与金属矿产资源机构，获得大笔资金及建造资源调查实验船的专款。（独）产业技术综合研究所、（独）新能源产业技术综合开发机构等，在研发海底资源勘探和开发技术方面发挥着非常重要的作用。此外，民间团体承包了很多调查项目。以“石油、天然气资源、甲烷化合物的生产技术、海底矿产资源开发等”项目为例，包括评估海底热液矿床资源的储量，调查海洋矿产资源、采矿技术、环境影响、基础试钻、深海富钴结壳资源等内容，两年间的项目经费高达591.69亿日元。

（三）农林水产省是推进海洋事业的“资深”部门，承揽的海洋项目较多。民间团体负责制定“资源管理指针”；都、道、府、县的“资源管理协议会”负责推进资源管理体制的建设；“国家”与水产厅承担“直辖特定渔港渔场建设事业”、“偏远渔场建设事业”。“海岸保全事业”则由国家、都、道、府、县及市、町、村共同承包，水产厅负责指导、监督和取缔。支持偏远海岛重振渔业的项目，由都、道、府、县、市、町、村及（独）水产综合研究中心承包，担负恢复受灾海域的水产资源，开发基础技术的重任。“保全周边渔场”、远洋渔场的可持续性作业，水产资源的重组、保护及功能强化，保护生物多样性的综合对策（包括“冲之鸟岛”珊瑚礁增殖技术）等项目，都由民间团体及地方渔业协会分包。日本作为“海洋大国”，地方各级政府和民间机构，在海洋战略中扮演着极其重要的角色。

（四）防卫省获得相当可观的海洋预算，2011—2012年度连续实施4个项目。第一，海上自卫队的“物件费”，两年合计14051.72亿日元。第二，新增2项“确保海洋安全维护和整备适当的海上防卫力量”的合同项目，以提升海上自卫队的海上警戒、监视和作战能力。2011年度的合同金额是1736.52亿日元，合同期限为2011—2015年；2012年的合同金额是2206.60亿日元，合同期限为2012—2016年。合同项目包括采购大型武器装备或延长装备的使用年限等。从2012年海上自卫队的实施项目可见一斑：1. 为加强对周边海域的警戒监视能力，建造护卫舰（DDH）、潜水艇（SS），采购旋转翼巡逻机（SH－60K），延长旋转翼巡逻机（SH－60J）及护卫舰的机龄、舰龄；2. 为确保海上交通安全，采购扫海运输机（MCH－101）；3. 为应对潜水艇，维持并提高浅海应对潜水艇的能力（提高声纳能力等），加强探测、识别、跟踪的能力（声纳浮标建设等）；4. 为应对武装间谍船等，在加强特别警备队等快速反应力量的同时，加强对小型水上船舶的监视和应对功能；5. 根据《处罚海盗行为及应对海盗法》，完善应对海盗活动的必需装备。第三，防卫省技术研究本部承包的项目为“开发有助于确保海洋安全的装备”，包括为应对潜水艇的静音化等研发声纳技术，提升潜水艇的鱼雷能力等内容，2011—2015年获得项目经费48.88亿日元，2012—2016年获得51.36亿日元。第四，应对索马里亚丁湾海盗项目，参与反海盗行动的自卫队分到的经费（略），根本无法与上列项目款相提并论。[①] 上述第一项海上自卫队的“物件费”，是否列入其他防务费开支有待确认。但是，仅从第二项新增合同的资金额，不难管窥日本实施海洋战略的“武力”准备和财政投入的规模。

（五）文部科学省通过大量承包海洋项目并协调大学和独立行政法人进行分包，打造出研究开发、利用、保护海洋矿物生物资源的“集团军”。第一，文科省以独立行政法人为先导、骨干，促进大学等科研机构的研发活动。例如，（独）海洋研究开发机构发挥了5个作用：1. 承担“综合海洋科学技术开发项目”，研究开发地球环境变化、地球内部活动、海洋极限环境下的生物

① 総合海洋政策本部：「H23年度海洋関連予算一覧表」、「H24年度海洋関連予算一覧表」。

链、海洋基础技术开发，推进深海地球钻孔计划；2. 向大学等学术研究机构提供运用船舶、地球模拟等共享大型设施设备，促进海洋科技的普及和发展；3. 开发海洋资源勘探系统；4. 从事“冲之鸟岛”的气象海象观测；5. 研究 21 世纪气候变化的预测程序革新等。第二，各所国立大学法人机构的海洋学科，聚集着海洋资源勘探及技术开发、海洋环保等领域的前沿科技人才，是分包海洋科研项目的主力——东京大学、高知大学、东海大学、东京海洋大学、东京大学大气海洋研究所与（独）水产综合研究中心合作，分包了“促进利用海洋资源技术开发项目”，“提高海洋生物资源技术研发项目”，在技术人才和科研设备设施上实现共享和互补。第三，为了支持国立大学法人的海洋学科建设，文科省向国立大学提供建造实习船舶的补助金，加强海洋实地教育研究，培养研究各种海洋课题的人材。此外，文科省还在支付给国立大学法人的“运营费”内，连年增加在“冲之鸟岛”及其周边海域进行海洋观测、珊瑚礁堆积物等的调查费用，支持大学为实现“圈海”目标多做贡献。概观文科省的海洋项目，不仅包括地震、海啸等自然灾害的预测系统、与核污染有关的“海洋环境研究”等防灾减灾研究，也有参与“地球钻探科学计划”和“北极气候变化研究”等国际前沿科技的研究项目，具有很强的实用性、前瞻性及战略性。

日本精心构建的海洋战略推进体制有许多独到之处：第一，原来隶属于中央各省厅的事业机构及研究机构，在 2001 年中央省厅重组时已经从国家分离，获得“独立行政法人”资格。这些“独”字号的机构在承包海洋战略项目的过程中，发挥了先导、骨干作用，特别是发挥了提供公共科研平台等不可替代的作用，堪称政府各部门推进海洋战略的“脊檩”。此外，国立研究机构、国立大学法人、地方政府、公共团体及民间渔业团体，都在积极推进海洋战略并获得可观的经费。第二，在长期耕耘的成熟领域扩大国际合作。如水产资源（水产厅项目），在扩大重新评估周边海域渔业资源范围的同时，将养殖业囊括其中，并将国际合作扩大到东南亚及亚太地区，通过民间团体构建“水产资源的管理框架”。第三，注重项目的投入与效果。例如，农林水产省从2012年度开始向民间团体支付“支援前往北方海域捕鱼者稳定经营事业费”（5700万日元），鼓励支持前往北方海域捕鱼的日本渔船“稳定经营”，兼具在俄罗斯实际控制下的俄南千岛群岛（日本北方领土）附近保持“存在”的战略意义，收获保障渔业经营者的生计和应对岛屿主权争议的双重效果。第四，上述海洋战略项目显示，日本不仅向海洋索取资源能源，而且要发展海洋产业扩大就业，扩大国际海洋合作，占领海洋前沿科技的高地。上述海洋可再生能源的研发项目，与菅直人内阁在《新增长战略》中提出的“开发普及海洋资源、海洋可再生能源等”[①] 部分重合，可谓经济开发与安全保障并举。第五，现阶段的海洋战略项目大多集中在两大领域，一是海洋资源尤其是海底资源、圈占专属经济区的调查及其开采技术的研发领域，二是武力“圈海”的实力建设领域，实际情况验证了海洋战略的关键词——“保全”、“开发”、“利用”。此外，上述政府部门还承担着国际合作项目。海洋战略领导及推进体制的金字塔结构表明，在海洋本部的一元化领导下，中央各部门分别统辖各级地方自治政府，发动独立行政法人和财团法人、国立大学及研究机构、公共团体、相关行业协会及民间团体，共同完成海洋战略项目。日本海洋战略项目几乎包罗了所有的海洋领域和前瞻性的涉海课题，体现“海洋大国”的战略规划能力。

① 首相官邸：「『新成長戦略』について」（平成22年6月18日閣議決定）、http://www.kantei.go.jp/jp/kakugikettei/2010/sinseichou01.pdf 36页、65页。

综上所述，2007年发布《海洋基本法》，决定了海洋战略作为日本国家总体战略的法律地位。2009年以来，日本民主党政府全力推进海洋法制建设和战略规划，形成以优先保全偏远海岛、设立划界基点海岛“低潮线保护区”为着力点，以“开发、利用、保全日本专属经济区及大陆架”为目的，以加强海上自卫队、海上保安厅及海上警察的实力建设为主要手段的海洋法律体系。海洋本部向400多个的海洋项目投入了庞大的“海洋事业预算”，举国一致全面落实海洋基本计划。特别是2010年9月日本海保厅在钓鱼岛海域抓扣中国船长事件后，日本政府将应对中日领土主权和海洋权益争端视为首要课题，搁置了建立海洋国立公园、国定公园进行保护管理等属于环境省的项目。从2010年度起，日本政府不但新增重点加强海上保安厅“应对国际紧急形势”的体制建设和“执法”体制建设项目，还不顾政府财政赤字有增无减，在第一次补充预算中再次增加“紧急完善巡逻艇和飞机”的巨额开支。2012年9月底，包括国债、借款和政府短期债券的国家债务达983.295万亿日元（约合人民币77.3万亿元），创下历史新高。据日本总务省估计，按照2012年10月1日的日本人口总数1.2753亿人计算，日本人均负债约771万日元。[①] 日本政府在为海上自卫队和海上保安厅购买和建造飞机舰艇上毫不吝啬，据著者不完全统计，除2011年3月（2010财年内）遭受“3·11”地震、海啸、核泄漏三重打击有所减少外，日本政府连年投入海洋战略项目的费用相当可观：2009年度日本海洋预算总额为13369亿日元，[②] 2010年度减至11636亿日元，[③]

① 日本国债达983万亿日元人均负债约771万日元，中国网2012年11月11日。

② 総合海洋政策本部：「平成22年度海洋関連施策の概要」、http://www.kantei.go.jp/jp/singi/kaiyou/sisaku/gaiyou_h22.pdf。

③ 総合海洋政策本部：「平成23年度海洋関連施策の概要」、http://www.kantei.go.jp/jp/singi/kaiyou/sisaku/gaiyou_h23.pdf。

2011 年度海洋预算总额增至 12202 亿日元，2012 年度增至 13190 亿日元，[①] 2013 年度增至 15506 亿日元，比 2012 年度增加 15%（2040 亿日元）。[②] 事实充分证明，日本海洋战略囊括了海洋能源、矿物资源的勘探及开采技术研发，保障日本渔业的可持续性发展、解决能源资源匮乏及扩大就业等经济领域；海洋生态保护及环境污染等环保领域；应对地震海啸的预警、防范“海上犯罪”等非传统安全领域；设置并保护偏远海岛的“低潮线保护区”、应对“岛屿攻击”、保护“海上航行安全”等军事领域。海洋战略建立在各个政府部门之间横向紧密合作的基础上。例如，2011—2012 年度的项目“开发利用海洋与保护海洋环境的和谐”，是由经济产业省、国土交通省、环境省、文部科学省、农林水产省共同承担的；“推进海上可再生能源的开发利用”的“实现海上风力发电所需的技术开发及实证实验”项目，是由经济产业省、国土交通省及环境省联合承包的；参与有关海洋的问题国际协调领域，涉及索马里及马六甲海峡的海盗对策，确保海洋安全方面的国际合作，不仅外务省、国土交通省和防卫省也发挥着重要作用。[③] 所以说，日本海洋战略是综合性的国家总体战略。

第三节　日本规划、实施海洋战略的特点

日本海洋战略的最大特点，莫过于把圈占包括与邻国之间的国际争议岛屿、冲之鸟礁周围的国际海域在内的“日本专属经济

---

① 総合海洋政策本部：「平成 24 年度海洋関連施策の概要」、http：//www. kantei. go. jp/jp/singi/kaiyou/sisaku/gaiyou_ h24. pdf。

② 综合海洋政策本部：「平成 25 年度海洋関連予算（概算要求）の概要」、http：//www. kantei. go. jp/jp/singi/kaiyou/sanyo/dai10/siryou2. pdf。

③ 総合海洋政策本部：「平成 24 年度海洋関連施策の概要」。

区及大陆架”的国家利益，粉饰为利他性的行为，在战略规划阶段做足了功课。

如前所述，1998年3月，日本内阁审议通过的政策文件《21世纪的国土规划——促进地域自立与创造美丽的国土》指明了日本管理海洋的大方向是“权利”与“义务”并重，所以管理偏远海岛及其周边海域应该从“保全”与“利用”切入，重新进行梳理并形成体系。[①] 按照这个方向及此后国会通过的《海洋基本法》的相关规定，福田内阁执政时设置的、麻生上台后开展活动的“为了管理海洋保全、管理、利用并活用偏远海岛研究委员会”，于2009年9月发表了政策研究报告《为管理海洋保全、管理、利用并活用离岛研究委员会报告》（偏远海岛研究委员会报告）。报告提出了日本管理偏远海岛的4项基本方针：第一，外海孤岛、无人岛优先；第二，国家直接负责管理；第三，保护“冲之鸟岛”；第四，争取国际承认。[②] 以下将深入解读这些方针是如何将日本侵犯中国领土主权的利己行为，美化为“国际贡献”的。

作为“有益于完善日本经济社会发展的政策”，报告从“保全”与“利用”切入，提出了保护“冲之鸟岛”的具体政策：1. 保全政策。有必要对岛屿进行物理性保护，例如冲之鸟的直辖管理、珊瑚礁恢复事业等。2. 利用政策。为积极促进可持续开发水产、地下资源等海洋能源，有必要以远海岛屿为基地促进利用海洋。例如，确保海上交通安全，其中包括灯塔、避难港、海象观测；开发稀有金属等海底资源；开发管理水产资源，如管理水产资源、养殖和渔场建设；推进海洋调查；在无人岛建设海洋开

① 日本国土庁：「全国総合開発計画『21世紀の国土のグランドデザイン－地域の自立の促進と美しい国土の創造－』」（平成10年3月）。

② 日本国土交通省：「海洋管理のための離島の保全・管理・利活用のあり方に関する検討委員会報告書」（2009年6月）、http：//www. mlit. go. jp/common/000048460. pdf。

发基地；研究开发远海平台等。3. 作为兼顾保全和利用的政策，设置测量基准点等。无需赘言，以上3项政策旨在满足日本自身利益的需要。4. “争取国际承认”。如何使国际社会“承认”日本的一己私利是“国际公益”？偏远海岛研究委员会在总结迄今日本国内有关偏远海岛的立法状况的基础上，参考借鉴其他国家的相关政策，从各个具体案例的法律依据及其实际效果，提炼出值得日本参考的经验教训——世界上许多国家对远海的无人岛屿自主推行两类政策：一类是保护环境和自然的“保全政策”——保护无人岛及周边海域存在的价值；另一类是“利用政策”，在保护海上交通安全、进行地球观测等目的下，利用并活用无人岛，以及利用无人岛周边海域的“社会利益的价值”。认为日本应该在“利用海洋的权力”与“保护海洋的义务”之间掌握平衡。

偏远海岛研究委员会报告提出，必须“活用”《联合国海洋法公约》的前言部分：通过本条约，所有国家都要适当考虑国家主权，促进国际交流，并确立促进和平利用海洋、平衡而有效地利用海洋资源、保存海洋生物资源并研究海洋环境、保护及保全的海洋法律秩序……为达到这个目标，注意考虑全人类的利益及需求，特别是发展中国家（不论是沿岸国家还是内陆国家）的特别利益及其需求，为实现公正而平衡的国际经济秩序作出贡献。

所谓活用，即偷换《联合国海洋法公约》的理念，将“适当考虑”国家主权，与“注意考虑……发展中国家的特别利益及需求”这一关于解决国际海洋权益冲突的理念，曲解为获取日本的利益与日本为“国际公益”做贡献的义务的关系。报告主张：在偏远海岛政策上，“为‘国际公益做贡献’的想法与日本的利益——‘健全发展日本经济社会以及稳定提高国民生活’的想法都很重要。二者互不排斥，在很多场合下是相互关联的”，“即使纯粹是以后者为目的的政策也是有益的，是不可否定的”。[①] 因此，日本为“国际公益”做贡献的路径，只需立足于日本的“义务”即可。具体做法是，“通过与各种目的相适应的国际机构取得联系”，使日本占有并管理这些无人岛的权力得到“国际承认”。必须指出的是，其中包括存在国际主权争议的无人岛——中国钓鱼岛及其附属岛屿，还包括无人礁——冲之鸟礁。为了解决这两个棘手问题，报告提出以下对策：1. 通过世界气象机构，与国际社会共享观测信息；2. 根据国际条约（《世界遗产条约》、《拉慕赛尔条约》）登记保护区；3. 根据国际海事机构和国际水路等机构的决议和建议，为交通、观测设施取得国际编号、代码等进行管理；4. “通过与各种目的相适应的国际机构取得联系，努力将平时很少被关注的无人岛所拥有地位和特征等多种价值，提高到国际承认的水平上。”此外，还能够通过实行“保全政策”和“使用政策”达到圈海的目的，只需冠以“有益于国际公益的政策”即可。“有益于国际公益的保全政策”包括保护候鸟、越境分布的生物和自然环境，保护以世界遗产为代表的具有普遍价值的自然和文化遗产，以及为了“稳定保护岛屿及其周边海域本来存在的价值”而实施的必要的保护环境等“管理政策”。例如，保护自然、保护自然公园、保护生物、保护环境、保护森林、保护遗产（文化遗产）、保护海域环境，以及保护自然的事业——珊瑚礁恢复事业等。“有益于国际公益的使用政策”包括确保海上交通安全、为共享地球观测等科学知识做贡献等。[②]

从上述“有益于国际公益的政策”，不难看出偏远海岛研究

---

① 「海洋管理のための離島の保全・管理・利活用のあり方に関する検討委員会報告書」(2009年6月)。

② 「海洋管理のための離島の保全・管理・利活用のあり方に関する検討委員会報告書」(2009年6月)。

委员会报告凸显出独具日本特色的“国际法游戏规则”：第一，从《海洋法公约》的前言部分断章取义，作为“日本保护海洋的义务”的依据；第二，从《世界遗产条约》、《拉慕赛尔条约》等国际条约，找到日本承担“无人岛”的“保护义务”的依据。根据这些“国际法的规定”，日本在维护“世界人民共享和共同依赖的社会利益”的名义下，“采取通过适当管理岛屿和周边海域做贡献的政策”，并且使日本的所谓贡献和这些无人岛的价值得到国际机构的认可。日本把《海洋法公约》建立“公正而平衡的国际经济秩序”的理念，曲解为日本的“权利与义务”。但是，日本竭力要保全和管理的“无人岛”，实际上包括存在中日主权争议的中国钓鱼岛及其附属岛屿等争议岛礁。迄今为止，日本政府一直公开否认中日之间存在领土争议。日本政府将中日争议岛屿界定为“无人岛”，拟将无人岛的价值“提高到国际承认的水平上”，就是为了争取国际社会承认日本实际管理并领有中国钓鱼岛，实现侵占中国固有领土的目的。上述分析表明，偏远海岛研究委员会于2009年9月提交的政策建议报告，为日本实现“圈海”目标扫清两大障碍提出了对策：在国际贡献的名义下，强占中国钓鱼岛及其附属岛屿，解决中日东海划界争议；非法圈占“冲之鸟岛专属经济区及大陆架”。

从日本海洋战略的规划思路、领导架构及推进体制，可以总括出以下特点。

（一）由内阁及内阁官房构成的海洋战略决策指挥中枢——海洋本部，一套班子两块牌子，统一指挥海洋法制建设、制定基本计划，协调地方政府及民间团体，安排调查勘探和技术研发，加强海警及自卫队的能力建设，一元化推进海洋战略，集权，高效，精干。包括参与会议在内，海洋本部的决策机制，建立在充分依靠专家及政府“一线官员”的基础上。特别是海洋本部能够集思广益，及时更新学科知识进行评估、审核，修改既定政策，不断调整完善海洋战略项目，具有重视专家科学决策，协调有序统辖地方，抓大放小内通外联等特点。

（二）充分发挥独立行政法人的先导、骨干和提供共用科研平台的作用。它们原为各中央部门的事业机构和研究机构，2001年在实施中央部门重组时从国家分离，获得独立行政法人的资格。这些基础雄厚的法人单位，无论在科研能力、经验，还是与政府部门的关系方面都比民间机构优越得多，在分包或与其他单位联合分包海洋项目方面，发挥了非常重要的率先引导、承担重大科技研发项目、提供技术实验设施等公共产品的作用，上联中央部门，下携民间团体，是推进海洋战略的中坚力量。

（三）注重培养“涉海人才”，保障海洋科技人才占领国际海洋科技研发的前沿。日本政府大力支持独立行政法人开展前沿科技的研发，加强国立大学海洋专业人才的培养，为其建造海洋试验、实习船舶提供大量补助金。另一方面，日本政府注重培养海上执法人员，重点强化培养普通海上保安官的海上保安学校、培养干部的海上保安大学，把海上执法业务培训列入海洋项目。此外，还把向国民普及海洋知识提到海洋战略的高度上加以重视，培养国民的海洋意识。上自产、学、研各界紧密合作互动群策群力，下至基层人才培训和国民教育，举国一致广泛参与。

（四）重视海洋资源保护，多管齐下。以渔业为例，调查、管理与指导监督、取缔并举，在日本专属经济区内对缔结渔业协定的国家的渔船按照《海洋法公约》行使主权权利，在公海则约束日本渔船在远洋渔场遵守国际协定，保障远洋渔业的可持续性。与此同时，积极参与各类国际鱼类保护缔约国之间的协商活动，尤其注重在亚太地区促进构建渔业及养殖业的新合作框架，确立日本主导下的“海洋秩序”。在海洋资源保护方面，日本政府及民间渔业团体发挥了重要的互补作用，不乏值得借鉴之处。

（五）优先“圈海”，有序推进，确保重点。日本把圈占专属经济区及大陆架作为其当务之急，以此为中心构建海洋法制体系，设计海洋战略项目，围绕保全偏远海岛的低潮线，增强保障圈海的实力布局，确保经费投在重点项目上。2012 年实施的海洋项目，尤其突出有序推进的特点：经过精心设计的海洋战略项目，尽管包括渔业、灾后复兴、振兴偏远海岛等内政方面的项目，但大多是通过科研、测量、试开采、观测、实验，乃至观光活动，达到确保“海洋国土”的目的，为此做好武力吞并争议海域，实力控制公共海域的准备——从更新海上保安厅的飞机舰艇，加强行使海上警察权的体制建设，实现警察厅船舶的“高速化、高性能”，到建造搭载 2 架直升机的大型舰艇，健全港湾及机场设施欲将海上保安厅打造成具备海上长期执行任务能力的“第二海军”。就日本防卫战略的调整而言，海洋战略与《2011 防卫计划大纲》及《2011 中期防卫力量整备计划》并行推进，加强探测、识别、跟踪、反潜能力，新建护卫舰、潜艇，采购旋转翼巡逻机和扫海运输机，同时延长现有装备的机龄、舰龄，不惜投入重金提升海上自卫队的警戒、监视、作战能力，《中期防卫力量整备计划》扩充军力的目标与内阁府、国交省、防卫省的海洋项目相得益彰，全面强化应对海洋安全问题的实力，彰显武力圈海的战略意图。

第七章　日本海洋战略的内涵

第一节　鸠山内阁确定基本方针实现立法

鸠山内阁为了完成福田内阁在《海洋基本计划》（2008 年 3 月 18 日）中提出的课题，按照麻生内阁的咨询机构提交的《为管理海洋保全、管理、利用并活用偏远海岛研究委员会报告》（2009 年 9 月）指明的推进海洋战略的方向和路径，制定管理海洋的方针政策。鸠山内阁于 2009 年 12 月 1 日通过了海洋法制建设的政府文件《管理海洋、保全和管理偏远海岛的基本方针》（即《鸠山海洋基本方针》）。《鸠山海洋基本方针》宣称：散布在海面上的6000 多个海岛，使“日本已经拥有了国土面积约 12 倍的世界屈指可数的管辖海域”。这些海岛是根据《海洋法公约》，在领海内行使主权，在专属经济区和大陆架拥有开发海洋资源等主权性权利、行使保护保全海洋环境的管辖权等权力、义务的重要根据。保全这些海岛具有发展国家经济基础、保护生物的多样性、保护“人与海洋的历史传统”的重要意义。[①] 因此，《鸠山海洋基本方针》是管理海洋的指针，“是为了使偏远海岛在管理海洋的中发挥适当的作用而制定的方针”。换言之，是将

---

① 総合海洋政策本部：「海洋管理のための離島の保全・管理のあり方に関する基本方針」（平成 21 年 12 月 1 日）、http：//www. kantei. go. jp/jp/singi/kaiyou/dai6/siryou2. pdf。

前述政策建议报告的内容，转化为实现“圈海”目标的立法指针。

《鸠山海洋基本方针》首先明确界定了此前的偏远海岛政策，与现在的“管理偏远海岛”方针之间的关系。此前的偏远海岛政策，目的是为了稳定海岛居民的生活，提高福利及振兴产业。按照福田内阁制定的《海洋基本计划》（第2部第10条“保全偏远海岛”，第2款“偏远海岛振兴”）的规定，“今后也应该推进这些政策”。这就是说，《鸠山海洋基本方针》继承了福田海洋基本计划关于振兴偏远海岛经济的政策。另一方面，鸠山内阁为了完成福田海洋基本计划提出的偏远海岛的立法课题，制定了管理偏远海岛的基本方针。《鸠山海洋基本方针》规定，按照以下4项方针管理偏远海岛：

第一，偏远海岛稳定存在为日本管辖海域（“专属经济区和大陆架”）提供根据。大部分偏远海岛为无人岛，有人居住的岛屿只有400多个。由于有人岛岛上居民特别是渔民的活动，已在一定程度上对岛屿及其周围海域进行管理。但无人岛大多位于边远海域，未必管理到位。参照海图记载，这些偏远海岛的低潮线等信息，能够成为划定专属经济区和大陆架的根据。因此，要迅速用最新的调查方法掌握低潮线的位置等情况，更新海图确保日本的权益。此外，采取妥善应对侵蚀等自然现象、防止挖掘损坏等措施，在保全偏远海岛的同时，从管理海洋维持秩序出发，加强对周围海域的监视。第二，偏远海岛具有基地（日文称“据点”）的功能，可以支持和促进在广阔海域中进行各种活动。日本偏远海岛散布广阔的管辖海域内，因此，要掌握在海洋中开展各种活动的状况和开发的可能性，支持和促进这些活动需求，在偏远地点的海岛建设活动基地等设施。第三，偏远海岛具有形成海洋丰富的自然环境、继承人与海洋的关系的历史和传统的作用。偏远海岛周边的海域兼有浅海等地形特点，与陆地生态紧密关联。在掌握偏远海岛及其周围海域自然环境特点的同时，酌情采取妥善的保护措施。在人与海洋的长期关系中，很多岛屿有着各种历史和传统，如人们认识到与海洋有关的神圣之物等，要妥善评价其价值留给后世。第四，“包括偏远海岛在内，日本周围海域存在与周边国家尚未划定专属经济区及大陆架界线的海域，对此，确保日本的权益，切合国际规则严正并妥善进行应对”。[①] 上述内容表明，鸠山内阁确定了保全和管理偏远海岛的四项方针：使用最新技术手段重新勘测偏远海岛的低潮线等方法更新海图，确定日本专属经济区和大陆架的外缘；在偏远海岛建设支持和促进海洋活动的基地；保存偏远海岛的自然环境和历史、传统等人文价值；在日本与周围国家尚未划定专属经济区和大陆架界线的海域，为确保日本的权益采取“严正妥善”的应对措施。重点保全和管理偏远海岛中的无人岛。对偏远海岛的管理重在“保全”、“维持秩序”和“加强对周围海域的监视”，防止岛屿受到自然或人为的损坏。尤其是必须“严正并妥善应对”日本与邻国之间的、包括偏远海岛在内的专属经济区及大陆架的划界争议。著者认为，第四项方针关于“包括偏远海岛在内，日本周围海域存在与周边国家尚未划定专属经济区及大陆架界线的海域”的表述，隐含中日钓鱼岛主权争议、中日东海专属经济区及大陆架划界争议问题，以及韩日、俄日岛屿主权争议问题。就中国领土争议而言这是日本政府第一次明确提出对中国钓鱼岛及中日专属经济区划界的重叠部分进行“保全”及“国家管理”的方针，是此后民主党政府非法“购岛”的起源。

按照前述偏远海岛研究委员会报告提出的“国际法游戏规

① 総合海洋政策本部：「海洋管理のための離島の保全・管理のあり方に関する基本方針」（平成21年12月1日）。

则”，《鸠山海洋基本方针》将日本圈海的一己私利转化为“国际贡献”——“偏远海岛具有管理广阔的管辖海域的基础、支持各种海洋活动的基地的作用，有益于开展范围广泛的海洋活动，能够提供各种服务。因此，在妥善发挥偏远海岛的上述作用的同时，注意把这些广泛的活动与为国际社会做贡献联系在一起”。[①]按照上述方针制定了内容详实的四项政策，明确规定了日本对偏远海岛，特别是划界基点海岛进行保全和管理的路径、优先排序、推进方式以及“争取国际社会承认”的措施：

（一）优先保护距离最远的偏远海岛——“日本海洋管辖权的根据”。《鸠山海洋基本方针》规定，基线是专属经济区及大陆架的根据。《联合国海洋法公约》规定，海图是沿岸国所公认的，海图记载海岸的低潮线。日本专属经济区的外缘大部分以低潮线为根据。对位于日本外缘的偏远海岛，特别是为专属经济区及大陆架提供划界根据的偏远海岛，进行妥善的保全和管理不可或缺。因此，偏远海岛是日本海洋管辖权的根据，为了切实应对海浪侵蚀，在设定管辖海域的低潮线附近进行挖掘等，妥善采取掌握偏远海岛状况并限制行为，实施适合实际状况的保全工程等政策，以稳定、保全偏远海岛。实施保护政策的顺序是，为专属经济区等的外缘提供根据的偏远海岛优先，其他偏远海岛则考虑其在管理海洋方面的重要程度，依次实施政策。1. 掌握信息搜集数据：（1）海岛及低潮高地是决定专属经济区和大陆架范围的构成基线的根据，要设置三角点和水路测量标等掌握其位置、形状等基本信息。使用最新技术调查低潮线，迅速更新信息，同时将调查结果反映到海图上。（2）调查划界基点海岛的国家公有土地状况等土地所有和登记情况，该海岛及其周围海域的利用情况、

---

① 総合海洋政策本部：「海洋管理のための離島の保全・管理のあり方に関する基本方針」（平成21年12月1日）。

自然环境情况、历史沿革等，收集积累基础数据。2. 加强偏远海岛及其周边的监视：（1）对划界基点海岛及低潮高地，使用周期性卫星图像和空中摄影，与相关府、省进行的各种海洋活动并行，努力加强监视掌握信息。根据需要也可得到相关地方公共团体的协作。（2）在划界基线海岛周围海域维持海洋秩序，为确保日本海洋权益，使用巡逻艇等加强监视警戒。3. 推进限制变更低潮线的行为规范等：（1）“对于包括决定专属经济区基线在内的一定区域，努力研究尽可能促进国家所有并作为国有财产管理的政策”；（2）采取措施，禁止在包括决定专属经济区的基线在内的一定区域内，非法占有和改变低潮线等挖掘损坏行为；（3）通过持续监视掌握情况，在判断需要应对海浪侵蚀的情况下，酌情妥善保全。4. 构筑相关政府部门保全偏远海岛的信息共享和应对体制等：（1）共享获取的数据和掌握的信息，构筑迅速应对海浪侵蚀、地震、火山喷发等紧急情况的体制；（2）为顺畅实施保全措施，确保人员和物资的运输能力。5. 妥善管理偏远海岛名称：为使国民更多地了解偏远海岛，要确认偏远海岛的名称，如名称不明确，应与相关机构协商决定其名称，一并在地图和海图等明确标记，以期“活用统一名称”。①

（二）关于设立海洋活动基地的偏远海岛的政策。对“作为支援和促进各种海洋活动的基地的偏远海岛，采取以下保全和管理政策”：有效活用偏远海岛，支持和促进确保海上安全、救灾安全、开发及利用海洋资源等与海洋有关的活动，根据偏远海岛的作用与功能，采取必要的建设基地设施的政策。1. 根据2009年3月21日发布的《海洋能源、矿物资源开发计划》，相关政府部门及民间企业共同推进海洋资源开发。促进可持续性利用水产

① 総合海洋政策本部：「海洋管理のための離島の保全・管理のあり方に関する基本方針」（平成21年12月1日）。

资源，保全偏远海岛周围的渔场、海藻场、珊瑚礁等。推进偏远海岛作为开展各种调查研究和实验场的活动。2. 建设偏远海岛活动基地，对设立基地的必要性、需求、建设活动基地对各种海洋活动带来的效果等进行必要的调查。根据调查结果，推进“建设能够用于运输和补给燃料和物资、恶劣天气避难等活动的基地”。3. 为确保海洋安全，建设灯塔等航道标志，在加强功能的同时进行适当管理。推进规避因气象和海象的急剧变化，船舶航行危险的避难港湾建设。通过巡逻艇进行巡逻，加强监视和警戒体制，应对在周围海域发生的海难事故和可疑船只等，加强预防和取缔海上犯罪和海难救助体制等。

（三）对偏远海岛及周围海域的保全和管理政策。在“为了形成海洋丰富的自然环境的基础”的名义下推行以下政策：1. 收集数据，掌握情况。适应偏远海岛及周围海域生态系统的状况，为将来保全各个偏远海岛及周围海域丰富的生物多样性，进行必要的野生生物的繁殖保护，同时实施包括上述内容的保护和管理岛屿生态的政策，努力掌握跨海域、陆域的生态系统的总体情况。2. 设定海洋保护区等推进保全和管理。根据《自然公园法》、《鸟兽保护法》等，充实各种保护区域。根据《文化遗产保护法》，对天然纪念物等进行适当的妥善保护。此外，明确日本设定海洋保护区的应有形态，推进设定海洋保护区。总体推进偏远海岛及周围海域的自然环境保护和管理。特别是通过修改《自然公园法》和《自然环境保护法》，创建“公园海域地区”、“特别海域地区”，与以前的“海中公园地区、海中特别地区叠加”，考虑岩礁等与陆地相关联的保护措施，应尽早指定上述地区。3. 包括可能损坏海岸的海上漂浮垃圾在内，推进偏远海岛的自然环境保护对策。4. 继承偏远海岛源于人与海洋关系的历史和传统的政策。自古以来，偏远海岛是航海的标记，有关海洋的神圣之物也为人所知并通过各种形式传至今日。有必要妥善地评价这类海岛的历史、传统及景观，以留给后世。

（四）关于体制建设的政策。1. 包括法制建设在内，构建组织、预算、国家及地方公共团体保护和管理海洋的责任分担及合作体制；2. 建立相关政府部门（府、省）之间的合作体制；3. 在有效活用相关信息的同时，重视与居民、非营利组织（NPO）和专家等开展合作。①

《鸠山海洋基本方针》所规定方针政策，指明了日本推进"新海洋立国"战略的立法方向，对海洋战略的法制建设起到非常重要的指导作用，特别是在处理日本与邻国之间的岛屿主权及海洋划界争议问题上跨出了关键性的一步——明确提出了将偏远海岛"作为国有和公有的土地进行登记"，"对于包括决定专属经济区基线在内的一定区域，努力研究尽可能促进国家所有并作为国有财产管理的政策"，即是偏远海岛"国有化"政策；"管理偏远海岛的名称"的政策，即是根据需要为偏远海岛的命名的政策……这些政策都在此后化为实际行动：对中国钓鱼岛附属岛屿进行"命名"；通过"购岛"对中国钓鱼岛及其附属岛屿实施"国有化"；对钓鱼岛海域以及尚未划定的中日东海专属经济区的海域加强控制，甚至干扰中国公务船执法维权；日本自卫队的军舰、战机采取危险动作，对中国军方舰机进行抵近侦察、升空拦截、收集情报活动等，不断挑起事端激化中日钓鱼岛主权争端及东海争议。

鸠山内阁按照上述《管理海洋、保全和管理离岛的基本方针》加紧制定法律。2010年2月9日，鸠山内阁提交国会审议的《促进保全和利用专属经济区及大陆架、保全低潮线及建设基地

① 総合海洋政策本部：「海洋管理のための離島の保全・管理のあり方に関する基本方針」（平成21年12月1日）。

设施等法律》（即《低潮线保护法》）顺利通过表决实现立法。这部法律不但充分体现了《鸠山海洋基本方针》的内涵，而且在处理日本与邻国之间的领土及海洋权益的问题上，以法律的形式固化了日本对领土主权争议的立场，宣示了日本政府应对中日、俄日、韩日之间的岛屿主权争端的具有法律约束力的政策。

《低潮线保护法》的第一章第一条（“总则”）开宗明义，阐明了立法的目的：“鉴于日本专属经济区及大陆架作为勘探及开发天然资源、保全海洋环境及其他活动场所的重要性，关于保有专属经济区等所必要的保全低潮线，以及在保全和利用专属经济区等的活动基地——在重要偏远海岛上建设基地设施等制定基本计划，限制在低潮线保护区内挖掘海底等行为，采取建设特定偏远海岛港湾设施及其他措施，以求促进保全和利用专属经济区等，为日本经济社会健全发展及国民生活稳定提高作出贡献。”接下来，第一章第二条（“定义等”）厘清了立法的基本概念，明确了法律用语的定义，这对于正确解读这部法律非常重要。

1. “专属经济区等”：根据1996年通过的《专属经济区及大陆架法》［1996年（平成8年）第74号法律］的规定，指专属经济区及大陆架。

2. “保全低潮线”：指《专属经济区及大陆架法》规定的海域，或作为划定上述海域的基础低潮线，或划定上述海域界限基础的直线基线，以及划定在湾口、河口的直线所必需的低潮线。

3. “特定偏远海岛”：符合以下条件——远离本土，位于边远地区的海岛，对照天然资源的存在状况及该岛周围专属经济区等方面的情况，作为保全和利用专属经济区的活动的基地十分重要。该岛及周围不存在港湾法规定的港湾地区，都、道、府、县知事公告的水域，按照《渔港渔场整备法》规定的市、町、村长和都、道、府、县知事或农林水产大臣指定的渔港区域——参照其他公共设施的建设情况，通过发布政令决定“特别有必要建设上述活动基地的偏远海岛”为特定偏远海岛。

4. “基地设施”：指在特定偏远海岛建设的、作为保全和利用专属经济区等相关活动的基地的设施。

5. “低潮线保护区”：指法令规定的保全低潮线所必要的海域、海底及其下方。[①]

以上五款定义是推进海洋法制建设的前提和基础，对于制定内容严谨详实的法律至关重要。另外，《低潮线保护法》的第一章第二条第六款还规定，内阁总理大臣在制定或废除第三款（特定偏远海岛）之际，必须预先听取相关都、道、县知事的意见，与地方政府进行协调。

《低潮线保护法》的第二章（“基本计划”）第三条，规定了国家和内阁总理大臣必须履行的职责和义务。例如，“政府必须制定综合并按计划实施促进保全和利用专属经济区等，保全低潮线，建设、利用及保全基地设施政策的基本计划”，明确规定基本计划必须包括的各项内容。又如，内阁总理大臣必须制订基本计划的方案，提交内阁会议审议决定。内阁会议决定后，须立即公布不得拖延。修改基本计划必须同样履行以上手续。第二章第四条（“国家”）规定：“国家除了根据第三章和第四章及其他法律规定外，按照基本计划，为促进专属经济区等的保全和利用，采取调查低潮线及周围情况、建设基地设施及其他必要的措施。”

《低潮线保护法》的第三章（“低潮线保护区”）、第四章（“特定偏远海岛港湾设施”）、第五章（“杂则”）、第六章（“罚则”共16条），以及这部法律的“附则”（共7条），详细规定

---

① 首相官邸：「排他的経済水域及び大陸棚の保全及び利用の促進のための低潮線の保全及び拠点施設の整備等に関する法律」（平成22年法律第41号）、http：//www. kantei. go. jp/jp/singi/kaiyou/teichousen/keikaku. pdf。

了国家、国土交通大臣、地方公共团体、法人代表的权限、义务，以及各部相关法律之间的关系。以下列举部分规定：1. 如无国土交通大臣批准，不得进行挖掘海底或取土、采砂土，新设或改建设施或工作物，以及其他可能影响海底形状、地质的行为，对在低潮线保护区内挖掘海底等行为采取处罚措施。2. 特定偏远海岛港湾设施等，指“供国家事务或国家事业使用的停泊地、拢岸及他它港湾设施”。在基本计划内，作为基地设施规定特定偏远海岛港湾设施的建设、利用及保全内容的事项，国土交通大臣负责特定偏远海岛港湾设施等的建设、改善及管理。3. 制定了包括罚款数额在内的监督处罚措施及“罚则”。4. “附则”规定，修改《海岸法》、《港湾法》、《水产资源保护法》、《海洋水产资源开发促进法》、《自卫队法》等法律的相关部分。其中，关于部分修改《自卫队法》［1954 年（昭和 29 年）法律第 165 号］的规定属于“特例”。日本自卫队的相关活动，不受《低潮线保护法》规定的“国土交通大臣的职权”的限制。即将原自卫队法规定的“得到国土交通大臣的批准”修改为“与国土交通大臣协商”，将“申请批准”修改为“协商”和“响应协商”，将“预先获得国土交通大臣的批准”修改为“预先将其宗旨通知国土交通大臣”，“国土交通大臣能够向与上述通知有关的部队阐述意见”。[①] 这就从法律上理清了自卫队法与《低潮线保护法》之间的关系，确定了防卫省与国土交通省之间的军“主”民“从”的地位及沟通方式，体现了置军事安全于首要地位的立法宗旨。

保护偏远海岛特别是划界基点海岛，为何在法律条文上变成了“保护低潮线”？这正是日本人的精明、精细之处。因为从偏远海岛的不同地点来计算专属经济区及大陆架的面积，结果是不

① 「排他的経済水域及び大陸棚の保全及び利用の促進のための低潮線の保全及び拠点施設の整備等に関する法律」（平成 22 年法律第 41 号）。

同的。低潮线指海水退潮到最低点的海岸线，日方以长崎县男女群岛的滩头为样本进行过专门测算。结果表明，低潮线后退2平方公里，将减少约78万平方公里的专属经济区，可见，按照低潮线划分专属经济区等能够实现“圈海”利益的最大化。保护低潮线的法律规定是“设立低潮线保护区”，在该保护区内处罚违规者，通过法律手段阻止、处罚或驱逐在划界基点海岛周围进行勘探或其他活动的所有船只。通过制定并实行这些管理低潮线保护区的法律规定，作为日本领土主权及行使国家主权的体现。其中唯独没有明示包括存在中日主权争议的钓鱼岛——因为日本政府在过去半个多世纪中，从不承认中日之间存在领土争议问题。

《低潮线保护法》第二条第七款规定：“低潮线保护区域，仅限于通过保全低潮线以求保有专属经济区而决定的必要的最小限度的区域，因不得已原因不能调查确认海底地形地质及其他低潮线及其周围海域自然条件的海域不予设定。”①

这款法律规定具有特别重要的意义。即日本在岛屿主权争议问题上，对存在岛屿主权争议的中、俄、韩三国采取不同的应对政策。韩国和俄罗斯实际控制下的“竹岛”（韩国称“独岛”）和“北方领土”（俄罗斯称“南千岛群岛”），属于“因不得已原因不能调查确认海底地形地质及其他低潮线及其周围海域自然条件的海域”，所以，不设立低潮线保护区。“不予设定”低潮线保护区的法律规定，在此后菅直人政府制定的海洋基本计划内改为暂时搁置（后述）。但是，关于中日争议领土钓鱼岛及其附属岛屿则完全等同其他日本偏远海岛，按照《低潮线保护法》处理。即中国钓鱼岛属于特别需要优先保护的地处偏远地点的无人岛，必须落实法律设立低潮线保护区并执行上述各种

① 「排他的経済水域及び大陸棚の保全及び利用の促進のための低潮線の保全及び拠点施設の整備等に関する法律」（平成22年法律第41号）。

管理政策。当然，不排除今后日本政府通过发布政令，指定为钓鱼岛为“特定偏远海岛”，建立包括港湾设施在内的从事各种海洋活动的基地设施的可能性。一言以蔽之，低潮线保护法决定，以不同方式应对日本与中、俄、韩之间的岛屿主权争议，中国是最大的受害国。

第二节　菅直人内阁制定海洋基本计划

2010 年 6 月 8 日，菅直人取代鸠山由纪夫担任了首相。当月 24 日，《促进保全和利用专属经济区及大陆架保全低潮线及建设基地设施等法律》正式生效。当天，菅直人内阁按照法律规定，发布了日本《促进保全和利用专属经济区及大陆架、保全低潮线及建设基地设施等法律施行令》（内阁官房第 157 号政令），即日起指定“冲之鸟岛”和南鸟岛为“特定偏远海岛”，建设港湾设施，规定建设区域为“水域上空 100 米和水底下 60 米”，明确界定了“妨碍港湾建设的行为”，以及对该行为的惩罚措施等。[①] 建设“特定偏远海岛”是日本实现圈占“管辖海域”的重要步骤和优先项，是“保护和利用偏远海岛”的重中之重。7 月 13 日，菅直人内阁按照《为促进保全和利用专属经济区及大陆架保全低潮线及建设基地设施等法律》及《促进保全和利用专属经济区及大陆架保全低潮线及建设基地设施等法律施行令》的规定，审议通过了《促进保全和利用专属经济区及大陆架保全低潮线及建设基地设施等基本计划》（即《菅直人海洋基本计划》），公布了保全和利用专属经济区和大陆架的具体计划及措施。从日本历

① 内阁官房：「排他的経済水域及び大陸棚の保全及び利用の促進のための低潮線の保全及び拠点施設の整備等に関する法律施行令」（平成 22 年 6 月 24 日政令第 157 号）、http：//www. cas. go. jp/jp/hourei/seirei/sekourei. pdf。

届政府进行海洋战略法制建设的顺序来看，这是第二个海洋基本计划，此前，福田内阁已于2008年3月18日发表第一个《海洋基本计划》（即《福田海洋基本计划》）。福田海洋基本计划提出推进海洋战略的方向是制定“为管理海洋保全和管理偏远海岛的基本方针”，确定偏远海岛的管理体制、方针政策和实施日程。[①]鸠山内阁完成了福田内阁提出的命题，制定了保全和管理偏远海岛的海洋基本方针并实现了立法——《低潮线保护法》。菅直人内阁一上台就于2010年6月24日发布了指定南鸟岛和冲之鸟礁为“特定偏远海岛”的法律实施令，7月13日发表的《菅直人海洋基本计划》是为了落实上述《低潮线保护法》及法律实施令而制定的今后10年的实施计划。

《菅直人海洋基本计划》的主旨是“以海洋立国为目标，从长期战略的角度推进保全和利用专属经济区及大陆架”。“政府支持和推进以特定偏远海岛为基地，立足于各领域的新设想的保全和利用专属经济区等的各项政策”，[②]是其重点政策之一。《菅直人海洋基本计划》的全部内容主要分为以下7个方面：

（一）完善实施海洋计划的一元化领导体制，以内阁官房为中心统辖各相关行政机构统一执行计划，解决相关政府机构横向运作的难题。明确规定如下：“为推进保全日本领土10倍以上的广阔的专属经济区等并加以利用，必须有效并按计划开展活动。”由于多个不同的行政机构与此有关，相关行政机构必须以内阁官房为中心进行合作。为此，各省、厅必须共有各自从事的开发、利用、保全计划和政策，以及进展情况的信息，依靠协作与合

① 首相官邸：「海洋基本計画」（平成20年3月18日閣議決定）、http://www.kantei.go.jp/jp/singi/kaiyou/kihonkeikaku/080318kihonkeikaku.pdf。

② 首相官邸：「排他的経済水域及び大陸棚の保全及び利用の促進のための低潮線の保全及び拠点施設の整備等に関する基本計画」、http://www.kantei.go.jp/jp/singi/kaiyou/teichousen/keikaku.pdf。

作，政府一元化推进各种活动。其中包括相关机构监视、巡逻、执法的合作体制及共有信息等。

以“保全低潮线及建设基地设施”为例，相关政府部门及地方自治政府应采取以下步骤：1. 按年度报告推进海洋基本计划的实况。本年度关于保全低潮线的措施，以特定偏远海岛为基地的活动及建设基地设施等的进展情况，应在第二年迅速向综合海洋政策本部报告。2. 设置定期召开的相关省厅联络会议，负责在低潮线保护区执行低潮线保护法的事务，共有低潮线数据，以特定偏远海岛为基地促进利用专属经济区，相关省厅共有信息采取协作措施，有效实施政策，以及其他与法律相关的事务，以保证相关机构横向合作的成效。3. 为了能够顺畅妥善落实法律，努力启发国民认识保全和利用专属经济区等对于日本的重要性并采取普及措施，并要求地方自治政府、相关者理解与合作。

（二）国家发挥开发海洋资源的先导作用。开发利用专属经济区及大陆架内蕴藏的水产资源，甲烷水合物、海底热液矿床、富钴结壳等海洋能源和矿产资源，海上风力、波浪、潮汐、海洋温度差等可再生能源，在自然环境开发新材料、观测地球环境、观测，建设研究基地或作为“教育旅游场所”等，对民间企业而言风险高且技术难度大。所以，“这些基础性的调查和技术开发等由国家担负先导任务”。[①] 在这个问题上，菅直人内阁将落实海洋战略法律法规与国家经济发展结合在一起，把“开拓海洋领域的新边地”纳入 2010 年 6 月 18 日内阁会议通过的《新增长战略》，重视实行海洋战略的经济效益，提出了 10 年内实现海洋资源开发商业化的目标。

---

① 首相官邸：「排他的経済水域及び大陸棚の保全及び利用の促進のための低潮線の保全及び拠点施設の整備等に関する基本計画」。

（三）政府从硬件和软件两方面支持保全和利用专属经济区的活动，以便在专属经济区妥善“行使开发天然资源等的主权权利”。在硬件方面，政府支持建设特定偏远海岛港湾设施，推进建设调查海底地形等所需要的船舶，引进机械，建设可持续性利用专属经济区等水产资源的渔场等水产业的基础。在软件方面，支持各省厅推进信息一元化，包括海洋信息，有关低潮线的信息，地理、气象、海象等海洋基础信息及调查结果等。此外，政府支持建设和加强在专属经济区等调查、监视、巡逻低潮线，对低潮线保护区内行为的限制及执法，详细调查海底地形等的组织和人员等方面的体制。针对其他国家的科考和勘探活动，“为确保专属经济区的权益，研究完善资源勘探及科学考察的制度并采取适当措施”。[①] 以上规定进一步明确了日本政府的具体责任，从建设特定偏远海岛基地港湾设施，加强必要的机械、勘探船等硬件建设，到设立相关省厅联络会议，建立各部门之间的协作体制、信息共有体制、低潮线保护区内的执法体制等软件建设，保障海洋基本计划有效实施。

（四）调查低潮线及其周围状况建立数据库。1. 调查低潮线受自然侵蚀的形状变化。2. 相关行政机构调查低潮线及其周边状况：（1）使用潜水调查机器（AUV）建设测量船，同时使用航空激光测量及卫星摄影等，对海底地形地质及海潮等展开必要的调查。（2）汇总低潮线及其周围状况的信息。2010 年 3 月，统一收集、管理、提供海洋信息的信息交换所已经开始运作。并继续在更大范围内实施行政机构和学界等相关人员登录各自保存的海洋信息的情况，进一步完善海洋信息可视图像化的电子基本信息图——“海洋总账簿”。（3）建设“低潮线数据库”。建设相

① 首相官邸：「排他的経済水域及び大陸棚の保全及び利用の促進のための低潮線の保全及び拠点施設の整備等に関する基本計画」。

关行政机构共有、政府内部使用的低潮线数据库，包括管理低潮线的位置、行政区分、图纸、照片、使用情况等，低潮线所在偏远海岛的名称、位置、设施等信息。掌握有助于保全低潮线的周期性基本测量数据、海象数据、卫星照片、空中摄影等信息的相关行政机构进行合作，为低潮线数据库提供信息。

（五）保障对低潮线保护区实施进行监视、警戒及执法的具体措施，相关行政机构必须限制在低潮线保护区内挖掘海底等行为。1. 采取严格限制低潮线保护区的制定与变更的措施（前述）。2. 建立低潮线保护区的监视、巡逻、监督处罚违法者的执行体制。3. 通过加强巡逻船、巡逻艇及飞机的性能等，加强低潮线保护区及周围水域的监视警戒体制。4. 制定从监视、警戒、巡逻到确认违法行为的监督处罚事务的相关行政机构之间的联系手续。相关行政机构努力实施监视巡逻并进行合作。5. 在受到监督处罚的违法者不服从处罚的情况下，在低潮线保护区内采取“行政代执行”措施。以上措施旨在构建相关国家机构在低潮线保护区及其周围海域“无缝衔接”的执法体制，解决警戒、巡逻、确定违法及现场处罚的法律衔接问题，为在偏远海岛现场纠正违法行为，做到及时、有效执法提供了保障。有效避免了现场确定违法行为但无权执法，各部门之间因联系手续不畅通而不能及时执法，甚至互相“踢皮球”等弊端。

（六）公布了建设“特定偏远海岛基地设施”的详细计划（见下节）。

（七）应对日本与中、韩、俄三国之间的领土主权争议。《菅直人海洋基本计划》在“保全低潮线及建设基地设施等的基本方针”中规定：1. 掌握低潮线的现状和适当设立低潮线保护区。2. 研究预防人为损坏低潮线，防止自然侵蚀低潮线，采取相应的保全措施。3. 相关机构合作监视和巡逻低潮线的状况。4.

“指定低潮线保护区的对象应为有日本领土的专属经济区等的基础——低潮线，但在现状下，北方领土及竹岛周围海域，适用《低潮线保护法》第二条第七款规定的‘因不得已原因不能调查确认海底地形地质及其他低潮线及其周围海域自然条件的海域’，对该区域不予指定。但是，能够调查确认该区域的自然条件时，立即进行调查，指定低潮线保护区。”① 《菅直人海洋基本计划》发布后，日本政府具备了应对中日钓鱼岛主权争端及东海划界争议的法律，以及落实法律的行动计划。

著者前面论述的事实表明，日本关于中日领土争议的法律及落实法律的计划是逐步形成的：

2008 年 3 月，《福田海洋基本计划》提出优先推进保全和管理包括无人岛在内的偏远海岛的课题。

2009 年 12 月，《鸠山海洋基本方针》第一次明确提出对中国钓鱼岛及中日专属经济区划界的重叠部分进行“保全”及“国家管理”的方针——为“保全决定日本专属经济区及大陆架外缘的偏远海岛”，“尽可能促进国家取得包括提供专属经济区等外缘根据的偏远海岛基线在内的一定区域，与此同时，研究将其作为国有财产管理的政策”；“包括偏远海岛在内，日本周围海域存在与周边国家尚未划定专属经济区及大陆架界线的海域，对此，确保日本的权益，切合国际规则严正并妥善进行应对”。②

2010 年 2 月日本国会通过的《低潮线保护法》的第二条第七款规定：“低潮线保护区域……因不得已的原因不能调查确认

---

① 首相官邸：「排他的経済水域及び大陸棚の保全及び利用の促進のための低潮線の保全及び拠点施設の整備等に関する基本計画」。

② 総合海洋政策本部：「海洋管理のための離島の保全・管理のあり方に関する基本方針」（平成 21 年 12 月 1 日）。

海底地形地质及其他低潮线及其周围海域自然条件的海域不予设定。”[①] 规定在不能调查的情况下，对韩日、俄日争议岛屿不设定低潮线保护区，但并未明记在日本能够调查的情况下是否设定低潮线保护区。

2010年7月《菅直人海洋基本计划》决定，暂缓在韩日、俄日争议岛屿设立低潮线保护区：“指定低潮线保护区的对象应为有日本领土的专属经济区等的基础——低潮线，但在现状下，北方领土及竹岛周围海域，适用《低潮线保护法》第二条第七款规定的‘因不得已的原因不能调查确认海底地形地质及其它低潮线及其周围海域自然条件的海域’，对该区域不予指定。但是，能够调查确认该区域的自然条件时，立即进行调查，指定低潮线保护区。”[②] 明确规定在条件具备时，在“竹岛”（韩国“独岛”）、“北方领土”（俄罗斯“南千岛群岛”）落实低潮线保护法，执行《菅直人海洋基本计划》。

与此同时，明确规定：“以有利于稳定保全专属经济区等为目的，将专属经济区等外缘的基础——低潮线周边的无主土地早期行政财产化。”[③] 由此可见，2010年日本民主党政府就确定将中日争议领土钓鱼岛及其附属岛屿“国有化”的政策。

为落实《菅直人海洋基本计划》的上述规定，2012年9月11日，野田内阁通过决议，决定对钓鱼岛及附属岛屿中的两座小岛（日本称“鱼钓岛”、“南小岛”、“北小岛”）实施“国有化”，用20.5亿日元从日本琦玉县的所谓地权所有者购买了三座岛屿，完成了非法买卖中国领土的“手续”。

---

① 首相官邸：「排他的経済水域及び大陸棚の保全及び利用の促進のための低潮線の保全及び拠点施設の整備等に関する法律」（平成22年法律第41号）。

② 首相官邸：「排他的経済水域及び大陸棚の保全及び利用の促進のための低潮線の保全及び拠点施設の整備等に関する基本計画」。

③ 首相官邸：「排他的経済水域及び大陸棚の保全及び利用の促進のための低潮線の保全及び拠点施設の整備等に関する基本計画」。

著者指出，解决中日领土争议及东海划界，实现日本海洋战略的“圈海”目标，起源于自民党政府时期制定的《福田海洋基本计划》，以经团联为代表的日本大企业团体也表明了同样的意图。民主党执政后，《鸠山海洋基本方针》确定了对中日争议领土实施“国有化”的方针并且实现了立法（《低潮线保护法》），此后又列入《菅直人海洋基本计划》，最后，由野田政府以“购岛”方式付诸实施。

《鸠山海洋基本方针》、《低潮线保护法》、《菅直人海洋基本计划》及其他政府文件，确定了日本应对岛屿主权争议的具体政策，对中日、俄日、韩日之间的岛屿主权争端采取了不同的政策：第一，对中国钓鱼岛及其附属岛屿与其他日本偏远海岛同样适用《低潮线保护法》指定“低潮线保护区”，日本相关行政机构执行“管理有低潮线保护区的偏远海岛”政策，其中包括将划界基点海岛收归“国有财产”的政策——“国有化”。第二，对韩俄实际控制的争议岛屿，采取暂时搁置“指定低潮线保护区”的举措。[①] 第三，加强了应对俄日岛争的措施，从 2012 年度开始，农林水产省向民间团体支付“支援前往北方海域捕鱼者稳定经营事业费”共 5700 万日元，[②] 支援日本渔船在争议岛屿附近保持“存在”。事实胜于雄辩，日本政府侵占中国钓鱼岛及其附属岛屿，是有战略、有指针、有法律、有计划的非法行为，海峡两岸的中国人是日本推行海洋战略的最大受害者。

《菅直人海洋基本计划》发布三天，即 7 月 16 日，是日本的“海洋日”。菅直人首相发表讲话称：“日本是拥有领海与专属经

① 首相官邸：「排他的経済水域及び大陸棚の保全及び利用の促進のための低潮線の保全及び拠点施設の整備等に関する法律」（平成 22 年法律第 41 号）、http：//www. kantei. go. jp/jp/singi/kaiyou/teichousen/keikaku. pdf）。

② 首相官邸：「H24 年度海洋関連予算（政府案）一覧表」、www. kantei. go. jp/jp/singi/kaiyou/sisaku/gaiyou_ h24. pdf? H

济区合计约国土面积的12倍、世界第6位的管辖海域的海洋国家，自古以来利用海洋确保粮食，承蒙海洋的巨大恩惠而发展至今。今天，对资源的寻求在世界范围内扩大，在海上运输安全、安心的诉求高涨之际，海洋的作用空前重要。在此之际，日本为了保卫广阔的海洋，最大限度活用海洋的恩惠，根据海洋基本法，综合并有战略地推进海洋政策。”[①] 此后，菅直人内阁正式着手修订防卫政策，为据“岛”圈海提供军事保障。

第三节　建设“特定偏远海岛基地”

民主党政府指定南鸟岛和冲之鸟礁为“特定偏远海岛”（“特定离岛”）的政策，直接关系到日本在远离本土的太平洋上如愿圈占85万平方公里的专属经济区和更大范围的大陆架。朝野各界谋划返项政策可谓绞尽脑汁。

2008年11月12日，麻生政府向联合国大陆架界限委员会提交了日本外大陆架延伸的申请文件，主张在南鸟岛、冲之鸟礁海域等7个海域获得总面积约达74万平方公里的管辖海域。此后，民主党政府以南鸟岛、冲之鸟礁为重点全面加强战略规划，经过《鸠山海洋基本方针》的立项阶段，列入《低潮线保护法》，实现了立法，在《菅直人海洋基本计划》中细化为具体政策，本节主要从《菅直人海洋基本计划》分析日本建设划界基点偏远海岛的政策及建设规划。

南鸟岛由周围隆起6厘米左右的珊瑚礁构成，日本政府称之为位于日本国土最东端的岛屿，“是日本在太平洋板块上的唯一

① 首相官邸:「内閣総理大臣・総合海洋政策本部長菅直人7月19日「海の日」を迎えるに当たっての内閣総理大臣メッセージ」（平成22年7月16日）、http：//www. kantei. go. jp/jp/kan/statement/201007/16msg_ umi. html。

的陆地”，距离东京约1950公里，离小笠原群岛中的父岛约1200公里。日本自行划设了约43万平方公里的“南鸟岛专属经济区”。因为附近少有人类活动，自然环境不受陆地的影响，稀缺鸟类在岛上繁殖。“从前，相关省厅进行过气象观测，而且该岛周围海域存在颇为可观的富钴结壳。”①

冲之鸟礁位于东京以南1740公里、距离小笠原群岛中的父岛大约900公里的太平洋上，是海水涨潮时露出海面的两块岩礁——东露岩的面积只有1.58平方米，高出海面6厘米，北露岩为7.86平方米，高出海面16厘米。这两块岩礁被日本称为“冲之鸟岛”——“冲之鸟岛位于日本国土的最南端，由东小岛和北小岛与包围它们的东西长4.5公里、南北长1.7公里的环礁组成，是拥有约42万平方公里面积的专属经济区的岛屿。”多年来，日本通过繁殖珊瑚加固岩礁，修筑围墙等阻挡海浪侵蚀。2005年3月，日本将冲之鸟礁编入东京都小笠原村，并给这个无人居住的地方确定邮政编码为100-2100，电话区码为04998。同年5月20日，东京都知事石原慎太郎到冲之鸟礁“视察”，声称这是“岛屿”。6月17日，日本在冲之鸟礁安装了高1米、宽1.5米的钛制地址标牌，上书“东京都小笠原村冲之鸟岛一番地”、“日本国最南端的岛屿”由国土交通省管理等字样。10月8日，日本违反《海洋法公约》第121条第3款的规定（“不能维持人类居住或其本身的经济生活的岩礁，不应有专属经济区或大陆架”），以两块岩礁为划界基点，划设“冲之鸟岛专属经济区”。2008年11月12日，麻生政府在提交联合国大陆架界定委员会的日本外大陆架申请书中，又将冲之鸟礁作为“岛屿”，以此为划界基点主张200海里的专属经济区和200海里以外的大陆

---

① 首相官邸：「排他的経済水域及び大陸棚の保全及び利用の促進のための低潮線の保全及び拠点施設の整備等に関する基本計画」。

架。2010年6月24日，菅直人内阁以内阁官房的名义发布《促进保全和利用专属经济区及大陆架保全低潮线及建设基地设施等法律施行令》，指定南鸟岛和冲之鸟礁为“特定偏远海岛”，决定“建设特定偏远海岛基地设施”，在7月13日发表的《菅直人海洋基本计划》内，全面表述了“建设特定偏远海岛基地设施”的政策和具体实行计划。

鉴于《菅直人海洋基本计划》关于建设偏远海岛基地的内容较为复杂，下面从三个角度进行深入分析：

（一）《菅直人海洋基本计划》“根据各领域的新设想”，制定了以特定偏远海岛为基地，开展保全和利用专属经济区等活动的12项目标。这些目标颇有创意和前瞻性，尤其擅长把日本的利益需求与其他国家需要解决的问题挂钩，彰显其“国际贡献”。1. 完成开发珊瑚繁殖技术保全国土。不但要通过开发一系列珊瑚繁殖技术保全国土，还将根据需要与面临海平面上升问题的环礁国家，开展利用珊瑚繁殖技术保全和重建岛屿的技术合作。2. 推进海洋矿产资源开发。按照2009年3月海洋本部批准的《海洋能源矿产资源开发计划》，在特定偏远海岛周围海域实行富钴结壳储存量及其分布状况等基础性调查，并根据调查结果，开发特定偏远海岛周围海域的海洋矿产资源并实现商业化。3. 推进可持续的渔业活动。在特定偏远海岛周围海域调查渔场，研究支持渔业活动建设水产业的基础，保全并妥善管理水产资源，使国民能够可持续地从事经济活动。4. 努力使海洋可再生能源技术实用化。为实现本国的海流和潮流发电、波浪发电、海洋温差发电等海洋可再生能源技术的实用化，根据大学和研究者的需要建设有效的实证实验设施。在掌握特定偏远海岛及周围海域的自然环境、当地能源需要等各种研究情况的基础上，研究作为海洋可再生能源技术的实证实验场的可能性。5. 充分利用自然环境开发新材料。“冲之鸟岛”适合充分利用严酷的自然环境的特点，对海洋建筑物的建筑材料，如复合纤维、超耐腐蚀性金属等新材料进行技术测定试验。通过实施技术测定试验开发新材料。6. 充分利用不受人为影响的环境观测地球环境等。根据岛屿的特点，长期持续开展地表及高空气象、温室气体浓度等观测活动。南鸟岛是联合国世界气象组织（WMO）的全球大气监测计划（GAW）所指定的分布于世界各地的26个观测点之一，今后仍将保全观测环境、获取和活用海象数据、推进海啸对策等防灾工作。7. 观测广域地壳变动。运用卫星定位（GPS）连续观测系统，包括设在茨城县筑波市的卫星定位中心和在全国设置的1200个电子基准点（GPS连续观测点），特别是设置在“冲之鸟岛”和南鸟岛的电子基准点，观测太平洋板块、菲律宾海板块的活动，“冲之鸟岛”和南鸟岛是其中不可或缺的重要观测点。今后将继续运用GPS连续、系统观测广域地壳变动，妥善推进国土管理。8. 观测和研究活动基地的环境建设。大学和研究机构需要利用岛屿的特点，将偏远海岛作为研究活动的基地，观测全球环境，主要观测生态系统、地心结构、海洋循环结构等，还需要“探讨运送研究人员到岛屿的方法、研究和住宿设施等相关规则，以及相关省厅进行合作支持的框架”。9. 推出“可持续能源”的样板。在地处远离本土、四周环海的偏远海岛，用阳光、风力等可再生能源供应岛屿所需要的能源，不仅效率高，在保护环境削减碳排放上也很重要。在“冲之鸟岛”和南鸟岛开展活动时，应一并探讨按照需要建设供应可再生能源的装置的实验。10. “设定海洋保护区等妥善保全生态系统”。“冲之鸟岛”和南鸟岛及周围海域的地理条件保持着特殊的生态系统，珊瑚礁等成为鱼类等多种生物的繁衍生息之地，有必要综合推进妥善保全生态系统及海洋环境。“在进行调查研究并努力保全的同时，根据正在进行的关于设定日本海洋保护区的研究，探讨通过设定海洋保护区妥善保全生态系统的方案。”11. “作为观光及教育场所充分利用特定偏远海岛”。应该让国民普遍了解“冲之鸟岛”和南鸟岛在确保日本海洋权益上的重要作用。“探讨计划和奖励进入和靠近它们的航线及客船巡航，将它们作为教育和旅游场所，以加深国民对海洋环绕的日本国土特色的认识。”此外，研究通过提供气象预报、庆典等使国民周知偏远海岛的方法。12. 为支援特定偏远海岛的活动，收集海洋数据确保海上安全等。在特定偏远海岛周围海域，观测海流和潮流的特点，收集基础数据，把握特定偏远海岛在海上交通等海上利用方面的情况，根据需要建设灯塔等航路标识，确保海上交通安全。①

从上述12项活动目标不难看出，日本保全和利用特定偏远海岛的具体计划，包括海洋矿产资源开发、可持续性渔业、生态系统保护、可再生能源开发、各种科学观测、新材料试验、观光及国民教育等各个领域，是兼有保护、建设和利用特定偏远海岛的综合性的基地建设细化目标。这些目标对于实现日本违反《海洋法公约》用冲之鸟礁圈占“冲之鸟岛专属经济区和大陆架”的图谋，具有非常重要的战略意义。简言之，通过在冲之鸟礁建设“海洋建筑新材料”、“海洋可再生能源的新技术”的“实验基地”，能够使两块合计面积不到10平方米的岩礁，变身为具备电力供应、有“进行研究和住宿设施等”、有定期航运载客前来观光并开展国民海洋教育活动的综合性基地，以满足《海洋法公约》关于划设专属经济区的必需条件——具备“有人生产和生活”的岛屿属性，实现以冲之鸟礁为圆心，圈占42万平方公里的专属经济区及大陆架的目的。

---

① 首相官邸:「排他的経済水域及び大陸棚の保全及び利用の促進のための低潮線の保全及び拠点施設の整備等に関する基本計画」。

（三）特定偏远海岛基地设施的政策空间。“建设特定偏远海岛港湾设施的基本思路”是国土交通大臣按照海洋基本计划关于建设基地设施等内容的规定，建设、改善及管理的港湾设施，并且根据今后以特定偏远海岛为基地的专属经济区及大陆架的有关情况，考虑研究进一步建设设施的必要性。[①] 这条规定表明，海洋本部“建设特定偏远海岛港湾设施的基本思路”分为两步：目前，国土交通相落实建设并管理特定偏远海岛港湾设施的计划；今后，还将根据建有特定偏远海岛基地的专属经济区和大陆架的实际情况，研究是否有必要建设新设施的问题。因此，建设港湾设施仅为第一步，因为没有港湾，其他设施也无从谈起。作为10年规划的海洋基本计划，必须预留增加设施建设的政策空间。这充分证明日本欲将特定偏远海岛建设成具有多动能综合基地的长远打算。上述基本思路与在“冲之鸟岛”和南鸟岛基地开展保全和利用专属经济区等的12项活动目标相匹配。孤悬于太平洋上的南鸟岛，由于海底的地理状况（不与陆地相连）不尽如人意，日本实际上对于申请大陆架能否成功并无把握。这也是上述活动的目标看起来更适用于冲之鸟礁的深层原因。

（四）建设特定偏远海岛港湾设施的计划。1. 南鸟岛：国土交通大臣在南鸟岛南侧海岸建设拢岸长160米、水深8米的港湾设施及附带设施，以便在南鸟岛及周边海洋活动的船舶能够停靠、停泊、卸货等。2. “冲之鸟岛”：“国土交通大臣进行建设特定偏远海岛港湾设施所需要的拢岸、临港道路等实地勘测，尽早建设在冲之鸟岛及周围海域活动的船舶能够停靠、停泊、卸货，以及顺畅连接北小岛等的港湾设施。”[②] 从以上内容看，关于

---

① 首相官邸：「排他的経済水域及び大陸棚の保全及び利用の促進のための低潮線の保全及び拠点施設の整備等に関する基本計画」。

② 「排他的経済水域及び大陸棚の保全及び利用の促進のための低潮線の保全及び拠点施設の整備等に関する基本計画」。

冲之鸟礁的计划规定似乎不如南鸟岛具体。然而，深入分析海洋法律及政策文件记载的有关特定偏远海岛的内容，即可看清变日本变“礁”为“岛”的缜密安排。

按照《低潮线保护法》的规定，“基地设施”指在特定偏远海岛上作为保全和利用专属经济区等相关活动的基地而建设的设施。特定偏远海岛港湾设施等指“供国家事务或国家事业使用的停泊地、拢岸及其他港湾设施”。港湾设施是“基地设施的建设、利用及保护内容的事项”的组成部分，也就是优先实行的计划内容，由“国土交通大臣负责特定偏远海岛港湾设施等的建设、改善及管理”。[①] 所以，《菅直人海洋基本计划》关于特定偏远海岛基地设施的10年建设规划蓝图，分为港湾建设与基地设施建设两个部分。前者的目标、责任、规模明确，后者则公示了12项建设未来基地设施的目标，预留了推出新的基地建设的政策空间。10年后建成的基地设施的规模和内容，远远不止建造港湾设施。例如，按照《促进保全和利用专属经济区及大陆架保全低潮线及建设基地设施等法律施行令》的规定，特定偏远海岛港湾设施的建设区域为“水域上空100米和水底下60米”。[②] 这样的高度与深度，令人自然联想到这是包括飞机和潜水艇等大型军事装备可以使用的基地，绝不是仅以科学观测、可再生能源实验等为目的建设规模。当然，在《菅直人海洋基本计划》内并未写明基地设施的军事用途，也可以隐藏在“等”字后面。正如中国军事专家张召忠教授指出，日本现有技术完全可以在冲之鸟礁上建成可供飞机起降的海上设施，成为日本及其盟友在太平洋上的中继平台。前述日本海洋战略的法律文件及计划，预示日本有可能将

① 首相官邸:「排他的経済水域及び大陸棚の保全及び利用の促進のための低潮線の保全及び拠点施設の整備等に関する法律」(平成22年法律第41号)。

② 内閣官房:「排他的経済水域及び大陸棚の保全及び利用の促進のための低潮線の保全及び拠点施設の整備等に関する法律施行令」(平成22年6月24日政令第157号)。

冲之鸟礁等建设成军民共用的多功能设施，作为日本在第一和第二岛链之间监视和遏制其他国家海洋活动的海上平台和中继补给站，扩大日本“海洋存在”的前沿基地。日本不仅要划定“冲之鸟岛专属经济区”及大陆架，而且还会按照既定方针，设定各种名目的海洋保护区圈占国际海域。其结果必然严重压缩其他国家的战略空间，给其他国家在国际公共海域的航行自由、海上安全、海洋科考、渔业及海底资源开发等海洋活动，带来巨大的负面影响。“冲之鸟岛基地”的经济与军事战略意义值得高度关注。

诚然，以上分析的法律文件及计划，的确包含某种程度的“国际公益”因素，例如，将收集到的大气污染数据等提供给相关国际机构；加强建设和管理偏远海岛灯塔等航线标志，载入国际通用的海图；建设“因气象和海象急变规避船舶航行危险的安全避难港”；为预防和取缔海上犯罪加强巡逻和警戒等。但是，通过国际公益争取国际承认日本所主张的海洋权益，在“国际公益”的招牌下攫取日本自身的利益才是其真实目的。冲之鸟礁的岩礁属性决定其没有资格划设专属经济区和大陆架，建造人工设施也不能改变其国际法属性。

2010 年 12 月 24 日，日本政府公布了 2011 年度的国家财政预算案，其中包括 6 年内斥资 750 亿日元（约合 60 亿元人民币）在“冲之鸟岛”建设码头和临港道路的基地建设费。[①] 2011 年 5 月 27 日，海洋本部召开会议，决定在 2012 年 3 月底之前，在“冲之鸟岛”西侧海岸开工建设拢岸、停泊地及临港道路。内阁官房长官枝野幸男在会上强调：相关省厅紧密协作，为进一步确切、有效利用海洋资源而努力。[②]

按照《联合国海洋法公约》的规定，世界海洋划分为各沿海

① 共同社 2010 年 12 月 27 日电。

② 「沖ノ鳥島に港湾施設を整備へ」、『産経新聞』2011 年 5 月 27 日。

国管辖海域、公海和国际海底区域，而后两者统称为国际海域。国际海域的面积大约 2.517 亿平方公里，占据地球表面的 49%，蕴藏着极为丰富的渔业、金属矿产和油气等资源能源。根据《海洋法公约》的规定，国际海域及其蕴藏的丰富资源是全人类共同继承的财产，由国际海底管理局代表全人类组织和控制“区域”内矿物资源的勘探和开发。由于深海矿产资源的矿区基本上都位于国际海域的海底，此类开发活动必须经过国际海底管理局的同意和批准方可生效与合法。

1994 年，在牙买加首都金斯敦宣告正式成立的国际海底管理局，是管理国际海底区域及其资源的权威组织。国际社会经过多年的努力，在建立国际海底区域制度上取得了实质性的进展。按照国际惯例，深海勘探奉行“平行开发”原则，即为了保证海底资源人类共同享有的公平性，勘探发现者需返还矿区面积的一半，交由国际海底管理局托管。同时，为了保证先驱投资者的权益，勘探发现者享有剩下 50% 矿区面积的专属勘探权和优先商业开发权。世界上已有 7 个国家或集团，包括印度、俄罗斯、法国、日本、中国、韩国和国际海洋金属联合组织获得了联合国的批准，拥有合法的开辟区，除印度以外，其他先驱投资国所申请的矿区均在太平洋 CC 区。

日本政府认为，以南鸟岛为划界基点划分专属经济区和大陆架不存在国际争议，开发海底资源基本不存在外部制约因素，当务之急是抢先勘探日本划界主张以外的南鸟岛的周围海域，那里分布着大量富钴结壳，而且不属于任何国家的专属经济区。“据说中韩等国也对南鸟岛周围海域的海底资源表示关注”，如果不抢先下手，今后很可能在那里与其他国家发生“矿区争夺战”。富钴结壳的资源价值直到近年才引起各国的关注，当时还没有制定在公海采掘海底资源的国际规则。国际海底管理局制定新矿业规则需要一定的时间。申请矿区需要首先指定大概的“矿区海域”，提交富钴结壳的分布量、含矿成分比例及矿床厚度等数据，然后才能在海底管理局审查期间，用10—15年的时间最后确定矿区。按照《菅直人海洋基本计划》关于国家发挥开发海洋资源的先导作用的规定，日本政府从2010年底开始接管前期基础勘探工作，从列入2011年度预算的促进海底矿产资源开发费中拨款，加快勘探速度成倍增加作业日，“迅速建全能够申请矿区的态势，在与中、韩等周边国家在专属经济区以外的开发竞争中占据了有利地位”。[①] 就这样，南鸟岛、小笠原群岛及其周围海域，成为日本抢先勘探、划定“矿区海域”抢占海底资源的当务之急。

2012年6月29日，日本媒体报道称，东京大学地球资源学教授加藤泰浩等人组成的研究小组发现，在距离南鸟岛约300公里、水深约5600米海底采样的泥土中富含镝等重稀土类元素。镝是提高发动机磁铁功能所必需的稀土。这种泥土的堆积范围超过1000平方公里，可能蕴藏着约680万吨稀土，可供日本国内使用230年。日本经济产业相枝野幸男表示，政府计划和东大研究组共同开展调查。但日本面临从深海能够高效开采出多少稀土等技术难题，将探讨是否利用开采石油时使用的从海底吸取淤泥的技术。迄今日本国内消耗的稀土大部分依靠从中国进口。如果能够成功开采，可望实现稀土自给自足。[②] 2013年1月，日本海洋研究开发机构出动“海岭”号深海调查船，耗时10天使用人工地震波以及深海采掘机械等技术设备，勘察南鸟岛周围日本专属经济区深海海泥的厚度和分布等情况，为推测资源储量收集数

① 「南鳥島近海で資源調査」、『日本経済新聞』2011年1月3日。

② 日本称在南鸟岛周边发现大量稀土，可用230年，中国新闻网2012年6月29日。日本在5600米深海淤泥中发现大量稀土，日经中文网2012年6月29日。

据。勘探结果将提供给日本经济产业省等部门，供日本政府制定资源开发战略。[1] 根据以上情况判断，菅直人内阁将海洋资源开发计划纳入《新增长战略》同步推进，《菅直人海洋基本计划》预留建设偏远海岛基地的政策空间的决定，表明日本从保全划界基点海岛，指礁为“岛”切入，确保“圈海”成功，与此同时，加紧勘探国际海域的海底资源，抢先申请划定“矿区海域”，由此可见日本提出10年内实现海洋资源开发商业化的目标并非空谈。上述种种动向凸显“新海洋立国”战略通过开发利用海洋创造更多就业机会，拉升日本低迷多年的经济增长的侧面。

第四节　野田内阁修改法律保障“购岛”

按照《海洋基本法》第3条“必须积极推进确保海洋安全的举措”、第21条“确保海洋安全”、第26条“保全偏远海岛”的规定，至2010年12月，菅直人内阁调整防卫战略，修改自卫队的作战指针，完成对中国钓鱼岛实施“国有化”的军事准备。日本民主党政府历时一年多初步完成包括防务领域在内的海洋法制体系建设，公布了以“开发、利用、保全日本专属经济区及大陆架”为目的，以保全偏远海岛、设立划界基点海岛“低潮线保护区”为当务之急，以加强海上自卫队、海上保安厅的实力建设为重点的海洋战略规划。2011年9月，菅直人内阁因应对“3·11”特大地震、海啸、核泄漏三重灾害不利被迫辞职。海洋战略的“接力棒”传给了野田内阁。

“自卫官的儿子”野田佳彦首相从修改《海上保安厅法》和《外国船舶在领海等航行法》入手，对中日争议海域尤其是钓鱼

① 《读卖新闻》网站发布消息，日本计划正式勘察南鸟岛海底稀土资源，新华网东京2013年1月10日电。

岛及其周围海域加强控制，准备应对中国反制日本“国有化”中国领土的行动。2012 年 2 月 28 日，野田内阁批准《海上保安厅法》和《领海等外国船舶航行法》的修改法案，准备提交国会审议。[①] 然而，在此后的 5 个月内却没有相关消息传出，直到 7 月底日本众议院才开始审议，8 月 1 日经全体大会表决通过。8 月 15 日，中国香港地区的保钓人士登上钓鱼岛宣示主权遭到日方非法扣押，后迫于中方交涉压力放人。部分日本在野党趁机在国会兴风作浪，攻击野田政府“顾及中日关系强制遣返登岛者”，一时朝野阵营尖锐对立。其间，日本右翼团体“日本会议”在全国范围内大张旗鼓推进“保卫以尖阁诸岛（中国钓鱼岛及其附属岛屿——著者）为首的日本领土领海请愿签名”，共征集到 224 万个签名，其中包括 255 名超党派国会议员和 4194 名地方议会议员的签名。日本会议将请愿签名递交国会并提出三项要求：第一，在钓鱼岛建立灯塔和避风港口等加强实际控制；第二，加强海上保安厅等方面的领海警备体制；第三，修改自卫队法，赋予自卫队“警卫领海的任务”，并声称今后将继续开展“保卫以尖阁诸岛为首的领土领海的国民运动”。[②] 在这种政治氛围中，日本参议院从 8 月 28 日开始审议众议院表决通过的上述修改法案，8 月 29 日一致表决通过了“阁第四十五号法案”《海上保安厅法及领海内外国船舶航行法部分修改法》（即《部分修改海上保安厅法》）。

《海上保安厅法及领海内外国船舶航行法部分修改法》共分为两部分：第一部分是部分修改 1948 年国会通过的第 28 号法律《海上保安厅法》，修改部分如下：1. 在第 5 条内增加了第 12 款

① 「海保警察権強化、法案を閣議決定」、『産経新聞』2012 年 2 月 28 日。

② 「『尖閣』領海警備強化法案、『海上保安庁法』『外国船舶航行法』改正案がついに今国会で可決成立！」平成 24 年 8 月 29 日、日本会議ホームページ、http：//www. nipponkaigi. org/opinion/archives/4775。

“维持海上船舶航行的秩序”和第15款“预防和取缔海上犯罪”。2. 在第17条第1款内增加了船舶的使用与保障海上安全、治安等内容。3. 在第28条内增加1款：海上保安官及副海上保安官，根据远离本土及其他理由，在警官难以迅速应对犯罪的情况下，在海上保安厅长官及警察厅长官通告的偏远海岛上，根据海上保安厅长官及警察厅长官的协商规定，能够作为刑事诉讼法规定的司法警察职员履行职务，在该偏远海岛应对犯罪。根据这款规定，海上保安官及副海上保安官执行职务，适用《警察官职务执行法》第2条，第5条，第6条第1款、第3款、第4款的规定。在上述场合下，《警察官职务执行法》第2条第3款内的“警察署、派出所或驻扎所”，可替代为“海上保安厅的设施、船舶或飞机”。4. 在第31条增加1款：关于偏远海岛犯罪，根据海上保安厅长官及警察厅长官的协商规定，海上保安官及副海上保安官能够作为刑事诉讼法规定的司法警察职员履行职务。[①]

《海上保安厅法及领海内外国船舶航行法部分修改法》的第二部分内容是部分修改2008年国会通过的第64号法律《外国船舶在领海等航行法》修改部分包括：1. 将第2章第7条改为第8条，在第6条后新增第7条“劝告外国船舶”：针对“在领海等航行的伴随停留等活动的外国船舶”，海上保安官“根据该船的外观、航海状态、船员等的举动及其周围情况进行合理判断”，认定其违反法律规定后，“能够对该船的船长发出航行不应伴随停留等活动的劝告”。2. 在该船长等不接受前条规定的劝告的情况下，海上保安厅长官在断定有必要维护外国船舶在领海等的航行秩序时，能够命令该船的船长退出领海等。部分修正法自公布

---

① 参議院第一八〇回、閣第四五号「海上保安庁法及び領海等における外国船舶の航行に関する法律の一部を改正する法律案」（海上保安庁法の一部改正）、http：//www. sangiin. go. jp/japanese/joho1/kousei/gian/180/pdf/t031800451800. pdf。

日起20天后实施。[1]

修改后的《海上保安厅法》扩大了海上保安官的职能和权限，解决了海上保安厅与警察厅在偏远海岛、领海、专属经济区及大陆架内执法的衔接问题。首先，对发生在偏远海岛上的“犯罪”，经海上保安厅长官与警察厅长官协商规定，海上保安官能够作为刑事诉讼法规定的司法警察职员履行职务，即海上保安官有行使刑事诉讼法规定的司法警察的权限，依法在发现犯罪的现场处置犯罪人。从而解决了海保官在偏远海岛发现犯罪活动、等待警官前来执法之间的衔接问题，能够缩短处置突发事件的时间，提高应对国际纠纷的效率。无需赘言，野田内阁修改法律的活动明显是针对海峡两岸的中国民间保钓人士登上钓鱼岛宣示主权的活动的。

其次，海上保安厅的巡逻艇发现航行在“日本领海等”的船只伴随“停留等”活动时，不必像以前那样等待司法警察职员赶来执法，也无需对涉嫌违法的船只登临检查，确认其是否进行非法活动，仅从对该船的“外观”、“航海状态”、“船员等的举动”及“周围情况”，即可进行“合理判断”。在认定该船违反法律规定后，海上保安官有权立即“劝告”该船的船长等停止“停留等”活动。如果该船长不接受劝告，海上保安官必须上报海上保安厅的长官。在长官断定有必要维护“航行秩序”之后，海上保安官能够将该船驱逐“领海等”。

上述修改部分寓意深刻：第一，“日本领海等”不仅包括日本拥有主权的领海和拥有管辖权、资源开采权的专属经济区及大陆架，更重要的是包括中国领土钓鱼岛及其附属岛屿、中日东海

① 日本参議院第一八〇回、閣第四五号「海上保安庁法及び領海等における外国船舶の航行に関する法律の一部を改正する法律案」（海上保安庁法の一部改正）、http：//www. sangi-in. go. jp/japanese/joho1/kousei/gian/180/pdf/t031800451800. pdf。

专属经济区划界重叠海域，还包括遭到中、韩等国强烈反对的日本违法划设的“冲之鸟岛专属经济区”等存在国际主权争议的海域。第二，关于在上述海域航行的外国船只“伴随停留等活动”，主要针对中国公务船、科考船及民间船只在钓鱼岛及中日东海划界重叠海域内宣示主权、巡航执法、维护渔业秩序、监测海洋环境、科学考察、勘测调查、海上钻探等合法活动。针对中国公务船——国际法保护下的“移动国土”，修改法绕过了由日本海上保安官登临检查确定“违法”的环节，仅仅根据外观即可认定“违法”并直接发出劝告实施驱离。更重要的是，继菅直人内阁制定陆海空自卫队进行“空海一体战”应对“岛屿攻击”的作战指针之后，野田内阁修改的《海上保安厅法及领海内外国船舶航行法部分修改法》，扩大了海上保安厅的海上执法权，在中日领土主权争议海域及海洋权益争议海域，禁止、驱离从事合法活动的中国船只，动用“第二海军”——海上保安厅的准军事力量，与陆海空自卫队相互配合，确保日本实现圈占中日争议岛屿及专属经济区划界重叠海域的战略目标，尤其是应对中国可能对日本“国有化”钓鱼岛采取的执法维权举措。必须看到的是，野田内阁修改法律包含更深层的意图——按照修改法的规定，海上保安厅长官有权直接下令、海上保安官有权直接驱离中国公务船等，不仅缩短了确认“违法”的时间，更重要的是压缩乃至排除了中日两国通过外交途径进行协商的空间，切断了两国政府“政治解决”的途径。这就是日本海保厅的巡逻艇及飞机，干扰中国在东海的执法维权活动愈发猖狂的根本原因。如果说，修改《防卫计划大纲》及《中期防卫力量整备计划》，是为海洋战略提供军事配套政策，修改《海上保安厅法》和《领海内外国船舶航行法》，则是为海洋战略提供海警配套政策。野田内阁的修法活动，进一步充实了海洋战略的法律体系，充实了武力解决岛屿主权争议的法制建设。简言之，民主党三届政府无视中日关系大局，规划并实施“新海洋立国”战略，是从美国亚太“再平衡”战略“借东风”扬帆起航的。

第三部　日本重返东南亚篇

第八章　日本对湄公河地区的政策

第一节　福田调整对外战略重视东盟

东亚国际格局的变化以及东盟的“功能转型”是日本加大力度耕耘东南亚地区的主要动因。影响亚太地区国际关系格局变化的因素来自全世界。在世界金融危机的影响下，美国经济遭受重创，降低了国际影响力；多数欧洲国家陷入债务危机无暇东顾；“金砖四国”在危机中的表现提高了新兴国家在国际经济秩序中的地位，迅速崛起的中国、印度则在亚太地区的国际关系中发挥越来越重要的作用；东盟集团在政治安全领域崛起，在亚太地区格局中成为一支平衡大国博弈的生力军；澳大利亚等环太平洋国家积极发展对华关系，经济互惠关系深入发展等，都在不同程度上促进了亚太国际关系格局的多元化。日本朝野对这种变化忧心忡忡。在危机意识的驱使下，日本朝野主要大党、社会各界的智库及专家学者，从不同角度思考日本的亚太战略。

“后小泉”时期，日本自民党政府“三年三相”。安倍第一次内阁和麻生内阁相继在欧亚大陆外围展开打造“自由与繁荣之弧”的“价值观外交”，福田内阁则将外交重点移向了东南亚。2008 年 5 月 22 日，福田康夫首相在下台 4 个月前终于发表了人们期待以久的“新福田主义”，题为《太平洋成为“内海”之日——共同走向未来亚洲的五项承诺》的政策演讲。“新福田主义”在继承“老福田主义”的思想遗产的基础上，意欲与东盟建立“共享未来理想、共同思考和共同行动的伙伴关系”，宣布日本对亚太地区的外交战略的核心是“加强日本与美国的同盟关系作为亚太地区的公共财富”。在促进东盟民主化的同时，将日美同盟作为“稳定亚太地区的装置”，“构筑亚太合作网络”。[①]“新福田主义”表明，福田内阁的对外战略方针是，重视发展日本与东南亚各国的政治经济关系，从安倍及麻生内阁的“价值观外交”，调整为构建以东盟为重点的亚太合作网络，应对亚太国际格局的新变化。

“新福田主义”发表时，正值东盟共同体建设进入各成员国通过《东盟宪章》的最后冲刺阶段，协商将东盟共同体从“对话场所”，转变为解决地区政治与安全问题的“行动机构”。日本一向把东南亚视为“庭院”。“老福田主义”主张的日本与东南亚各国建立“对等的伙伴关系”受到各国的欢迎。21 世纪后，小泉和安倍第一次内阁执政时，重点加强日美关系，安倍内阁一面努力在亚太地区创建日、美、澳、印“四国同盟”等“多重安全对话框架”，一边接替小泉内阁在中东和中亚地区继续推进“资源外交”，同时注意改善因小泉首相反复参拜靖国神社导致中日关系“政冷经热”的状态，所以，基本上没有同步发展日本与东盟之间的关系，更没有充分重视东盟与中、日、韩三国之间的“10 +3”合作。当日本政府大张旗鼓发动外交攻势争取联合国安理会常任理事国的席位之际，除新加坡外，其他东盟国家都没有表态支持，这个结果使日本朝野倍感震惊。日本愈发将东南亚视为与中国争夺“亚洲地区主导权”的主战场，特别是对中国与东

① 首相官邸:「福田内閣総理大臣スピーチ、太平洋が『内海』となる日へ—『共に歩む』未来のアジアに5つの約束—」、http://www.kantei.go.jp/jp/hukudaphoto/2008/05/22asia.html。

盟迅速密切经贸关系的“10+1”合作感到十分焦虑。

另一方面，小泉下台后中日关系持续回暖，减少了东盟国家在中日之间进行选择的困扰。与此同时，东盟也对中日两个地区大国合作处理东亚国际关系问题产生危机意识，担心东盟可能被“大国之间的外交埋没”。新加坡总理李显龙敦促其他东盟成员国的外长说，如果不加速和深化东盟的一体化，东盟恐怕要沦落为“东南亚地区的配角”。此外，东盟对在六方会谈架构的基础上构筑东北亚安全保障机制的动向也抱有警惕。[①] 在上述背景下，2008 年 7 月 20 日召开的东盟外长会议，在会议轮值主席新加坡外长杨荣文的主导下，重点讨论了东盟的功能转型问题——从“对话场所”转变为“行动机构”。7 月 24 日，杨荣文外长还在与美国国务卿赖斯的会晤中表示，“东盟与美国的关系是地区政治安全架构的重要支柱”，[②] 呼吁美方重视东盟与美国进行安全合作的重要性，表明东盟集团准备加强维护地区安全的功能的立场。如果东盟的作用从“对话”转变为“行动”，日本对东盟的影响及日本在东南亚的“存在”有可能被边缘化。所以，应对东盟共同体建设弱化日本对东盟的影响，应对东亚合作架构之争，向亚太地区拓展日本经济发展空间，是福田内阁在“新福田主义”的旗帜下，推行亚太外交的主要战略意图。下面从三个角度展开分析。

（一）新福田主义应对东盟共同体建设弱化日本对东盟的影响的战略意图。对照 2008 年 7 月 24 日东盟外长会议结束后发表的联合声明及相关情况，不难看出日本对东盟的承诺与会议的主要议题几乎全部“对号入座”。

---

① 「ASEAN、『対話』から『行動』へ、日中修復に危機感」、『産経新聞』、2008 年 7 月 24 日。

② “东盟与对话伙伴分别举行‘10+1’外长会议”，新华网 2008 年 7 月 24 日，http://news.china.com/zh_cn/news100/11038989/20080724/14985466.html。

1. 东盟会议的主要议题之一是，地区合作开展救灾和灾后重建。“新福田主义”宣布，提供政府援助，与东盟及亚太各国进行防灾合作，实现亚洲各国的紧急援助机构的网络化。即日本提出整合亚洲各国的人道主义紧急援助机构，建立以东盟为主要受益方的紧急救灾体制。2. 东盟会议的议题之二是，区域内反恐合作等安全问题，包括提高马六甲海峡沿岸国的反恐力量的训练水平，酝酿在马六甲海峡举行成员国的联合军事演习等，是东盟“功能转型”的重点。“新福田主义”提出，日本要参加维护马六甲海峡等海上通道安全的反海盗和反恐活动，“与以东盟为首的各国进一步合作”。有媒体道破日本政府的真意意图——“活用东盟框架，希望美国和澳大利亚等国参加”。① 3. 东盟会议的议题之三是，东盟成员国批准《东盟宪章》及人权机构的权限问题。这是引起争议的另一个重点。《东盟宪章》原定于2008年内生效，但在这次会议召开时仍未得到菲律宾、印尼及泰国的批准。东盟从奉行“不干涉内政”的原则，转向筹备设立干预成员国内政的人权机构，各国围绕是否赋予人权机构以制裁权问题产生了意见分歧。菲律宾和印尼赞成赋予制裁权，缅甸则对此表示强烈反对，柬埔寨、越南和老挝也持否定态度。这次会议最终决定，设立商讨人权机构功能问题的筹委会。② “新福田主义”在这次东盟会议召开前宣布：坚决支持东盟共同体的建设，通过“基于普遍价值的东盟宪章”；如果不能确立更好的统治结构，即确立透明而民主、依据法律的统治，就不能吸收社会的混乱因素防患于未然。③ 这一表态明示福田政府将一如既往强调“民主”，

① 「ARF、海上安保が焦点に…マラッカ海峡で合同演習も」、『毎日新聞』2008年7月21日。

② 「ASEAN、外相会議開く、事務局機能強化など共同声明」、『毎日新聞』2008年7月21日。

③ 「福田内閣総理大臣スピーチ、太平洋が『内海』となる日へ—『共に歩む』未来のアジアに5つの約束—」。

同时在涉及价值观的敏感问题上回避直接批评某个国家，既照顾到部分亚洲国家反对干涉内政的一贯态度，也表明了希望东盟共同体实现“民主与法制”的原则立场。4. 东盟会议的议题之四是，东盟联合国维和专家组的活动。东盟联合国维和专家组成立后，开展监督停战、派遣文职警察监督选举，以及战后重建等维和活动，今后将实现各国共享维和信息进一步提高活动效率。[①]“新福田主义”承诺，将运用日本在柬埔寨和东帝汶的维和经验，从事培养维和专家的教育活动。[②]

不难看出，“新福田主义”针对东盟“功能转型”的主要议题，提出了积极参与、提供各种援助的具体承诺，同时也表明了日本的立场和要求。日本将配合东盟共同体建设，推动东盟落实“普遍价值观”，加大与东盟在各个领域的合作力度，提高合作水平，凸显日本建设主导地区非传统安全合作机制的立场，以避免日本在东南亚的存在进一步边缘化。

（二）新福田主义应对东亚合作架构之争的战略意图——应对“10+3”及“10+6”合作框架之间的矛盾。东盟与中、日、韩三国的合作已经显现实际效果，表明了“10+3”框架有利于开展实质性互利合作的有效性。日本主张东亚合作应向美、澳、新等“民主国家”开放，以前也曾提出以参加东亚峰会的16国为主体构筑经济合作框架“东亚自由经济圈”，但东亚各国尚未形成一致意见。“新福田主义”提出建立“亚太合作网络”，解决美、澳、新等国参与东亚合作的框架问题。“亚太合作网络”的内涵十分丰富。亚太各国间的合作关系最终将达到“太平洋成为内海”的紧密程度。亚洲向太平洋地区“开放”，日本支援贯

① 「ARF、シンガポールで開幕、『対話から行動へ』脱皮狙う」、『毎日新聞』2008年7月24日。

② 「福田内閣総理大臣スピーチ、太平洋が『内海』となる日へ—『共に歩む』未来のアジアに5つの約束—」。

通印度支那的东西走廊的建设，促进湄公河流域的发展中国家向美、澳、新等环太平洋的发达国家开放；在此基础上，实现包括“东盟的内陆国”在内的亚洲，向太平洋地区开放。[①] 在这个“亚太合作网络”中，无论东亚国家还是环太平洋国家，既无“主体”与“客体”之分，也无“东亚合作”与“环太平洋合作”之别，都是其中的组成部分。由此可见“亚太合作网络”的基调仍然是日本一贯主张的“10+6”合作框架。与过去不同的是，“新福田主义”意欲一举三得：日本要将美日同盟化为“亚太地区的公共财富”，在安全领域内占据仅次于美国的核心地位；既要保障美日两国在亚太地区的军事存在，也要确立日本在东南亚及亚太地区的领导地位；既要帮助美国消除东盟及东亚一体化进程“排除美国”的担忧，也要制衡在中国地缘政治中崛起。

（三）“新福田主义”向亚太地区拓展日本经济发展空间的战略意图。2007年，日本政府提出应对气候变暖这一全球性问题与日本经济增长相结合的设想。经济产业省和环境省于2008年5月公布了《亚洲经济和环境共同体设想》作为日本的新经济增长战略，决定“在广阔的亚洲地区——包括东盟、日本、中国、韩国、印度、澳大利亚和新西兰，形成以经济和环境为轴心的共同体”，加强日本与亚洲各国的经济关系，向世界推广日本的节能技术，力争在2030年将亚洲“环境经济”的市场规模扩大4.7倍，从现在的64万亿日元增至300万亿日元。日本国际合作银行将向相关节能基金提供资金和债务担保，接纳亚洲国家更多的研究和技术人员。[②] 日本运用节能和环保技术的优势，在治理全

---

① 「福田内閣総理大臣スピーチ、太平洋が『内海』となる日へ—『共に歩む』未来のアジアに5つの約束—」。

② 「経済産業省、環境省：『アジア経済・環境共同体』構想」、2008年5月版、http://www.env.go.jp/press/file_view.php?serial=11475&hou_id=9759。

球气候变暖问题上重点投放外交资源，是与各国实现互利双赢的战略选择。日本向新兴国家出口节能技术，有利于日本占领治理全球问题的道义高地，巩固日本在节能减排等尖端科技领域中的优势，增强日本的综合实力，有利于日本在亚太地区的新一轮经济增长中发挥重要作用。在向亚太地区拓展日本经济发展空间的战略中，经济发展相对滞后的东盟国家，同样占有非常重要的地位。可以这样认为，“新福田主义”在继承“老福田主义遗产”的基础上，宣称日本与东盟建立“共享未来理想、共同思考和共同行动的伙伴关系”，将日本的外交、经济和非传统安全合作的重点移向东盟国家有着明确的政治和经济目的。其中，配合东盟共同体建设，在东南亚促进“普遍价值观”生根，集中反映出“新福田主义”企图通过整合、建设地区非传统安全合作机制，掌握地区主导权的战略设计。福田内阁调整对外战略轨道的举措，对民主党鸠山内阁上台后制定东南亚政策发挥了重要的启示和借鉴作用。可以说，日本“重返”东南亚的战略指向，始于“新福田主义”。

第二节　日本与湄公河地区各国的伙伴关系

在日本民主党的亚洲外交政策中东南亚国家占据重要地位，日本对东南亚投入的外交资源远远超过东北亚地区。纵观三届民主党内阁对东南亚的外交政策，可分为三个层次：东盟十国、湄公河五国、柬老越三国。鸠山和菅直人内阁十分重视发展日本与东盟的关系。2010 年 4 月，鸠山政府向东盟派遣了“东盟担当大使”，表明进一步密切双边关系的立场。菅直人政府继续加强与东盟之间的合作关系。2010 年 7 月，冈田外相在日本与东盟十国的外长会议上宣布了三项建议：一是效仿联合国和欧盟设置常设代表机构的做法，在印尼雅加达常设“日本驻东盟代表部”；二是表明日本的希望——能够从“计划阶段”参与东盟互联互通基础设施的建设，日本为此做好了准备，制定了《亚洲新增长：日本与东盟伙伴计划》；[①] 三是“出于地区将来整体规划的考虑”，建议扩大日本与东盟间的防灾和科技合作等。[②] 冈田外相表明了菅直人政府对东南亚国家的基本政策，日本要在美国“重返亚太”的新形势下，通过加强日本与东盟的合作在地缘政治版图中扩大“存在”。过去，日本以美国的代言人自居，在地区合作中间接反映美方的意图，现在，在美国直接参加东亚峰会的新形势下，日本变得更为积极主动，并且提出了具体的政策目标。

在东盟十国中，鸠山政府对湄公河地区柬、老、泰、缅、越五国的“日本与湄公河”外交是重中之重。鸠山政府对湄公河地区五国的重视及资源投入远远超过对东盟集团的投入。而在与湄公河地区五国的关系中，日本对柬、老、越三国的重视和投入，又大大超过了对湄公河地区五国整体的重视和投入。日本对湄公河地区五国的外交，既是鸠山内阁对东南亚外交的新增长点，也是有别于对东盟十国外交的重点。2009 年 10 月 3 日和 24 日，鸠山政府在柬埔寨和泰国先后举行了第二届“日本与湄公河”外长会议、[③] 第二届“日本与湄公河”经济部长会议，2009 年 11 月 7 日又在东京召开首届“日本与湄公河”首脑峰会，会后发表了联合声明《第一届日本与湄公河地区国家首脑会议东京宣言——确立未来共同繁荣的新伙伴关系》，同时发布的还有包括 63 个援助项目的《日本与湄公河行动计划 63》。联合声明宣布，日本与湄

① 「ASEAN 外相会議：岡田外相『東アジア構想』堅持、ジャカルタに代表部開設」、『産経新聞』2010 年 7 月 22 日。

② 「東アジア共同体構想で意見交換、日 ASEAN 外相会議開催」、『産経新聞』2010 年 7 月 22 日。

③ 2008 年 1 月日本自民党政府召开首届“日本与湄公河”外长会议，日本在会上提出多项合作倡议，并将 2009 年定为“日本——湄公河”交流年。

公河地区五国建立“通向东亚共同体的新型伙伴关系”，三年内向湄公河地区五国，特别是其中的柬、老、越三国，继续增加政府开发援助 5000 亿日元，从建设基础设施实现互联互通，到培训通关人员等提供多方援助。联合声明还包括以下内容：双方决定进一步提升协商机制，定期举行高级工作会议和首脑会议。湄公河地区五国表示支持日本“入常”，支持日本对朝鲜的政策。双方同意今后在国际事务中加强相互协调等。[①] 鸠山政府为了在东盟共同体和东亚一体化进程中发挥主导作用，采取了重点援助湄公河地区五国促进经济外交关系的政策，其援助力度之大，提升协商机制速度之快，远远超过对其他国家的外交投入。日本在“支援东盟共同体建设”的名义下，促进日本企业参与湄公河地区基础设施建设，通过投资获取当地的自然资源，利用当地的劳动力资源降低成本，而且获得了日本“入常”的五张支持票。首届“日本与湄公河次区域五国领导人会议”对湄公河地区五国的经济和外交产生了一定的影响。

2010 年 10 月 29 日，第二届日本与湄公河各国首脑会议在越南河内举行。此次会议由越南总理阮晋勇担任主席，日本首相菅直人、柬埔寨总理洪森、老挝总理通辛·坦马冯、缅甸总理吴登盛、泰国总理阿披实出席了会议。第二届峰会通过了《日本与湄公河经济产业倡议（MJ-CI）行动计划》和《“迈向绿色湄公河”的十年倡议》，与会各国首脑发表了《第二届日本与湄公河各国首脑会议共同声明》。第二届峰会主要讨论了两个议题：第一个议题是日本与湄公河各国在湄公河地区的合作，强调“日本与湄公河”合作与东盟互联互通产生“合伙效果”的重要性；第二

① 日本外務省：「第 1 回日本・メコン地域諸国首脳会議東京宣言—共通の繁栄する未来のための新たなパートナーシップの確立—」（平成 21 年 11 月 7 日）、http：//www. mofa. go. jp/mofaj/area/j_ mekong_ k/s_ kaigi/j_ mekong09_ ts_ ka. html。

个议题是地区与国际形势。各国首脑再次表示支持联合国改革及日本“入常”。[①] 日本在第二届峰会上提出了更多的政治主张。会前已经商定的《第二届日本与湄公河地区各国首脑会议共同声明》，公布了日本与湄公河国家的“共同关心事项”，即“日本与湄公河”框架正在从重视经济合作，向关注东南亚、东北亚及南海争议的政治合作的方向拓展。共同声明宣称：“我们就共同关心的地区及全球性课题促进紧密合作，并为确保地区和平稳定及繁荣，扩大深化已有的日本与湄公河合作。”分析双方的“共同关心事项”可以得出以下几点结论：1. 共同干预东北亚问题。双方重申根据2005年9月六方会谈发表的共同声明以及联合国安理会的有关决议，支持朝鲜半岛实现彻底、可核查的无核化。与此同时，共同声明对即将于11月7日举行的缅甸大选提出要求，“希望用公正、开放的方法实施大选”。显然，日方之所以“邀请”湄公河地区五国介入东北亚问题，是为了换取日本对湄公河地区事务的介入，借助日本与湄公河地区五国的合作框架，提升日本在缅甸问题上的发言权。2. 在夯实五张“入常”支持票的基础上，日本进一步争取五国支持日本推动联合国改革的立场，双方重申支持联合国改革，使安理会“更加具备代表性、正统性和实效性”。3. 将“海洋问题”引进日本与湄公河合作框架。双方同意“为了亚太地区的和平、稳定和发展，应该根据国际法，用和平方法解决海洋问题”[②]。日本用这种方式彰显湄公河地区五国与日本站在一起共同应对所谓的海洋问题，居心何在？截至2010年10月29日第二届日本与湄公河地区首脑会议召开，鸠山和菅直人内阁已经初步完成了海洋战略法律体系的建设，并

---

① 日本外務省：「第2回日本・メコン地域諸国首脳会議（概要）」（平成22年10月29日）、http：//www. mofa. go. jp/mofaj/area/j_ mekong_ k/s_ kaigi02/s_ kaigi02. html。

② 日本外務省：「第2回日本・メコン地域諸国首脳会議（概要）」（平成22年10月29日）。

且发布了《菅直人海洋基本计划》，还于9月7日在钓鱼岛海域抓扣了中国船长，正值修订防卫政策为海洋战略提供军事保障之时。无需赘言，日本竭力拉拢湄公河地区五国，将海洋议题引入第二届峰会，就是为了利用南海主权争议问题投棋布子牵制中国，确保日本在东海顺利实施对中国钓鱼岛的“国有化”计划。

第二届日本与湄公河地区各国首脑会议的召开和会后发表的共同声明等文件表明，日本对湄公河地区五国的外交进入新阶段。日本把湄公河国家组成一个以日越关系为核心，以东南亚域外大国日本为主导，保持紧密经济外交及非传统安全合作关系的六国框架。这实际上起到影响东盟十国的对外政策、破坏东盟共同体建设的负面作用，尤其是发挥了离间湄公河五国与中国之间的传统友好关系的作用。

2011年11月18日，第三届日本与湄公河地区各国首脑会议在印尼巴厘岛举行。日本首相野田佳彦、柬埔寨首相洪森、老挝总理通辛·坦马冯、缅甸总统吴登盛、泰国总理英拉、越南总理阮晋勇出席了峰会。与会首脑肯定了日本与湄公河五国在政治、安全保障、经济、文化、旅游、环境、防灾及青少年交流方面扩大了合作与交流并取得有意义的成果。第三届峰会发表的共同声明显示，“日本与湄公河”合作又上了一个台阶。

会后发表的《第三届日本与湄公河地区各国首脑会议共同声明》主要阐述了经济合作与地区安全问题。首先，共同声明在“全面、平衡、可持续开发的日本与湄公河合作”的口号下，强调湄公河地区需要综合发展。与会首脑决定，至2012年优先实施以下合作项目：1. 为了“日本与湄公河”与东盟努力提高互联互通水平的合作显现更大的效果，日本支持东盟实现2015年建成东盟共同体的目标。湄公河各国首脑一致认为，解决东西经济走廊和南北经济走廊中建设基础设施的问题十分重要，日本决定使用“日本东盟统一基金”（JAIF），并由东亚与东盟经济研究中心（ERIA）首先在缅甸开展可行性调查，对提高东盟和湄公河地区的互联互通做出贡献。日本表示，希望继续支援“开发柬老越（CLV）三角区域”。2. 在2011年7月召开的第四届日本与湄公河产业政策对话会上，制定了《日本与湄公河经济产业倡议（MJ-CI）行动计划》，指定了今后优先合作的方向。预定2012年4月举行第四届日本与湄公河产业经济部长会议，届时将提出优先合作的路线图。为了避免《MJ-CI 行动计划》与柬、老、缅、越四国经济部长会议通过的柬老缅越行动计划重复，并且为了地区均衡发展与繁荣，纠正柬、老、缅、越四国与其他东盟国家之间的发展差距，欢迎日本与柬、老、缅、越各国进行磋，在《日本与湄公河经济产业倡议（MJ-CI）行动计划》与和“柬老缅越行动计划”之间进行调整。3. 为了有效实施湄公河国家各领域的合作计划，进一步促进政府与民间合作，于2010年12月、2011年11月分别举行了两次促进政府与民间合作的论坛。论坛参加者表示，为促进湄公河各国与日本之间的物流、贸易和投资要付出更大努力。4. 继续扩大日本与湄公河国家之间的合作与交流，双方认为，2011年在政治、安全保障、经济、文化、旅游、环境、防灾及青少年交流方面取得了有意义的进展。上述内容显示，日本与湄公河五国的经济合作深入发展，从基础设施建设，向物流、贸易和投资等方面扩大，而且制订了具体的经济产业合作行动计划。与此同时，日本对湄公河地区国家的合作，出现调整已有的合作计划的新动向，即解决日本支援“开发柬老越（CLV）三角区域”的计划，柬、老、缅、越四国经济部长会议确定的“柬老缅越行动计划”，与《日本与湄公河经济产业倡议（MJ-CI）行动计划》之间的关系问题，为防止计划项目重复进行重新整合，统一规划。在此基础上，日本动用“日本东盟统一基金”（JAIF）支援东亚与东盟经济研究中心（ERIA），在缅甸进行调查，研究如何将缅甸的互联互通基础设施建设纳入日本主导下的统一规划中。[①] 上述内容显示，日本在“消化”已有的合作计划的基础上，又推出了新的行动计划，并且将日本与湄公河地区合作的重点移向了缅甸。

第三届日本与湄公河地区各国首脑会议发表的共同声明，在“地区与国际形势”部分宣示，与会首脑关于双方“共同关心的地区及全球范围的课题，决心提高紧密合作的水平，为确保地区的和平、稳定及繁荣，在深化已有的日本与湄公河合作的同时，进一步扩大合作”。主要合作内容如下：1. 朝鲜弃核与绑架问题。2. 关于大规模杀伤性武器及运载手段的裁军及防扩散问题。3. 联合国改革，增加常任理事国和非常任理事国的席位，支持日本“入常”。4. “认识到作为国际公共财产的海洋的重要性”，重申支持2002年的《南海各方行为宣言》（DOC），欢迎通过DOC行动指针，“希望最终签署南海行为准则（COC）”。双方重申，“包括1982年通过的《联合国海洋法公约》在内，对普遍认同的国际法原则拥有共识”。5. 双方决定用2013—2015年的“日本与湄公河”三年合作项目，替代《日本与湄公河行动计划63》，作为双方新合作项目的“支柱”，为2015年建成东盟共同体作出贡献。[②] 值得注意的是，上述最后一项合作内容，取消了2009年11月7日鸠山政府在第一届日本与湄公河地区国家首脑峰会上提出的包括63个援助项目的《日本与湄公河行动计划63》。日本在经济合作领域改为采取促进日本企业进入缅甸市场的具体措施——关于缅甸的互联互通和经济特区进行“综合开发

---

① 日本外務省：「第3回日本・メコン地域諸国首脳会議共同声明」（平成23年11月18日）、http：//www. mofa. go. jp/mofaj/area/j_ mekong_ k/s_ kaigi03/index. html。

② 日本外務省：「第3回日本・メコン地域諸国首脳会議共同声明」（平成23年11月18日）。

调查”。[1] 上述共同宣言刻意凸显双方在政治、安全保障上取得进展，表明野田政府进一步引导并利用湄公河五国激化南海主权争议，鼓噪制定“有效牵制中国的南海行为准则”，分散日本在东海推进“圈海”计划的压力。种种动向显示，野田政府推出新政策和新计划进一步加强了对湄公河五国的全面合作关系。

时隔5个月，第四届日本与湄公河地区各国首脑会议于2012年4月21日在东京举行。日本首相野田佳彦、柬埔寨首相洪森、老挝总理通辛·坦马冯、缅甸总统吴登盛、泰国总理英拉、越南总理阮晋勇出席了会议。会议通过了2012—2015年日本与湄公河合作的新文件《日本与湄公河合作东京战略2012》，以此取代2009年发布的《东京宣言》。[2]

野田首相在第四届日本与湄公河地区各国首脑会议上发表了日本对湄公河五国的新政策，有关缅甸的政策更加具体。为了推动2015年东盟建成共同体，完成日本与湄公河地区国家的共同课题“创造有力抵御自然灾害的社会”，野田首相提出三项建议：其一，支援“加强湄公河国家之间的互联互通”；其二，促进美国与地区经济增长的投资贸易“共同发展”；其三，采取应对自然灾害、母子保健的对策，“确保人员安全保障及环境的可持续性”。上述三项建议是野田政府对湄公河地区各国政策的三个支柱。野田总共向与会首脑提出了57个基础设施项目，项目总金额约2.3万亿日元。从2013年起，日本将活用为期3年的日元贷款、无偿合作资金及技术合作，实施总计6000亿日元的援助。按照联合国提出的“新千年发展目标”，减少婴幼儿和艾滋病患者死亡率，提出湄公河地区各国的目标。日本将与其他“开发伙

---

① 日本外務省：「第3回日本・メコン地域諸国首脳会議（概要）」（平成23年11月18日）、http://www.mofa.go.jp/mofaj/area/j_mekong_k/s_kaigi03/index.html。

② 日本外務省：「第4回日本・メコン地域諸国首脳会議（評価と概要）」（平成24年4月21日）、http://www.mofa.go.jp/mofaj/area/j_mekong_k/s_kaigi04/gaiyo.html。

伴”就共同实施援助方面达成一致。最后，与会各国首脑一致同意，将指示日本与湄公河合作部长会议制订新的行动计划。此外，会议还讨论了朝鲜半岛、裁军、防扩散、联合国安理会改革和海洋等问题。[①] 共同声明的上述内容表明，日本与湄公河五国的关系进一步深化，重新筛选出 57 个互联互通基础设施的建设项目并确定了项目经费。日本政府将在这些项目中提供包括三年期限的日元贷款、无偿合作资金及技术合作援助。湄公河地区五国是日本企业“向全球进军”的战略要地之一，野田政府努力“从中长期的视野奠定合作基础”。此前，缅甸仅仅被视为提高互联互通的“缺失环节”。野田政府意欲在促进缅甸民主化及各领域改革的同时，使缅甸正式加入湄公河地区，提高互联互通与地区经济发展的进程。野田首相明确表示：“为湄公河地区的发展做贡献的主要基础设施项目及项目费总额同样显示，湄公河地区对日本企业而言有许多商业机会。”日本向湄公河五国，特别是缅甸输出基础设施建设，进行综合经济开发，支持日本企业深度参与的规模和力度前所未有。与此同时，为了使日本在湄公河地区的深度开发具有国际公益性，野田政府还把日本的经济利益与联合国的“新千年发展目标”联系在一起。与经济目的相比，提供“母子保健对策”等微投入，对于提高日本企业的公益形象大有裨益。必须指出的是，野田政府对湄公河各国的政策，带有日美共同开发的浓重色彩。野田提出的三项建议之一，是促进美国与地区经济增长的投资贸易共同发展。究其原因，除了打消美国对日本向湄公河地区大举进军的疑虑之外，拉上美国开发湄公河区域，特别是缅甸，不仅符合美国的利益，而且能够借美国的影响力为日本助威造势，有利于压缩中国的“存在空间”。如前所

---

① 日本外務省:「第 4 回日本・メコン地域諸国首脳会議（評価と概要）」（平成 24 年 4 月 21 日）。

述，在2010年召开的第二届日本与湄公河地区首脑会议上，菅直人政府将“日本与湄公河地区”合作框架，从经济合作领域成功转型为包括政治安全合作在内的全面合作，此后，日本政府在峰会上不断塞入新的政治安全议题。在第四届峰会上，日本继续引导各国首脑讨论朝鲜半岛、裁军、防扩散、联合国安理会改革和海洋问题。2009年11月—2012年4月，仅仅2年零5个月的时间，日本主导建立的“日+5”合作框架，在东盟十国集团中，俨然成为全面合作、频繁互动、插手东北亚、东盟共同体建设及南海争议的“半壁江山”。

关于第四届峰会日本媒体报道说，《日本与湄公河地区合作东京战略2012》写入了为加强湄公河五国的互联互通，日本将在今后3年内提供约6000亿日元的政府开发援助，建设跨国公路干线等基础设施，促进这一地区的经济发展。共同声明不但谴责朝鲜发射远程弹道导弹、导弹，进行核试验，而且涉及中国与越南等存在主权争议的“南中国海问题”，“要求缔结中国持消极态度的行为准则”。[①] 不言而喻，这是日本支持菲律宾等声索国在东盟系列外长会议上向中国发难，在“东盟内部自乱阵脚”不能一致对抗中国的情况下，采取的又一个新伎俩——用越南与中国之间的主权争议，“绑架”与此无关的其他四国。柬、老、缅、泰四国是中国的传统友好邻邦，与南海岛礁主权争议并无关系，这些国家也不希望被菲、越“绑架”，因而在东盟集团内是支持东盟与中国加强合作关系的“稳定力量”。日本企图以经济援助为诱饵，以日越关系为轴心，通过日本与湄公河合作框架裹挟四国，促进其他东盟国家支持日本的对华政策，扩大日本插手南海争议的政治外交影响力。日本这样做的用心十分险恶，一方面通

① 「首相、3年でODA6000億円表明、日メコン首脳会議」、『産経新聞』2012年4月21日。

过搅局南海支持声索国与中国对抗，裹挟非声索国营造中国在南海问题上陷入困境的政治氛围，削弱中国的地缘政治优势；另一方面制造南海紧张局势，迫使中国同时应对南海和东海的岛屿争议进行牵制为实现“国有化”中国钓鱼岛的既定计划创造条件。加之，日本配合美国搅局南海，还能增加要求美国支持日本侵占中国岛屿及海洋权益的筹码。

上述民主党三届内阁对湄公河地区各国的政策及其外交活动，从经济合作起步，然后转型为经济、政治与安全并举，紧跟美国战略东移的步伐，获取经济、安全及地缘政治等多方面的利益，特别是将削弱中国的地缘政治优势，支持声索国并裹挟其他弱小国家，为中国制造“南海困境”作为主要目的之一。日本民主党政府实施的应对湄公河地区的政策，具有一举多得的特点，在日本对东南亚的政策中占据非常重要的地位。然而，至今世人对此似乎并没有充分认识到，鸠山首相高歌“构建东亚共同体”的余韵依然萦回在许多人的脑海中。

第三节　缅甸经济开发与大国博弈

近年来，湄公河地区的经济开发热度骤增，已经发展为一场多国之间的“开发博弈”。美、日、韩等国展开了一场针对中国的“开发争夺战”。亚洲开发银行最早在湄公河地区进行经济开发，从 1992 年实行大湄公河次区域开发计划，在过去的 20 年中已经吸引了近 140 亿美元的投资。随着这一开发计划的实施，过去由于战争四分五裂的湄公河地区，兴建了交通、能源、电信、环境、农业和旅游等设施，共计 220 个建设项目分布在各个领域。美国媒体 2012 年 1 月末发表了一则消息：“中国政府很重视大湄公河次区域开发计划。这是中央政府加强在该地区多边接触的另一个途径。中国将主办今年的大湄公河次区域部长级会议。”[①] 实际上，重视湄公河地区的绝非只有中国，在这个地区还有其他投入巨额资金的国际性开发计划。例如，日本政府在“日本与湄公河伙伴关系计划”中承诺，2009—2012 年投资约 65 亿美元，对湄公河地区进行开发援助，以加强该地区从东到西的贸易和基础设施建设。又如，美国政府的湄公河下游流域计划——美国每年提供 2.2 亿美元以上的援助，进行环境、卫生、教育和基础设施领域的开发建设。此外，还有“韩国与湄公河开发合作计划”，2011 年 10 月韩国制订了一个恢复湄公河地区铁路交通的开发蓝图。日、美、韩等国在湄公河地区的开发竞争，凸显“湄公河流域的 6 个国家正被拖入一场开发争夺战”的趋势，人们担忧会由此产生不可避免的利益冲突。日本非政府组织“湄公河观察”的资深顾问土井寿行认为，这些新计划不仅仅是为了挑战亚洲开发银行对大湄公河次区域开发计划的垄断，还具有地缘政治影响，“因为这些计划都把中国排除在外”。日本从 2007 年开始，按照外务省的计划在湄公河地区投入越来越多的精力参与开发，但他们却把重点放在中国身上，就是要把中国排除在外。这是因为“外务省对中国在这一地区发挥越来越大的作用感到紧张和不安。他们必须谋划点事情参与进去，以遏制中国越来越大的影响力”。这种状况也引起当地人士的担忧，曼谷法政大学后勤研究中心主任露丝·班蒙荣表示：“来自各国的开发计划有交错重叠之虞，我们正在目睹一场高压攻势。”露丝还强调，在这些制衡中国的努力中，湄公河地区国家的利益应当被放在首位。[②] 中国长期奉行睦邻友好、合作共赢的外交政策，近年尤其按照亲、

① 遏制中国的举动搅动湄公河地区局势，美国国际新闻社曼谷 2012 年 1 月 31 日电，新华网 2012 年 4 月 24 日。

② 遏制中国的举动搅动湄公河地区局势，美国国际新闻社曼谷 2012 年 1 月 31 日电，新华网 2012 年 4 月 24 日。

情、惠、融的周边外交政策支援湄公河地区的经济开发，在大量提供人力物力特别是金融援助，惠及当地各国的同时，也自然而然地形成了参与合作的优势。但这一惠及合作双方乃至对整个地区的和平稳定都作出了巨大贡献的经济合作，恰恰引起美日等国的“紧张不安”。美日等国出于冷战思维“遏制中国越来越大的影响力”，与此同时，积极推动本国的企业参与湄公河地区的经济开发获取经济利益。这些国家的首要目标是遏制和排斥中国在湄公河地区经济开放中的作用，而不是当地国家的利益。这就是民主党政府上台后，大力提升“日本与湄公河合作关系”的主要原因之一。

2011 年以来，在这场愈演愈烈的“开发争夺战”中出现了一个新动向，蕴藏巨大商机的缅甸成为各方竞相争夺的主要对象。具有风向标意义的动向是，时任美国国务卿希拉里·克林顿在 2011 年 11 月 30 日—12 月 2 日对缅甸进行了“破冰”访问，邀请缅甸参加开发计划。野田政府在 2011 年 11 月 18 日召开的第三届日本与湄公河地区首脑会议上宣布，日本使用“日本东盟统一基金”（JAIF），在缅甸开展互联互通基础设施及经济开发区等综合调查，在“支援缅甸民主化”的同时，支持日本企业挺近缅甸市场。美日两国对湄公河地区的经济开发，不是单纯的经济行为，具有削弱中国的地缘政治优势，促进缅甸“民主化”的政治意义。

日本大企业集团率先出击。2011 年 9 月，日本经团联向缅甸派出了一个考察团，调查缅甸经济开发的市场潜力。11 月 9 日，经团联设立了加强日缅双边关系的“缅甸部会”，以支援伺机进入缅甸的企业。[①] 日本经济界的上述准备工作，促使日本政府同步推进对缅外交、经济及安全政策。以日本经团联为代表的大企

---

① 「玄葉外相：日本企業の投資促進…ミャンマー側と交渉へ」、『毎日新聞』2011 年 12 月 25 日。

业对缅甸进行有组织的经济考察，比大批美国公司高管“顺访”缅甸整整早了11个月。在时任美国国务卿希拉里访问缅甸的一个月后，2011年12月19日，日美两国外长在华盛顿举行会议，希拉里与野田内阁外相玄叶光一郎在会后表示，两国将在缅甸问题上联手合作。一周后，玄叶外相出访缅甸，12月25日，日本与缅甸关于启动缔结促进日本企业对缅投资的“投资协定”谈判达成了一致意见。美日政要接踵访缅，美国首先从政治与安全角度推动缅甸民主化进程，经济界人士随后入缅；日本捷足先登大举入缅，“以经促政”，积极配合美国推行对缅政策。2012年4月17日，美国财政部宣布，部分放松对缅制裁，解除了对缅甸非营利活动的金融限制。4月21日，日本首相野田佳彦与缅甸总统吴登盛在东京举行了会谈。这般日程安排颇具匠心，因为日本没有必要炫耀其在缅甸的“经济存在”，日本用亦步亦趋紧跟美国的低姿态，避忌“越顶”之嫌。尽管这两个盟友之间不乏“越顶外交”。7月11日，美国任命德里克·米切尔为新任驻缅大使，宣布进一步缓和对缅制裁，允许美国公司去缅甸投资。当月，缅甸外长在华盛顿与希拉里国务卿进行会谈，美国的70多家公司高管“顺访”缅甸。10月，奥巴马总统签署法令，解除对缅金融限制，美国副国务卿、财政部副部长先后访问缅甸。经过一系列的铺垫，2012年11月19日，前往金边出席东亚峰会的奥巴马总统，首次“对长期被孤立的缅甸进行里程碑式的访问”。奥巴马分别会见了缅甸总统吴登盛和反对派的领导人昂山素季。奥巴马总统表示，如果缅甸继续向民主迈进，美国与缅甸的关系将更加紧密。[①] 美缅两国就缅甸的民主化改革达成了一致意见。[②]

---

① 美联社仰光2011年11月19日电。

② 「オバマ大統領：ミャンマー民主化改革の進展で合意」、『毎日新聞』2012年11月19日。

此前，美国官员已经释放出积极信息——奥巴马考虑恢复对缅援助，援助缅方的金额为1.7亿美元。[①] 11月19日，野田首相与缅甸总统吴登盛在金边举行会谈。野田首相表示，日本朝野将全力支持吴登盛总统领导下的民主化改革，具体内容包括：第一，日本根据在2012年4月举行的日缅首脑会谈中达成的协议，积极支持缅甸开发经济特区（SEZ）、培养产业人才、健全法律制度、开发少数民族地区。第二，为了支援缅甸改革，日本正在研究从2013年1月实施解除逾期债务的措施，然后，为尽早实施火力发电站的紧急翻修、开发贫困地区和经济特区（SEZ）项目提供约500亿日元的新贷款援助。第三，为全面解决缅甸的逾期债务，希望与缅甸、世界银行、亚洲开发银行（ADB）、国际货币基金组织（IMF）、巴黎俱乐部密切联系。第四，日本也在积极研究提供无偿资金援助和技术合作。第五，为了进一步促进日方投资，希望缅方在迅速健全体制同时，尽快缔结日缅投资协定。此外，野田还谈到加强人才交流的问题，预定当月邀请缅甸最高法院的院长赴日访问；日本设计师吉野纯子将为参加2013年东南亚运动会（SEA Games）的缅甸代表队设计队服；日本有意在日本训练缅甸的柔道教练，并且提供榻榻米和柔道运动的服装；野田还向吴登盛赠送了柔道运动服。[②] 不用说，这次日缅首脑会谈同样包括"地区形势"和中日关系等政治议题。据日本外务省发布，野田在谈到地区形势时表示，缅甸2014年将担任东盟会议的轮值主席国，日本愿意就地区和国际社会的各种课题"加深对话"。吴登盛总统表示，愿意面向2014年加深对日合作。野田首相关于中日关系强调说，日中关系是日本最重要的双边关系之

---

① 美联社仰光2011年11月19日电。

② 日本外務省：「日・ミャンマー首脳会談（概要）」（平成24年11月19日）、http://www.mofa.go.jp/mofaj/kaidan/s_noda/asean_12/myanmar.html。

一，目前处于非常困难的状态，“日本从一开始就采取了冷静应对的姿态，作为亚太地区负责任的国家为地区的和平与繁荣做贡献。”吴登盛表示，缅甸的进一步发展不能缺少日本的援助和投资，将努力健全投资环境，强化国内必要的体制。[①]上述政府文件表明，日本不但在支援缅甸民主化改革的前提下，积极促进日本企业进入缅甸市场，而且还以经济援助为诱饵，拉拢缅甸并离间中缅关系，编造野田政府非常重视、“冷静应对”中日关系的谎言，暗示中方挑起事端激化矛盾，将日方非法“购岛”侵犯中国领土主权严重损害中日关系的责任推给中方。这一事实再次证明日本在双边和多边外交中针对中国“小动作”不断——因为日本领导人不会因为对方是否作出相应的表态改变中伤邻国、美化自己的一贯做法。

美日等国表面上将缅甸作为亚洲国家实现“民主化”的新样板，背地里则注重把缅甸作为扩大其在亚太地区的政治军事存在的一枚棋子。由于缅甸在南亚和东南亚的特殊地理位置，下好“缅甸棋子”可以在一定程度上遏制中国的地区影响力。美国希望缅甸能够配合美国的“亚太再平衡”战略，奥巴马访缅既是对缅甸政府的鼓励、拉拢也是施压，还有另一个不可忽视的重要因素是“华盛顿正在努力实现全球经济的再平衡”。希拉里在出席金边召开的东亚峰会前，在新加坡发表的演讲也印证了这一点。希拉里说：“外贸的全球领导地位，有赖于外贸的经济实力”，“就业外交”将支持美国的出口，开拓新市场，并且帮助美国企业在海外参与竞争。在希拉里讲演后不久，奥巴马总统便提出了实现5年间让美国的出口增加一倍的目标，[②]著者终于看到，美国“重返亚太”的“另一只靴子”落地了。这是来自美国内部

① 日本外務省:「日・ミャンマー首脳会談（概要）」(平成24年11月19日)。
② 法新社新加坡2012年11月17日电。

的动力使然。无论以政促经，还是以经促政，美国不但要尽可能更多地分割缅甸经济开发市场这块“蛋糕”，搭乘上亚洲“最后一班高速经济增长的快车”，而且还要求缅甸政府在政治上实现所谓的民主化，似乎完全忘记了美国此前推行的“中东民主化进程”留给当地的是一片狼藉。

日本拉拢缅甸削弱中国地缘政治优势的欲望更加强烈。日本支援“缅甸民主化”的实质，是对缅甸政府与“以昂山素季为代表的民主派”两面下注。昂山素季时隔 24 年首次获准出国访问，出席在泰国曼谷举行的世界经济论坛东亚会议。日本主流媒体对此发出呼吁：“国际社会应该抓住这个机会，与昂山素季合作，同时推动缅甸民主化。”[①] 日本在向缅甸政府与在野政治力量一同下注的同时，还注意到影响缅甸国内稳定的少数民族问题。鉴于少数民族与中央政府长期处于对立状态，日本决定将对缅甸全国的 14 个地方政府分别提供 10 亿日元的贷款，用于修整道路、桥梁和自来水管道等民生基础设施。试图通过开发少数民族地区，改善少数民族的生活环境，稳定缅甸的国内局势。[②] 当然，这也是为日本企业在缅甸的发展创造必须环境的必要之举，日本的独特之处在于，把本国的经济活动与当下时兴的对改善日本国际形象有利的非经济议题巧妙地联系在一起。

与美国相比，日本对缅政策的经济驱动力更为强劲。缅甸的国土面积约为日本的 1.8 倍，人口约 5000 万，在东盟十国中占第二位，仅次于印尼。缅甸的天然气和红宝石等矿产资源丰富。日本将缅甸称为“东南亚最后的大有希望的市场”，席卷亚洲地区的经济开发浪潮尚未抵达的“经济边地”。缅甸原本也是地区大国，20 世纪 60 年代，缅甸的人均 GDP 甚至超过了日本，就连

---

① 「社説：スーチー外交、国際社会で後押しを」『毎日新聞』2012 年 6 月 2 日。

② 《日本经济新闻》2012 年 11 月 18 日。

新加坡的街道建设都以当时缅甸的首都郎昆为样板建成的。但是，泰国经济迅速发展后来居上，成为地区的经济中心。出于“缅甸自尊”的改革动力，在具备了恢复自尊的条件下喷发出来，缅甸由此进入了“竞争改革”的时代。缅甸军政府把政权移交给民选政府后，东南亚国家和欧洲国家的资本逐渐进入缅甸。2010年外国对缅甸的直接投资额约为199亿美元，比2009年猛增了66倍。在最大的城市仰光，飞机航线满员，必须提前数月才能预定到住宿酒店。市内则掀起高楼建设的热潮。日本政府反省说，与中国、韩国及美国、新加坡、泰国、越南等国的企业对商机作出的反应相比，日本已经足足“落后了一年”。但日本决心奋起直追，2012年内，罗森将在缅甸开设连锁店，全日空直飞仰光的航线准备就绪。缅甸总统吴登盛访日后，日本政府决定恢复日元贷款，为日本企业入缅提供了绝好的条件。日本企业能够提供的基础设施、农业和制造业的技术，都是缅甸所需要的，对日方来说，缅甸有高质量的劳动力市场，劳动力成本仅为中国的1/10，是越南和泰国的1/6。这是缅甸独具的巨大吸引力。①

在部分日本媒体的报道中，屡现“缅甸亲日”的字样。因为日本过去曾向缅甸提供过日元贷款。日元贷款是日本从1958年开始对亚洲主要发展中国家实行的政府开发援助（ODA）的一种融资制度。为了支援这些国家的基础建设，以低息、长期的宽松条件借贷开发资金，也称有偿资金合作。日本对缅甸持续提供日元贷款始于1968年，但在军事政变发生后的1987年冻结了新贷款项目。1988年缅甸军政府上台执政后，仅有部分日本企业与缅甸维持着稍许关系。在此期间，中国和韩国却与缅甸扩大了经济互利合作。近20年来，中国对缅投资约170亿美元，是日本对

---

① 「ミャンマーが呼んでいる、日本企業進出へ熱視線、『謎の国』有望市場に」、『毎日新聞』東京夕刊2012年5月10日。

缅投资的 80 倍。[①] 日本对中国开发缅甸资源和建设工业园区的活动颇为焦虑。1988—2011 年，外国对缅甸的直接投资累计排行如下：中国 139.5 亿美元，泰国 95.7 亿美元，中国香港 63.1 亿美元，韩国 29.4 亿美元，英国 26.6 亿美元，新加坡 18 亿美元，马来西亚 9.8 亿美元，日本 2.1 亿美元，其他国家 20 亿美元。[②] 日本决意奋起直追，把解决缅甸的过期未还债务问题作为当务之急，突破对缅投资的“瓶颈”，为日本企业大举进军缅甸铺路。2012 年 4 月 21 日，缅甸总统吴登盛时隔 28 年前往日本出席在东京举行的“日本与湄公河地区各国首脑会议”并顺访日本。野田首相在与吴登盛总统的会谈中表示，日本将解冻对缅日元贷款并放弃大部分债权。这不仅意味着自 1987 年缅甸军事政变后，被日本冻结的日元贷款有望恢复，而且缅甸尚未偿还给日本的大约 5000 亿日元的债务问题，也将得到妥善解决。日本《产经新闻》这样解读其中的深层含义：时隔 25 年，日本先于主要欧美国家决定恢复日元贷款提供有偿资金合作，一是为了“促进缅甸的民主化”，从经济上支援预定当月实施的缅甸联邦的议会补差选举；二是通过加强双边关系，促进日本企业拓展缅甸市场；三是深化日缅关系“也有牵制中国的意图”。[③] 这家政治嗅觉敏锐、主观臆断不鲜的媒体，偶发精辟之言。

日本企业纷纷抱团入缅。据日本贸易振兴机构统计，2012 年 3 月末，日本只有 53 家企业进入缅甸市场，到年末将会增加一倍。这些企业既看好缅甸的天然气等资源，也对缅甸制衣业的增长前景十分乐观。此外，分散公司事业集中在一个国家的风险，

---

① 「2012：ミャンマーの延滞債務解消、日本企業進出加速へ」、『毎日新聞』東京朝刊 2012 年 10 月 12 日。

② 「2012：ASEAN、ミャンマー制裁解除要請、未開市場へ投資熱、資金調達、呼び水に期待」、『毎日新聞』東京朝刊 2012 年 4 月 5 日。

③ 「25 年ぶり円借款再開、民主化支援で投資促進、日ミャンマー首脳会談」、『産経新聞』2012 年 4 月 21 日。

特别是"中国风险"也很重要。于是，用"中国+1"方式增加投资国的方法倍受青睐。但是，摆在日企面前的难题是，缅甸的电力供应严重不足，而且还有与中韩等国进行激烈竞争的成本问题。据泰国官方人士透露，东京证券交易所的项目负责人，在卡拉OK大唱缅甸歌曲，凭借歌唱实力"形成了人脉"，获得缅方协助日本开设证券交易所的备忘录"击退了韩国势力"。不过，这类靠低成本竞争取胜的实例并不多见。例如，在日本掌握主导权的仰光近郊的一个经济特区的开发过程中，出现了"中韩抢先购买工业用地"的情况。从以上这些信息碎片，可以管窥各国"开发竞争"的激烈程度。但是，中韩企业未必能够抵御日本企业"抱团"挺近的强劲势头。在电信领域，日本NTT数据公司开发了面向在缅日本企业的系统；全日空时隔12年重开日缅定期航线；三井住友银行2012年8月开设缅甸分行，大力支援日企投资；商船三井物流则与缅甸当地企业联手，为日资企业等提供物流支持。清水建设、丸红、NEC、伊藤忠丸红钢铁、日本ATM等日本各大公司也纷纷在缅甸开设分支机构，在金融、物流、基础建设、数字电视广播设备等多个领域开拓缅甸市场。有些日本中小企业的动作更快，4月间已经开始在缅甸生产妇女服装了。日资企业在缅甸抱团扎堆"协同作战"，无论从规模、配套还是在投资的方向及质量上，都具有强大的竞争力。

日本政府为了突破日本对缅投资的"瓶颈"可谓煞费苦心。在2012年10月11日召开的国际货币基金组织和世界银行的年会上，日本财务相城岛光力与世界银行、亚洲开发银行一起，向与会各国表明了对缅甸过期未偿债务的援助政策。日本政府主张，过期债务问题阻碍了"国际社会的对缅援助"及民间企业进入缅甸市场。缅甸近年经济增长速度保持在6%左右，实施民主化后对欧美及日本开放市场，各国政府进行援助将为企业入缅创造条件。但是，如果停滞在外债未还的状态下就很难进行援助。因此，日本准备从2013年1月按照以下步骤，一笔勾销缅甸的过期债务：第一，缅甸政府接受日本银行和国际协力银行为期一天的贷款；第二，缅甸政府用这笔贷款履行偿还日本政府、世界银行、亚洲开发银行的借款的手续；第三，接受缅甸政府还债后的上述银行，立即向缅甸政府发放新贷款，实现缅甸债权“正常化”；第四，缅甸政府用新贷款立即偿还日本银行和国际协力银行为期一天的贷款；第五，亚洲开发银行开始对缅甸提供新的援助项目，日本政府在2013年上半年重新开始援助缅甸。对于“另一只靴子落地”的美国而言，改善美缅双边关系显得尤为重要。美国主导下的世界银行同样有意支援缅甸。美方的企图是，在美国与中国在东南亚的影响力“拔河赛”中，日美步调一致将更加有利。[①] 所以，日本精心设计的上述五步安排得以顺利落实。日本媒体对野田政府恢复对缅日元贷款评价很高，认为此举有助于日本与今后可能实现经济高速增长的缅甸加强经济关系，促进日企到缅甸发展。无需赘言，日本提供贷款的目的并不局限于此。如果将受缅甸军政府的影响而停滞的公路干线、东西经济走廊和南北经济走廊加以完善，缅甸就能够奠定其作为连接中国、印度和东南亚的物流要地的地位。[②] 不仅如此，“缅甸地处印度与中国之间，在地缘政治学上颇为重要，日美将携手加强对缅关系”。野田政府采取的上述措施，“意在支持日企入缅，同时牵制对缅加强影响力的中国”——不仅《产经新闻》，日本经济界的喉舌《日本经济新闻》也是这样想的。[③] 日本民主党政府在日缅

---

① 「2012：ミャンマーの延滞債務解消、日本企業進出加速へ」、『毎日新聞』東京朝刊2012年10月12日。

② 「日本政府：ミャンマーに500億円規模の円借款実施へ」、『毎日新聞』2012年11月18日。

③《日本经济新闻》2012年11月18日。

双边关系上处处敌视和排斥中国，不但不能与邻为善、以邻为伴，反而“以邻为壑”，完全无视日本政府一再宣示的“全面推进中日战略互惠关系”的国际公约。

第九章　日本介入南海争端“掣肘”中国

第一节　搅局东盟地区论坛系列外长会议（2011 年）

日本插手南海争议，主要表现在与美国联手利用东盟地区论坛（ARF）系列外长会议、东亚峰会等多边外交场合，支持中国南海岛礁主权的声索国，推动所谓的南海问题“国际化”，达到迫使中国改变与当事国进行双边谈判解决主权争议的原则立场，将中国推入多边交涉的陷阱，达到日本在中日东海争端中渔利，在南海扩大政治军事存在的目的。日本插手南海主权争议，暴露日本在亚太地区的政治安全领域中逐步确立“准霸主”地位的战略野心。

日本从 2010 年开始正式插手南海主权争议。其背景是日本国会及内阁兼海洋本部同年 2—7 月先后通过落实《海洋基本法》的一系列下位法及政府文件，确定了推进海洋战略的路线图以及将中日争议领土“国有化”的实行计划。另一方面，日本企图积极配合美国推行亚太“再平衡”战略，利用声索国及东盟集团，在东海和南海形成共同牵制中国的态势。日本为了在政治安全领域“重返”东南亚，竭力在“南海问题”上为中国制造麻烦，支持声索国向中国挑事，在双边特别是多边外交场合攻击中国。

与此同时，日本在东海挑起事端，海上保安厅巡逻艇在中国钓鱼岛海域制造了非法抓扣中国渔船和船长的“9·7”事件，企图“按照国内法处理”，为行使日本的“海洋管辖权”留下“执法”证据。日本防卫省2010年出版的《防卫白皮书》也掀起渲染新一轮“中国军事威胁”的的舆论战，[①] 菅直人政府以中国为假想敌修订防卫计划大纲，“构筑动态防卫力量”。一言以蔽之，日本以中国的“海洋活动”为主攻目标，东海、南海、修订军事政策三管齐下，全面出击。

为了在东盟地区论坛系列外长会议上“搅局”南海局势，日本积极游说东南亚国家。越南担任2010年东盟系列外长会议的轮值主席国，因此是日本工作的重点对象。菅直人执政后，日越之间频繁互动，在加强日越首脑互访、外长会谈等交流机制的基础上，全面提升了日越双边政治和安全合作的水平。在2010年东盟地区论坛系列外长会议期间，日本政府积极配合美国在“南海问题”上兴风作浪，支持越南鼓动其他东盟国家向中国发难。日本媒体积极助攻，盛赞越南“牵制日益强大的中国，取得了外交上的胜利”。[②] 美国国务卿希拉里发表支持有关各国通过外交途径“合作解决”南海主权问题讲话的第二天，日本立即向越南表明了“高度关注”南海主权争议的立场。7月24日，菅直人内阁的外相冈田克也访问了越南，与越南副总理兼外长范家谦举行会谈。冈田“对范家谦作为轮值主席指挥东盟系列外长会晤表示肯定和敬意”，双方决定，在两国国防部与外交部之间建立副部级的“2+2”磋商框架——“日越战略伙伴关系对话”，在防务和外交领域“加强联合行动”。[③] 冈田外相明确提出：“日本对南

---

① 日本防衛省:『日本の防衛』(平成22年版防衛白書)、第49~89頁。

② 美中之间的新火种,《产经新闻》2010年7月25日。

③ 日本外務省: 「日越外相会談（結果概要）」 (平成22年7月24日)、http://www.mofa.go.jp/mofaj/kaidan/g_okada/asean_1007/vietnam_gk.html

海问题不能毫不关心”，“希望日越两国关于南沙群岛问题密切交换信息”。[①]

一年后，日本加大了在南海主权争议问题上搅局的力度。2011年的东盟地区论坛系列外长会议，定于7月下旬在印尼巴厘岛举行。日本在巴厘岛系列会议之前的布局堪称周密而全面。首先，日本政府提前一个月加强外交活动，营造不利于中国的舆论氛围。6月上旬，菅直人首相与越南共产党常务书记张晋创会谈。6月中旬，菅直人首相又与印尼总统苏西洛举行了会谈。菅直人在这两次首脑会谈中，强调“海洋安全”的重要性。日本外务省官员对此评论说，如果在南海局势日益紧张的情况下，“国际社会不加强监视，中国无疑会压倒周边各国，掌控整个南海海域。这还可能对尖阁诸岛的所在地东海产生影响”。[②] 7月6日，日美两国政府高官召开会议，决定两国在东盟地区论坛系列外长会议期间密切配合。《读卖新闻》就此分析说，东盟内部在南海问题上态度不一。与中国存在主权争端的东盟国家主张采取强硬措施，越南和菲律宾坚决主张将《南海各方行为宣言》升级为《南海各方行为准则》，但其他国家出于经济利益考虑保持沉默。东盟会议原则上坚持“全体一致”的方针，如果内部出现意见分歧，恐怕将来只能顺从中国的意愿“通过双边磋商解决”南海问题。在现阶段，东盟国家能够“全体一致”通过的大方针是，促使美国干预并坚持在多边框架下解决南海问题。[③] 7月8日，松本刚明外相召开记者会，针对南海局势表态称：“海洋发挥连接世界经济的重要作用。航行自由是国际社会的关注焦点”，希望通过多边磋商来解决问题。日本外务省人士坦言，日本将把7月下

---

① “日越计划举行战略对话，密切关注南海问题”，共同社东京2010年7月24日电。

② 共同社东京2011年7月9日电。

③ 中国在南海问题是对东盟国家实施“分而治之”策略，《读卖新闻》2011年7月7日。

甸召开的东盟地区论坛系列外长会议作为“前哨战”,[①] 松本外相出席会议的主要目的是“在东盟系列会议中，强调海洋航行自由的重要性，对中国进出南海进行牵制。”[②]

“山雨欲来风满楼”，日本政府为了在巴厘岛打赢“前哨战”，大张旗鼓介入“南海问题”进行了一系列的铺垫：

（一）在东盟地区论坛系列外长会议召开两周前，7 月 9 日，日本海上自卫队的一艘护卫舰与美国和澳大利亚的两艘海军舰艇，在文莱近海举行了联合军事演习。日美澳自 2007 年共举行过三次联合军演，演习地点都在日本附近海域。《每日新闻》解读说：“日美澳三国从 2007 年开始就在日本近海举行训练，在南海还是第一次，有牵制中国强硬应对南海领有权问题的用意。”日美澳举行军事演习的消息是日本防卫省于 7 月 8 日公布的，日本海上自卫队方面表示：“‘岛风’号护卫舰前去参加在文莱举行的国际阅舰式，7 日，决定与美国海军的驱逐舰和澳大利亚海军的巡逻艇一起举行联合训练。一个月以前，日美两国修订日美同盟的‘共同战略目标’，明确写入了‘维护航行自由的原则’，加强日美澳三国之间的防务合作。”[③] 就这样，日本通过与美澳联合军演，敲响了日美联手介入南海争议的开场锣鼓。

（二）日本军方炒作“拦截中国军机”。7 月 7 日，日本防卫省联合参谋部称，7 月 4 日有 2 架中国军机一度接近距离钓鱼岛领空仅 60 公里处，并未进入“日本领空”。日本航空自卫队从那霸基地紧急出动 F－15 战机进行了拦截。中国国防部新闻办公室的官员就此回应说，中国军机在本国管辖海域上空飞行，完全符合国际法有关准则。他同时强调，中国对钓鱼岛及其附属岛屿拥

---

① 共同社东京 2011 年 7 月 9 日电。

② 「ASEAN：松本外相がバリ到着　南シナ海で中国けん制へ」、『毎日新聞』2011 年 7 月 20 日。

③ 「日米豪共同訓練、9 日南シナ海で中国けん制狙い」、『毎日新聞』2011 年 7 月 8 日。

有无可争辩的主权，而日本自卫队飞机近年针对中国的侦巡力度不断加大，日方军用舰机对中方正常海空行动长时间、距离跟踪监视，极易导致双方误解、误判。[①] 日本军方炒作的意图之一是，为了日本在东盟地区论坛系列外长会议上制造“中国军事威胁”增加素材。

（三）为了在巴厘岛东盟系列外长会议前抹黑中国，日本政府官员竟然在 6 月 23 日散布谣言，蛊惑视听。中国政府阐明的事实真相是：一艘中国科学考察船途径日本专属经济区，驶往公海海域从事海洋环境调查活动。在经过日本专属经济区时，中方船只没有进行任何海洋科考活动。但日本官员却罔顾事实，发表“中方一艘科考船只未经许可，在日本专属经济区内进行海洋调查活动”的言论。[②] 日方此举除了为日本搅局南海造势之外，还包含为日本污蔑中国的海洋活动“成为地区和国际社会的担忧事项”作注解的险恶用心。

（四）为了扩大日本在海洋安全议题上的发言权，日本政府还在对华外交活动中“表明日本担忧南海形势”，并将这一表态通过媒体放大宣传，制造日本维护“海洋航行安全”的假象。日本媒体报道称“日本外相松本刚明日前访问了中国，对当前的南海形势表示担忧”。但却只字不提中国外交部长杨洁篪的表态。杨洁篪外长在中日外长会上重申了中方在南海问题上的原则立场，强调“中国和日本的周边海域以及亚洲周边海域的航道始终是畅通的，航行自由是有保障的。日本长期以来是周边海域包括南海航行自由的主要受益方之一，对有关海域的实际情况是清楚的”。[③] 日本使用官民配合制造舆论的伎俩误导国际舆论的实例可

---

① 新华社北京 2011 年 7 月 7 日电。

② 新华社北京 2011 年 6 月 28 日电。

③ 新华社北京 2011 年 7 月 7 日电。

以列举很多。

（五）日本主流媒体为日本政府介入“南海问题”群起助攻。以发行量排行前四名的主流大报《每日新闻》为例。6月30日，《每日新闻》发表了题为“中国有必要在南中国海自制——绝非对岸起火”的社论：“中国分明是在东海和南海采取‘膨胀政策’。据说，中国企图在日本周边从连接九州、台湾、菲律宾等的第一岛链，朝着连接伊豆群岛、小笠原群岛、直至关岛的第二岛链，向东扩大势力圈……如同扩大本国的‘内海’一样，与美国抗争。”这篇社论还提出，在本月25日举行的美国副国务卿坎贝尔与中国副外长崔天凯的首次中美亚太事务协商中，双边没有达成共识。美国认为，南海问题应该在多边框架中解决。日美要在下个月举行的东盟地区论坛系列外长会议，以及今年秋天美俄首次参加的东亚峰会上保持紧密合作，应对这个问题。[①]《每日新闻》的报道一向有别于《产经新闻》等右翼媒体。然而，就连这样一份报纸也发出了如此强硬的言论，足以见得日本主流媒体鼓噪对华强硬论的一边倒倾向。

2011年7月下旬举行东盟地区论坛系列外长会议之前，召开了东盟外长高级工作磋商，受到国际舆论的高度关注。东盟各国外长协调东盟立场的实质性磋商，始于7月17日的高级工作磋商晚餐会。当天，日本共同社率先发布消息：为了提高2002年与中国签署的《南海各方行为宣言》的实际效果，东盟的目标是将其升格为“行动准则”，在海洋环境保护等领域确立与中国开展合作的指针。[②]《读卖新闻》报道说：中国向东盟展开对话攻势，7月以后，中国向东盟表达了召开外长会议的意向，希望双方就制定履行《南海各方行为宣言》的“行动方针”进行磋商。

---

① 「社説：南シナ海　中国の自制が必要だ」、『毎日新聞』2011年6月30日。

② 共同社雅加达2011年7月17日电。

中国的意图是，强调南中国海问题应在当事国之间解决，避免该问题在11月召开的东亚峰会上成争论的焦点。但是，美国已经明确表示要在7月23日召开的东盟地区论坛外长会议上讨论南海问题。[①] 随后，《朝日新闻》猜测，东盟十国能否统一立场，引领外长会议讨论南海行为准则，然后迫使中国在制定《南海各方行为宣言》的实施方针上做出让步。报道援引会议轮值主席国印尼外交部释放的信息称：中国不希望把行为宣言发展成为行为准则，如果在会后发表的联合声明中，明确提出东盟将制定行为准则，中国的态度有可能变得更加强硬。[②] 与极力煽风点火的日本媒体相比，新加坡媒体《海峡时报》网站7月18日发表了一篇文章"这次，期待'更和平的'海洋"。文章谈到：有争议的南中国海问题将是本周于巴厘岛举行的一场重要的安全会议上的热门话题，但分析人士预计，去年的外交风暴不会重演。越南和菲律宾希望，在一年一度的系列外长会议上提出这一争端，但北京会做好准备，不会像去年一样被杀个措手不及……一年过去了，在巴厘岛不可能像在河内那样发生戏剧性的事件。美国和中国这两个大国最近经常进行交流，公开讨论南中国海问题。[③]

在南海争议中表现抢眼的菲律宾则另有一番打算，试图用本国的主张强行改变东盟外长闭门磋商会的议题。7月19日，菲律宾外长阿尔韦特·德尔罗萨里奥强调：在关于"行为准则"的指导方针进行磋商之前，确定有争议的地区至关重要。马尼拉希望由联合国来定义南海哪些地区是有争议的，哪些是没有争议的。[④] 德尔罗萨里奥外长在同东盟十国外长举行闭门会议后表示，东盟应该团结起来，共同质疑中国提出的领土要求。菲律宾为此提出

① "中国向东盟展开'对话攻势'"，《读卖新闻》2011年7月17日。

② 《朝日新闻》2011年7月18日。

③ 这次期待"更和平的"海洋，新加坡《海峡时报》网站，2011年7月18日。

④ 法新社印尼杜阿岛2011年7月19日电。

了包括10点建议的协议。大多数东盟国家都愿意解决问题，但不希望某些成员国和中国存在的南海纠纷把整个东盟绑架。[①]新加坡媒体批评菲律宾外长提出的十点建议“干扰了东盟的努力”：东盟草拟一部具法律约束力的《南海行为准则》的工作原已接近尾声，有望今天在中国与东盟高级官员会议上敲定，“东盟原本只差补上一笔便可大功告成”，昨天却因菲律宾临时提出新的建议而被打住。菲律宾外长认为在敲定行为准则之前，应先厘清受争议的海域范围。中国的“九条线”应经过法律检验，而东盟也应该团结起来，共同质疑这九条曲线的定义和中国提出的理由。[②]与菲律宾外长在东盟外长磋商会上的表现相呼应，一群菲律宾议员和记者无视中国的抗议，于7月20日登上南中国海争议岛屿帕加萨岛（中国的中业岛）宣示“主权”。事实上，菲律宾为了把自己的主张强加给其他东盟成员国，迫使东盟外长会议无法就既定议题达成共识，成了东盟内部的“搅局者”。

7月20日上午，中国与东盟举行落实2002年签署的《南海各方行为宣言》（《宣言》）的高官会，关于落实《宣言》指导方针案文达成一致，并就今后工作达成一系列重要共识，为推动落实《宣言》进程、推进南海务实合作铺平了道路。自《宣言》签署以来，中国和东盟国家召开了两次高官会，成立了联合工作组并已召开了6次会议，决定开展南海防灾减灾、海洋搜救、海洋科研等6个合作项目。落实《宣言》的后续行动已经成为中国和东盟国家围绕南海问题开展对话与合作的重要平台，为维护南海局势稳定，深化中国与东盟的战略合作伙伴关系发挥了不可替代的作用。中方与会高官、外交部部长助理刘振民在会上阐述了中国积极支持开展南海合作的立场，建议各方将今后的工作重点

---

① 菲律宾不满南海各方行为宣言东盟不愿被“绑架”，《环球时报》2011年7月22日。

② 新加坡《联合早报》2011年7月20日。

转入开展《宣言》框架下的务实合作。中方提出了一系列合作倡议，包括举办关于南海航行自由的研讨会，成立海洋科研与环保、航行安全与搜救、打击海上跨国犯罪等三个专门技术委员会，并且承诺继续承办已确定的 3 个合作项目，得到与会各国的积极响应。《宣言》是中国与东盟国家于 2002 年 11 月签署的一份政治文件，宗旨是维护南海稳定、增进互信和推进合作，为有关当事国最终和平解决争议创造良好条件和氛围。各方认为，明年将迎来《宣言》签署 10 周年，应充分利用这一契机，共同将南海建设成为联系中国与东盟国家的和平之海、友谊之海、合作之海。[①] 7 月 21 日，中国与东盟外长会议正式通过了落实《南海各方行为宣言》的指导方针，在美国国务卿希拉里·克林顿飞抵印尼巴厘岛之前，11 个国家的外长在指导方针上签了字。

一些与会外交官用“突破”、“里程碑”之类的词句称赞这项成果。主持会议的印尼外长马蒂表示：“我觉得这非常积极。”中国外长助理刘振民表示：“这对于中国和东盟国家的合作是具有里程碑意义的重要文件”。新加坡外长尚穆根称：这是一个重要“突破”，东盟与中国都显示了灵活性，双方对结果都很满意。东盟秘书长素林·比素万认为，与中国达成的共识打破了近 10 年来在南海问题上“无所作为”的状态。澳大利亚外长陆克文这样赞扬中国和东盟国家之间的会谈成果：东南亚国家在与中国达成协议时，体现出“明智的政治才能”。[②] 日本外相松本表示：“希望相关国家按照这个方案采取行动，为制定有法律约束力的行为准则而努力”，他还“牵制中国说，‘希望加以克制不再加剧紧张’”。[③] 各国媒体纷纷评论《南海各方行为宣言》指导方针

---

① 新华社印度尼西亚巴厘岛 2011 年 7 月 20 日电。

②《澳大利亚悉尼先驱晨报》2011 年 7 月 22 日。

③「南シナ海問題：規範策定に期待、中国に自制求める松本外相」、『毎日新聞』2011 年 7 月 22 日東京朝刊。

的积极意义。《华尔街日报》称，这是经历数月紧张之后，南海地区第一次传来积极消息。路透社用“一个小的进展信号”来形容当天通过的指针：这张一页纸的文件是为了启动一个进程，将2002年签署的《南海各方行为宣言》更具体化，它结束了近10年的僵局。越南外交官员范光永说：协议是“重要的、好的开始”。自2011年6月底河内与北京举行会谈后，越南警方强行驱散了两场在中国大使馆附近举行的示威活动，并且暂时拘留了一些人。此前，警方曾对五次小规模的抗议活动持容忍态度。7月24日，越南警方允许300名抗议者在河内市中心举行和平游行，这是抗议者连续八次在周日就南海紧张局势举行集会。[①]来自法新社的这则消息，并不能把越南在会议上的姿态与菲律宾划等号。因为越南也对上述共识表示赞赏，认为这是一种“积极的进展”。只有菲律宾对上述结果最不满意。菲律宾外长德尔罗萨里奥认为，这些共识缺乏“实质内容”。[②]据美国《新闻周刊》报道，德尔罗萨里奥还批评说，指针成功实施的必要因素“不完整”，未能处理领土争端，意味着“这个问题并没有消失”。中国的领土要求太大，如果允许其成立，与中国谈行为指针就毫无用处。菲律宾希望东盟能对中国采取更强硬的立场，制定出解决纠纷的清晰标准。[③]拉美社对此评论道：这是一种危险的怀疑态度，事实上，正是菲律宾为美国打开了干涉南海问题的大门。[④]

各国媒体对7月21日中国与东盟外长会议的达成的共识评价积极，与此相比，会前异常活跃的日本媒体显得寡言少语。

① 法新社河内2011年7月24日电。

② 东盟与中国21日就威胁地区稳定的南海争端问题达成了重要共识，拉美社雅加达2011年7月21日电。

③ 菲律宾不满南海各方行为宣言东盟不愿被“绑架”，《环球时报》2011年7月22日。

④ 东盟与中国21日就威胁地区稳定的南海争端问题达成了重要共识，拉美社雅加达2011年7月21日电。

《读卖新闻》评论说：“指导方针将《南海各方行为宣言》中‘共同活动’的部分具体化，并对共同推进环境保护等课题之际的协商机制等做出了规定。此前，指导方针的制定进程一直处于停滞状态。原因在于，东盟与中国围绕有关南海争端的谈判机制存在意见分歧，东盟要求在多边框架中解决，中国主张在相关两国之间讨论，对于东盟要求将《南海各方行为宣言》升级为具有法律约束力的‘行动准则’，中方未予回应。”这次中国与东盟关于指导方针达成一致，首先是“由于近来在南海问题上中国与越南、菲律宾的紧张关系持续升级，东盟决定暂时搁置构建多边框架和制定行动准则的设想，先在制定指导方针方面争取进展”；其次是“中国为避免美国干预而作出了让步”。当然，“中国加强对南海实际控制的方针也没有改变”。正如印尼外长马蒂·纳塔莱加瓦所说的那样：关于指导方针的讨论已经持续了5年多，此次进展的意义不可低估。[①]《读卖新闻》断言，这是“东盟在对华问题上自乱阵脚”的结果。越南和菲律宾采取了不同的应对方式，菲律宾对中国的态度非常强硬，但菲律宾的提案干扰了会议的原定日程，于是，东盟方面“有人开始担心东盟内部自乱阵脚”。印尼高官担心菲律宾的强硬姿态“会影响东盟团结，甚至行为准则的制定。”相反，越南却开始试探着与中国改善关系——21日，中越外长在巴厘岛举行了会谈，两国一致同意通过对话解决问题。[②] 这篇报道的字里行间，流露出对东盟未能“牵制中国”的失望。总体上，日本媒体的评价与上述国际舆论存在很大差距。中国与东盟国家通过了落实《南海各方行为宣言》的指针，为此后的东盟地区论坛系列外长会议定下了基调。

---

① “中国为避免美国干预而作出让步”，《读卖新闻》2011年7月21日。
② “东盟在对华问题上自乱阵脚”，《读卖新闻》2011年7月22日。

中国与东盟高官会通过上述指导方针的当天，松本外相出席日本与东盟外长会议，阐述了日本在区域内加强海上物流合作的设想，重申争取发生灾害时共享信息的基地“东盟防灾人道援助调整中心”早日开始工作，日本将提供人员和器材充实防灾合作。松本外相发表了“构建东盟防灾网设想”，表示日本可以通过向东盟各国派遣专家、实行技术研修、提供融资的方式支援加强防灾合作。[①] 7月22日，日本半官方的NHK电视台报道了松本外相在东盟峰会（EAS）外长会上的表现：鉴于中国的海洋活动日趋活跃，围绕南海岛屿主权问题与东盟之间产生了对立，松本外相在会上要求关于船只在南海的“航行自由”以及遵守“国际法规”等原则加以确认。松本提出：迄今为止，东盟峰会在能源、教育领域下了很大功夫，但今后也应该在政治和安全保障领域加大工作力度，呼吁各国推进建立区域性的共同理念和行为准则，为预定于11月举行的东亚首脑会议做准备。由于中国在相关区域的影响力不断增强，日本希望能以美国正式参加东亚峰会为契机，在打造共同行为准则上掌握主动权，以“牵制中国”。围绕南海相关问题，日本今后将进一步强烈要求确保这一区域的“航行自由”，这是日本为争取和平解决南海相关问题，对中国实施的“掣肘之举”。

7月23日，美国国务卿希拉里在东盟地区论坛外长会议上发表讲话，引起日本媒体的极大兴趣。《产经新闻》报道说，希拉里通过间接方式在会上要求各国说：各国主张南海的领有权，必须出示联合国海洋法公约的根据。松本外相立即呼应：“应该遵照国际法解决问题”。[②] 共同社报道称，围绕南海主权问题，一些

---

① 「ASEAN：外相会議、海上物流で連携構想を日本提案」、『毎日新聞』2011年7月21日。

② 「南シナ海、日米で中国の専横封じよ」、『産経新聞』2011年7月25日。

东盟国家和中国之间的争端趋于紧张。美国认为，中国关于南海主权的主张“缺乏法律依据”，因此意欲以国际法为武器制衡中国。“围绕南海的海域主张，应依据地形提出合法主张。鉴于中国与东盟在《南海各方行为宣言》的指导方针上已达成一致，希拉里敦促各国制定有法律约束力的行为准则。共同社还称，菲律宾也主张对南海海域南沙群岛拥有主权。在这次论坛上，菲律宾官员提出：“依照国际法，中国方面的主权主张是无效的”，并指责中国干扰其资源勘探活动。

东盟地区论坛系列外长会议结束后，媒体盘点日本在此次会议中的利害得失，评估日美联手对中国施压是否达到迫使中国同意制定南海行为准则的目的。主要大报的看法既不满又无奈。《每日新闻》分析说：在中国与东盟高官会议基本达成共识的基础上，中国与东盟外长会议通过了落实《南海各方行为宣言》的指导方针。在这些会议上，“不但东盟一方要求的有法律约束力的‘行为准则’因中国态度消极未能讨论，而且东盟内部的团结也出现了破绽。”据菲律宾外交部高官会后透露，会议没有谈行为准则。后来的话题是东盟与中国之间的经济问题。印尼外交部的高官也表示：“无论哪个国家都没有直接言及‘行为准则’，也没有争论。”据说，在前一天的高官会议上，东盟一方刚开始讨论行为准则，中方代表团便完全沉默了。另一方面，东盟内部的不和谐音升高了。菲律宾与中国摩擦不断，其石油勘探船在南沙诸岛受到妨碍，因此菲律宾在会上建议把海洋分为存在主权争议的“争议地区”与“非争议地区”，要求写入指导方针。然而，争议地区不仅针对中国，在成员国之间也存在争议地区重叠的问题，这使纠纷蕴含牵连东盟的危险。东盟方面担心，菲律宾的建议使其他成员国吃惊和愤怒，成为今后讨论制定准则的障碍。就这样，“去年中国与东盟外长会议成为批判中国的契机，今年东盟内部乱了阵脚，这是东盟保持沉默的背景”。[①] 2011 年的巴厘岛会议，与 2000 年 7 月的河内会议完全两样。2000 年，中国与美、日和部分东盟成员国之间发生了冲突，2011 年则在安静的氛围中举行，各国之间不再有激烈的意见交锋。其背景是，中国与东盟在会议之前关于落实《南海各方行为宣言》的指导方针达成了一致。东盟各国与经济持续增长的中国有着深厚的贸易和开发援助关系，美国如果在南海问题上对中国进一步采取强硬姿态，也会产生“难免把东盟各国驱赶到中国一方”的危机感。所以，东盟内部对希拉里提出的“出示南海岛礁主权的法律依据”的说法，已经产生了“接受温差”。日美两国政府对巴厘岛会议的定位是“以要求中国自制为中心”，两国仅把指导方针作为“最初的一步”，没有改变支持东盟制定“行为准则”的态度。[②] 其他日本媒体的观点大致相同，首先，东盟并非铁板一块，东盟内部也存在国与国之间的岛礁主权之争。中国、中国台湾与越南、菲律宾、马来西亚、文莱都声称拥有南海主权。印度尼西亚与马来西亚还在安巴拉群岛问题上经常发生冲突。不仅岛礁主权，成员国之间也存在陆上领土的主权争议。2011 年 2 月以来，泰国与柬埔寨在边境交火中双方共造成 28 人死亡。东盟正在朝着 2015 年创建东盟共同体加速经济和政治的一体化。如果添加领土这一刺激民族主义的“火种”，将影响共同体的未来。其次，“美中两头大象开战，踩死小鹿东盟”——印尼高官对美中对立可能割裂东盟表明了危机感：“如果被卷入美中争霸的斗争，东盟将回归至零”。加之，声索国与非声索国之间的立场存在很大差距。与美国紧密配合的菲律宾，自始至终反对与中国妥协，两

---

① 「中 ASEAN：『行動規範』は議論せず、南シナ海指針承認」、『毎日新聞』2011 年 7 月 21 日。

② 「ARF 閣僚会議：南シナ海問題　米国が中国を巻き返し」、『毎日新聞』2011 年 7 月 23 日。

个与中国经济结合程度较高的非声索国柬埔寨和老挝则态度消极。一个颇有影响的观点是，在柬埔寨担任主席国的2012年，南海问题难以取得进展。本次会议的主席国印尼出于强烈的危机感，说服菲律宾等国加强内部团结，拖延了讨论协商框架这一关键问题，制定有法律约束力的行为准则毫无希望。[①] 最沮丧评论来自《产经新闻》：中国与东盟决定为落实2002年签署的《南海各方行为宣言》制定南海行为指针，可以说，这朝着制定具有法律约束力的“行为准则”前进了一步。部长级会议发表的主席声明也对此表示欢迎。但是，这样一来，会议不但“没有讨论关键的行为准则的内容”，而且，“东盟一方要求建立处理争议的‘多边解决’的框架，也被模糊表现为‘继续对话与协商’”。东盟一方对中国坚持双边谈判并强烈反弹做出了让步，推迟制定行为准则令人极为遗憾。这家媒体气急败坏地呼吁：中国海军拥有舰艇的排水量，已达东南亚各国总和的一倍以上，其目的是扩大海洋权益。南海发生的主权争议，不仅是在军事力量上占据绝对优势的中国与其他当事国的问题，“日美必须遏制中国在南海肆意专横”。[②] 日本媒体对2011巴厘岛东盟地区论坛系列外长会议的报道内容显示，中国与东盟双方都在努力平息南海紧张局势，致力于发展经济合作，菲律宾提出的议题未被采纳，东盟不愿被菲律宾激化中菲岛礁主权争议的行为“绑架”。

失望与沮丧的情绪并未弱化日本媒体的舆论攻势。《每日新闻》笔锋一转，渲染“美国对中国展开反击”，“为确保资源而‘南进’的中国，与希望阻止这一动向的美国之间存在立场上的根本分歧。”中国声称对南海大部分海域拥有主权，美国以不点名方式要求出示法律依据正是为了牵制中国，以及将南海问题纳

① 「南シナ海領有権問題と日本」、『毎日新聞』2011年9月1日。
② 「南シナ海、日米で中国の専横封じよ」、『産経新聞』2011年7月25日。

入东亚峰会框架。将此次东盟地区论坛系列外长会议视为敦促中国自制的“最后防线”的日美政府认为，“行动指针”不过是“行为准则”的“第一步”，日美将继续支持东盟推进这一进程。[①]

关于日本为何热衷于插手南海主权争议，日本媒体给出的主要理由是，日本身为“当事国”。希拉里国务卿在会议的最后一天，要求声索国根据国际法明确出示南海主权的根据，得到日本外相松本的热烈支持。为了“东盟鹿群与中国象对抗”，以国际法为武器必须做到铁板一块。然而，正如泰柬边境争端交涉陷入困境所表明的那样，东盟内部的调停能力是有局限性的，“日本是在东海尖閣諸島（中国钓鱼岛及其附属岛屿——著者）与中国存在纷争的第三头大象。对日本来说，南海问题不是别人的事。预测在11月巴厘岛举行的东亚峰会上，会再把这个问题作为主要议题。把中国拉进‘多边协商’是解决整个东亚海上主权问题的第一步，日本也可以说是‘当事国’”。在此次会议上，日本提出了加强东盟区域内海上物流合作的“东盟海洋经济走廊”倡议。另外，2002年以后，海上保安厅派遣专家到菲律宾和印尼等国，支援其加强海上治安体制。“通过扩大深化这种非军事部门之间的安全合作，以日本为轴心将各国凝聚在海洋安全保障领域内，积极推动东盟解决主权问题”[②]——《每日新闻》这样强调日本以南海主权争端的“当事国”自居的“合理性”。日本极力怂恿声索国等对中国施压，企图迫使中国接受南海主权争议的多边协商框架，这只是“解决整个东亚海上主权问题的第一步”，还有更重要的深层含义：第一，日本关于多边协商框架的定义是“解决整个东亚海上主权问题”，日本支持东盟把中国拉入多边协

① 美国对中国展开反击，《每日新闻》2011年7月24日。

② 「南シナ海領有権問題と日本」、『毎日新聞』2011年9月1日。

商框架后，中日东海主权争议当然也要通过这一多边框架解决，日本企图用这种手段彻底铲除中国通过双边交涉解决领土争议的可能性；第二，日本现在援助声索国与中国争夺南海岛礁主权，今后则可要求这些国家回报日本，支持日本夺取中国在东海的岛屿及海洋权益；第三，日本在加强东盟区域内海上物流合作的名义下，提出“东盟海洋经济走廊”倡议，重点支持菲律宾和印尼等国“加强海上保安体制”，目的是拉拢各国形成“以日本为轴心的海洋安全保障”框架，确立日本在东南亚海洋安全领域的领导地位；第四，日本企图通过主导东盟解决南海主权争议问题的途径，在政治和安全领域“重返”东南亚。但是，日本的如意算盘注定难以实现。不少东盟国家并未将引进日本介入南海争议作为唯一的选择。新加坡外交部官员对俄罗斯记者说：美国目前正在南中国海打造反华联盟，也在迫使中国进行合作。在这种情况下，东盟的重点是，希望让外部玩家介入地区事务，以抗衡中国的影响。“美国、日本和韩国已经出现在这个地区，我们希望在这里看到其他玩家，包括印度、澳大利亚。我们把更大的希望寄托在俄罗斯身上”。[①] 如此看来，日本积极插手南海主权争议，通过支持声索国绑架东盟制衡中国的企图，注定不会成功。

东盟地区论坛系列外长会议落下了帷幕。未能如愿“掣肘”中国的美日两国，已经把下一个围堵中国的时机锁定在 2011 年 11 月举行的东亚峰会上。7 月 24 日，美国国务卿希拉里与印尼外长马蒂·纳塔莱加瓦一起会见记者。希拉里说：我们“敦促东盟迅速地——我甚至还要加上一个词，紧急地采取行动，签订一套行为准则，以避免在南中国海重要的海上航线和领海上产生任何问题”，“确保这些争端不致失控，与我们各方都利害相关”。[②]

① 用强制性法规束缚中国，［俄］《生意人报》2011 年 7 月 22 日。
② 路透社印尼杜阿岛 2011 年 7 月 24 日电。

希拉里警告说，对南中国海有相互冲突的主权主张的中国，与邻国之间越来越频繁、而且又是暴力的冲突正在推高航运费用，并有‘失控’的危险。希拉里强调，迫切需要和平解决这一战略水域的资源和领土争端。[①] 日本媒体群起呼应，纷纷解读希拉里讲话的“寓意”。希拉里说：“各国应该自制，遵循国际法和平解决问题，这非常重要”，建议各国就主权主张出示国际法依据，这是“留给与会国的一道‘作业题’”。[②] 因为南海分歧未能弥合，“角逐场将移向11月美俄参加的东亚峰会”。[③] 在两天前的7月22日，日本外相松本与越南副总理兼外长范家谦已经举行了会谈，松本表示，日本将“针对中国加强南海进出，要求中国自制”，“重要的是遵循国际法和平解决”，并与范家谦就“中越南海权益问题”再次交换了意见。[④] 23日，美、日、韩三国外长也举行了会谈，决定建议将保障海上安全作为东亚峰会的主要议题。[⑤] 关于日本政府极力推动南海争议“国际化”，日本媒体道破了天机：“日美两国必须与东盟各国加强合作，坚持不懈地敦促中国配合制定更具实效性的国际准则。原因在于，南海是日本重要的海上通道，还因为日本也在东海尖阁诸岛（中国钓鱼岛及其附属岛屿——著者）等问题上与中国存在纠纷”。[⑥]

归纳印尼巴厘岛会议前后日本媒体发动舆论战的惯用手法：一是日本政府表态，媒体跟进放大，宣传日本介入南海主权争议的正当性和必要性；二是日本“拉大旗作虎皮”，扩大中美矛盾营造对中国不利的政治氛围；三是渲染中国与声索国之间的矛

---

① 美联社印尼巴厘岛2011年7月24日电。

② 美国对中国展开反击，《每日新闻》2011年7月24日。

③ 南海分歧未能弥合，日本《经济新闻》2011年7月24日。

④ 「南シナ海領有権問題：松本外相、ベトナム副首相と意見交換」、『每日新聞』2011年7月23日。

⑤ 南海分歧未能弥合，《经济新闻》2011年7月24日。

⑥ 应积极推动对中国拟定制约规范，《读卖新闻》2011年7月25日社论。

盾，凸显“中国陷入困境”；四是极力制造“中国威胁论”，污蔑中国将通过武力获取南海资源，中国正在加紧扩大海洋权益威胁南海航行自由和地区稳定，因此必须进行制衡；五是为下一场多边会议“定调”——继续努力实现日本的搅局目标。总之，日本对华舆论战的目的在于误导国际舆论，影响会议进程，挑拨中美关系，给声索国撑腰打气，引导并激励东盟的“斗志”与中国对抗。多家主流媒体步调一致针对中国展开舆论攻势，作为“第四种权力”发挥了重要作用，为日本政府搅局东盟系列外长会议推波助澜。

事实上，中国与东盟国家的高官会就落实《南海各方行为宣言》指导方针文案达成的共识，对于推动南海和平和中国与东盟的合作来说具有里程碑的意义。此次达成共识的“指针”，主旨是务实合作，把原有的3个合作领域扩大到了6个。这充分表明绝大多数东盟国家和中国一样，都愿意更积极地推动双方的合作。在中国与东盟关系发展的议事日程上，南海问题并不是排在最前面的问题。南海问题持续升温，既与某些国家试图将自身利益凌驾于东盟整体利益之上相关，也与外部势力的推动和插手相关。东盟已经确立要在2015年建成共同市场，怎样借助于与中日韩的合作来推动这一市场的建设应为重中之重。期望借南海问题国际化来加强内部整合、提升东盟在国际舞台上的声音，显然是不切实际的。这样做轻则会引发东盟成员国之间的矛盾，重则会影响到东盟统一市场目标的实现。[①] 遗憾的是，各国媒体的分析评论，很少涉及中国与东盟关系的经济基础，没有看到中国和东盟的关系已经站在新的历史起点上。2011年是中国与东盟建立对话关系20周年的重要年份。20年间，双边贸易额扩大了37倍，仅2011年上半年双边贸易额就同比增长了25.4%。东盟国

① “不能让南海问题绑架中国东盟关系”，《人民日报》海外版2011年7月22日。

家既是中国吸引外资的重要来源地，也是中国企业“走出去”的首选地。中国对东盟的投资领域已经从传统的矿业、建筑业，拓展到能源、制造业、商务服务业。中国在东盟建起了五个境外经贸合作区，正在积极落实第二份中国与东盟间的互联互通计划，推动双方合作实现新的跨越。[①] 这是日本朝野倍感焦虑的主要原因，也是包括日本在内的部分国家的媒体不愿如实报道的事实。

第二节　搅局东盟地区论坛系列外长会议（2012 年）

2012 年的东盟地区论坛系列外长会议于 7 月 9 日至 13 日在柬埔寨首都金边陆续召开。此次系列会议主要包括第 45 届东盟外长会议，东盟与中、日、韩“10＋3”外长会议、东盟与中国“10＋1”外长会议、日本与东盟“10＋1”外长会议，第二届东亚峰会外长会议和第 19 届东盟地区论坛外长会议等。日菲等国的媒体会前不断发布信息营造对本国有利的氛围，几乎提前一个月为东盟地区论坛系列外长会议“预热”。仅在 6 月 13 日这一天，至少有三个国家的媒体释放出不同信息。日本《读卖新闻》传出“南海四国的海军研究进行联合巡逻”的消息：印尼、菲律宾、越南和文莱四国海军，正研究在南海的印尼纳土纳群岛附近海域实施联合巡逻。中国宣称拥有该海域的部分所有权。此举含有监视中国渔船的“非法捕鱼”等行为，抗衡中国扩大南海霸权行为的目的。印尼军方人士说，四国实施联合巡逻是因为意识到要对中国展示东盟的团结。作为东盟国家，它们意欲抱成一团，以抗衡强调双边解决南海问题的中国。[②]《菲律宾明星报》网站

---

① “中国－东盟经贸成果斐然”，《解放日报》2011 年 7 月 27 日。

② 南海四国海军研究进行联合巡逻，《读卖新闻》2012 年 6 月 13 日。

报道称，一名菲律宾高级安全官员表示，菲律宾海岸警备队的一艘船只将始终在帕纳塔格礁（中国黄岩岛）驻扎，以显示菲律宾在该海域的主权。[①] 菲律宾在2011年7月巴厘岛会议期间，用所谓的南海问题解决方案干扰会议日程失败，为了在2012年的金边会议上继续借美日之力谋取一己私利，照例通过各种方式在会前炒热“南海问题”，为搅局金边会议做准备。当天，印尼《雅加达邮报》网站发表了一篇文章《在南中国海问题上，东盟统一阵线不会帮助任何人，尤其印尼》。其中心内容是：统一阵线或许为卷入南中国海争端的东盟成员国带来短暂的少量利益，但它对东盟整体而言将是有害的。如果东盟无条件支持其成员国，这些国家就可能在其他争端中利用东盟，使东盟的外交政策变得更加反复无常和咄咄逼人。对某些东盟成员国来说，东盟统一阵线造成的损失可能超过利益。印尼将成为最大输家，因为它将因此失去地区新兴经济体中的领导地位。[②] 来自印尼媒体的声音，无异于给无恐南海局势不乱的日菲媒体“当头一棒”。

共有27个国家的外交部长和国际组织的代表前来出席2012年的东盟地区论坛系列外长会议，除中国外，包括美国国务卿希拉里、日本外相玄叶光一郎、韩国、欧盟及东盟成员国等。美、日、菲等极少数国家正是看中这一多边外交舞台的影响力而发动外交攻势的。它们要在这一区域对话与合作的重要平台上，从“航行自由”的伪命题切入，将“南海问题”作为会议的焦点。东盟轮值主席国柬埔寨外交部为了保证会议的顺利进行采取了预防措施，在会议召开之前公布了会议的议题：东盟成员国的外长将签署《东南亚无核条约》、东盟与中国将签署《东南亚无核条约的谅解备忘录》、联合国的五个常任理事国将签署《东南亚无

---

① 《菲律宾明星报》网站2012年6月13日。
② 《雅加达邮报》网站2012年6月13日。

核地区协议》、欧盟和英国分别签署加入《东南亚友好和平条约》的相关文件等。此外，会议期间还将举行东盟外长与东盟人权联合委员会会议，第五届湄公河地区国家与日本的外长会议，东盟与美国、欧盟、日本、韩国、印度、澳大利亚、加拿大、新西兰、俄罗斯等国家和地区的部长级会议。

7月初，中国媒体报道了中国对本次系列外长会议的期待和主张：第一，在中国与东盟（10+1）外长会上，中方将积极评价中国和东盟关系取得的成果，重申致力于发展与东盟睦邻友好，推进与东盟全方位务实合作，坚持通过友好协商解决分歧；第二，在东盟与中日韩（10+3）外长会上，中方愿与各方就落实第十四次“10+3”领导人会议成果、推进下一步合作等交换意见，并为年底举行的“10+3”十五周年纪念峰会做准备；第三，在东亚峰会外长会上，中方将就地区和国际重大战略问题与各方广泛交换意见，并重申峰会应坚持“领导人引领”的战略论坛性质，积极开启重点领域合作，为地区和平、稳定与繁荣做出更大贡献，第四，在东盟地区论坛外长会上，中方将介绍对亚太形势的看法。中方期待同与会各方共同探讨如何进一步增进相互信任，加强亚太安全合作，共同维护地区和平稳定。在所谓的南海问题上，中国珍惜地区和平稳定、以大局为重的良苦用心不应被视作软弱与退让。使南海成为真正的和平之海、友谊之海、合作之海，是中国的原则立场，也是中国和广大东盟国家共同利益所在。中国东盟合作大局需要有关各方切实维护。[①]

美国政府也在会前积极采取行动。希拉里国务卿出席金边会议之前访问了越南。7月10日，希拉里在与越南外长范平明共同会见记者，表明了美国在金边会议上的立场。希拉里说：对南海海域的“竞争性主权要求是一个关键问题”，美国将在东盟地区

① 钟声：“警惕非借东盟外长会炒作南海问题”，《人民日报》2012年7月3日。

论坛系列外长会议上提出对南中国海问题的关切。当日，中国外交部发言人刘为民在例行记者会上说：东盟会议“不是讨论南海问题的适当场所”，“人为炒作南海问题，实际上是无视地区国家谋发展、促合作的共识，试图干扰中国与东盟的关系”。《彭博新闻社》网站发表评论称：“中国警告各国，不要在本周举行的一次安全会议上，提及中国与菲律宾和越南的领土争端，从而回绝了美国国务卿希拉里·克林顿关于就此问题举行会谈的呼吁。”[①]

日本政府的会前准备更加充分。首先，日本下定决心在金边会议上推动制定南海行为准则，形成对日本有利的“海洋秩序”，以应对不断升温的中日东海主权争议——日本东京都知事石原慎太郎已于4月拉开了“购岛”闹剧的序幕，野田内阁已将落实对中国钓鱼岛的“国有化”计划提上了日程——通过搅乱南海局势，激化中国与声索国之间的矛盾向中国施加压力，为日本顺利完成“购岛”创造有利条件。据《日本经济新闻》7月11日报道，当时，“日本政府在大方向上拟实现尖阁诸岛国有化，已开始和所有者（所谓的岛主——著者）以及讨论购岛的东京都开展协调。”这家大报还披露：围绕菲越和中国产生对立的南海主权问题，日本将携手美国等国，游说各方建立海洋规则。日本介入南海问题，意在防范中国在东海也采取挑衅性行动。[②] 事实表明，日本炒作“南海问题”围堵中国，侧援日本在东海的“购岛”行动是其主要目的之一。但日本官方向来不愿使用媒体的直白语言，把自己的真正目的说成是日本作为南海争议的“当事国”的应尽义务，是具有国际公益性的有利于地区安全稳定的国际贡献，用“贼喊捉贼”的伎俩，欲盖弥彰。

此外，日本共同社分析称：“中国目前关于南沙和西沙群岛，

① 彭博新闻社网站2012年7月11日。

② 《日本经济新闻》2012年7月11日。

与东盟部分成员国间存在领土争议。在东海，日中两国在尖阁诸岛问题上关系持续紧张。因此，日本政府认为有必要与东盟召开着眼于‘共同利害关系’的特别会议”。日本为了加强与东盟在海上安全领域的合作，拟在2013年下半年，在日本举行日本与东盟特别首脑会议，此举意在制衡正在加紧扩大海洋权益的中国。玄叶外相将在11日召开的日本与东盟外长会议上正式宣布此事。上一次日本与东盟十国首脑举行特别会议是在2003年12月小泉内阁执政时期。[①] 上述报道表明，日本企图在“日本与东盟”外长会议等多边外交场合，利用部分东盟成员国与中国之间的领土争议加强海上安全合作，并进一步加强日本与东盟集团的安全合作关系，达到利用东盟在南海和东海共同制衡中国的目的。

2012年7月举行的金边会议正值东盟成立45周年的重要节点。谋发展促合作，还是由菲律宾等声索国主导“南海议题”，早已超出东盟成员间的内部分歧，演化为中美之间的大国博弈。另一方面，野田政府全力配合美国推行亚太“再平衡”战略，意欲与菲越等声索国联手并拉拢利用东盟，建立“掣肘”中国的多边海洋安全磋商机制，决意与中国政府在金边会议上再次进行较量。中国外交部及时向与会各方发出呼吁，东盟地区论坛系列外长会议是有关各国增进互信、加强合作的重要平台，不是讨论南海问题的适合场所。会议主题应该坚持东亚合作的发展主题，与会各国应该商讨在美欧金融危机与债务危机的影响下，如何面对越来越多的压力与挑战，加强团结，深化合作，促进发展经济，而不是制造矛盾，突出分歧，让有关争议冲淡会议主题，干扰东亚合作进程。因为南海问题不是中国与东盟之间的问题。中国与有关声索国在南海一些岛礁主权和部分海域划界的争议，应当由

---

① 共同社东京2012年7月10日电。

直接当事国通过友好协商和平解决，这也符合《南海各方行为宣言》（DOC）的精神。金边会议开幕之前，7 月 8 日中国与东盟十国举行了高官会议，各方一致同意继续落实好《南海各方行为宣言》及其框架下的合作项目，为维护南海的和平与稳定做出积极努力。

中国外交部长杨洁篪出席了 7 月 10 日举行的东盟与中日韩外长会议，又与柬埔寨首相洪森等人会面，但都未提及南海争议。共同社就此报道称：东盟提议关于声索国在有争议的南中国海的活动，制定一套具有约束力的规定展开谈判，中国外长杨洁篪今天对此表达了保留态度。中国副外长傅莹在东盟与中国外长会议结束后告诉记者：“我国外长说，我们愿意认真考虑这项提议，我们也希望看到探讨行为准则可能性的条件成熟。”泰国的一名高级官员认为，中国并未拒绝这个想法，但一直说就行为准则举行会议的时机尚未成熟。[①] 7 月 13 日，东盟外长会议闭幕，因为内部出现意见分歧未能发表联合公报，这在东盟的历史上还是第一次。部分成员国在“南海问题”上意见相左，各方在联合公报的相关措辞上存在严重分歧，无法达成折中方案。柬埔寨副总理兼外交部长贺南洪在新闻发布会上说：“南海问题是一些成员国和中国之间的双边问题。声明不能被它们绑架。”《朝日新闻》认为：这番话是在暗中指责菲越两国要求把对华矛盾写入声明。贺南洪将责任推给冲撞中国的国家，称“东盟的内部关系、合作和 2015 年的成败，取决于南海问题当事国如何行事”。[②] 一周后，僵局出现了转机。7 月 20 日，贺南洪在金边宣布了东盟外长就南海问题达成的六项原则：1. 全面落实《南海各方行为宣言》及有关声明；2. 落实《南海各方行为宣言》后续行动指针；

---

① 共同社金边 2012 年 7 月 11 日电。

② “东盟外长会议没有发表联合公报而宣布闭幕”，《朝日新闻》2012 年 7 月 14 日。

3. 尽快达成“南海行为准则”；4. 全面遵守包括《联合国海洋法公约》在内的、被国际社会广泛认可的国际法；5. 各方继续保持克制，不使用武力；6. 依据《联合国海洋法公约》在内的、被国际社会广泛认可的国际法和平解决有关争议。东盟外交部长决定依据《东南亚友好合作条约》及《东盟宪章》就上述原则加强有关磋商。[①] 日本媒体解读说：在7月9日的东盟外长会议上，与中国在主权问题上对立的菲律宾和越南，要求在会议共同声明中写入有关争端的具体内容。柬埔寨则认为“南海问题是双边问题，不应该写入声明中”，东盟内部最终未能就此达成一致，没有发表共同声明。东盟十国外长20日达成旨在稳定与和平解决南海问题的六项原则，优先考虑的是如何“避免分裂”，并没有提到主权争议问题。“尽管菲律宾和越南对中国表现出了强硬态度，但现在这两个国家均已意识到，如果东盟内部继续处于分裂状态，那么就有可能被中国钻了空子，因此没有再坚持要求写入有关黄岩岛的具体内容。”[②] 上述见解仅为众多大众传媒中的一家之言，它从日本与中国对立的角度进行片面解读，全然无视东盟多数成员国谋合作求发展的共同立场。事实证明，东盟集团的一贯原则是，不介入有关国家间的主权问题。少数声索国欲借系列外长会议炒作岛礁主权争议“绑架”东盟一致对付中国，使南海争议扩大化、国际化的企图依然没有得逞。实际上，日本媒体对日美联手支持声索国等给中国制造麻烦并无胜算。金边会议召开之前，《每日新闻》就发表了悲观看法：“‘南海行为准则’必将难产”，提出这一判断的根据是：中国会在东盟会议上施展“拖延战术”并分化东盟；柬埔寨和对华强硬派菲越两国对立；2012年6月，中国对柬埔寨承诺提供4.2亿美元贷款和两架飞

① 东盟关于南海问题六项原则公布：不动武，国际在线2012年7月20日。

② “优先南海六项原则避免分裂”，《日本经济新闻》2012年7月21日。

机，此举是为了在东盟相关会议前夕拉拢柬埔寨；中国还加强对老挝等国的投资援助。因此，不可能在年内制定有法律约束力的旨在防范纷争的行为准则。[①] 如果这家报社能够将目光看得更远些，深入理解中国与周边邻国之间长期发展睦邻友好关系的全部历史，无疑可以避免上述武断和臆测——中国似乎仅仅是为了开好金边会议才采取了“临阵抱佛脚”的行动。

与日本舆论极力渲染“中国陷入外交困境”不同，美国媒体如《华尔街日报》坦率承认，旨在解决南中国海地区领土争端的会谈尽管得到美国的支持，但最终还是失败了，这为中国维护其对南中国海的主权声索“助了一臂之力”。希拉里认为，会谈还是显示了一些进展，因为这表明各成员国愿意讨论这一棘手问题。事实上，金边会谈的失败从许多方面对美国来说都是一次挫败，因为美国一直试图扩大在该地区的参与程度，而且长期以来一直打算把东盟打造成一个能够抗衡中国不断扩大的影响力的团结阵线。[②] 然而，这些媒体都没有触及问题的实质。美日离间中国与东盟关系、菲律宾等声索国“绑架”东盟的企图之所以没有得逞，原因在于中国为东盟地区的稳定和繁荣做出了巨大贡献。长期以来，中国努力推动与东盟各国之间的合作。1997 年亚洲金融危机爆发时，中国政府坚持人民币不贬值，维护了地区金融秩序。2008 年世界金融危机发生后，中国与东盟加强区域合作，推动地区经济企稳回升。特别是 2010 年中国与东盟自贸区建立之后，进一步提升了双方经贸关系。中国是东盟的第一大贸易伙伴，东盟是中国第三大贸易伙伴。仅就 2011 年而言，中国同东盟的贸易额就高达 3629 亿美元，与东盟国家人员往来超过 1200 万人次。作为东盟地区论坛的积极参与者和推动者，中国 19 年

① “‘南海行为准则’必将难产”，《每日新闻》2012 年 7 月 11 日。
② “东盟峰会因南中国海争端而失败”，《华尔街日报》网站 2012 年 7 月 13 日。

来成功承办了24个合作项目，[1] 为推进地区安全合作发挥了重要的建设性作用。中国长期践行睦邻惠邻政策，是任何国家都无法否定和诋毁的。

日本在金边会议上激化南海主权争议侧援东海的企图再次受挫，令日本右翼势力大失所望。7月13日，东京都知事石原慎太郎在记者会上呼吁："自卫队应该常驻尖阁诸岛"，[2]《产经新闻》7月14日发表社论："只拿出国有化计划，还无法彻底捍卫作为日本固有领土的尖阁诸岛。为防范全副武装的中国船只大举逼近尖阁等事态……在仅靠巡逻船应对不了的时候，可以根据自卫队法出动自卫队，政府还应该做好这种准备。"[3] 同一天，为了"商讨应对中日领土争议的对策以及中日关系未来应该如何发展的问题"，玄叶外相发布了暂时召回日本驻华大使丹羽宇一郎的消息。联系到日本在东盟地区论坛系列外长会议期间的所作所为，不难看出，野田政府在南海和东海两线作战，中央与东京都政府"唱双簧"，右翼喉舌鼓噪动用日本自卫队，无一不是为了强占中国领土钓鱼岛及其附属岛屿，通过"搅乱南海局势"削弱中国的地缘政治优势，实现日本掌握亚太地区政治和安全领域的主导权的战略目标。

金边会议结束后，东盟最大的成员国印尼，利用出席联合国大会的机会推动制定"南海行为准则"。2012年9月25日，印尼总统苏西洛在第67届联合国大会上发言称，南海争议已持续了大半个世纪，东盟将为推出有法律约束力的行为准则进行努力。27日，印尼向出席联合国大会的东盟各国传阅了一份"南海行为准则"草案。《雅加达邮报》认为，近来印尼一直在南海

---

① 魏涛："勿让南海问题冲淡东盟地区论坛系列外长会会议主题"，新华国际2012年07月11日。

② 共同社2012年7月13日电。

③ "当务之急是增强对尖阁诸岛的防卫"，《产经新闻》2012年7月14日社论。

问题上充当关键的协调角色。自7月在金边举行的东盟外长会议因南海问题意见分歧有史以来首次未能发表《联合公报》后，东盟国家间的矛盾浮出水面。因此，印尼率先肩负起调解任务。印尼没有对南海宣示主权，一直以来在南海问题上始终保持中立，因此有责任充当调解者。针对印尼的上述活动，中国外交部发言人表示：制定"南海行为准则"是落实《南海各方行为宣言》的一部分，将由中国与东盟国家直接商谈。东盟方面也多次强调，作为地区组织，东盟在争议问题上不持立场，南海争议应由声索国通过和平谈判解决。[①] 不难看出，印尼欲借推动制定"南海行为准则"彰其在东盟中的大国地位。日本从中又一次看到了搅局南海争议"掣肘"中国的胜算希望。

① 印尼在东盟传阅"南海行为准则"，《环球时报》网站2012年9月27日。

第十章　日本支持菲越制衡中国

第一节　全面提升日菲安全合作对抗中国

连接“世界海运咽喉要道”马六甲新加坡海峡与台湾海峡的南海，不仅对于中日等地区国家的经济发展和国家安全至关重要，而且蕴藏着极其丰富的渔业、能源及其他海洋资源。中国国土资源部的数据显示，南海有含油气构造200多个、油气田180个。按照最乐观的估计，南海地区潜在石油总储量约为550亿吨，天然气为20万亿立方米，有“第二个波斯湾”之誉。中国、日本及地区其他国家都是南海航行安全的受惠者。

在美国奥巴马政府宣布“重返”亚太之前，没有人提出南海是否有“航行自由”的议题，也更不存在“南海问题”。美国战略东移推行亚太“再平衡”战略，搅乱了地区的政治、经济合作秩序。日本民主党政府抓住了这一战略机遇加速推进海洋战略带来激化中日领土主权争议的恶果。为了在中日东海博弈中占上风，日本将迄今与中国通过互利互惠的经贸合作分享中国经济迅速发展“红利”的东南亚各国，作为拉拢利用的对象，制定了利用这些中小国家对抗中国的综合安全合作政策。2010年12月营直人政府修订的防务政策，集中体现了上述战略意图。《2011防卫计划大纲》及《2011中期防卫力量整备计划》决定，日本与地区各国建立“多层次”的安全合作关系，实现日本“致力于多层次地组合亚太双边和多边安全保障合作使之网络化”的目标。如何使东南亚各国“入网”，决定日本建立亚太安保合作网的成败。日本以南海岛礁主权争议为抓手，采取了对东盟十国分而治之的政策。

与中国存在领土争议的菲律宾，是日本在东南亚首屈一指的合作伙伴。2011 防卫计划大纲提出了有关安保合作的标准：1. 具备日本自卫队能够充分发挥处理地雷、哑弹等能力，“推进实质性合作”的条件，可以作为日本“支援地区各国的功能建设”的对象；2. “共有基本价值”的国家；3. 东盟是日本“传统的合作伙伴”；4. 具备“加强双边及包括美国的多边合作的有利因素；5. “共有海上交通安全等共同利益的国家”；6. 日本与东盟地区论坛（ARF）、东盟国防部长扩大会议（ADMM + X）等多边框架开展合作，“在维护区域秩序和规范问题上构筑实际合作关系”。[①] 对照以上六条标准，第一，菲律宾是东盟集团中的一员，可谓日本“传统的合作伙伴”；第二，作为与中国存在南海岛礁主权争议的“弱国”，菲律宾符合作为日本“支援地区各国的功能建设”的对象，具备与日本“推进实质性合作”的标准；第三，日菲两国“共有基本价值”；第四，菲律宾具备“加强双边及包括美国的多边合作的有利因素”；第五，菲律宾与日本“共有海上交通安全等共同利益”；第六，日菲两国能够在东盟地区论坛（ARF）、东盟国防部长扩大会议（ADMM + X）等多边框架中进行合作，发挥配合日本“维护区域秩序和规范”以制衡中国的重要作用。毫无疑问，日本将菲律宾视为在东南亚国家中利用价值最大的“安保合作伙伴国”。

早在 1956 年与日本建立外交关系的菲律宾，与中国在南沙

① 首相官邸：「平成 23 年度以降に係る防衛計画の大綱について」。

岛礁主权问题上存在争议。菲方也有向日本借力占有中国岛礁扩大海洋权益的需要，双方一拍即合。日本倍加重视日菲关系，称之为“经过半个世纪培育起来的友好合作关系”。2010 年前后，日菲关系向政治安全合作的方向迅速发展，伴随南海主权争议的升温不断深化，两国成为互相借重的重要安全合作伙伴。当然，菲律宾在中日两个地区大国之间取舍不一。

2011 年 8 月 30 日—9 月 3 日，菲律宾总统贝尼尼奥·阿基诺三世对中国进行了国事访问，两国领导人发表了联合声明《中菲经贸合作五年发展规划（2012—2016）》。联合声明为两国在多个领域开展合作规划了蓝图，包括农业和渔业、基础设施和公共工程、矿业、能源、信息通信技术、加工制造业、旅游业、工程服务及林业。双方关于扩大经济合作达成多项协议，这些协议将进一步加强双方在贸易、经济技术、旅游、海上互联互通、媒体、体育文化和信息等领域的合作。具体内容是：努力扩大中菲双边贸易额，到 2016 年将提高到 600 亿美元的目标，同意将 2012—2013 年定为“中菲友好交流年”，在两国人员往来已突破 100 万人次的基础上，提出到 2016 年将人员往来翻一番达到 200 万人次的目标。其中，双方将共同探讨建立连接中菲的“海上高速路”，为双边经贸关系注入新的活力，以此作为落实中国与东盟互联互通倡议的补充和支持。此外，两国领导人还就海上争议交换了意见，认为不应让海上争议影响到两国友好合作大局。双方重申将通过和平对话处理争议，尊重和遵守中国与东盟国家于 2002 年签署的《南海各方行为宣言》。① 上述内容充分证明了中方发展对菲关系的诚意和促进合作政策的力度，仅以中菲之间的“海上高速路”为例，依靠中国巨大的国内市场和资本，菲律宾

① “双方发表联合声明，称阿基诺访华对两国关系具有里程碑意义，”新华社北京 2011 年 9 月 1 日电。

必将拥有一条发展本国经济的捷径。日本媒体这样分析阿基诺三世的访华之行：中国是菲律宾第三大贸易伙伴国。2010 年的双边贸易总额比前一年增长了 35.1%，达 277 亿美元。然而，菲律宾 2011 年 4—6 月的国民生产总值，受建设性投资大幅减少和出口下降的影响增长缓慢，在这种经济形势下，菲律宾极其渴望与中国扩大贸易、增加来自中国的直接投资。8 月 31 日访华的阿基诺总统与胡锦涛主席关于 600 亿美元的经济合作达成一致，主要措施是在今后五年内把贸易额增加一倍、对菲直接投资扩大到 15 亿美元。因此，阿基诺总统在与胡锦涛主席的会谈中“匆忙收兵”——称南海领有权问题“不是两国关系的全部”。[①]

9 月 9 日，日菲两国在日本外务省举行了关于“海洋安全保障”的首次工作磋商。菲律宾外交部和海岸警备队的相关人士出席了会议。日方的参加者为外务省、防卫省和海上保安厅等部门的负责人。双方达成加强两国海警机构之间的合作及海洋安全合作的共识。据日方报道，双方一致认为：“中国在南海和东海进行频繁的海洋活动”，有必要根据联合国海洋法公约等国际规则解决海洋问题，今后两国将定期召开工作磋商会议加强协作。“菲律宾围绕南海的南沙群岛主权与中国对立，中国也在包括冲绳尖阁诸岛在内的东海加强活动。工作磋商定期化有共同对抗中国的意图。”[②] 显然，日菲海洋安全磋商具有针对中国加强政策协调及相关合作的性质，是日本拉拢菲律宾支持日本在东海侵害中国主权及海洋权益的又一力证。在菲律宾军方无人参加的情况下，日本防卫省官员出席会议，凸显日本促进菲律宾加强军事合作的意图。

① 「東南アジアで進む対中国の『政経分離』策、取り込まれる危険も」、『産経新聞』2011 年 9 月 1 日。

② 「日比が初の海洋協議、中国念頭に定例化へ、国際ルールに従った解決が必要と認識一致」、『産経新聞』2011 年 9 月 9 日。

9月22日，菲律宾召集东盟十国的海事专家开会，试图制定一个区域政策共同与中国抗衡，单方面划分南海。结果，柬埔寨和老挝缺席，到会的各国专家既没有批准菲律宾提出的“和平、自由、友谊与合作区”的架构，也没有确认菲方的上述提议“符合国际法”。菲律宾媒体承认，菲律宾在南沙问题上没有获得东盟支持。[①]

9月27日，菲律宾总统阿基诺三世应邀前往日本共商制衡中国之计。阿基诺三世率领外交部长、运输通讯部长、财务部长、贸易产业部长等一批高官访问东京，与野田佳彦在首相官邸举行了会谈：“日菲首脑欢迎在9月9日举行的首次日菲海洋磋商的基础上，达成以训练菲律宾海岸警备队（PCG）为目的、通过向菲律宾派遣日本海上保安厅的巡逻艇，支援菲律宾海岸警备队提高能力等，开展两国海上保安机构之间的合作建立紧密联系。双方将日菲关系重新定位为“共有基本价值观，市场经济及战略利益的‘战略伙伴关系’”，在以下领域达成了共识：1. 经济领域。野田首相表示，日本将在经济领域通过建设基础设施、改善投资环境，为菲律宾的经济发展作出贡献。阿基诺三世表示，菲律宾将努力改善本国的商务环境。双方决定继续协商改善接受菲律宾护士及护工问题，日本将继续把菲律宾作为提供政府开发援助的主要对象国。2. 政治与安全保障领域。两国首脑决定，实施包括建立首脑和部长级对话、副部长级战略对话在内的、频繁和多层次的各种政策对话；加强海上保安机构之间、防务当局之间的交流与合作等。3. 地区和国际形势。两国首脑一致重申：为地区合作框架做出积极贡献，特别是在2011年11月召开的东亚峰会（EAS）上进行紧密合作。双方关于南海、朝鲜等地区和国际社会面临的问题交换了意见，关于朝鲜绑架问题是重大的侵害人权

① “日菲合谋在南海牵制中国”，中新网2011年9月26日电。

问题达成了共识。另外，双方还谈到人文领域的合作等。[①] 两国首脑会谈后发表了日菲共同声明《全面推进特殊友谊纽带连接的邻国“战略伙伴关系”》。共同声明宣称：日菲两国是“由共有基本价值观及共同的战略利益连接起来的两个海洋国家”，双方重申“两国共有自由、民主主义、基本人权、法制等基本价值观，作为自由而活跃的市场经济国家同步发展，并且在保障海上通道安全等方面存在共同战略利益”。两国首脑一致认为，在经过半个世纪培育起来的友好合作关系的基础上，不仅要加强双边关系，而且要“朝着有益于在亚太地区制定各国共有的共同理念、原则及应有的秩序，培育现有地区合作框架形成开放和多层次的网络的方向进行合作，将两国关系提高到‘战略伙伴’的层次”。[②] 日菲共同声明的重点值得关注，首先，两国强调双方不但在政治、法律和经济制度方面的价值观相同，而且有着“保障海上通道安全”这一共同的战略利益。其次，双方今后的合作方向，从双边拓展到亚太地区——从制定亚太地区的“共同理念、原则及应有的秩序”，到共同“培育”视有的地区合作框架，形成“开放和多层次的网络”，在此过程中，将日菲关系提高到“战略伙伴”的层级上。不难看出，共同声明提出的合作内容及合作方向是按照日本《2011 防卫计划大纲》的规定设计的，全面体现了日方的战略意图。唯一的不同之处是，《2011 防卫计划大纲》关于构建亚太安保合作网的定位是，与日美同盟发挥“相辅相成”的作用，而日菲共同声明仅要求菲律宾与日本统一步调完成“规定动作”，日本诱导利用菲律宾的目的昭然

① 日本外務省：「日・フィリピン首脳会談（概要）」（平成 23 年 9 月 27 日）、http：//www. mofa. go. jp/mofaj/kaidan/s_ noda/philippines_ 1109. html

② 首相官邸：「特別な友情の絆で結ばれた隣国間の『戦略的パートナーシップ』の包括的推進に関する日・フィリピン共同声明」（2011 年 9 月 27 日）、http：//www. kantei. go. jp/jp/noda/statement/201109/27philippines. html

若揭。

日菲共同声明记载了两国首脑确定的主要合作领域，深入解读如下：

第一，加强并提高日菲双边关系的层级。双方一致同意，与东亚与东盟经济研究中心（ERIA）制定的亚洲综合开发计划（CADP）紧密联系，支援东盟互联互通基本计划（MPAC）倡议“支援提高东盟岛屿连接性”；支援“日本与‘东盟增长地区’文莱、印度尼西亚、马来西亚、菲律宾”（“日－BIMP－EAGA”）框架下的合作；继续加强与菲律宾及其周边地区的“海洋互联互通”。日本作为菲律宾最大的政府开发援助的提供国，继续提供低息贷款和技术合作并缔结政府协定。[①] 上述内容表明，野田政府调整了对东盟的政策。尽管共同声明使用了与亚洲综合开发计划“紧密联系”、“支援东盟互联互通基本计划”的定语，以修饰“支援提高东盟岛屿的互联互通”的倡议，但仍然不能抹杀一个事实：日本支援东盟国家互联互通的范围，从陆地互联互通转为“海洋互联互通”，即，“东盟岛屿的互联互通”。进而，把已有的“日本与‘东盟增长地区’（文莱、印尼、马来西亚、菲律宾）”框架下的合作重点移向了菲律宾。日本将为加强与菲律宾及其周边地区的“海洋互联互通”，继续为菲律宾提供最多的政府开发援助。这种取之于彼，用之于菲的做法，集中反映了日本民主党政府推行的“按战略使用ODA”的政策。

第二，加强日菲之间的政治和军事互信。具体措施包括：实施多层次的政策对话，利用地区及多边会议频繁举行高层对话。将副部长级政策磋商，提升为副部长级的战略对话，讨论海洋、

① 首相官邸：「特別な友情の絆で結ばれた隣国間の『戦略的パートナーシップ』の包括的推進に関する日・フィリピン共同声明」（2011年9月27日）。

反恐、跨国犯罪对策、联合国改革、裁军、防扩散、环境和气候变化等互相关心和存在共同利益的地区及全球性问题，加强双边合作。2012 年上半年，在菲律宾举行了首次日菲外交和防务当局（PM）、防务当局（MM）之间的磋商。[①] 这意味着日菲两国将利用参加地区和多边国际会议的机会，频繁举行更高层次的政策沟通，广泛讨论海洋、反恐等共同关心和“共有利益”的地区和全球性问题并加强合作。升级后的副部级“战略对话”主要包括两个机制：一是两国外交与防务当局之间的“2 +2”政策磋商；二是两国防务当局间的政策磋商。具有加强日菲军事合作，协调日菲军事与外交政策的重要意义。

第三，加强日菲两国海军及海警间的交流与合作。两国首脑重申，日菲是共有海上通道的海洋国家，重申加强海洋领域双边合作的必要性。主要从二个方面加强海洋安全合作：1. 两国首脑确认了 2011 年 9 月 9 日在第一次日菲海洋安保磋商中达成的共识，在此基础上决定，日本海上保安厅与菲律宾海岸警备队建立紧密的合作关系，日本帮助菲律宾训练海岸警备队，从提供巡逻艇等硬件装备，到提高海上取缔能力的软件援助，全面加强两国海警机构间的合作建立紧密联系。这对双方而言，是最有现实意义的实质性合作。2. 双方同意实施日本海上自卫队幕僚长及菲律宾海军司令互访；允许日本海上自卫队的舰艇停靠菲律宾港口；“日本海上自卫队与菲律宾海军幕僚举行磋商”，在日菲海军之间建立了包括最高长官互访在内的三个层级的安全磋商框架。[②] 其中，日本海上自卫队与菲律宾海军之间的幕僚，即，两军作战参谋举行磋商，是日本近年取得的重大突破性进展。特别是，日本

① 首相官邸：「特別な友情の絆で結ばれた隣国間の『戦略的パートナーシップ』の包括的推進に関する日・フィリピン共同声明」（2011 年 9 月 27 日）。

② 首相官邸：「特別な友情の絆で結ばれた隣国間の『戦略的パートナーシップ』の包括的推進に関する日・フィリピン共同声明」（2011 年 9 月 27 日）。

军舰能够停靠菲律宾的港口，意味着日本海上军事力量在南海拥有了第一个“活动据点”，为日本军力“重返”东南亚创造了一个良好的开端。

第四，日菲共同在海上安全领域建章立制。菲方强调“根据应对和解决纷争并促进合作的规则”必须“建立体制”，重申和平解决南海的海事纷争。日菲首脑欢迎通过履行《南海各方行为宣言》的指导方针，希望尽早制定符合现行国际法规、具有法律约束力的行动准则。两国首脑重申，“作为共有海上通道的国家的领导人”，遵守航行自由、顺畅的商业活动、《联合国海洋法公约》、以和平解决纷争为首的现行国际法规，符合两国及整个地区的利益；共同认识到，这些利益在南海也应该得到促进和遵守。[①] 日菲共同声明关于海洋领域的各项内容显示，两国不但在海上安全保障领域互有需求，而且在呼应美国炒作南海“航行自由”问题上立场完全一致。共同声明明确了日菲两国今后的努力方向——尽早制定制衡中国的具有法律约束力的《南海各方行动准则》；强调《联合国海洋法公约》等“现行国际法规”的权威性，并将其贯彻在解决南海争议之中；决定今后继续统一步调炒作“航行自由”、“保障顺畅的商业活动”等伪命题，通过公开指责或含沙射影的方式竭力抹黑中国，掩盖日菲两国侵占中国岛屿的非法行径。

第五，加强日菲在亚太地区多边框架中的合作。阿基诺三世赞同野田首相的主张“日本与日美同盟为维护亚太地区的稳定与繁荣发挥了不可或缺的作用”。双方“共同认识到，作为在地区共有战略利益的国家并且同为美国的盟国，必须为了实现亚洲的富饶和稳定，积极参加日本与东盟、东盟与中日韩、东亚峰会

① 首相官邸：「特別な友情の絆で結ばれた隣国間の『戦略的パートナーシップ』の包括的推進に関する日・フィリピン共同声明」(2011年9月27日)。

(EAS)、东盟地区论坛(ARF)、亚太经合组织(APEC)等地区合作框架。双方强调，为了东亚峰会的进一步发展，两国将在2011年11月举行的东亚峰会上进行合作而互相保持紧密联系。[①]上述内容显示，日菲战略伙伴关系包括外交、经济、非传统安全等各个领域，两国将在今后亚太地区召开的所有多边会议的平台上加强配合，推动共同关心和符合两国战略利益的议题。

综上所述，除了坚定支持日本担任联合国安理会的常任理事国，支持日本在朝鲜绑架日本人质问题上的立场等老话题外，阿基诺三世的东京之行，促使日菲两国间的政治、军事、经济及外交等方面的双边合作关系实现了划时代的飞跃。日菲合作以两国海军和海警之间的海上安全合作为重心，以两国在亚太地区多边框架中的外交合作为外延，远远超出双边合作的范畴。日本不但通过提供政府开发援助支援菲律宾海警力量的发展建设，而且在两国海军之间的合作方面取得突破性的进展，建立了外交与防务、两国海军之间的多重战略对话机制，达到了通过政策磋商协调日菲海洋安全保障政策的目的。作为回报，菲律宾为日本海上自卫队的军舰前出南海海域提供了停靠港口。日菲关于两国在地区多边组织框架内进行紧密合作达成共识，尤其强调双方在东亚峰会上加强配合，扩大两国在地缘政治中的“存在”。借“南海问题”搅局东南亚安全局势谋取一己私利，是双方的共同需求。通过日菲双边合作，日本为自己作为“当事国”，进一步介入有关南海各方行为准则(COC)的协商，创造了些许有利条件。用这种“特殊友谊纽带连接”的日菲“战略伙伴关系”，远远超过日本与其他东南亚国家间的合作水平。菲律宾成为日本军力重返东南亚战略支点国。

① 首相官邸:「特別な友情の絆で結ばれた隣国間の『戦略的パートナーシップ』の包括的推進に関する日・フィリピン共同声明」(2011年9月27日)。

第二节　三届民主党政府对越南的政策

日本与越南社会主义共和国于1973年建立了外交关系，比日菲建交整整晚了17年。建交后，两国在能源领域的合作成效显著。日本从1978年起参与南海的能源开发，与越南关于合作开发南海海底石油达成了协议，在越南的白虎油田、青龙油田、大熊油田、东方油田的勘探开发过程中，几乎都有日本石油企业参与。[①] 1996年以后，日越交流合作进入全面发展的新时期。随着越南与美国逐渐改善关系，美国资本不断扩大对越投资，越南市场为越来越多的国家所青睐。加之，越南推行对外开放的外交政策，积极融入地区和国际社会，进一步增强了吸引外资的魅力。21世纪后，越南与东南亚其他国家相比，经济增长率居高不下。2000年越南GDP增长率为6.7%，2003年增至7.2%，2005年增至8.4%，2007年增至8.5%……。

越南是日本提供政府开发援助（ODA）的最大受援国。2002—2006年日本累计提供ODA援助4788亿日元以上。2005年以后，日本每年对越ODA援助额超过1000亿日元。[②] 2004年7月，小泉纯一郎内阁的外相川口顺子访问越南，双方发表了共同声明《面向不朽的伙伴关系的新阶段》，表明进一步加强合作关系的意愿。

2006年10月18—22日，越南总理阮晋勇访问了日本，与安倍晋三首相（第一次安倍内阁）举行会谈并发表了共同声明《面向亚洲的和平与繁荣的战略伙伴关系》。两国首脑在共同声明

---

① 日本在南海布下连环局，国际在线2011年10月16日。

② 日本外務省：「日本・ベトナム間の戦略的パートナーシップに向けたアジェンダ」（平成19年11月27日）、http://www.mofa.go.jp/mofaj/area/vietnam/visit/0711_ag.html

中表达了加强双边关系的愿望：加强双边高层对话，加强科技领域及其他领域的合作。双方决定在柬埔寨、老挝、越南与日本之间形成“开发柬老越（CLV）三角区”，越方希望日本对“CLV三角区”提供更多援助，同时呼吁日本经济界扩大投资。双方希望进一步扩大日越在经贸领域的合作，扩大双边贸易的规模，从2005年的85亿美元，至2010年扩大到150亿美元。另一方面，两国将进一步加强在国际事务中的合作关系，“通过东亚峰会、东盟与中日韩峰会等框架内的合作，朝着实现东亚共同体的方向在优先领域加强具体合作，推进经济整合。日越两国将作为湄公河地区的开发伙伴，充分利用两国的经验开展协作”。另外，双方还就和平利用核能合作的重要性达成了共识，决定为推进这项合作努力做好法律、行政及其他必要的基础性准备。①

2006年11月21日，安倍首相率领一个庞大的代表团对越南进行了正式访问。随同安倍前往是以经团联会长御手洗为团长的超大型经济代表团，包括130多名日本经济界的重要人士，由此可见日本经济界对越南市场寄予厚望。安倍首相与阮晋勇总理举行了会谈，双方关于在两国双边和国际事务中的合作交换了意见，阮晋勇总理建议设立两国外长担任联合主席的“日越合作委员会”，双方就此达了一致意见。② 此外，安倍首相还出席了日越经济界人士举行的联席会议。这次访问对日本企业开拓越南市场起到很大的促进作用。

福田内阁执政时期，越南国家主席阮明哲应邀作为国宾首次访问了日本。2007年11月27日，阮明哲主席与福田康夫首相举

---

① 日本外務省：「日本ベトナム共同声明『アジアの平和と繁栄のための戦略的なパートナーシップに向けて』」（2006年10月19日）、http://www.mofa.go.jp/mofaj/area/vietnam/visit/0610_sei.html

② 日本外務省：「日・ベトナム首脳会談（概要）」（平成18年11月19日）、http://www.mofa.go.jp/mofaj/kaidan/s_abe/apec_06/kaidan_jv.html

行会谈，双方签署了包括44项“战略伙伴议题”的《关于深化日越关系的共同声明》。福田首相在会谈中提出，希望越方启动“日越联合倡议的第三阶段”，早日缔结全面和高质量的经济合作协定（EPA）。在人员和文化交流方面，日本为迎接日越建交35周年，将在今后5年内邀请2000名以上的越南青年访日，并正式开始实施保护越南古迹的工作。福田首相希望，在2008年举行的日本与湄公河地区各国的外长会议及有关开发湄公河地区的国际会议上加强日越合作。2008年越南将担任联合国的非常任理事国，希望日越两国在联合国处理朝鲜问题、缅甸问题、气候变化、环境和能源问题等方面加强合作。对此，阮明哲主席表示，日本是越南最大的经济伙伴，湄公河地区的开发不能没有日本的合作。越方支持日本2008年当选联合国安理会的非常任理事国及常任理事国，支持朝鲜无核化。在缅甸问题上，越南理解日本的忧虑，越方虽然对缅甸局势感到担忧，但不赞成采取制裁措施，希望和平解决问题。[①] 通过阮明哲主席的这次访问，日越双边关系得到进一步加强。同年，日本外务省制定了一项通过邀请外国政要访问日本，扶植亲日势力的计划“促进21世纪伙伴关系邀请项目”。其目的是，邀请在外国政府的政治经济部门、学界及媒体中具有一定影响、将来可能担任领导职务的人士访问日本，通过与日本朝野有关人士的接触、视察企业、体验传统文化等，加深对日本及其政策的正确理解，促进他们“亲日化、知日化”，将来能够促进日本外交政策顺利落实。外务省在越南选定的政要人物是越南政府的公安部长。理由是，他既是公安部长，

① 日本外務省：「日・ベトナム首脳会談（概要）」（平成19年11月27日）、http：//www. mofa. go. jp/mofaj/area/vietnam/visit/0711_ sk. html

也是越南共产党中央政治局的14名成员之一。[①] 日本外务省还特别委任在日越两国知名度较高，并且常年在越南从事公益活动的日本民间人士杉良太郎担任“日越亲善大使”，派遣杉良太郎访问越南，参加两国举行的各种交流活动，“从事日越友好亲善的宣传广告业务”。[②] 可以说，重视深化两国经济合作关系，促进日越两国民众之间的相互理解，是2007年日本对越外交的一大特色。

2009年4月，越南共产党中央委员会总书记农德孟应邀访问日本，与麻生太郎首相举行会谈并签署了共同声明《为了亚洲和平与繁荣的战略伙伴关系》。两国首脑在共同声明中宣示，双方决心作为战略伙伴深化和扩大各领域的合作，提出加强两国合作交流的八项具体措施：第一，每年实施首脑互访；第二，加强由两国外长担任主席的“日越合作委员会”等现有对话框架，促进安全保障与防卫领域的高层交流；第三，为日越经济合作协定（EPA）早日生效及顺利实施加强合作；第四，有效实施日本政府开发援助并严格执行防止贪污的措施；第五，在南北高速公路、南北高速铁路、高科技园区三个重点项目上进行合作；第六，推进在核能与宇宙、飞机等新领域的合作；第七，推进文化、科技、教育、培训及青少年交流合作；第八，加强国际合作，推进关于全球问题、裁军、防扩散领域的合作。此外，农德孟总书记表示，欢迎日本在世界金融危机中作出贡献，并且相信日本会作出更大的贡献。[③] 不难看出，通过越共总书记农德孟此

① 日本外務省:「レー・ホン・アイン・ベトナム社会主義共和国公安大臣の来日について」（平成19年4月13日）、http://www.mofa.go.jp/mofaj/press/release/h19/4/1173053_802.html

② 日本外務省:「杉良太郎・日・ベトナム親善大使のベトナム訪問について」（平成19年10月26日）、http://www.mofa.go.jp/mofaj/press/release/h19/10/1175884_814.html

③ 日本外務省:「アジアにおける平和と繁栄のための戦略的パートナーシップに関する日本ベトナム共同声明」（2009年4月20日）、http://www.mofa.go.jp/mofaj/area/vietnam/visit/0904_ks.html

访，日越关系进入深入发展的新时期，合作范围包括政治、经济、安全、外交、防务、科技、教育及国际关系各个领域，尤其是在开拓核能、宇宙、飞机等新领域合作方面取得巨大进展，日越“战略伙伴关系”越来越名副其实。日本政府加大对越南的资源投入，2009 年日本采取促进越南进口日本设备的有力措施，向越方提供了总额为 1550 亿日元的政府开发援助，其中包括 1456 亿日元贷款，创下历史最高纪录。

综上所述，自民党小泉、安倍（第一次内阁）、福田、麻生四届政府的对越政策，完成了日越关系史上的新跨越。自安倍政府建立日越首脑互访机制，全面发展日越经济合作关系以来，福田和麻生政府不断充实日越战略伙伴关系的内涵——日越双方制定了 44 个“战略伙伴议题”，建立了“为了亚洲和平与繁荣的战略伙伴关系”，而且每年都有突破性的进展。双方都非常重视两国高层防务官员之间的交流合作，特别是将湄公河地区事务、安全保障问题等领域作为日越双边合作的重点，扩大以日越双边合作为“杠杆”，在湄公河地区的经济与安全领域加强政策协调的互利合作。可以认为，日越战略伙伴关系超出双边合作的范围，成为日本在湄公河乃至东南亚地区，全面扩大经济、政治及军事影响的另一个战略支点国。自民党执政时期，日越双边关系发展迅速，为民主党政府的对越政策打下了牢固的基础。

在日本民主党三届政府对东南亚的外交政策中，越南占据非常重要的地位。日本从越南奉行“全方位外交、对外开放，推进本国融入地区和国际社会”的外交政策中，找到了对越政策的契合点——在经济上促进日越加强经济互补扩大对越出口，在安全保障上日越联手应对中国，在外交上相互配合、互相利用。因此，无论是因“构建东亚共同体”名噪一时的鸠山政府，全力推进日本海洋战略的菅直人政府，还是利用南海主权争议极力“搅局”的野田政府，都为日越战略伙伴关系的全面发展付出了努力。

鸠山政府非常重视越南连续多年保持较快的经济增长速度。2008—2009 年越南的经济增长率分别为 6.23% 和 5.32%，2010 年上半年为 6.16%，越南有着巨大的对外经济合作的空间。鸠山政府欲将越南作为对外资本输出及技术转让的主要对象，尤其希望对越南出口核能发电设备，承包越南高速铁路等基础设施的建设项目。越南方面也对日本先进的机械设备和技术颇感兴趣。越南计划建设四座发电 4000 万千瓦的核电站，已确定首期工程建设两座核电站，俄罗斯的一家核能企业中标。鸠山首相决心向越方推销日本技术，争取日本企业在另外两座核电站的招标中战胜其他竞争者。为此，2010 年 2 月鸠山首相还作为“最高促销员”，给越南总理阮晋勇写了一封亲笔信。4 月 1 日，鸠山首相向记者宣布，他已经收到阮晋勇总理回复的亲笔信，信中关于越南计划建设核电站一事写道：他高度评价日本的技术能力，准备最大限度认真研究。[①] 这更加坚定了鸠山首相的决心。4 月 13 日，鸠山首相在华盛顿出席核安全峰会期间与阮晋勇总理进行会谈。鸠山首相提出，根据日越战略伙伴关系，日方希望深入参与越南国内经济建设，希望向越南出口核能发电设备。阮晋勇总理表示，日本此前已经完成了相关的调查工作，在越南议会确定投资政策以后，将会研究引进日本的新干线，建设南北高速铁路。为了保障推进这个项目的效率，“希望得到日本适当的资金补助”。鸠山首相回应说，日方存在核算盈亏的问题，需要进行仔细研究。日方对越南的南北高速铁路、南北高速公路和高科技园区三

① 「ベトナム原発建設のトップセールス、首相が親書受け取る」、『産経新聞』2010 年 4 月 1 日。

个大型项目都很重视，希望越方有效、妥当使用日本的援助。[1]然而，越南议会虽然讨论了进口日本核电站设备的问题，但并没有给出明确的答复。受2011年日本发生“3·11”特大地震海啸引发的福岛核电站核泄漏事件的影响，越方似乎更加慎重地审视核电设施的安全问题。鸠山政府在发展对越关系上的建树，主要体现在促进日越加强经济合作上。

菅直人政府在发展对越关系上的建树显然超过了鸠山政府。不但在促进日越经济合作上取得很大进展，而且在外交方面决定双方在地区和国际事务中紧密合作，建立了磋商政治与安全保障问题的框架——副部长级的“日越战略伙伴关系对话”机制，提升了日越“战略伙伴关系”。

在美国战略东移、加强亚太地区军力部署的刺激下，菲律宾等声索国趁机通过各种方式激化与中国之间的岛礁主权争议扩大本国利益。完成日本海洋战略法律体系建设的菅直人政府，愈发重视越南在制衡中国方面的“潜力”——越南不但曾经与中国发生过边境武装冲突，而且是中国南海岛礁主权的一个有力的声索国。更重要的是，日本多年来对越投入了大量的外交资源，具备与越南全面加强政治、经济、外交、安全合作的有利条件。姑且不论经济合作的前景与空间，在政治上，越南作为湄公河领域国家中的“大国”，能够在湄公河地区各国中发挥重要作用。在外交上，越南近年积极与美国改善关系，是欢迎美日插手南海主权争端，推动“南海问题”国际化的得力伙伴。在安全上，特别是在海洋安全上，越南可以作为日本实现“构建亚太安全保障网”的战略目标的有力帮手发挥重要作用。

2010年6月菅直人内阁上台执政时，正值越南利用担任东盟

---

① 日本外務省：「日・ベトナム首脳会談（概要）」（平成22年4月13日）、http：//www.mofa.go.jp/mofaj/area/vietnam/visit/1004_ sk.html

系列外长会议的轮值主席国的有利条件，积极配合美国炒作“南海问题”。日本媒体高度评价越南的表现：自2010年1月以来，越南除与菲律宾“沟通”外，“还积极说服泰国、柬埔寨等与南海问题无关的国家”，把讨论旨在对付中国的南海岛屿和环礁的主权问题提上7月举行的东盟地区论坛的议程，[①] 希望与中国关于签署具有较强法律约束力的行为准则展开谈判。[②] 2010年下半年，日本与菲律宾和越南配合默契，毫无忌惮地在多边会议上指责中国。例如，东盟地区论坛外长会议上，中国外交部长杨洁篪在发言中指出，中国通过双边协商解决与部分东盟国家之间的岛礁主权争议，日本外相冈田克也立即打断杨外长的发言说，“在影响其他国家的情况下就应该在东盟内讨论”。[③] 又如，日本外相冈田克也出席东盟系列外长会议期间访问越南，高度评价越南是会期期间的所作所为，“对范家谦作为轮值主席指挥东盟一系列相关外长会晤表示肯定和敬意”，双方决定在两国外交和国防部门之间建立副部长级的“日越战略伙伴关系对话”机制（“2+2”副部级磋商），在防卫和外交领域“加强联合行动”，[④] 冈田还希望与越方“关于南沙群岛问题密切交换信息”，[⑤] 毫不掩饰支持越南对抗中国的立场。

在日本应积极鼓励和支持越南在外交上“牵制日益强大的中国”的舆论氛围中，[⑥] 菅直人政府进一步提升日越关系，在加强日越首脑互访、外长会谈等交流机制的基础上，提升两国在政治

---

① “东盟提出制定南沙群岛‘行为规范’”，《读卖新闻》2010年7月24日。

② “东盟与中国外长磋商南海问题”。《每日新闻》2010年7月23日。

③ 「南シナ海権益：中国、膨張するナショナリズム」、『毎日新聞』2011年7月4日。

④ 日本外務省：「日越外相会談（結果概要）」（平成22年7月24日）、http：//www. mofa. go. jp/mofaj/kaidan/g_ okada/asean_ 1007/vietnam_ gk. html

⑤ 共同社报道：“日越计划举行战略对话，密切关注南海问题”，新华社东京2010年7月24日电。

⑥ “美中之间的新火种”，《产经新闻》2010年7月25日。

和安全领域的合作水平。在东盟系列外长会议召开之际，日本首次派遣海上自卫队的运输舰，与美军舰艇一起在越南和柬埔寨附件进行医疗救援活动，“目的不仅在于进行人道主义援助”——“防卫省官员表示：越南等南海沿岸各国对中国抱有强烈的防范意识。日美两国对该海域表现出干预姿态可以使各国安心”，因为中国“扩大在南海和东海的势力范围”，日本在这一地区不断开展支援活动，必然会得到东南亚各国更多的信任。[①] 通过日美军舰共同行动，传递明确的信息——日本将积极插手南海主权争议，为菲越等声索国撑腰壮胆。

2010 年 10 月 30—31 日，菅直人首相在出席东盟峰会系列会议期间访问了越南。菅直人首相与越南共产党总书记农德孟、国家主席阮明哲、总理阮晋勇分别举行了会谈，在深化和拓展日越双边经济合作关系的同时，进一步充实日越全面战略合作关系的内涵。[②] 10 月 31 日，双方发表了标志日越关系新进展的《日越共同声明：全面推进为了亚洲和平与繁荣的战略合作伙伴关系》。《共同声明》记载了菅直人访越期间双方达成的协议，主要分为以下四个部分：

（一）日越首脑重申，在经济、政治、安全保障、文化等所有方面全面推进战略伙伴关系，保持每年高层交流的势头。双方商定 2011 年召开第四届“日越合作委员会”的会议，协商双边在各个领域的合作框架；为加强两国间的政治与安全保障合作，创立副部级磋商政治与安全保障问题的“日越战略伙伴关系对话”机制，定于 2010 年 12 月举行首次会议。双方还一致表示，应积极开展两国文化、青少年的交流活动。菅直人邀请越南新领

① “不稳定的南海，日美干预至关重要”，《读卖新闻》2010 年 7 月 20 日。

② 日本外務省：「菅総理のベトナム公式訪問（概要）」（平成 22 年 10 月 31 日）、http://www.mofa.go.jp/mofaj/kaidan/s_kan/vietnam_1010.html

导人在2011年早些时候访问日本。

（二）日越首脑关于多项经济合作进行了协商。越方感谢日本提供政府开发援助并在重要经济开发项目上提供援助。越方宣布；1. 越南政府选定日本作为建设第二核电站的合作伙伴，希望早日签署双边核能合作协定；2. 将日本作为开发越南国内稀土资源的合作伙伴，希望日本在稀土的勘探、开发、提取、精炼方面提供资金和技术援助；3. 越方欢迎日本决定对修建国际机场、河内市和胡志明市的新地铁线路计划进行认真而迅速的研究。对此，菅直人首相表示：第一，欢迎越方选择日本作为开发核电的伙伴，日本保证满足越方提出的条件，向该项目提供低息优惠贷款，在高级安全标准下转让尖端技术并帮助培养人才，处理项目期间产生的全部废弃物，稳定供给核燃料等；第二，日本将向部分日本企业与越南企业合建港口等五个项目提供约790亿日元的贷款，还将研究援助越方修建国际机场等各种计划，大力支援越南国内的经济开发；第三，日本欢迎越方推进经济改革，欢迎越方在使用日本政府开发援助问题上，采取反贪污对策的决心。

（三）扩大日越双边贸易投资和技术合作。两国首脑重申，《日本国与越南社会主义共和国经济合作协定》和《日本国与越南社会主义共和国促进和保护投资自由化协定》把两国间的经济关系推入新阶段，促进了产品、服务及投资的自由化，加强了互利互惠的经济关系。阮晋勇总理“强烈希望”日方尽早认定越南的市场经济地位。菅直人首相回应说，日本决定加速研究，将于2010年12月举办协商越南市场经济地位和经济结构的论坛。双方肯定了2009年6月19日在河内举行的日越科技共同委员会取得的成果。越方欢迎日本为促进两国间的宇宙合作做出努力。越方还向日方提出，能否在越南设立“高水平的大学”，菅直人表示将“研究”这个建议。

（四）加强日越两国在地区及国际多边框架中的合作。越方欢迎日本与湄公河地区各国的关系取得较大进展，对日本为地区和平、稳定、合作及开发做出的贡献深表谢意。双方欢迎第二届日本与湄公河地区各国首脑会议取得的成果，注意到《日本与湄公河行动计划 63》及地区各国表明的其他倡议的进展情况，越方高度评价《日本与湄公河经济产业合作倡议（MJ－CI）》，期待这些倡议产生应有的效果。此外，双方重申，为了“联合国安理会具有代表性、正统性及实效性，更适合 21 世纪的国际社会的现实”，决心努力尽早实现联合国改革，增加安理会的常任理事国和非常任理事国的席位。阮晋勇总理再次重申，支持日本担任联合国安理会的常任理事国。菅直人首相在首脑会谈中，“称赞越南作为 2010 年东盟轮值主席国发挥了建设性作用，”双方强调在促进日本与东盟、东盟与中日韩，东亚峰会等已有的地区协商框架中紧密合作的重要性，决心广泛推进在互相关心的领域内加强合作，支持面向东亚地区一体化的努力——包括东亚全面经济合作（CEPEA）的研究，以及东亚东盟经济研究中心（ERIA）的有成效的贡献。[①] 另外，菅直人首相与越共总书记农德孟在会谈中，一致认为日越之间有很强的互补性，今后要从长远的观点出发全面推进战略伙伴关系，进一步加强党际交流。[②] 菅直人首相还在与越南国家主席阮明哲的会谈中表示，日本希望在越南上下水道等重要基础设施项目上进行合作。

上述反映日越关系发展状况的政府文件，表明菅直人内阁执政时期日越战略伙伴关系得到全面提升，两国经济合作的大项目——鸠山首相努力推销的日本核电设备出口终于取得了进展。

---

① 日本外務省：「アジアにおける平和と繁栄のため戦略的パートナーシップを包括的に推進するための日本・ベトナム共同声明」（平成 22 年 10 月 31 日）、http：//www. mofa. go. jp/mofaj/kaidan/s_ kan/vietnam_ 1010_ ksk. html

② 日本外務省：「菅総理のベトナム公式訪問（概要）」平成 22 年 10 月 31 日。

菅直人政府向日越双方企业共同承揽的合作项目提供低息贷款，积极促进日企参与越南国内的经济开发。越方投桃报李，将开发国内稀土资源的优先选择权交给了日本。双方在经济上的互利合作不仅进展顺利，而且拓宽了合作领域。在政治合作方面，双方决定在日本与湄公河地区国家的合作框架，联合国安理会改革等方面紧密配合，共同提高两国在处理地区和国际事务中的地位。这次日越首脑会谈是在日本制造“9·7”钓鱼岛非法抓扣中国渔船船长事件一个月后举行的，菅直人首相称赞越南为推动南海争议国际化“发挥了建设性作用”，再次表明日本为了在中日东海争议中渔利，插手南海争议，支持越南向中国施压的政治目的。

此后，日本政府在对越外交活动中，一再拉拢和支持越南挑衅中国。菅直人内阁外相松本刚明明目张胆地挑拨离间中越关系，一再鼓噪“中国加强南海进出”，在 2011 年 7 月 22 日与越南副总理兼外长范家谦会谈时，再次就“中越南海权益问题”交换意见，松本称，日本将“针对中国加强南海进出要求中国自制”。[①] 松本外相极力煽风点火挑拨中越关系，进一步暴露了日本搅局南海争议的目的是为了掌握地区主导权。日本政府如此强硬的表态，建立在日本军事力量的“南海存在”上。7 月 9 日，日美澳三国的海军舰艇首次在南海文莱附近海域举行了联合训练。此前一个月，日美两国修订了美日同盟的“共同战略目标”，明确写入“维护航行自由的原则，加强日美澳三国的防务合作。”[②] 挟美日同盟“狐假虎威”，是日本在对越、菲等国的外交中惯用的伎俩。

① 「南シナ海領有権問題：松本外相、ベトナム副首相と意見交換」、『每日新聞』2011 年 7 月 23 日。

② 「防衛省：日米豪共同訓練、9 日南シナ海で中国けん制狙い」、『每日新聞』2011 年 7 月 8 日。

野田内阁发展日越关系的主要建树集中体现在军事领域中，积极促进日越军方之间“加强战略性的合作”。

2011 年 9 月野田内阁上台执政后，越南军方高层时隔 13 年访问了日本。10 月 24 日，越南国防部长冯光青缺席东盟国防部长会议访问东京，足以表明越方对加强越日军事合作的重视程度。冯光青国防部长与日本防卫相一川保夫在日本防卫省举行了会谈，一川保夫首先对东盟与中国在 7 月间关于制定《南海行为宣言》的指导方针达成一致表示欢迎，随即提出：“更重要的是相关国家为制定有法律约束力的‘行为准则’进行合作”,[①]“海洋是公共财富，应该在宽阔的平台上进行讨论”。双方一致认为相关各国应该合作、和平解决越南与中国存在主权争议的南海问题。“双方一致认为，越南将就与中国存在领有权争议的南海问题与日本进行协商，在国际社会与相关国家合作加以解决”。一川保夫还表示：“日越关系进入了新的发展阶段。为维护亚洲的和平与稳定，日本希望与越南加强战略性合作。”冯光青回应说：“两国关系非常重要。”[②] 从日本军方透露的日越防长会谈的内容，不难看出，日方摆出了一副充当越南解决中越南海主权争议的“保护者”的架势，为越南指明了应对中国的四条路径：第一，告诉越南“与日本协商”中越南海岛礁主权争议问题，听取日方的意见和建议，以便日本掌握具体信息出谋划策。第二，挑唆越南把中越领土主权争议提上“国际社会与相关国家合作加以解决”，指导越南将双边争议“国际化”。第三，利用越南“绑架”东盟，通过制定南海行为准则来制衡中国。第四，日本防卫相向越南防长提出“加强战略性的合作”，意味着在日越战略伙

① 「一川防衛相：ベトナムと防衛分野で連携…対中けん制狙い」、『毎日新聞』2011 年 10 月 24 日。

② 「日本、ベトナムと防衛協力強化で合意、防衛相会談」、『朝日新聞』2011 年 10 月 24 日。

伴关系的已有框架内，进一步充实了双方军事部门之间合作内容，其中包含诸多深层次的战略性考虑。毋庸置疑，野田政府积极促进日越在军事领域联手应对中国，表明了日本继强化与菲律宾之间的军事合作关系之后，将中越南海主权争议作为日本军事力量“重返”东南亚的重要战略支点，推动南海主权争议“国际化”，利用菲越两国充当马前卒，构建日本主导下的多边安全合作框架——遏制中国的“亚太安全保障网”。

冯光青访问东京的最大成果是，两国防长签署了加强日越防务合作的《防务合作交流备忘录》，列举主要内容如下：第一，定期举行日越副防长级的战略对话。第二，日本自卫队与越南军队实施互访。第三，越南军队与日本自卫队在东南亚地区的救灾活动中进行合作等。日越《防务合作交流备忘录》是日本签署的第六个国防部长级的合作备忘录。此前，日本与澳大利亚、英国、俄罗斯、韩国和新加坡分别签订了同一级别的合作备忘录，这些国家都是传统意义上的西方国家或“民主国家”，与政治制度和意识形态不同的越南签署这样的备忘录还是第一次。这标志着越南在日本军事战略中的地位得到前所未有的提高。日越之间虽然意识形态各异，但在拥有共同的战略考量——制衡中国方面存在共同利益，因此，越南被日本视为“共有战略利益”的国家，日本给予越南与“共有价值观”国家同等的待遇。比对2010年修订的2011防卫计划大纲的规定——日本与“共有价值观”和“共有利益”的东盟国家加强安全保障合作——可见提升日越双边军事合作关系，早已是日本防务政策锁定的主要目标之一。

日本舆论界对日越加强军事合作的看法近乎一致。《朝日新闻》评论说：日越两国签署防务合作备忘录的背景是，中国不断扩充军力并增强在南海海域的影响力，越南对此抱有强烈的防范意识，因此采取了加强与日本的关系以制衡中国的战略。[①] 这篇评论突出越南需要制衡中国，但并未言及日方提升对越军事合作关系的目的。《每日新闻》实话实说："日越在防务领域合作有牵制中国的用意。"[②] 共同社引用东京大学法政研究生院高原教授的话说：东海是日本试图参与南海领土争议问题的背后的原因。长期以来，因为尖阁诸岛（中国钓鱼岛及其附属岛屿——著者）和东海问题，一直是东京和北京之间关系紧张的根源。日本官员和专家说，因为与北京在尖阁诸岛（中国钓鱼岛及其附属岛屿——著者）问题上的争端，东京觉得好像在南中国海问题上的争端是与其直接相关的问题。不管怎样，尽管东南亚国家联盟的一些成员欢迎日本的参与，但考虑到南中国海问题正演变成中美之间的争端，日本的影响力也许很小。[③] 显然，共同社的判断相对稳重，没有高估日本插手南海争议的效果。

但是，野田政府毫不在乎外界如何看待日本利用越南——越南缺乏经济开发资金和技术的需要，日本用提供援助的手段，换取越南与日本联手对抗中国。2012 年 7 月 14 日，野田内阁外相玄叶光一郎在河内分别与越南外长范平明、总理阮晋勇和越共总书记阮富仲举行了会谈。双方强调：2013 年将迎来日本与越南建交 40 周年，以此作为日越两国的"友谊年"，在南海问题上进一步加强合作，双方共同呼吁尽快通过"南海行为准则"。但是，日本利用越南在东盟系列会议的多边平台上搅局，支持声索国向中国施压，削弱中国影响扩大日本"存在"的活动，最终都没有达到预期目的。反倒使各国认清了日本拉拢东南亚国家炒作所谓

① 「日本、ベトナムと防衛協力強化で合意、防衛相会談」、『朝日新聞』2011 年 10 月 24 日。

② 「一川防衛相：ベトナムと防衛分野で連携…対中けん制狙い」、『毎日新聞』2011 年 10 月 24 日。

③ 共同社：日本对解决南海争端影响力很小，共同社印尼杜阿岛 2011 年 11 月 20 日电。

南海问题、为自己侵吞中日东海争议岛屿服务的真正目的。

综上所述，日本民主党的三届政府在发展日越关系方面各有侧重，相互补全。总体上，民主党执政时期在对越关系上的作为超过了自民党历届政府。

第三节 野田倡议设立“东亚海洋论坛”

日本将菲律宾和越南作为军事“重返”东南亚的两个战略支点国的另一个战略意图是，以这两个表现突出的声索国为“杠杆”，撬动东盟集团为己所用，在主导东盟的基础上构建“亚太安全保障网”，确立日本的地区准霸权。

日本在经贸领域与东南亚国家关系密切，具备扩大政治安全合作的基础。2009 年日本与东盟之间的贸易额约 1609 亿美元，2010 年增至 2220 亿美元。日本政府提供的开发援助，既帮助东盟国家引进了日本的民间投资，也在东南亚拓展了日本产品和技术的销售市场，同时还收获了改善日本的国际形象、培植“亲日”派的成果。历届日本政府始终把东南亚地区视为日本的“庭院”，日本媒体过去也常用“日本主导东盟”，东南亚“亲日”来形容日本在东南亚的地位。近年，这种情况有所改变。在中国与东盟“10+1”合作取得显著成果，中国在东南亚的影响力不断扩大的情况下，日本媒体统一口径，改口炒作“中国争夺地区主导权”，或“中日争夺地区主导权”。于是，如何整合、统一东盟成为日本对外战略的重点，其重视程度之高，不免令人感到日本颇有“得东盟者得天下”的气势。

2011 年秋，东亚地区又出现了一个新亮点。美俄两国领导人首次出席 11 月中旬在印尼巴厘岛举行的东亚峰会，他们与中、日、韩、印度、澳大利亚、东盟十国的领导人等齐聚一堂，讨论东亚地区的政治经济等议题。这一多边外交平台的作用势必给国际格局带来新变数，对亚太地区局势的演变持续释放影响力。

如前所述，日本政府要求菲律宾在巴厘岛东亚峰会上进行配合，有其重要原因。日本政府决定在这一重要的多边外交舞台上，亮出“野田外交”的旗帜。同年 9 月 27 日，野田政府决定，在东亚峰会上提出倡议——创建“磋商海上安全保障问题”的论坛。论坛名称暂定为“东亚海洋论坛”，日本希望获得与会各国领导人的理解和支持，将“野田倡议”写入东亚峰会的联合声明。据日本外务省方面透露：“中国频繁在南海和东海开展活动，与周边国家摩擦不断。日本提出设立新的磋商框架，旨在对中国进行牵制”。“东亚海洋论坛”将作为东亚峰会的下级组织，成员为政府高官和专家。这个框架“将关于国际法和航行自由等有关海上安全保障问题的原则进行磋商，敦促中国采取自制行动。”据称，日本此前就制定了与东盟合作遏制中国崛起的战略。但是，到了鸠山内阁时期，日美关系恶化，东盟对日本的信赖程度降低。在东海和南海问题上，日本、东盟和美国将保持步调一致。① 以上内容是对野田首相倡议设立东亚海洋论坛的具体说明，简言之，野田政府要在东亚峰会的平台上，设置各国参与的“新磋商框架”，制定海洋秩序和保障航行自由的“原则”，达到牵制中国的目的。野田政府的外交活动验证了上述安排。继菲律宾总统2011 年9 月 27 日访日后，越南总理阮晋勇于10 月下旬访问了日本，日本与新加坡也在同年 11 月举行了首次海洋安全磋商。日本企图充分利用中国南海岛礁主权的声索国及东南亚地区较有影响力的国家，进一步宣传设立东亚海洋论坛的必要性，争取各国支持日本“牵制中国”。菲律宾总统首先同意在东亚峰会上与日本合作，可谓开局顺利，越南军方的表现可圈可点。日本为

① 日本政府决定倡议新设“东亚海洋论坛”，《读卖新闻》2011 年 9 月 28 日。

野田首相出席东盟系列峰会进行了周密的准备，外务省还特别为创建“东亚海洋论坛”进行了“沙盘推演”，精心设计了讨论议题。11 月中旬，野田首相满怀信心抵达巴厘岛。

11 月 17 日，野田佳彦首相首先在日本与东盟各国首脑峰会上，提出了创建“东亚海洋论坛”的倡议争取东盟支持。然而，出乎日本意料的是，轮值主席国印度尼西亚对此表态说：“我们关切地注意到如何把已经存在的东盟海洋论坛，发展为东亚海洋论坛的提案。”最后，所有与会国首脑一致同意，把这个“关切”写入日本与东盟峰会的联合声明。就这样，日本创建“东亚海洋论坛”的倡议被东盟十国束之高阁，不再有机会成为此后举行的“东盟与中日韩”峰会的讨论议题了。《产经新闻》以“日本，包围网构想未能实现”为题，报道“野田外交”在东亚峰会上的失败：野田首相倡议建立东亚海洋论坛的意图在于，希望通过成立论坛性的组织，帮助美国来凝聚东盟国家，深化日美同盟关系，构建“中国包围圈”。现在看来这个设想没能实现。东盟国家目前不希望改变“东盟海洋论坛”的格局，也不希望把“东盟海洋论坛”的主导权交给日本，更不希望因为改变东盟海洋论坛而得罪中国。东盟的发展已经离不开中国了。[①] 东盟不愿把主导东盟海洋论坛的“舵手”地位拱手让给日本，用技术性的手法挫败了日本精心准备的“野田倡议”。就这样，日本借口“南海问题”在东盟系列外长会议、东盟系列峰会的多边平台上，竭力配合美国搅局南海，推动中国与部分东盟国家之间的南海主权争端“国际化”，构筑“中国包围圈”，最终都以失败告终。

---

① 蒋丰：“日本包围网受挫，东盟发展离不开中国”，《日本新华侨报》2011 年 11 月 21 日，引自中新网 2011 年 11 月 21 日电。

第四部　日本宣示国家安全保障战略

第十一章　安倍发布《国家安全保障战略》

战败后，日本历届政府在不同程度上渐进调整防卫战略，每隔五—六年修订一次《防卫计划大纲》等防卫政策文件，21世纪后越来越偏离“专守防卫”的方向。2012 年 12 月安倍晋三再次组阁（安倍第二次内阁）执政后，在迄今各个领域的法制建设的基础上，着手制定国家安全保障战略。2013 年 12 月 17 日，安倍内阁和安全保障会议发表了《国家安全保障战略》，完成国家安全的顶层设计。

第一节　制定国家安保战略的动因与基础

安倍内阁制定国家安全保障战略，既有延续此前历届政府的战略轨迹的一面，也有其突破法律法规束缚的一面。分析国家安全保障战略形成的动因和基础，是判断安倍的战略规划是否具有可行性的前提。

（一）安倍制定《国家安全保障战略》的动因

首先，直接动因是为了应对野田内阁非法“购岛”引发中日领土主权争端激化问题。《国家安全保障战略》认为，2010 年 12 月菅直人内阁修订《2011 防卫计划大纲》以后，日本“直接面对复杂而重大的国家安全保障课题，必须更积极地应对”。[①] 如前所述，《2011 防卫计划大纲》的主要战略意图是，为落实据“岛”圈海的既定目标，应对东海中日专属经济区划界争议及海峡两岸宣示钓鱼岛主权等棘手问题修改防卫政策，旨在以应对中国的“海洋活动”为名，设想日本“购岛”后中国可能采取的反制措施，推出“动态遏制”战略，正面应对假想敌中国。野田内阁实施“购岛”之后，中国在外交、法律、海上执法维权等领域采取了强有力的反制行动，统一海上执法维权力量，成立了中国海警局，而且为了保障国家安全利益划设了东海防空识别区。安倍政府首次要求海上自卫队的军舰抵近中国海军舰队 3 公里处进行侦查干扰，[②] 出动 F－15 战机拦截中国海警执行公务的飞机，彰显武力解决领土纷争的强硬立场。日本军方舰机不断采取危险行动，对中国按照国际法的规定进行正常军事训练的舰艇及飞机展开抵近侦察，安倍内阁却在恶意炒作“中国军队的舰艇和飞机进出太平洋常态化，在前方海空领域的活动更加扩大和频繁”，中俄海上联合军演“扩大到包括日本北方的领域”，妄称“日本强烈担忧中国的军事动向”，这也是“地区和国际社会在安全保障上的担忧之处”。[③]

其次，促使安倍政府制定国家安保战略的主要外因是，美国战略东移推行亚太“再平衡”政策。此前，日本民主党政府抓住这一战略机遇，在政治和军事领域“重返”东南亚的。为了将美国拖入可能发生的中日钓鱼岛武力冲突，菅直人内阁修订了防卫政策，不但继承了自民党政府加强日美安保体制的政策，而且在

---

① 内阁官房：「国家安全保障戦略について」、http：//www. cas. go. jp/jp/siryou/131217anzenhoshou/nss－j. pdf。

② 「野田前政権、過度な配慮」、『産経新聞』2013 年 3 月 5 日。

③ 首相官邸：「平成 26 年度以降に係る防衛計画の大綱について」、http：//www. kantei. go. jp/jp/kakugikettei/2013/_ _ icsFiles/afieldfile/2013/12/17/20131217－2_ 1. pdf

《2011防卫计划大纲》及《2011中期防卫力量整备计划》中，新增了深化日美防务合作的四项规定，要求日美两国军力在“警戒监视”活动中进行合作，扩大日美国、日美与第三国、日美与多国之间的“联合训练”，还要求驻日美军将支援日本作为“首要任务”，以此作为日本负担美军基地费用的交换条件。[①] 安倍内阁修订的《2014年度以后的防卫计划大纲》（2014防卫计划大纲）和《中期防卫力整备计划（2014—2018年度）》（2014中期防），针对美国政要在中日钓鱼岛主权归属问题上的“摇摆”——时而表示“不持立场”，时而偏向日本——力挺美国，强调“美国依然是世界上最大的综合国力的持有国，而且明确将美国的安全保障政策及经济政策的重点向亚太地区转移（亚太再平衡）”，[②] 要求美国既要“以核遏制力为中心扩大遏制”保护日本，也要“加强日美同盟的遏制力及应对力量，维持和加强美国对日本及亚太地区承担的义务”。另一方面，安倍政府极力推进打破“行使集体自卫权”的禁区，修改“宪法解释”，催促美方修订《日美防卫合作指针》，把日美同盟作为推行日本国家安全保障战略的靠山安倍政府不但从外交、安全、驻日美军经费等方面积极协助美国，还要求美国为日本发展进攻型军力进一步松绑。

第三，安倍政府制定国家安全保障战略的深层原因是，为了打破第二次世界大战后的国际秩序，重建日本右翼政治势力梦寐以求的“正常国家”——能够对外进行战争的“能战国家”，对国家体制及军事力量进行彻底改造。安倍首相把建设能战国家的行动，美化为“为亚太及全球和平稳定作出超过以往的积极贡献”，

---

① 「平成23年度以降に係る防衛計画の大綱」、「中期防衛力整備計画（平成23年度～平成27年度）」。

② 内阁官房：「国家安全保障戦略について」。

从对外战略扩张、海外军事派遣、自卫队在国际安全事务中发挥主体作用等各方面，进一步瓦解战后经过民主改革建立的法律法规，极力推动日本走军事大国化的道路。

（二）安倍内阁制定国家安全保障战略的基础

制定国家安保战略基础是，从安倍2007年首次执政，到2012年再次执政之间，历届政府促进日本国会通过的法律、政府通过的法令、计划，以及内阁决议和政策文件。这是安倍制定的国家安保战略能否站得住、行得通的关键。

安倍第一次内阁启动的海洋战略，是安倍第二次内阁制定国家安保战略的主要基础。2007年安倍政府推动日本国会通过《海洋基本法》后，依法建立了海洋战略的一元化领导体制，启动以据“岛”圈海为当务之急的海洋战略法制建设。这不仅是激化中日钓鱼岛主权争议的源头，也是日本步入以中国为假想敌，以应对“夺岛”为目标修改防卫战略的起点。2008年3月，福田政府按照《海洋基本法》制定了《海洋基本计划》，[①] 提出了优先研究保全日本专属经济区及大陆架的划界基点海岛的命题，为构建海洋法律体系指明了方向。2009年12月，鸠山政府按照福田政府的《海洋基本计划》制定了《管理海洋保全和管理离岛的基本方针》[②]，决定研究对包括中国钓鱼岛及其附属岛屿在内的、能够决定日本专属经济区外缘的偏远海岛实施“国有化”的政策；2010年2月，又推动日本国会通过了《促进保全及利用专属经济水域及大陆架保全低潮线及建设据点设施等法律》，将上

① 総合海洋政策本部：「海洋基本計画」（平成20年3月18日閣議決定）、http：//www.kantei.go.jp/jp/singi/kaiyou/kihonkeikaku/080318kihonkeikaku.pdf、

② 総合海洋政策本部：「海洋管理のための離島の保全・管理のあり方に関する基本方針」（平成21年12月1日）、http：//www.kantei.go.jp/jp/singi/kaiyou/dai6/siryou2.pdf

述政策落实为法律。[1] 菅直人政府上台后，6月24日，内阁官房公布了《促进保全及利用专属经济水域及大陆架保全低潮线及建设据点设施等法律施行令》，[2] 7月13日综合海洋政策本部发表了《促进保全及利用专属经济区及大陆架、保全低潮线及建设据点设施等基本计划》，进一步明确推进海洋战略的具体政策和实施路径，其重点之一是，“对决定专属经济区和大陆架外缘的基础——低潮线周边的无主土地早期实施行政财产化”。[3] 12月17日，菅直人政府发表了《关于2011年以后的防卫计划大纲》，《中期防卫力量整备计划（2011—2015年度）》，完成修改防卫政策“应对岛屿攻击”的军事布局。在此其间，日本防卫省连续发表官方文件：2010年度《防卫白皮书》，2011年度《防卫白皮书》，《东亚战略概观2011》，《中国安全战略报告》等，渲染“中国军事威胁”，谴责中国“高压应对与包括日本在内的周边各国之间的利害对立”，[4] 妄称中国“成为地区和国际社会的担忧事项”。在实施钓鱼岛“国有化”之前，日本历届政府进行了全面而周密的准备。

在包括修改防卫政策在内的海洋法制建设基本就绪以后，野田政府继续修改法律，以应对日本“购岛”后中国可能作出的反应。2012年8月29日，野田政府推动日本国会表决通过了“阁第四十五号法案”《海上保安厅法及领海等外国船舶航行法部分

---

① 首相官邸：「排他的経済水域及び大陸棚の保全及び利用の促進のための低潮線の保全及び拠点施設の整備等に関する法律」（平成22年法律第41号）、http：//www. kantei. go. jp/jp/singi/kaiyou/teichousen/keikaku. pdf

② 内阁官房：「排他的経済水域及び大陸棚の保全及び利用の促進のための低潮線の保全及び拠点施設の整備等に関する法律施行令」（平成22年6月24日政令第157号）、http：//www. cas. go. jp/jp/hourei/seirei/sekourei. pdf

③ 総合海洋政策本部：「排他的経済水域及び大陸棚の保全及び利用の促進のための低潮線の保全及び拠点施設の整備等に関する基本計画」、http：//www. kantei. go. jp/jp/singi/kaiyou/teichousen/keikaku. pdf

④ 日本防衛省：「平成23年版『日本の防衛』（防衛白書）、http：//www. clearing. mod. go. jp/hakusho_ data/2011/2011/html/n1231000. html

修改法案》,[①] 为日本在中日领土及海洋权益争议海域，禁止、驱离甚至拿捕从事合法活动的中方船只提供了“法律依据”。四日后，野田政府按照既定计划，乘东京都知事石原慎太郎募捐“购岛”之势，正式与钓鱼岛的“岛主”谈判，2012 年 9 月 11 日宣布完成“购买”中国钓鱼岛的手续。上述事实证明，历届日本政府在推进海洋战略法制建设的过程中修改防卫方针政策的战略目标，主要是为了实现“拥有超过国土面积约 12 倍、面积约 447 万平方公里的专属经济区等管辖海域”。但是，这并不是日本海洋战略的全部目标。

日本海洋战略还包括了向国际海域进行的战略扩张的目标，海上通道是其重中之重。按照《海洋基本法》及《海洋基本计划》（福田海洋基本计划）提出的确保“海上运输安全与维持海洋秩序”,[②]“一揽子应对海盗、走私、偷渡、恐怖活动等海上安全问题”的规定,[③] 2009 年 6 月，麻生政府推动日本国会通过《处罚海盗行为及应对海盗法》（应对海盗法）。《应对海盗法》违反《联合国海洋法公约》第 101 条以及由主权国家组成的国际海事组织（IMO）关于“公海打击海盗”的规定,[④] 把其他国家的专属经济区划为日本“反海盗”的行动范围，并且通称为

---

① 日本参議院:「海上保安庁法及び領海等における外国船舶の航行に関する法律の一部を改正する法律案」（参議院第一八〇回・閣第四五号・海上保安庁法の一部改正）、http://www.sangiin.go.jp/japanese/joho1/kousei/gian/180/pdf/t031800451800.pdf

② 「海洋基本法」(平成 19 年 4 月 27 日法律第 33 号)。

③ 総合海洋政策本部:「海洋基本計画」(平成 20 年 3 月 18 日)、http://www.kantei.go.jp/jp/singi/kaiyou/kihonkeikaku/080318kihonkeikaku.pdf

④ 《联合国海洋法公约》第 101 条，http://big5.xinhuanet.com/gate/big5/news.xinhuanet.com/ziliao/2005-04/04/content_2784208_7.htm；另外，国际商会下属的国际海事局（IMB）发布的海盗定义是：没有必要区分海盗行为发生在公海还是发生在领土国家海域内，也不需要发生在两船之间，海盗攻击也可以包括政治目的。详见陈志瑞等“国际反海盗行动与全球治理合作”，《国际问题研究》，2012 年第 1 期。

“公海”。[①] 为日本立足马六甲新加坡海峡和索马里亚丁湾，在太平洋和印度洋以“反海盗”为契机，构建海上安全合作框架，逐步扩大军事和准军事存在的战略性举措提供了法律依据，为安倍再次上台后宣示日本“保卫”两洋海上通道创造了有利条件。

2012 年 12 月安倍第二次内阁执政之际，此前历届政府基本完成了海洋战略法律体系的构建工作，民主党政府全力推进的 400 多项海洋战略项目顺利实施，尤其是完成了“国有化”中国钓鱼岛及其附属岛屿的的计划。安倍政府认为，自 2008 年 3 月福田政府公布《海洋基本计划》已过五年，民主党三届内阁基本完成了福田计划提出的命题。今后，首要课题是应对中国强有力的反制日本“购岛”的活动。2013 年 4 月 1 日，安倍政府发表今后五年推进海洋战略的路线图《海洋基本计划》（安倍海洋基本计划），[②] 将增加海上保安厅、自卫队的舰艇、飞机及人员配置，作为最重要的“确保海洋安全”的政策。[③] 2013 年度支出海洋战略项目预算的总额创下新纪录 15506 亿日元，比 2012 年度增加 15%，[④] 足见安倍政府对海洋战略项目的资金投入力度。

综上所述，日本历届政府抓住联合国安理会号召国际社会打击海盗犯罪、美国战略东移的战略机遇，不但基本完成海洋战略法律体系建设，先后制定了包括海洋基本法、基本方针、法律、法令、海洋基本计划，修订防卫计划大纲等政策文件，而且制定了应对海盗法，修改了海上保安厅法等法律，为侵占中国钓鱼岛

---

① 内閣官房：「海賊行為の処罰及び海賊行為への対処に関する法律」（平成 21 年 6 月 24 日法律第 55 号）最終改正：平成 24 年 9 月 5 日法律第 71 号、http：//www. cas. go. jp/jp/hourei/houritu/kaizoku_ houritsu. pdf

② 综合海洋政策本部：「海洋基本計画」（平成 25 年 4 月）、http：//www. kantei. go. jp/jp/singi/kaiyou/kihonkeikaku/

③ 「海洋基本計画安全確保への方針を明記」、『日本経済新聞』2013 年 4 月 1 日朝刊。

④ 综合海洋政策本部：「平成 25 年度海洋関連予算（概算要求）の概要」、http：//www. kantei. go. jp/jp/singi/kaiyou/sanyo/dai10/siryou2. p

进行了缜密的准备，为自卫队和海上保安厅在日本国内外发挥军事及准军事作用提供了国内法的依据，有力促进了日本防卫战略的外向转变。特别要指出的是，日本不断推进的海洋战略，是包括经济、外交、科研教育、军事及准军事领域的综合性国家战略，已有七年多的实践经验，无论在高度集权的战略决策与领导体制建设上，还是在具体政策和计划的推进落实上，都为安倍第二次内阁制定国家综合安全保障战略，完成国家安全顶层设计奠定了坚实的基础，为安倍内阁整合统一海洋、防务、外交战略，制定日本国家安全保障的整体规划创造了条件。

第二节　国家安保战略顶层设计三步骤

日本国家安保战略顶层设计的三个步骤如下：

（一）国家安保战略顶层设计的第一步骤是，作为规划日本国家安全战略的首要环节，安倍政府制定并推动国会通过了《特定秘密保护法》。2013 年 12 月 6 日，日本国会表决通过的《特定秘密保护法》，在保护国家安全的名义下，使保障“日式民主”的有效机制丧失了作用。迄今，日本国会议员、新闻记者等民间人士，往往在发现军方或其他国家机构的违宪、违法活动后（如日本防卫部门的数十名军官瞒天过海制定对外作战计划“三矢计划”），首先在国会或媒体上曝光，引起社会舆论的关注；日本民间团体通过示威抗议活动，借助媒体进一步扩大政治影响，唤起社会普遍关注争取各界团体支持；达到迫使政府表态或提上国会质询，在不同程度上遏制违宪违法活动的目的。实行《特定秘密保护法》后，类似揭露“三矢计划”的个人行为将会受到法律惩罚，媒体及群众组织等也会对涉及这类敏感问题退避三舍，这就从法律上保证了历史上备受诟病的“密室政治”，今后可以大行其道，“安倍独裁体制”能够顺利运行。

（二）国家安保战略顶层设计的第二步骤是，实现以安倍为核心的日本国家安全战略的最高决策机制并实现立法。安倍内阁于2013年12月4日颁布了《国家安全保障会议设置法》，即日生效。《国家安全保障会议设置法》规定，内阁设立审议日本安全保障领域重要事项的机构——国家安全保障会议（NSC）。国家安全保障会议由内阁总理大臣担任议长并“掌管会务”，由国务大臣担任“议员”，“如内阁总理大臣认为有必要，将必须按照规定向会议咨询。”按照审议事项的具体内容，首相分别召集九位或四位大臣作为审议议员。议长及议员都不是常设职位（“非常勤”），仅在需要时召集会议进行审议。但会议的下属职员是常设的固定职位，由来自《国家安全保障会议设置法》颁布前后的所有相关新老政府部门（府、省）及其所属机构的职员担任，这些职员主要来自内阁府、总务省、法务省、外务省、财务省、文部科学省、厚生劳动省、农林水产省、经济产业省、国土交通省、环境省等相关机构，由此可见，国家安全保障会议是总揽国家各部门的一元化最高决策机构。国家安全保障会议的主要职责是审议下列重大事项，“根据需要，向内阁总理大臣阐述意见”：1. 国防基本方针；2. 防卫计划大纲；3. 与上述两个政策文件相关的调整产业的计划；4. 关于应对武力攻击事态等（指武力攻击事态及预测武力攻击事态，下同）的基本方针；5. 关于应对武力攻击事态等的主要事项；6. 关于应对周边事态的重要事项；7. 关于自卫队法（昭和29年法律第165号）第三条第二项第二款有关自卫队活动的重要事项；8. 关于国防的重要事项（以上各事项除外）；9. 有关国家安全保障的外交政策与防卫政策的基本方针及其相关政策的重要事项（以上各事项除外）；10. 关于应对重大紧急事态（主要是通常应对紧急事态的体制难以妥善应对的事态，或者有可能对日本国家安全带来重大影响的紧急事态）的重要事项；11. 其他有关国家安全保障的重要事项。① 其中，第1—8、11项由首相召集总务大臣、外务大臣、经济产业大臣、国土交通大臣、防卫大臣、内阁官房长官及国家公安委员会委员长作为议员审议，第10项根据事态的种类，预先由首相指定的内阁官房长官及国务大臣进行审议。第9项“关于国家安全保障的外交政策与防卫政策的基本方针及其相关政策的重要事项”的审议，则仅限于首相召集内阁官房长官、防卫大臣和外务大臣。即，审议已有明确界定的事态的议员为九名大臣，审议有关外交和防卫政策的基本方针及相关政策的议员为四名大臣——首相及首相的三名亲信是国家安全保障会议的决策顶层，这四个人掌管着国家安全保障会议——指挥日本军事和外交等部门的最高决策权。说到底，安倍首相及其最信任的三名心腹人物——以安倍为核心的“四人帮”主宰日本的国家命运。在战后的日本国家机器中，从未有过在现有议会制度之上“屋上架屋”设置最高决策机构的政治架构——“首相独裁体制”。

（三）国家安保战略顶层设计的第三步骤是，2013年12月17日，安倍内阁和安全保障会议通过了《国家安全保障战略》，明确确定：“日本政府将根据本战略，在国家安全保障会议（NSC）的指挥下，依靠政治上强有力的领导，作为政府全体更加有战略、有体系地实施国家安全保障政策”。② 这一规定证实，安倍政府出台的《特定秘密保护法》、《国家安全保障会议设置法》，为其实施国家安全保障战略铺就了轨道。

---

① 首相官邸：「国家安全保障会議設置法（昭和61年5月27日法律第71号）」（最終改正：平成25年12月4日法律第89号）、http：//www.kantei.go.jp/jp/singi/anzenhosyoukaigi/konkyo.html

② 内閣官房：「国家安全保障戦略について」、http：//www.cas.go.jp/jp/siryou/131217anzenhoshou/nss-j.pdf

《国家安全保障战略》，首次明确宣示今后十年日本国家安全保障的战略方针，提出统一防务与外交的“战略抓手”。同时发布的还有按照国家安全保战略提前修订的两个防卫政策文件《2014 年度以后的防卫计划大纲》（2014 防卫计划大纲）和《中期防卫力整备计划（2014—2018 年度）》（2014 中期防卫力量整备计划），在“积极和平主义”的招牌下，结束了战后蛰伏在“专守防卫”、“构建基础防卫力量”的框架内渐进壮大军事力量的历史，开辟了对外进行军事战略扩张的新时代。这是日本战后史上具有划时代意义的一件大事。其意义在于：第一，从政府部门——防卫省承担的防卫战略，升级为包括本土安全与经济发展安全的国家综合安全保障战略。第二，国家安全保障会议直接负责、统一指挥防卫省、外务省等政府部门落实既定的方针政策。第三，国家安全保障战略是日本有史以来首次制定的宏大的综合性战略：从抵御外来武力威胁，拓展为应对包括非传统安全威胁在内的综合性的安全威胁；从军事安全领域，拓展为包括资源、能源、海上运输安全等经济安全的综合安全保障领域；从防卫本土，拓展为包括海洋、宇宙及网络空间等无国界的“国际公域”；从解决上述各领域中已经发生的安全保障问题，拓展为“改善日本安全环境”的预防性干预。日本国家安全保障的实行范围没有地理界线，只有经过精美包装的明确目标——“加强建立在普遍价值和规则之上的国际秩序，发挥主导解决争端的作用，改善全球性安全保障环境，构筑和平、稳定、繁荣的国际社会”。[①] 显而易见，出自安倍政府的宏大战略蓝图，不但涵盖了“日本周边”、亚太地区，而且囊括“全球安全保障环境”，不但要“加强建立在普遍价值和规则之上的国际秩序”，而且要“发挥主导解决争端的作用”，安倍宣示的国家战略指向表明，日本不

① 内阁官房：「国家安全保障戦略について」。

再继续坚持战后和平发展的道路，走上了对外战略扩张之路。这是迄今任何一届“鹰派”、“极右翼”内阁都未能实现的政治夙愿。

总之，《特定秘密保护法》和《国家安全保障会议设置法》与《国家安全保障战略》，作为日本国家安全战略顶层设计的三个步骤，环环相扣，相得益彰：《国家安全保障会议设置法》建立了“安倍独裁体制”，《特定秘密保护法》为安倍内阁制定国家安全战略的总纲领排除可能出现的政治阻力，为“安倍独裁体制”提供法律保障，《国家安全保障战略》确定了日本国家安全保障战略的总规划。可以断言，今后，日本国会及社会各界，将无法有效、直接监督国家安全保障会议的审议，无论是在事关国家发展的关键节点上，还是在处理日本与邻国间的重大问题上，都难以做主了。可以说安倍首相“依法”架空了“日式民主”制度，清除了捍卫战后日本和平民主主义宪法原则的有效机制。

第三节　日本国家安全保障的战略指向

《国家安全保障战略》是日本国家安全保障的全盘规划和总纲领，在渲染“围绕日本的安全保障环境更加严峻”的前提下，首次明确规定了为期十年的安保战略及其实施路径，宣示日本的“国家利益”，“决定了日本在国际社会中应有的前进方向”，包括海洋、宇宙、网络、政府开发援助、能源等各个领域。以有关“海洋安全”的内容为例，《国家安全保障战略》统一规划了分散在防卫、外交，海洋战略等各领域中的战略安排，完成了最高层级的战略规划。

梳理日本国家安全保障的战略指向，可以归纳为三个部分：

（一）污蔑中国是亚太地区及全球安全领域内最重要的“风险”制造者

《国家安全保障战略》评估日本“直接面对复杂而重大的国家安全保障课题”，将“中国的迅速崛起与在各领域中的积极拓展”，视为超过“国际恐怖威胁”和“大规模杀伤性武器扩散威胁”、海盗、“朝鲜威胁”的安全威胁，渲染“中国威胁”可谓登峰造极。

首先，《国家安全保障战略》列出题为“全球性安全保障环境与课题”的负面清单：1. “力量均衡”变化与技术革新迅速发展；2. 大规模杀伤性武器扩散的威胁；3. 国际恐怖威胁；4. 国际公域（全球公域）的风险；5. “人员安全保障”；6. 全球经济风险。中国在第1项“力量均衡变化与技术革新迅速发展”中的定位是，“改变力量均衡的是中国和印度等新兴国家，特别是中国，在国际社会的存在感越来越高”。[1] 在第4项“国际公域（全球公域）的风险”内，中国被描绘成最主要的负面因素：“近年，妨碍海洋、宇宙空间、网络空间的自由进入及使用的风险扩散，并且越来越严重”。在日本大部分进口资源和能源所依赖的“从中东地区到日本近海的海上通道，由于沿岸国的地区争端、国际恐怖及海盗活动等各种问题变得更加脆弱”。“特别是在南中国海，沿岸国与中国之间围绕领有权发生的争端，带来海洋法治、航行自由及东南亚地区稳定的担忧”。所以，“为了有效应对这些风险，需要国际社会合作制定适当的国际规则并加以遵守，无论在经济发展，还是在安全保障上都成为更为重要的课题”。此外，《国家安全保障战略》还炒作中国数年前进行的卫星实验是宇宙空间的“风险”：“宇宙空间伴随利用宇宙国家的增加而越来越混乱，以摧毁卫星实验及人造卫星冲突等造成的宇

① 内閣官房：「国家安全保障戦略について」。

宙垃圾增加，以开发反卫星武器为首的动向，存在妨碍持续、稳定利用宇宙空间风险。”

其次，《国家安全保障战略》列出另一份负面清单“亚太地区的安全保障环境与课题”：1. 亚太地区的战略环境的特性；2. 朝鲜军事力量的增强与挑衅行为；3. 中国迅速崛起与在各领域中的积极拓展。除第 2 项朝鲜问题之外，所有负面表述均指向中国。第 1 项“亚太地区的战略环境的特性”提出：伴随着力量均衡变化而产生的问题和紧张，以及围绕领土主权与权利的问题，容易出现既不是单纯的“平时”、也不是“有事”的“灰色事态”（灰色区域事态），“灰色事态存在着转变为更重大的事态的风险”。第 3 项“中国迅速崛起与在各领域中的积极拓展”提出：在持续增加国防开支和缺乏充分的透明性的背景下，“中国在东海、南海等海空领域，基于与现有的国际法秩序不相容的独自主张，正在显现出尝试以力量改变现状。特别是，入侵日本尖阁诸岛（中国钓鱼岛及其附属岛屿——著者）附近领海及侵犯领空等，在日本周边海空领域的活动迅速扩大并增加频率，与此同时，在东海独自划设‘防空识别区’，显示妨碍公海上空飞行自由的动向。中国的这种对外姿态和军事动向等，与中国军事和安全保障政策的透明性不足相辅相成，成为包括日本在内的国际社会的担忧事项，有必要慎重关注中国的动向。”此外，近年台湾海峡两岸之间的经济结合关系不断深化。但两岸的军事平衡发生变化，同时存在着稳定性与潜在的不稳定性。[①]

上述内容显示，在日本国家安全的顶层设计中，中国在全球安全的负面清单内，被定性为“改变力量均衡的主要行为体”，是“自由使用”海洋和宇宙空间等国际公域的障碍，制造了影响国际公域安全的风险，这反映出安倍政府散布所谓中国威胁论的

---

① 内閣官房：「国家安全保障戦略について」。

最新动向——在夸大中国军事开支及透明度之外另辟新径，把中国污蔑为国际公域的安全威胁，为中国贴上制造全球性风险的标签，为日本在“国际公域”乃至全球安全事务中，作出“超过以往的积极的和平贡献”提供口实。在亚太安全的负面清单内，中国不但是产生“问题和紧张”的责任方，而且还被列为制造“灰色事态”的责任方。日本把中国定性为亚太地区最主要的安全威胁。在中国没有动用军事力量维护领土主权完整的情况下，仍被污蔑为改变力量均衡的主要行为方，“灰色事态”与“国际公域风险”的制造者，中国在安倍政府出示的全球安全问题的负面清单中占1/3的比重，在亚太安全问题的负面清单内则占2/3。无须赘言，安倍政府炮制的《国家安全保障战略》，矛头直指坚持和平发展道路的中国。日本对亚太及全球安全环境的评估，妄称中国是恶化亚太地区安全环境，引发“国际社会担忧”的最主要的行为方，把打破搁置争议的现状“购买”中国钓鱼岛及其附属岛屿的日本美化为“受害国”，把用非军事方式应对日本、菲律宾等侵占中国岛屿的中国，污蔑为用“力量”改变国际秩序的挑战者。日本如此罔顾事实恶毒诽谤的目的，无非是为日本宣示“国家利益”和“国家安全保障”的目标做铺垫，为日本在莫须有的维护“国际公域安全”的借口下，主导制定“国际规则”，达到确立日本的“准霸主”地位的目的。

（二）宣示日本的“国家利益”和“国家安全保障目标”

《国家安全保障战略》首次界定并宣示了非常宽泛的“国家利益”与“国家安全保障目标”。日本的“国家利益”包括：第一，维护日本的主权和独立，“保全领域”，确保国民的生命财产安全等。第二，通过经济发展，实现日本与日本国民更加繁荣，和平与安全国家稳固。“为此，作为海洋国家，特别是在亚太地区，加强通过自由贸易与竞争实现经济发展的自由贸易体制，不能缺少稳定性及透明性高、容易展望的国际环境。”[①] 不难看出，在日本界定的日本国家利益中，维护日本的主权和领土完整，确保日本国民的生命财产安全仅占一小部分。除此之外还包括：1. 中国钓鱼岛及其附属岛屿及俄日韩日争议岛屿；2. 日本擅自划定的专属经济区及大陆架；3. 表述模糊的“保全领域”；4. 亚太地区的自由贸易体制；5. “稳定、透明并易于展望的国际环境”。这些都是“日本保持稳定与繁荣的国家利益”。日本之所以将国家利益扩大到整个亚太地区，无非是为了引申出日本的国家安全保障战略的“基本理念”和“国家安全保障的目标”。

《国家安全保障战略》提出：为保卫上述国家利益，在国际社会中发挥与日本相称的责任，将基于国际协调主义的积极和平主义，作为国家安全保障的基本理念，实现下列国家安全保障的目标。国家安全保障的“基本理念”是：“将积极和平主义作为国家安全保障的基本理念，为保卫上述国家利益，在国际社会中发挥与日本相称的作用”。在这个冠冕堂皇的基本理念下，《国家安全保障战略》提出了三个“国家安全保障的目标”：第一目标，防止对日本的直接威胁，在发生威胁时，排除并最大限度减少威胁；第二目标，加强日美同盟，与区域内外的伙伴加强信任和合作关系，通过推进实质性的安全保障合作，改善亚太地区的安全保障环境，预防和减少对日本的直接威胁；第三目标，通过不断的外交努力和更大的人力贡献，加强建立在普遍价值和规则之上的国际秩序，发挥主导解决争端的作用，改善全球性的安全保障环境，构筑和平、稳定、繁荣的国际社会。[②] 上述三个目标表明了日本宏大的战略扩张野心。具体分析如下。

---

① 内閣官房：「国家安全保障戦略について」。

② 内閣官房：「国家安全保障戦略について」。

“保卫日本上述国家利益”的第一目标，由主权和独立、“保全领域”、国民生命财产安全三要素组成，其中不仅包括维护日本的主权和领土完整，确保日本国民的生命财产安全，而且包括：1. 日本声称拥有主权的中国钓鱼岛及其附属岛屿，存在中日两国专属经济区划界争议的东海海域，韩国的独岛，俄罗斯的南千岛群岛等；2. 日本违背国际法圈占的“冲之鸟岛专属经济区”；3. 日本擅自划分的专属经济区及大陆架；4. “保全领域”。使用这种模糊表述寓意深远。比对分析《国家安全保障战略》的其他内容，“领域”既不在以上列举的区域之内，也没有界定具体范围。著者认为其中包括三个领域：第一，包括太平洋和印度洋之间的海上通道在内的国际海域；第二，宇宙空间；第三，网络空间。日本把这些国际海域和空间作为日本需要“保全”的领域，列为保障国家安全的首要目标。由此可见，日本宣示的国家利益与国家安全保障的第一目标，不仅远远超过日本的主权管辖范围，而且超出日本独自主张的“主权管辖范围”。这表明今后日本将在世界范围内保卫其“国家利益”。

“保卫日本上述国家利益”的第二目标，由两大要素组成：一是加强日美同盟；二是日本与“区域内外的伙伴”推进安全保障合作，以改善亚太地区的安全环境，“预防和减少对日本的直接威胁”。在继续加强日美同盟的同时，日本将与其他“伙伴”加强安全保障领域的合作，彰显日本对外安全合作的多元化发展。将亚太地区的稳定与繁荣作为日本的国家利益，表明日本国家安全战略的膨胀程度，日本与“区域内外的伙伴”推进安全保障合作，证明日本争夺区域内外国际安全合作主导权的勃勃野心。

“保卫日本上述国家利益”的第三目标是，通过外交和人力贡献，“加强建立在普遍价值和规范之上的国际秩序，发挥主导解决纷争的作用。”外交和人力贡献的具体内涵如下：1. 继续推行“价值观外交”，在国际机构及国际活动中增派更多的日本人；2. 在海洋、宇宙和网络空间，规范“国际秩序”；3. 把日本“主导解决国际纷争”作为今后十年的努力目标。这是日本政府首次明确宣布，通过主导解决国际纷争改善全球安全环境，维护全球安全局势的稳定——安倍内阁公然对世界霸主美国“叫板”。

换言之，日本上述三个国家安全保障目标的深层内涵是，第一，日本将通过自身努力保卫以下“国家利益”：1. 保护日本实施“国有化”的中国钓鱼岛及其附属岛屿，择机侵占韩日俄日争议岛屿；2. 日本用“冲之鸟”礁非法圈占的国际海域，以及日本擅自划分的、存在国际争议的专属经济区和大陆架；3. “保全”尚未明确界定的、与日本国家安全利益有关的“领域”。第二，日本将通过日美同盟及与其他伙伴国的安全合作，在亚太地区及国际公域（海洋、宇宙和网络空间），主导塑造于己有利的“国际秩序”，在亚太构筑“保卫日本上述国家利益”的第一道安全防线。第三，通过加强外交和军事领域的人力贡献，在全球安全事务中确立日本解决国际纷争的主导地位。不言而喻，其中包括围绕南海岛礁的主权争议。

通过对日本“国家利益”和“国家安全保障目标”剖析，可见安倍内阁宣示的《国家安全保障战略》，已经远远超过保卫本国安全的范围，是不折不扣的对外战略扩张，囊括了非传统安全、国际交流合作、国家经济安全、“国际公域”等诸多领域。今后的日本，将从拥有陆海空军的军力，发展为包括网络、太空等领域的新型军力，以及应对各种非常传统安全的实力。未来十年，日本将竭尽全力参与亚太地区及全球安全事务，逐步掌握国际纷争的主导权，确立仅次于美国的“准霸主”地位——这就是安倍领导下的日本要走的“国家正常化”之路。

第四节　指导防务和外交的“战略抓手”

为了实现上述日本“国家利益”和“国家安全保障”的三个目标，《国家安全保障战略》确定了指导日本防务和外交的“战略抓手”——推进路径和方针政策。

“日本应该采取的以外交和防卫政策为中心的战略抓手”共有六项，规定这六项战略抓手的主旨是，“在加强并切实发挥日本自身能力的同时，适应情况的变化改变日本的能力，在加强经济和技术力量之外，加强外交和防卫力量，提高日本国家安全保障的强韧性。”[①] 其中，前四项包括较多涉及日本对中国的方针政策，通过深入分析能够看清日本处心积虑通过制衡中国的路径，达到清除日本称霸道路上的障碍的国家意志。

（一）第一个战略抓手是“加强和扩大日本的能力和作用”，包括以下 10 项方针政策：

1. “为创造稳定的国际环境加强外交”：“不被动应对发生的事情和事件，必须主导设定国际社会的课题，积蓄能动增进日本国家利益的力量”，“有必要在国际社会渗透日本的主张，聚拢支持日本立场的外交创造力及交涉力”。包括向联合国等国际机构增派日本职员等，作出更积极的贡献。“加强外交对于实现确保国家安全保障不可或缺”。[②] 安倍政府从国家安全战略的高度，制定了“向国际社会渗透日本主张”的外交路线和发动国际舆论战的具体方针，重视向联合国等国际机构增派日本职员，通过各种方式为提高日本的国际地位服务。充分体现了外交与军事相结

---

① 内閣官房：「国家安全保障戦略について」。
② 内閣官房：「国家安全保障戦略について」。

合，软硬兼施，刚柔相济的战略特点。

2. “构建彻底保卫日本的综合防务体制”：日本处于严峻的安保环境中，为确保日本的和平与安全，根据战略环境的变化和国力国情，建设高效统一的综合防务力量，以统一运用为基本，努力提高运用防务力量的灵活性和快速反应性。与此同时，不仅与政府机构、还要与地方公共团体和民间部门深化协作，从平时做起构建综合体制，无缝应对从武力攻击事态到大规模自然灾害的所有事态。日本自卫队位于这一综合体制的中心，根据国家安全保障战略、防卫计划大纲及中期防卫力量整备计划等作出的规定，在进行有计划的体系建设的同时，从统一和综合的角度出发，优先实施重要功能建设，加强遏制并应对各种事态的体制。以自卫队为中心，构建从武力攻击事态到发生大规模自然灾害的“无缝应对所有事态的综合体制”。[①] 所谓无缝应对所有事态的综合体制，是兼具应对战争和大规模自然灾害的、民为军用的综合体制建设，要求地方公共团体和民间部门与政府机构共同行动，其实质是建设能战国家体制。这是继小泉内阁加强战争法制建设、实现应对“武力攻击事态”等战时法律的立法之后，安倍内阁重构国家战争体制的新地标——进入建设战时与平时兼用的国家综合安保体制的新时期。

3. “加强保全领域的措施”：“加强执法机构的相当于领域警备的能力和海洋监视能力。此外，相关省厅间加强协作，做到能够无缝应对各种不测事态。”[②] 这是除了综合防务体制建设之外的另一项实力建设政策，至少包括国土交通省辖下的准军事力量，有日本“第二海军”之誉的海上保安厅。海保厅除了担负应对中日钓鱼岛争端等任务外，也要通过加强能力建设，承担海上

---

① 内閣官房：「国家安全保障戦略について」。

② 内閣官房：「国家安全保障戦略について」。

自卫队的“领域警备”和海洋监视等方面的任务。这项政策将产生激活、发展并运用海保厅的准军事功能的效果，无论在人力资源、舰船装备，还是在财政支出上，都有利于解决“应急”和财政资源不足的难题。

4. “确保海洋安全保障”：作为海洋安全保障的顶层设计，《国家安全保障战略》提出的这项方针政策，较之“新海洋立国”战略更为缜密、宏大，具有鲜明的对外战略扩张性质。针对“南海沿岸国与中国发生围绕主权的争议，给海洋法治、航行自由和东南亚地区稳定带来了担忧”的现状，宣示日本确保海洋安全的基本理念：“日本作为海洋国家与各国紧密合作，不用力量，确保航行、飞行自由和安全，为了维护和发展根据国际法和平解决争端的基本规则的秩序所支持的‘开放而稳定的海洋’，发挥主导作用”。用如此冗长的定语修饰“开放而稳定的海洋”，只是为了美化日本的基本理念，即，日本的基本理念“开放而稳定的海洋”是“秩序所支持”的，而“秩序”是建立在“国际法和平解决争端的基本规则”上的，所以，日本的基本理念不仅仅是为了维护日本自己的海洋安全，而是维护“秩序”，也就是维护国际法。总之，日本如此表述的用意是，日本关于海洋安全的基本理念体现了“国际法关于和平解决争端的基本规则”和“国际秩序”，所以，日本理应发挥主导海洋安全的作用，主导南海发生的国际纷争是维护国际法的行为，而不是出于在东海渔利的一己私利。

“确保海洋安全保障”分为三个层次：（1）“对海上通道的各种威胁，采取应对海盗等必要措施，在确保海上交通安全的同时，推进与各国的海洋安全保障合作。”（2）“日本的海洋监视能力在这些活动中很重要，要注意构建国际网络，包括活用宇宙在内，加强其综合性。争取增加与海洋安全保障相关的双边和多边联合训练的合作机会并提高质量。”（3）“经波斯湾及霍尔木兹海峡、红海及亚丁湾到印度洋，经马六甲海峡、南中国海到日本近海的海上通道，对于资源和能源大多依靠海上运输的日本很重要。因此，在提高这些海上通道的沿岸国等海上治安能力的同时，与日本共有战略利害的伙伴加强合作关系。”①(后述)。

5.“强化网络安全”：“包括疑似国家参与的网络攻击在内，防护日本重要的社会系统。国家作为一个整体，跨组织跨领域横向综合推进，进一步加强防护网络空间及应对网络攻击的能力。除在国内采取各种防范措施外，提高日本的“国际协调能力”。“在广泛领域内加强国际合作不可或缺，为此，在技术与应用两个方面采取加强国际合作的政策，扩大与相关国家共享情报，推进网络防务合作。”

6. 强化国际反恐对策（略）。

7. 加强情报功能（略）。

8. 军事装备与技术合作：从积极和平主义出发，“通过活用军事装备等，更积极地参加和平贡献和国际合作，追求参加军事装备的共同开发和生产。

9.“推进稳定使用宇宙空间以及在安全保障领域充分利用宇宙”：在维护和提高支撑宇宙开发领域的科学技术和产业基础的同时，从安全保障的角度推进活用宇宙空间。特别有必要扩充和加强情报收集卫星。在运用自卫队部队、收集和分析情报、监视海洋、信息通信、定位等领域内，有效应用日本等拥有的各种卫星。与此同时，建立监视宇宙空间状况的体制。此外，在推进宇宙开发利用之际（包括支撑卫星制造的技术等宇宙开发利用技术），从中长期的角度出发，照顾到有益于国家安全保障。

---

① 内阁官房：「国家安全保障戦略について」。

10. 加强技术力量（略）。[①]

通过落实以上10项方针政策，“加强和扩大日本的能力和作用”，是日本国家安全保障战略排序第一战略抓手，囊括了军事、外交、网络、海洋、宇宙等安全保障的所有方面，指明了日本建设军事强国的道路。

（二）第二个战略抓手是“加强日美同盟”。以日美安保体制为核心的日美同盟是日本国家安全保障的基轴。对美国而言，日美同盟在美国与韩国、澳大利亚、泰国、菲律宾之间的同盟网络中是“核心要素”，迄今一直是美国亚太战略的基础。在经济领域，通过缔结跨太平洋经济伙伴关系（TPP）协定的交涉等，实现亚太地区的经济繁荣。日美两国除了双边关系外，为了包括亚太地区的国际社会整体的和平稳定及繁荣，一直在多个领域不断加强并扩大合作关系。今后，在日本安全之外，为维护增进亚太和平等，有必要进一步提高日美安全保障体制的实效性，“实现更加多面化的日美同盟”。具体政策包括：

1. 在宽泛的领域内进一步加强日美安全保障与防务合作：（1）日本通过自己加强防务力量提高遏制力，依靠美国对日提供包括“扩大遏制”在内的日美同盟的遏制力，确保日本安全；（2）日美关于防务合作的应有方式，日美的主要任务、能力（RMC）的见解等，进行具体讨论，根据国家安全保障战略，寻求与各项政策的整合性，修改《日美防卫合作指针》；（3）在联合训练、联合收集情报、警戒监视、侦察（ISR）活动及美军和自卫队的设施及区域的共同使用之外，包括应对事态和中长期战略在内，紧密进行各种运用合作和调整政策；（4）在宽泛领域内，加强弹道导弹防御、海洋、宇宙空间、网络空间、大规模救灾方面的合作，提高日美同盟的遏制力；（5）为寻求加强包括提

---

① 内閣官房：「国家安全保障戦略について」。

高相互运用性在内的日美同盟的基础，采取装备和技术合作，人员交流等多方面的措施。

2. 确保美军稳定存在：（1）为了美军在亚太地区形成最适当的军力态势，日本提供能动性的合作，同时，维持并提高遏制力，减轻以冲绳为首的当地负担；（2）根据日美协议，切实推进美国海军陆战队搬迁关岛和驻日美军重组，扩大共同使用的设施及区域；（3）包括普天间机场搬迁在内，尽最大努力促进冲绳减轻负担。[①]

（三）第三个战略抓手是“为了国际社会的和平与稳定，与伙伴加强外交和安全保障合作”，将日本的“伙伴”分为七个类型，确定了不同的安全保障合作政策。

（1）第一类是日本在亚太地区“共有普遍价值与战略利益”的安全合作伙伴，包括韩国、澳大利亚、东盟各国及印度。韩国排在第一位：“对日本安全保障而言，韩国是邻国，在地缘政治上同样极其重要，与韩国加强紧密协作对于应对朝核、导弹为首的地区和平稳定的课题具有很大意义。为此，今后将关注多层次的日韩关系，加强安全保障合作的基础。特别是日美韩三边合作，是实现东亚和平稳定的关键框架。加强双方在朝核、导弹等问题上的合作。关于竹岛的主权问题，根据国际法基于和平解决纷争的方针，进行不屈不挠的外交努力。”[②] 自从2012年民主党政府与韩国在最后签署日韩军事情报保护协定前夭折后，美日两国并未放弃努力。2014年12月，美韩日三国签署了《美韩日关于朝鲜核与导弹威胁的情报交流协议》，韩联社报道称，协议的内容包括韩国与日本通过美国交流有关朝鲜核与导弹的情报。美国作为韩日两国的“中间国”双向传递韩日提供的情报，实现三

① 内閣官房：「国家安全保障戦略について」。
② 内閣官房：「国家安全保障戦略について」。

国共享情报。通过这种形式，美国实际上掌控了美韩日三方情报互换框架，日本利用这一框架，新增了一条与美国共同介入“朝鲜问题”的途径。韩日两国也可以绕开迟迟难以解决日军慰安妇问题的困局——在安倍第三次内阁与韩国政府 2014 年 12 月举行的副外长级对话中，日本外务事务次官斋木昭隆表示日方不能承认就此负有法律责任。与此同时，韩国国内批评在防务领域与日本合作的呼声高涨，最大在野党“新政治民主联合”的官员就这一备忘录指出：“这是 2012 年因国民反对而夭折的韩日军事情报保护协定的变种”，“会被认为是给日本实现军事大国和解禁集体自卫权提供了正当性”，这位官员还担心“此举会被认为是美国对华包围圈的一环。”

澳大利亚作为日本的“战略伙伴”，在日本的亚太安全合作伙伴中的地位仅次于韩国。日本的对澳政策是：日本与澳大利亚不仅共有普遍价值，而且共有“战略利益和关切”，有必要在加强两国互补性的经济关系的基础上，切实推进“共有战略认识和安全保障合作，加强战略伙伴关系”。日本还将在“推进形成亚太地区的秩序”，“为维护和加强国际社会的和平稳定的活动中，与澳大利亚进行广泛的合作”。届时，将适当活用日美澳三边合作框架。[①] 显然，日本关于日澳安全合作关系的定位，并未与日美澳三边合作并列——日澳合作是常态性的双边合作架构，日本从日澳合作的需要出发，适当利用日美澳三边合作框架，而不是将日澳合作从属于日美澳三边合作。这充分显示出安倍内阁的战略自主性。

东盟国家在日本的亚太安全合作伙伴中排序第三：“与占据日本的海上通道要冲地的东盟各国，基于四十年以上的传统伙伴关系，在以政治、安全保障领域为首的所有领域深化和发展合

---

① 内阁官房：「国家安全保障戦略について」。

作。”排在第四位的是“位于日本的海上通道的中央，在地缘政治上占据重要位置的印度”，日本将根据日印两国建立的全球伙伴关系，在以海洋安全保障为首的广泛领域内加强关系。[①]

（2）第二类伙伴是中国。

（3）第三类是朝鲜。

（4）第四类是俄罗斯。

日本对中朝俄三国的合作政策，与第一类“共有普遍价值与战略利益”伙伴国截然不同（后述）。

（5）第五类是地区现有的多边论坛框架。具体包括：日本将充分利用和活用亚太经合组织（APEC）、东亚峰会（EAS）、东盟与中日韩（ASEAN＋3）、东盟地区论坛（ARF）、东盟扩大国防部长会议（ADMM＋X）、跨太平洋经济伙伴关系（TPP）等功能性和多层次的地区合作框架，日美韩、日美澳、日美印等三边框架，以及与地理上相近的经济大国日中韩的合作框架。日本将为这些框架的发展作出积极贡献，进而也要为“将来在东亚地区能够建立更为制度性的安全保障框架”做出适当的贡献。

（6）第六类是日本的“友好国家”。包括蒙古、中亚各国、西亚和南亚各国、太平洋岛国、新西兰、加拿大、墨西哥、哥伦比亚、秘鲁、智利等亚太地区的友好国家，日本将“为确保亚太地区的稳定”与这些国家开展合作。

（7）第七类是发挥重要作用的亚太地区以外的国家。共分为以下四个等级：第一等级是欧洲：以英国、法国、德国、意大利、西班牙、波兰为首的欧洲各国，是在国际社会的和平稳定及繁荣中“共同发挥主导作用的伙伴”。日本将进一步加强与欧洲的关系，包括与欧盟（EU）、北约（NATO）、欧安会（OSCE）加强合作。此外，还将与“日本做出过民主化贡献”的东欧各

① 内閣官房：「国家安全保障戦略について」。

国、波罗的海各国、以及高加索各国加强关系。第二等级是新兴国家：日本与巴西、墨西哥、土耳其、阿根廷、南非等新兴国家之间的合作，不限于双边关系，将在推进全球性议题上开展合作。第三等级是中东国家：中东的稳定直接与日本能源的稳定供给相关。海湾各国是日本最大的原油供给来源。日本将与海湾国家加强超越以资源和能源为中心的关系——在广泛领域内，建立经济尤其是包括政治和安全保障领域在内的多层次的合作关系。日本将为解决阿拉伯各国的民主化问题、伊朗核开发问题、叙利亚和阿富汗问题、中东和平等涉及中东稳定的重要问题发挥积极作用。并且与美欧各国、沙特阿拉伯、土耳其等在中东地区发挥重要作用的国家进行协调。第四等级是非洲：战略资源丰富、经济持续增长的非洲，是大有希望的“经济边地”，非洲也在国际社会扩大了发言权。通过 EICAD 进程，为非洲的发展与和平继续做贡献。另外，还将在国际场合推进合作。[1]

日本对上述七种类型的“伙伴”，制定了不同的外交与安全合作政策，事实充分证明，《国家安全保障战略》推进对外安全合作的路径，不再是单一的防务和外交政策，而是防务与外交相融合的综合政策。安倍内阁作为“以日美同盟为轴心的日本外交”的终结者，宣示了包括非传统安全、军事和外交领域的全方位的日本对外安全合作政策。

（四）第四个战略抓手是“为国际社会的和平稳定努力作出积极贡献”。

1. 加强联合国外交。联合国是以安理会维护和恢复国际和平与安全的集体安全保障制度为核心设立的，“但是，这个制度迄今并未充分发挥当初预想的作用。”另一方面，联合国的正统性是由范围广泛的参加国的普遍性和专业性支撑的，这是联合国主

① 内閣官房：「国家安全保障戦略について」。

导世界和平与安全的各种活动的力量所在。特别是冷战结束后，联合国在维护和恢复国际和平与安全领域中的作用越来越大。今后，日本将根据迄今数次担任安理会的非常任理事国的经验，在联合国的国际维和及复兴领域作出更加积极的贡献。日本不局限于联合国维和活动（PKO）和集体安全保障措施、以及预防外交和斡旋等外交手段，将从纷争后的紧急人道主义援助到战后复兴援助的“无缝援助”，通过构建和平委员会的援助等，为联合国主导下的各种活动作出更加积极的贡献。与此同时，“包括加强集体安全保障功能在内，“完成提高联合国的实效性和正统性这一紧要课题，日本追求实现安理会改革的目标包括，扩大常任理事国和非常任理事国的席位，日本成为安理会常任理事国。[①] 日本在宣示积极参加联合国主导下的集体安全活动的同时，质疑联合国的“正统性”和“代表性”，在此基础上要求改革安理会，扩大常任理事国和非常任理事国的席位，以实现日本的“入常”夙愿。

2. 加强国际公域法治。“为了反映日本公平、透明、互惠的基本理念和主张，日本将向国际司法机构提供人才和财政方面的援助，积极支援各国的法制建设。特别是为了实现和加强海洋、宇宙空间及网络空间的法治，与共有关切的国家不断进行政策协商，形成国际规则，为各国之间培养互信措施的活动作出积极贡献。”

3. 为主导发展中国家的能力建设作出进一步的贡献。日本的贡献集中在海洋、宇宙空间和网络空间三个领域。（1）海洋：“加强不用力量、用法律和规则统治海洋的秩序，对于全体国际社会的和平与繁荣不可或缺，日本为形成这一国际共识，推进区域性措施及其他措施发挥主导作用。”（2）宇宙空间：“基于确保自

① 内阁官房:「国家安全保障戦略について」。

由进入及使用宇宙空间的重要性的考虑，日本积极参加以防止摧毁卫星实验和避免卫星冲突为目的的、制定国际行为准则的努力，确保宇宙空间的安全和稳定使用。”（3）网络空间：“在确保信息自由流通的基本认识下，与共有这一认识的国家加强协作，积极参加以适用已有的国际法为前提的国际规则的制定，与此同时，积极支援发展中国家的能力建设。”

4. “主导国际社会关于裁军和防扩散的活动”。涉及朝鲜和伊朗的核武器开发问题、武器出口的国际管理框架等。

5. 推进国际和平合作（略）。

6. 在国际反恐对策中推进国际合作（略）。

在上述六项政策中，以“无缝援助”为招牌，以争取日本“入常”为核心的联合国外交，通过为主导发展中国家的能力建设做贡献，在海洋、宇宙和网络空间建章立制，加强日本制定国际规则的主导权，形成对日本有利的国际秩序是其三个重点。

（五）第五个战略抓手是“为解决全球规模的课题，通过普遍价值观加强合作”（略）。

（六）第六个战略抓手是“加强支撑国家安全保障的国内基础与促进国内外的理解”，共包括以下四个方面：

1. 维持和加强军工生产和技术基础。

2. 加强信息发布，加深国际舆论（对日本）的正确理解。

3. 加强社会基础。针对日本国内“缺乏爱国心”的问题提出：“应该启发日本国民对领土主权的安全保障的意识，理解驻日美军等活动的现状”。

4. 加强知识基础。提高日本国民讨论政策立案的质量，通过派遣相关省厅支援等方式，“在高等教育机构中扩大和充实高水平的安全保障教育，切实开展实践性研究，加深政府与这些机构和智库之间的交流，促进共有见识。”[①]

著者指出，《国家安全保障战略》宣示的日本防务与外交的六项战略抓手，是对迄今日本防务政策的汇总、扩充和升级，不但继承和发展了战后60年来渐进打破日本军事禁区的各项“成果”，更重要的是实现了质的飞跃。第一，迄今自成一统的防务战略，扩展为包括非传统安全、国际安全合作、国家经济安全等领域的综合性国家安全保障战略，而且提升为最高层级的国家战略，是包括防务战略、经济战略、海洋战略、网络及宇宙战略等各个领域的顶层设计。第二，《国家安全保障战略》是为上述各领域的发展战略提供安全保障的战略，它将分门别类的安全威胁或潜在的安全威胁，尤其是日本需要加强的领域，分成以上六大类别，制定了防务与外交相结合的“战略抓手”，指导各政府部门等在国内外贯彻落实，保障各领域的发展战略顺利实施。上述六项战略抓手的内容——从陆海空自卫队的军力建设，到海警、网络、宇宙、反恐、救灾等新型军力，非常传统安全领域的实力建设，以及加强国际舆论战的能力，加强政府与大学和智库之间的合作提高决策水平等，充分证明了日本国家安全保障战略是全面、综合、具有前瞻性的国家安全战略的总体规划。第三，上述战略抓手大多有一个共同的特征，这就是日本与相关国家进行合作。合作的目的可概括为三点：一是日本不仅要参与制定国际规则，而且必须“发挥主导作用”。二是通过合作使对方理解和支持日本的主张，在两国间及多国间达成共识，形成日本期望的“国际秩序”。三是将日本在两国间及多国间达成共识，升级为综合安全合作框架，最终将这些双边及多边框架连接起来，形成“东亚地区的制度性的安全保障架构”。第四，《国家安全保障战略》通篇不见“敌人”二字，只有“伙伴”。以日本对中国的政

① 内阁官房：「国家安全保障戦略について」。

策为例，下面详细解读日本的真实意图。

安倍内阁修订的《2014 防卫计划大纲》，以中国为假想敌，以“夺岛”为纲拉动陆海空自卫队进行全面强军备战。但在《国家安全保障战略》的顶层设计中，中国被视为“为了国际社会的和平与稳定，加强与伙伴的外交和安全保障合作”的“伙伴”之一。如前所述，在第三个战略抓手“为了国际社会的和平与稳定，与伙伴加强外交和安全保障合作”中，日本将合作“伙伴”分为七大类，中国属于第二类。理由是，“稳定的中日关系，对于亚太地区的和平与稳定是不可或缺的因素”。

为了“稳定”中日关系，第三个战略抓手规定了以下具体政策。在剖析这些政策之前，首先需要回顾一下前面论述过的内容——在日本列出的全球安全问题的负面清单中，中国占 2/6 的比重，在亚太安全问题的负面清单内占 2/3。在这个前提下，中国当然不属于与第一类安全合作伙伴，因为日本与中国之间不存在“共有普遍价值与战略利益”的关系。从日本提出的七类合作“伙伴”的排序看，中国是第二类，朝鲜为第三类，俄罗斯是第四类，只有这三个国家按国别分类。这足以证明日本虽然把中朝俄三国称为“伙伴”，但实际上却把三国与其他伙伴区别对待。不但如此，日本还把中朝俄彻底排除在日本开展国际安全合作的伙伴之外。在《国家安全保障战略》确定的通过“日美同盟 + X”等方式，加强外交和安保合作的“伙伴国”中，包括韩、澳、东盟、印度等“共有普遍价值与战略利益”的国家；包括太平洋岛国，中亚、西亚、南亚地区的“友好国家”；英、法、德、意、西班牙，波罗的海及高加索地区的欧洲国家；欠发达的非洲国家及新兴国家。其中既有与日本“在国际社会的和平稳定及繁荣中共同发挥主导作用”国家，也有日本援助促进“民主化”的东欧国家，还有备受重视的中东地区产油国——海合会成员国。日本与遍及全球的伙伴国或者“共同推进全球性议题”，或者合作构建包括安全领域的“多层次合作关系”。[①] 但日本对中朝俄的政策却截然不同。

与其他两国相比，关于日本与中国的“合作”的伙伴关系的规定字数最多，关键在“稳定”二字上：“稳定的中日关系对于亚太地区的和平与稳定是不可或缺的因素”，从大局和中长期的立场出发，在政治、经济、金融、安全保障、人员交流等所有领域，中日共同构建“战略互惠关系”并采取加强措施。“特别是，继续促进中国为地区的和平稳定及繁荣发挥负责任的建设性作用，遵守国际行为准则，提高以迅速增加国防费用为背景的军事力量的开放性及透明性。作为其中的一环，继续和促进防务交流，在提高中国军事和安全保障政策的透明性的同时，采取推进构建包括避免和防止发生不测事态的框架的措施。另外，关于中国表现出与包括日本的周边各国之间，基于独自的主张，试图以力量改变现状的应对，日本为了不使事态升级，对中国持续要求自制，继续冷静而毅然地加以应对。”[②] 上述内容虽然在字面上没有像其他政策文件那样抹黑中国，但字里行间却充满对中国的指责和污蔑，其中包括五个要点：第一，促进中国“发挥负责任的建设性作用”，暗指中国不负责任，没有起到建设性的作用。第二，促进中国“遵守国际行为准则”，暗指中国不遵守国际规则违反国际秩序。第三，促进中国“提高以迅速增加国防费为背景的军事力量的开放性及透明性”，暗指中国军费增长和军事力量的发展缺乏开放性和透明性。第四，促进中国“采取推进构建避免和防止发生不测事态等框架的措施”，换句直白的话说，就是促进中国加入防止中国制造“不测事态”的“框架”。第五，针

① 内閣官房：「国家安全保障戦略について」。
② 内閣官房：「国家安全保障戦略について」。

对中国与日本周边各国之间“按照独自的主张，试图用力量改变现状的应对表现”，日本为了不使事态升级，对中国“持续”要求自制，“继续”冷静而毅然地加以应对。暗指中国没有“自制”放任行动，中国没有保持冷静，而日本过去和今后仍然会保持“冷静”并继续要求中国管束自己，同时日本也会“毅然决然地加以应对”。这种表述方式不但转弯抹角地污蔑中国美化日本，而且给中国贴上了“单方面用力量改变现状”的标签，证实中国成为地区和国际社会的担忧事项的罪名。上述五个要点证明了《国家安全保障战略》促进中日战略互惠关系的政策的实质是，日本将“主导国际争端”的目标锁定中国，通过建立“合作框架”来束缚中国，通过遏制中国“改变现状”的行动——无论是中国与其他国家还是在中日之间——奠定日本主导亚太地区安全领域的国际地位。这就是日本在今后十年间与中国“伙伴”的相处之道，是日本与中国“共同构建战略互惠关系”的“路线图”。日本国家安全战略将矛头直指中国，中国事实上被作为日本与其他国家构建安全合作框架的“靶子”，促进加强日美军事合作、“共用”两国军力的最大动因。

安倍政府深知紧靠一己之力无法与中国抗衡。因此圈定了“共有普遍价值与战略利益”的“外交和安全保障合作”的伙伴国。这类伙伴国才是日本真正的安全合作伙伴。日本旨在通过制衡中国掌握亚太地区主导权的一己私利，经过粉饰美化后，竟然变成了冠冕堂皇的说辞，这就是安倍首相标榜的为了“维护和加强国际社会的和平与稳定”，推行“积极和平主义”。

第十二章　日本对东盟各国的安全合作

第一节　从非传统安全合作到“安保三箭”

安倍第二次内阁对东盟各国的安全合作政策，建立在过去十余年历届政府的政策实践的基础上。从2002小泉内阁执政时期，到2012年12月野田内阁下台以前，日本对东盟国家的安全合作政策，分为非传统安全合作与包括非传统安全合作的综合安全合作两个阶段。“9·11”事件后，小泉政府在国际社会加强反恐合作的背景下，以东盟为主要对象推进非传统安全合作，是21世纪日本对东盟各国安全合作的第一阶段。菅直人政府2010年上台后，抓住美国“重返”亚太的战略机遇，通过修订《2011防卫计划大纲》，为自卫队参加对东盟的安全合作大开绿灯，将日本与东盟间的非传统安全合作推入综合安全合作的第二阶段。2012年12月安倍再次执政，出于颠覆战后体制建设“能战国家”，应对中国强力反制日本“购岛”的需要，相继打破了在和平宪法体制下设立的限制武器出口、政府开发援助及行使“集体自卫权”的“禁区”，全面加强拉拢利用东盟的方针政策，扩大并加强军事领域的合作，是日本对东盟安全合作的第三阶段。

下面首先概述日本对东盟安全合作政策的演变，然后解读安倍政府目前实施的新政策。

第一阶段始于2002年小泉纯一郎首相提出的“日本与东盟合作的‘五项设想’”。日本早有与东盟合作在马六甲新加坡海峡（马六甲海峡）打击海盗活动的意图。1999年小渊惠三首相在会晤东盟首脑时，首次提出合作打击海盗活动的建议，2000年4月森喜朗政府根据小渊前首相的建议，在东京主办了亚洲地区反海盗及武装劫船的国际会议。会后日本外交官到东南亚及南亚地区继续展开游说。2001年10月，小泉首相正式倡议缔结亚洲反海盗协定，声称日本在亚洲地区加强多边合作，旨在打击海盗、确保海上运输安全和稳定。[①] 2002年6月，小泉首相发表“日本与东盟合作的‘五项设想’”，第四项设想是，日本与东盟加强合作形成“轴心”，在反海盗、跨境问题等安全保障方面进行“功能性合作”。[②] 经过3年多的外交磋商，2004年11月，中、日、韩、东盟十国、印度、斯里兰卡及孟加拉共16个国家的代表在东京签署了《亚洲地区反海盗及武装劫船合作协定(RECAAP)》(亚洲反海盗协定)。此后，日本历届政府以马六甲海峡反海盗为中心投入人力物力资源，重点推进对东盟国家的非传统安全合作。以上过程显示，日本首先提出与东盟各国进行反海盗合作的建议，在东盟没有积极响应的情况下，改为倡议亚洲各国合作反海盗，以此促进东盟国家顾全大局转变态度。随后，日本再提与东盟加强合作的“五项设想”，告知东盟国家将与日本一起成为亚洲反海盗合作的“轴心”，以激发东盟的积极性，终于建立了亚洲第一个非传统安全合作的多边机制，为日本在马六甲海峡及东南亚沿海地区确立日本的“准军事存在”创造了条件。可以说，日本对东盟安全合作，经历了从亚洲反海盗的多边

---

① 蔡鹏鸿：“日本主导东南亚反海盗合作机制对地区海洋安全事务的影响”，《东南亚研究》2007年第3期。

② 日本外務省：「小泉総理による日・ASEAN 協力の『5つの構想』」、http://www.mofa.go.jp/mofaj/area/asean/5_koso.html

机制中“破茧而出”的过程。

2007年安倍第一次内阁将“确保海洋资源开发利用、海上运输安全与维持海洋秩序”列入海洋领域的宪法《海洋基本法》，[①] 2008年福田内阁按照《海洋基本法》制定了《海洋基本计划》，其中包括重点加强维护马六甲海峡安全的合作框架建设，支援相关国家提高应对海盗等的能力，与亚洲各国海警机构等开展取缔走私、偷渡、恐怖对策等方面的协调与合作等内容。[②] 2008年5月，福田康夫首相发布了“新福田主义”，强调“为了以马六甲海峡为中心的海上通道没有海盗、不被恐怖分子利用”，日本与以东盟为首的各国进行合作，“把亚洲各国的紧急救援机构连成网络”，建立以东盟为主要受益方的非传统安全合作框架。[③] 此后，鸠山首相在2009年11月发表的亚洲政策讲演中，把“东亚共同体设想”具体化为“建立多层次的功能性共同体网络”，[④] 最终落实在日本与湄公河五国（越、柬、老、缅、泰）建立名曰“通向东亚共同体的新型伙伴关系”的“日+5”合作框架上。[⑤]

日本对东盟安全合作第一阶段的政策，具有以下主要特点：其一，贯穿着以反海盗为重心的非传统安全合作的主线；其二，历届日本政府多以首相倡议的形式，发布对东盟国家的政策诉求，然后通过外交活动积极促进；其三，日本把对东盟的政策包

---

① 「海洋基本法」(平成19年4月27日法律第33号)。

② 総合海洋政策本部：「海洋基本計画」（平成20年3月18日閣議決定）、http://www.kantei.go.jp/jp/singi/kaiyou/kihonkeikaku/080318kihonkeikaku.pdf

③ 首相官邸：「福田内閣総理大臣スピーチ、太平洋が『内海』となる日へ—『共に歩む』未来のアジアに5つの約束—」。

④ 首相官邸：「鳩山総理によるアジア政策講演『アジアへの新しいコミットメント——東アジア共同体構想の実現に向けて』」（平成21年11月15日）、http://www.kantei.go.jp/jp/hatoyama/statement/200911/15singapore.html

⑤ 李秀石：《解析日本的东亚外交——从鸠山到菅直人的东亚合作政策》，《国际展望》2011年第3期。

裹在“亚洲政策”之内，在落实政策的过程中以东盟为重点，实现既定目标；其四，安倍第一次内阁首次把对东盟安全合作的出发点——马六甲海峡的安全问题，提到“确保海上运输安全”的高度，在海洋战略的法制建设中实现了立法。这些特点一方面折射出21世纪前十年东亚区域合作进展相对顺利的国际大环境，另一方面也是中日关系的前行轨迹——从“政冷经热”到“战略互惠”，再到东海资源开发矛盾浮现——的必然反映。

日本对东盟各国的安全合作的第二阶段，始于菅直人政府2010年12月修订《2011防卫计划大纲》等防卫政策文件，为日本自卫队参与对东盟的安全合作放行。在美国战略东移，美国国务卿希拉里借南海岛礁主权争议大做文章的有利形势下，菅直人政府制定了对包括中国钓鱼岛及其附属岛屿在内的偏远海岛实施“国有化”的海洋基本计划，随后在《2011防卫计划大纲》内决定派遣自卫队“支援地区各国的功能建设”，发挥自卫队处理地雷、哑弹等方面的能力，与受援国“推进实质性的合作”。[①] 根据上述政策，防卫省防卫政策局增设了“功能建设支援室”，拨款3000万日元调查研究提供“技术指导”的具体方案。据称，“越南和印度尼西亚提出了请求，希望日方在救灾、排雷、打击海盗方面提供技术指导”。于是，防卫省派遣自卫队支援申请国加强军队的能力建设。防卫省官员明言：“进行技术指导既有利于东南亚的稳定，也可以牵制不断增强南海活动的中国，与海上运输线上的各国加强联系有利于确保能源安全”。[②] 野田首相上台后，积极配合美国在南海搅局，决定组建东亚地区海洋安全合作框架，2011年11月在“日本与东盟”峰会上提出构建由各国高官和专家组成的磋商海上安全问题的“东亚海洋论坛”，但东盟

① 首相官邸：「平成23年度以降に係る防衛計画の大綱について」。

② “防卫省加强对东南亚的技术指导”，《日本经济新闻》2011年7月23日。

不愿让出“东盟海洋论坛”的舵手之位，仅对“野田倡议”表示了关注。野田政府在实施“购岛”前后，积极支持菲律宾和越南炒作所谓南海问题牵制中国，进一步深化了与菲越两国间的安全合作。菅直人和野田两届政府对东盟各国的安全合作政策，既是日本推进海洋战略的组成部分，也是配合美国战略东移、实现日本自卫队“重返”东南亚的战略安排，具有战略谋划清晰，严重危害中国国家主权和安全利益的特点。

综观历届日本政府提出的各种设想和倡议，都有一个共同的特点——实现日本与东盟“联网”并主导东盟各国，瓦解中国在奉行长期睦邻友好政策的过程中形成的地缘政治优势。其中，小泉、福田和鸠山政府追求的目标是，日本与东盟乃至亚太各国建立非传统安全领域的合作框架。从菅直人政府开始，日本对东盟各国合作的政策发生了质变，日本与东盟十国构建包括防务领域的“日+10”综合安全合作框架，对中国进行战略制衡成为日本追求的主要目标。

2013年12月，安倍第二次内阁发表了“安保三箭”：《国家安全保障战略》，《2014年度以后的防卫计划大纲》（2014防卫计划大纲），《中期防卫力整备计划（2014—2018年度）》（2014中期防卫力量整备计划），完成了日本国家安全战略的顶层设计并确定了实施路径。其中包括今后十年日本对东盟安全合作的方针政策，具体分析如下。

首先，《国家安全保障战略》是另外两份政策文件的总纲领，规定了日本对东盟各国安全合作的战略定位：东盟在日本国家安保战略中的排序，位于美国、韩国和澳大利亚之后，印度之前。东盟与日本“共有普遍价值观和战略利益”，是“占据日本海上通道要冲的传统伙伴”，日本将“基于四十年以上的传统的伙伴关系，深化发展以政治和安全保障为首的所有领域的合作”，具体合作内容包括：一是支援东盟保持并加强整体性；二是肯定并支援相关国家策划制定与中国之间的南海行为准则（COC）；三是“亚太地区的双边和东盟地区论坛等多边安全对话框架和多国联合训练，有助于深化相互理解，提高共同应对的能力”，因此，进一步促进和发展这些多层次的努力非常重要。[①] 其次，《2014防卫计划大纲》提出加强日本防务的三项基本方针。第三项“积极推进安全保障合作”界定了日本与东盟深化和发展安全合作政策的范围：“加强与东盟各国等域内伙伴国的关系，除了积极推进联合训练和演习，支援能力建设等以外，鉴于本地区发生大规模的灾害较多，加强防灾合作”。[②] 再次，《2014 中期防卫力量整备计划》规定了自卫队“维护亚太地区稳定及改善全球安全保障环境”的主体地位及六项职能，进一步细化了日本对东盟合作的领域：1. 实施双边和多边联合训练和演习；2. 推进防务合作与交流；3. 推进支援能力建设；4. 确保海洋安全；5. 实施国际和平合作活动；6. 在军控、裁军及防扩散方面努力开展合作。其中，第 4 项“确保海洋安全”规定，日本自卫队“在印度洋及南中国海等日本周边以外的海域，也要利用各种机会，与在海洋安全保障上存在共识的各国充实联合训练和演习”。[③] 由此可见，日本拉拢利用东盟国家的目的是，在海洋安全领域形成“共识”，加强双边及多边联合军事训练和演习，通过日本自卫队参加演习和支援能力建设等途径，在印度洋和南海扩大日本常态化的军事存在的目的，向东盟国家施加军事影响。

安倍第二次内阁首次将日本与东盟在所有领域深化安全合作，纳入未来十年的国家安全战略的纲领性文件，在日本国家安

① 内阁官房：「国家安全保障戦略について」。
② 首相官邸：「平成 26 年度以降に係る防衛計画の大綱について」。
③ 首相官邸：「中期防衛力整備計画（平成 26 年度～平成 30 年度）について」。

全保障战略的顶层设计中，大幅度提升了东盟各国的战略地位，明确了日本通过对东盟各国的安全合作，在军事领域重返东南亚的方向。“安保三箭”详细规定了日本对东盟各国安全合作的战略定位、实施范围及路径，落实政策的行为体及其职能。把包括东盟在内的，日本与亚太国家的双边和多边安全合作，作为构筑“统一机动防卫力量”的组成部分，[①] 表明日本对亚太地区的安全战略的重心进一步移向东南亚，并将矛头直指中国。日本从海洋安全问题切入，与东盟加强协调与合作，帮助东盟策划制定“对中国有约束力”的《南海行为准则》，通过双边和多边对话框架与军事训演，对东盟各国的军力建设发挥主导作用。自卫队作为日本在中国周围打造“中国包围网”的主力军，将在所有领域进一步拉拢和利用东盟及其他国家为己所用。安倍政府为实现日本国家安全保障战略的目标，把自卫队推上国际安全合作的前台发挥主体作用，同时为了粉饰日本的真正意图，把包括针对中国的“改善国际安全环境”的军事合作，美化为“国际和平合作”，掩盖日本在东南亚地区合纵连横制衡中国的目的。与迄今日本历届政府的政策比对，安倍政府对东盟各国的安全合作政策愈发凸显具体化、全方位、力度大的特点，针对中国的战略意图更加鲜明。

第二节　日本对东盟安全合作结构分析

日本对东盟的安全合作结构可分为四个层次。其中，马六甲海峡沿岸国，中国南海岛礁主权的声索国为历届政府持续加强合作的重点，缅、柬、老、泰、文莱和东盟十国集团是安倍政府对东盟安全合作的新增长点。日本对这四个层次的合作对象投放不

---

① 首相官邸：「平成26年度以降に係る防衛計画の大綱について」。

同的人力、物力资源，援助和要求也因国而异。

（一）日本与马六甲海峡沿岸国的安全合作

日本与海峡沿岸国新加坡、马来西亚和印度尼西亚之间的安全合作，堪称历届政府苦心经营的重中之重，经历了非传统安全合作与综合安全合作两个阶段。

1. 非传统安全合作阶段。沿岸三国所在的战略地位受到日本的高度重视。小泉首相倡议亚洲各国缔结《亚洲地区反海盗及武装劫船合作协定》（RECAAP），旨在马六甲海峡拓展“存在空间”。日本经过5年左右的不懈努力，投入了大量资金和人力资源，破解了印尼和马来西亚反对美日插手海峡安全事务的防线，实现向海峡派遣海保厅巡逻船“监视海盗”[①] 并掌握亚洲反海盗信息中心（RECAAP-ISC）主导权的目标。此后，日本海上保安厅在马六甲海峡及东南亚地区的非传统安全合作中发挥着重要作用。

2. 日本防卫省参与下的安全合作阶段。第一，鸠山政府从新加坡切入启动安全合作。2009年12月，日本防卫省与新加坡国防部签署了《防卫交流备忘录》，建立了国防部长定期会晤，海军（海上自卫队）互访，进行联合训练等双边及多边合作关系。[②] 2013年12月，安倍首相与李显龙总理会谈，双方同意缔结30亿美元的货币互换协定，同时，希望利用日新两国与第三国的合作框架（JSPP21），在新加坡和马来西亚之间的高铁建设中使用日本的新干线。[③] 另外，安倍政府以日菲“3+3”海洋安全磋

---

① 日本外務省：『ODA白書2006年版』、「第I部第2章第6節海の安全確保へのアジア沿岸諸国への支援－マラッカ海峡の安全航行への施策－」、http：//www. mofa. go. jp/mofaj/gaiko/oda/shiryo/hakusyo/06_ hakusho/index. html

② 日本防衛省：「日本国防衛省とシンガポール共和国国防省との間の防衛交流に関する覚書」、http：//www. mod. go. jp/j/press/youjin/2009/12/16a. pdf

③ 日本外務省：「日・シンガポール首脳会談（概要）」（平成25年12月13日）、http：//www. mofa. go. jp/mofaj/area/page22_ 000794. html

商框架为样板，派出外务省、防卫省和海保厅三方官员一起出席“日本与新加坡海上安全对话”，旨在促进日新海洋对话框架升级。但新加坡方面的出席者并没有作出相应的调整。[①] 第二，安倍政府向马来西亚和印度尼西亚增加资源投放，促进两国与日本建立外交和防务部门的“2 +2”磋商框架。2013 年 7 月安倍访问马来西亚，向纳杰布总理大谈海洋安全问题，承诺日本将继续援助马来西亚的海上法令执行厅（MMEA）和亚洲联合国维和人员训练中心，希望马来西亚尽早制定日马两国防务当局间的合作备忘录。纳杰务总理同意加强两国海上防务和海警当局之间的合作。[②] 当年 9 月，日马两国海警首次举行了联合训练，12 月 12 日，安倍首相再次与纳杰布总理会谈，但仍未落实“2 +2”磋商框架。[③] 时隔一日，安倍首相对印尼总统苏西洛表示：近期，日本将决定提供 7 项总额约 620 亿的日元贷款，希望印尼与日本建立“2 +2”框架，最后，双方“关于进一步强化包括外交和国防部长共同会晤协商在内的、外交与防卫当局之间的沟通达成了共识”。[④]

以上事实表明，日本与马六甲海峡沿岸三国的安全合作，始于反海盗等非传统安全领域，鸠山政府将非传统安全合作推入防卫省参与下的安全合作的新阶段。从此，由外务省和海上保安厅担纲的海警之间的准军事合作，开始向国防部（防卫省）参与下的综合安全合作转变。安倍政府加大援助力度，力促三国与日本

---

① 日本外務省:「第 3 回日・シンガポール海上安全保障対話の開催（結果概要）」（平成 25 年 7 月 23 日）、http://www.mofa.go.jp/mofaj/press/release/press6_000457.html

② 日本外務省:「日・マレーシア首脳会談及びナジブ首相主催晩餐会（概要）」（平成 25 年 7 月 25 日）、http://www.mofa.go.jp/mofaj/kaidan/page4_000130.html

③ 日本外務省:「日・マレーシア首脳会談（概要）」（平成 25 年 12 月 12 日）、http://www.mofa.go.jp/mofaj/area/page3_000590.html

④ 日本外務省:「日・インドネシア首脳会談（概要）」（平成 25 年 12 月 13 日）、http://www.mofa.go.jp/mofaj/area/page22_000793.html

建立“2+2”或“3+3”安全合作框架，有意将印尼培养成在马六甲海峡发挥重要作用的战略支点。印尼一直在日本对沿岸国的资源投放中占据最大份额，率先满足了安倍的希望。新加坡与日本有反海盗合作的基础，并且有“2+1”合作框架（JSPP21）相辅相成，所以，日本对本国在马六甲海峡安全事务中的存在和作用颇为自信。

（二）日本与中国南海岛礁主权声索国的安全合作

日本与声索国间的安全合作与其激化中日钓鱼岛主权争议紧密相关，集中体现在利用菲律宾和越南牵制中国。

1. 日菲合作。野田政府实施“购岛”前后，极力支持声索国炒作“南海问题”。2011年9月菲律宾总统阿基诺三世应邀访日，建立日菲“多层级政策对话”机制，加强两国海警和防务当局之间的交流与合作，[①] 实现两国海军（海上自卫队）高层互访。安倍政府继续提升日菲关系，经过2013年2月日菲第二次海洋磋商，形成两国外交、海警（海上保安厅）、海军（海上自卫队）及日本内阁官房海洋综合政策本部事务局官员等共同参加的“3+3”海上安全合作框架。[②] 7月，安倍首相对菲律宾进行正式访问，与阿基诺三世会谈，双方决定，根据安倍提出的推进海洋领域合作等四项倡议，“实现两国关系的发展更有建设性和互惠性”，双方“在确认海洋磋商的重要性的同时，一致同意进行防务当局、海警机构间的联合训练等实践性的合作及各种交流”。[③] 在同年12月举行的日菲首脑会谈中，安倍首相还承诺对菲提供约500亿日元的贷款，用于菲律宾的灾后重建，新增66

---

① 日本外務省：「日・フィリピン首脳会談（概要）」（平成23年9月27日）、http://www.mofa.go.jp/mofaj/kaidan/s_noda/philippines_1109.html

② 日本外務省：「第2回日・フィリピン海洋協議の開催について（結果概要）」、平成25年2月22日、http://www.mofa.go.jp/mofaj/press/release/25/2/0222_04.html

③ 日本外務省：「日・フィリピン首脳会談（概要）」（平成25年7月27日）、http://www.mofa.go.jp/mofaj/shin/shin16_000003.html

亿日元的无偿资金援助。双方“重申在地区安全保障环境愈发严峻的形势下，用更加紧密的合作应对地区和国际性的课题。[①] 为了落实《加强菲律宾海岸警备队能力计划》，安倍政府决定提供187.32亿日元的贷款，[②] 为菲律宾新建造十艘海上巡逻艇。另外，为了帮助菲律宾建设一支能与中国对抗的海警力量，日本还先后派遣260余名援菲专家。[③] 日本慷慨援菲收获颇丰，菲方同意为日本海上自卫队的军舰前出南海提供停靠港口，这对日本军力重返东南亚具有非常重要的战略意义。

2. 日越合作。越南既是日本与湄公河五国合作框架中的战略支点国，也是近年在多边场合积极炒作“南海问题”的声索国之一。2010年7月13日，菅直人政府公布确定对中国钓鱼岛等实施“国有化”的《海洋基本计划》，24日，日越两国的外长进行会谈，建立了国防与外交副部长级的“日越战略伙伴关系对话”框架（副部级“2+2”磋商），双方决定在防务和外交上“加强联合行动”。[④] 10月，菅直人首相对越南进行了正式访问，双方发表共同声明“全面推进战略伙伴关系”，在推动经济合作深入发展的同时，进一步充实日越全面战略合作关系，加强外交与防务领域的战略对话。[⑤] 2011年10月，日越军方恢复交流合作关系，越南国防部长冯光青应邀访日，与一川保夫防卫相举行会

---

① 日本外務省：「日・フィリピン首脳会談（概要）」（平成25年12月13日）、http：//www. mofa. go. jp/mofaj/area/page22_ 000792. html

② 「日本外務省：フィリピン共和国に対する円借款に関する交換公文の署名」（平成25年12月13日）、http：//www. mofa. go. jp/mofaj/press/release/press4_ 000415. html

③ 「対中軍事衝突回避へ、日本の『海保モデル』にならうフィリピン」、『産経新聞』2013年3月31日。

④ 日本外務省：「日越外相会談（結果概要）」（平成22年7月24日）、http：//www. mofa. go. jp/mofaj/kaidan/g_ okada/asean_ 1007/vietnam_ gk. html

⑤ 日本外務省：「菅総理のベトナム公式訪問（概要）」、「アジアにおける平和と繁栄のため戦略的パートナーシップを包括的に推進するための日越共同声明」（平成22年10月31日）、http：//www. mofa. go. jp/mofaj/kaidan/s_ kan/vietnam_ 1010_ ksk. html

谈，两国防长签署了《日越防卫合作交流备忘录》。[①] 日本拉越抗中，一再鼓励和支持越南作为影响其他东盟国家的战略支点，在南海主权争议问题上“牵制中国”。2013 年 1 月，安倍首相访问越南，与越南总理阮晋勇举行会谈，对越方提供 5 亿美元的贷款促进经济合作，加强两国在安全、政治及外交领域的政策协调。安倍首相再次向阮晋勇总理表明了日本在“南海问题”上“反对用力量改变现状”的立场。[②] 此后，媒体透露：日越两国将举行与日菲相同的海洋安全磋商，“形成‘牵制中国的包围圈’是双方的共同目的”。[③] 日越海警机构首次举行副部级“2 + 2”磋商之后，安倍首相又一次向阮晋勇总理承诺，新增五项约 1000 亿日元的贷款，促进基础设施建设并继续推进对越出口核电设备，“希望关于日本向越南海警提供巡逻船等开始具体协商”，在海洋领域进一步加强合作，对此，“越方表明了合作态度”。[④] 在一系列的铺垫和互动的基础上，日越“3 + 3”海上安全磋商框架呼之欲出。

安倍政府力促菲越两国与日本建立“3 + 3”海上安全磋商框架：一是企图利用两国在南海牵制中国；二是将两国作为影响东盟集团的战略支点策应日本；三是盯上了两国极具战略价值的港口；四是为了努力扩大日本在南海的政治军事“存在”，提高日本在美国亚太“再平衡”战略中的地位及要价的筹码。

---

① 日本防衛省：「日越防衛相会談（概要）」（平成 23 年 10 月）、http://www.mod.go.jp/j/approach/exchange/nikoku/s_e_asia/vietnam/gaiyou11_10.html

② 日本外務省：「安倍総理大臣のベトナム訪問（概要）」（平成 25 年 1 月 17 日）、http://www.mofa.go.jp/mofaj/kaidan/s_abe2/vti_1301/vietnam.html

③ 「ベトナム、日本と対中連携強化へ　比に続き海洋安保協議」、『産経新聞』2013 年 4 月 29 日。

④ 日本外務省：「日ベトナム首脳会談（概要）」（平成 25 年 12 月 15 日）、http://www.mofa.go.jp/mofaj/area/page18_000142.html

（三）日本对缅、柬、老、泰及文莱的安全合作

日本对湄公河地区缅、柬、老、泰及文莱五国的安全合作，以加强双边关系为重点，具有为整合东盟集团的对日立场“提携后进”的意义。

1. 对缅甸经济安全合作并举。对蕴藏巨大商机、战略位置重要的缅甸，安倍政府继承野田政府恢复日元贷款大力促进日企进军缅甸的经济合作政策，同步推进经济与安全合作。2013 年 10 月，日本海上自卫队的训练舰首次停靠了仰光港，实现两国防务人员的交流。两个月后，安倍首相向缅甸总统吴登盛表示：决定为建设缅甸铁路、上下水道和灌溉网等四个项目提供 632 亿日元的贷款，进一步促进“防务当局之间的合作交流”。[①] 在中韩等国早期参与缅甸国内经济开发形成优势的情况下，日本政府鼓励本国企业“抱团”出击，在促进基础设施互联互通的过程中，诱导缅甸进行海上安全合作，加强在缅甸战略要地的存在。同时，日本在政治上支援缅甸的“民主化”。

2. 拉拢柬埔寨和老挝。2013 年 11 月 16—17 日，安倍首相“为防止两国完全倒向中国”，排除异议访问了柬埔寨和老挝。[②] 安倍首相分别与柬老两国首脑举行会谈并发布了所谓的共同声明。安倍此行主谈三个议题：（1）安倍向柬老两国提出，派日本自卫队支援两国清除战争时期遗留下来的地雷和哑弹。两国总理分别表示，对安倍建议的“重要性”“予以确认”，“共有认识”，但均未接受自卫队前去扫雷。柬方同意日本帮助其培养参加联合国维和活动的人员。（2）安倍希望与柬埔寨和老挝分别建立“2+2”磋商框架。日柬首脑会谈的结果是，双方同意“充分利用

① 日本外務省：「日ミャンマー首脳会談（概要）」（平成 25 年 12 月 15 日）、http：//www. mofa. go. jp/mofaj/area/page18_ 000141. html

② 「親中 2か国取り込み狙う首相慎重論おさえ歴訪」、『読売新聞』2013 年 11 月 18 日。

两国外交与国防当局间的协商”，促进“支援能力建设”等两国防务当局之间的合作。日老首脑会谈关于“追求外交与防务当局的安全保障（PM）对话达成了一致”。（3）安倍力促柬埔寨和老挝在“南海问题”上与日本加强合作。日柬首脑会谈达成的共识是，“希望早日缔结在南海有利于有效解决争端的有实效的行为准则”。日老首脑会谈关于“希望早日缔结有利于切实保障海上航行自由与安全的行为准则”达成了一致意见。[①] 安倍首相的随行人员向媒体吹风：“曾经反对在东盟系列会议上提出南海问题的柬埔寨，在两国首脑发表的共同声明中，明确写入早日缔结中国持消极态度的‘行为准则’，是此次外访的最大成果”。[②] 日本媒体闻风而动，共同社发布消息称：日柬共同声明的主要内容，“被认为是针对扩大海洋活动的中国”。[③]《读卖新闻》言之凿凿：安倍首相承诺向老挝提供90亿日元的贷款，“两国首脑加强合作与中国对抗”。[④] 然而，日本外务省公布的两份“共同声明”皆为自编的“首脑会谈主要成果总结”，不但没有联手抗中的表述，而且证明安倍与两国建立“2+2”磋商框架的目的仍未实现。由此可以管窥日本制造国际舆论的操作流程之一斑。12月15日，安倍首相再次与柬柬埔寨和老挝总理分别举行会谈。安倍首相向通邢总理承诺，日本提供约100亿日元的贷款用于老挝的基础设施建设，[⑤] 力促老挝与日本建立“安全保障对话”框架。[⑥]

---

① 日本外務省：「安倍総理大臣のカンボジア及びラオス公式訪問（主な成果)、『日本・カンボジア共同声明（首脳会談の主な成果をまとめたもの)』、『日本・ラオス共同声明（首脳会談の主な成果をまとめたもの)』」（平成25年11月17日)、http：//www. mofa. go. jp/mofaj/kaidan/page3_ 000542. html

② 「親中2か国取り込み狙う首相、慎重論おさえ歴訪」、『読売新聞』2013年11月18日。

③ 共同社东京2013年11月16日电。

④ 「中国に対抗、日・ラオス首脳が協力強化で一致」、『読売新聞』2013年11月17日。

⑤ 「ASEAN5カ国首脳らと会談　安倍首相インフラ整備支援で合意」、『産経新聞』2013年12月15日。

⑥ 「安全保障対話を創設へ　日ラオス首脳会談」、『産経新聞』2013年12月15日。

安倍首相对洪森总理表示，日本新增3个援助柬埔寨的项目，提供总额138亿日元的贷款，双方还签署了3份无偿资金合作的文件。[①] 在过去的十三年间，没有日本首相访问过这两个“亲中”的国家，安倍将两国作为遍访东盟十国的最后两站，力争提升安全合作不留死角。此外，安倍首相还向文莱国王提出，希望加强能源合作与防务对话。[②] 与以上举措相比，安倍政府对国内政局持续动荡的泰国几乎是“零”投入。[③]

事实证明，安倍内阁对柬、老、缅三国不惜投入巨资促进经济与安全合作，普及“2+2”框架，竭力在各国与中国的友好合作关系中打入楔子，破坏中国地缘政治优势的企图昭然若揭。日本为拉拢利用东盟打造“中国包围圈”，搅局南海牵制中国，侧援中日东海争议用经济援助拓展日本经济的发展空间，换取各国支持日本对抗中国，不能不使与中国保持长期友好关系的多数东盟国家提高了警惕。

（四）日本对东盟集团的安全合作

安倍政府在深化双边合作的同时，重视与东盟十国集团加强合作关系，打造“日+10”安全合作框架。

1. 安倍首相告诫菲律宾总统阿基诺三世：“所有相关国家应该谨慎采取单方面的行动”，应该“明确本国主张在国际法上的根据”；[④] 今后，日菲两国要在东盟系列峰会上继续加强双边合作。[⑤] 安倍首相对越南国家主席张晋创强调：“东盟的整体性比什

---

① 日本外務省：「日カンボジア首脳会談（概要）」（平成25年12月15日）、http://www.mofa.go.jp/mofaj/area/page18_000144.html

② 日本外務省：「日・ブルネイ首脳会談（概要）」（平成25年12月13日）、http://www.mofa.go.jp/mofaj/area/page22_000791.html

③ 「ASEAN5カ国首脳らと会談安倍首相インフラ整備支援で合意」、『産経新聞』2013年12月15日。

④ 日本外務省：「日・フィリピン首脳会談（概要）」（平成25年7月27日）。

⑤ 日本外務省：「日・フィリピン首脳会談（概要）」（平成25年10月9日）、http://www.mofa.go.jp/mofaj/kaidan/page4_000242.html

么都重要，日本支持东盟的活动”。[①] 随后，安倍首相又在“日本－东盟”峰会上表明立场：“强烈希望根据国际法解决南海问题，东盟应保持整体应对，以此作为日本与东盟继续进行合作的共同课题”。[②] 不难看出，安倍政府一方面警告菲越不要在“南海问题”上采取单独行动，希望两国作为日本撼动东盟集团的“战略支点”发挥作用，另一方面，又将干预南海争议作为日本与东盟继续合作的“共通课题”，在确保双边安全合作的同时，加大拉拢利用东盟集团的力度。与民主党政府相比，安倍政府对东盟各国的政策更具有综合性。

2. 借美日同盟之威，拉东盟集团构建网络安全合作架构。2013 年 5 月，美日两国举行了共同应对网络攻击的政策磋商，讨论美日合作主导制定对网络攻击“行使自卫权”的国际规则的方针。[③] 安倍政府趁机向东盟提出，日本将为其提供“维护网络安全的技术援助”。9 月，东盟各国的信息通信部门的负责人应邀齐聚东京，举行有关网络安全合作的“部长政策会议”。会后发表的共同声明，宣称“共同应对网络攻击的威胁”，“在开发检查网络病毒感染的预警系统等方面与日本合作”。据称，印尼、泰国和马来西亚已向日方提供了“网络攻击观察数据”，今后将扩展到东盟十国。[④] 在此期间，日本媒体极力渲染“美国主张受到来自中国的网络攻击的莫大危害”。[⑤] 无需赘言，这是安倍以中

---

① 日本外務省：「日・ベトナム首脳会談（概要）」（平成 25 年 10 月 7 日）、http：//www. mofa. go. jp/mofaj/kaidan/page3_ 000468. html

② 日本外務省：「第 16 回日・ASEAN 首脳会議（概要）」（平成 25 年 10 月 9 日）、http：//www. mofa. go. jp/mofaj/area/page3_ 000476. html

③ 「サイバー攻撃への共同対処など協議、日米が初の対話」、『産経新聞』2013 年 5 月 9 日。

④ 「サイバー攻撃対策で広く協力へ　日 ASEAN 閣僚会議が閉幕」、『産経新聞』2013 年 9 月 13 日。

⑤ 「サイバー攻撃端末 ASEANと共同で駆除　外国・テロ組織対処来年度から政府」、『産経新聞』2013 年 9 月 22 日。

国为假想敌，利用网络安全合作构筑“中国包围圈”的新攻势。

3. 利用“日本与东盟”特别首脑会议，在中国周边合纵连横企图建立“统一阵线”。安倍首相分别同东盟7国领导人举行双边会谈并接见泰国副总理，在所有会谈中与对方讨论南海及中国划设东海防空识别区问题“表明日本立场”，肆无忌惮地挑拨离间各国与中国之间的关系，但只有菲律宾积极回应。安倍企图通过与东盟发布共同声明的方式，在“海洋安全”特别是防空识别区问题上向中国施压，对“试图限制以自由飞行为基础的国际航空秩序”表示“强烈担忧”，由于老挝和柬埔寨对此表示异议，不得不从共同声明内删除了日本希望写入的“安全保障上的威胁”的字样。结果，安倍只能在会后的记者会上单枪匹马谴责中国，声称“东盟首脑也对采取单方面改变东海和南海现状的行动共有忧虑”。①

以上四个层次的分析表明，日本不惜人力物力，通过多种路径拉拢东盟各国加强安全合作，力图将把合作关系提升、固化为“2+2”或“3+3”合作框架，在此基础上，将这些双边框架连接成日本与东盟十国进行安全合作的“日+10”安全合作架构。日本在南海争议问题上与东盟各国联手应对中国，以提供技术援助为介质，与东盟建立“网络安全合作”框架，以“空域安全”为抓手，拉东盟国家结成“统一阵线”，处心积虑恶化中国的周边安全环境。

第三节　日本利用东盟各国的特点和难点

东盟各国既是日本历届政府对外安全合作的重点，也是安倍

① 「対中包囲網へ残る課題声明から「脅威」削除も日・ASEAN」、『産経新聞』2013年12月14日。

政府目前急于主导东亚“海空公域”安全的重要工作对象，直接关系到日本构建“中国包围圈”的成败。总体上，日本对东盟各国的安全合作具有以下鲜明特点。

（一）冲击和干扰东盟共同体建设。在中、日、韩三国与东盟之间已经建立了三个“10+1”、一个“10+3”合作框架的情况下，鸠山政府节外生枝，另立一个日本与湄公河五国的“日+5”合作框架，利用“日+5”合作框架在拓展日本企业的发展空间的同时，一并收获五张“入常”支持票。菅直人政府将“海洋安全问题”引进“日+5”合作框架，野田政府极力将“日+5”框架作为促进东盟签署制衡中国的《南海行为准则》的杠杆，支持日本主张的“国际法原则”，结果削弱了东盟的凝聚力。安倍政府更是逆国际社会加强区域合作的潮流而动，企图与东盟构建主要针对中国“日+10”安全合作架构，欲将地区经济一体化进程引入拉帮结伙、冲突对抗的歧途。最近，安倍政府虽然表示重视“东盟的整体性”，但这并不意味着安倍吸取了失败的教训，转变了利用东盟对抗中国的战略方针，而是更加重视统一东盟各国的立场，加强了利用东盟集团的政策。前述日本对东盟合作的四个层次，恰恰是历届政府持续蚕食东盟集团的整体性、对十个中小国家分而治之的结果——日本在各个合作层次中，分别重点投放资源培育“战略支点国”：第一，在“日+5”框架中，将越南作为战略支点影响湄公河地区的其他国家；第二，在马六甲海峡沿岸三国中，以印尼和新加坡作为战略支点影响马来西亚；第三，将菲越两个声索国作为战略支点，影响其他东盟国家；第四，安倍告诫菲越并向东盟表明，日本支持东盟在南海问题上采取统一立场。第三与第四层次，看似互相矛盾，实则兼收并蓄，目的是做到无论在东南亚地区的局部还是全局，都有条件最大限度实现日本的利益。多数东盟国家对日本为争夺地区一体化的主导权而排斥中国，为侧援日本在东海霸占中国岛屿而利用南海主权争议的战略意图有清醒的认识。这也是日本变换手法与东盟建立安全合作框架的倡议和设想难以实现的根本原因。

（二）以经援促安全。日本政府提供政府开发援助（ODA）贷款，支援东盟国家实施经济开发项目，有利于促进日本加速向“新东盟”国家转移资本技术拓展产品市场，受援国也有此需求。然而，日本提供的这类援助，包括日本自卫队和海上保安厅实施的“支援能力建设”项目。例如，马来西亚2005年3月成立统一管理海洋事务的海上法令执行厅（MMEA）后，日本便派遣海保厅人员作为国际协力事业团（JICA）的专家前去进行技术指导，[①] 举行“特殊救难技术讲座”等，从加强其海警执法能力入手，破解马六甲海峡沿岸国的反介入防线。安倍首相之所以提出援助柬埔寨和老挝两国“清除地雷哑弹”，就是为了达到使两国接受日本自卫队前去开展安全合作的目的，至少可以做到宣传这两个“亲中”的国家已经转向了“亲日”。归根结底，日本按照国别战略，有针对性地投放ODA援助，用经济或技术援助的外包装，掩盖其建立双边安全合作框架的内容。前述日本对印尼的援助政策，尤其集中体现了这一环环相扣的援助特点。

（三）以双边促多边。日本主要基于两方面的战略考量：其一，利用少数与日本战略利益交汇的国家获取“共同战略利益”——制衡中国。支持声索国“绑架”东盟在“南海问题”上对中国施压，是民主党政府以双边促多边的伎俩。安倍政府继承并加强民主党的政策，充分利用日菲、日越之间的海上安全合作框架，及时协调政策和立场，促进两国对东盟发挥导向和推动

---

① 日本参议院：「参议院重要事項調査議員団（第三班）報告書」、http：//www. sangiin. go. jp/japanese/kokusai_ kankei/jyuyoujikou/h18/h183houkoku. html

作用。安倍政府进一步明确规定，策划制约中国的《南海行为准则》，是日本与东盟之间的“共同课题”，利用菲越两个“战略支点国”，在东盟集团与日本与东盟间的“日 +10”框架内实现日本的战略目标。其二，安倍政府出于不让一个东盟成员国“掉队”的考虑，着力拉拢“亲中”的柬埔寨和老挝。因为东盟各国都要担任系列会议的轮值主席国，日本必须防止“柬埔寨反对在东盟系列会议上提出南海问题”的败局重演。由此可见日本缜密的战略设计——既有声索国发挥“领头羊”的作用先导之，也有保证“东盟整体性”的“提携后进”的措施，抓两头带中间，日本要当东盟的“驾驶员”。日本不能听任东盟在地区一体化进程中“小马拉大车”。

（四）保持政策的连续性。日本对东盟各国的安全合作政策，从首相倡议到列入国家安全保障战略的演变过程，表明历届政府都在继承前任“遗产”的基础上积累新资产，不断充实和扩大日本与东盟各国的安全合作。在这幅战略“拼图”中，只有战术性的微调和战略性的互补。日本追求主导东亚国际地位的战略目标，决定历届政府能够超越党派之间的歧见，为实现共同目标而不遗余力。没有“历史认识”这一政治包袱拖累的民主党政府，一改自民党“犹抱琵琶半遮面”的做派，公然为日本在军事领域“重返”东南亚放行。菅直人、野田政府在实施“购岛”前后的所作所为，为安倍在上台后全面提升与东盟的安全合作奠定了基础。安倍力图把日本与东盟各国的安全合作关系固化为“2 +2”、“3 +3”框架，最终实现构建日本主导东盟集团安全合作的“日 +10”架构的目的，也为“后安倍”政府提出对东盟各国的新政策提高了门槛……在可预见的时期内，没有任何理由期待日本政权易手后，日本对东盟的政策可能发生战略性的转变。欲实现称霸亚太，必先实现称霸亚洲，欲称霸亚洲，必先驾驭东盟，归根结底，日本对东盟加强安全合作的目的是，主导东盟各国，日本就拥有了确立亚洲乃至亚太地区主导权的“半壁江山”。

反观之，日本对东盟安全合作的上述特点，恰恰也是日本企图利用东盟进而称霸亚太的难点。

第一，最大的困难是，反对日本称霸亚太是地区所有国家及美国的共同意愿，建设东盟共同体“抱团取暖”的中小国家尤其如此。中美日及东盟各国之间的相互合作或战略博弈，是亚太地区国际秩序变化的缩影：少数东盟国家为了平衡中国日趋强大的地区影响力，欢迎美国“重返”亚太；美国为巩固霸主地位，对亚太地区的“不平衡”进行“再平衡”；东盟既要利用美国“确保安全”，也要谨慎地利用日本防范中国，同时，还要保持与中国的合作关系分享中国经济发展的红利，更要防范日本取代其地区一体化“驾驶员”的席位。确保本国的既得利益是各方战略的主旋律。对于日本整合东盟进而染指地区霸权的野心，美国不会放任，东盟不会容忍，中国不会坐视，日本难操胜券。无论安倍怎样把积极扩张主义说成“积极和平主义”，[①] 还是将持续干扰东盟共同体建设的行为美化为“支援东盟保持和加强整体性”。[②]

第二，日本否定战后秩序谋求霸权是致命的错误打算。日本对东盟政策植根于“历史负遗产”——在战后秩序下向东南亚国家付出的战争赔偿。这为日本后来向东南亚投放 ODA 援助，拓展日本经济的发展空间奠定了基础。囿于战后“专守防卫”的政策，日本只能从“反海盗”等非传统安全合作起步扩大准军事存在，等到国内外的政治环境适宜后，再转入推行综合安全合作的新阶段，通过提供 ODA 援助，捆绑推销“2 +2”或“3 +3”框架。然而，一贯忽视历史教训的日本领导人忘记了一个事实：不

① 首相官邸：「平成26 年度以降に係る防衛計画の大綱について」。

② 内閣官房：「国家安全保障戦略について」。

能顺应历史发展的必然规律的政策目标最终是难以实现的。“小泉倡议”之所以结出亚洲16国签署《亚洲反海盗协定》并建立反海盗信息中心的果实，是因为其政策目标是没有针对任何国家，应对危害海洋安全的海盗行为，符合所有缔约国的共同利益。现在，日本为了摆脱战后秩序的束缚重建“能战”国家，将中国视为假想敌，从拉拢东盟为己所用做起，在亚太各国间合纵连横，但与其联手遏制中国者寥寥无几，归根结底，是日本谋取一己私利的政策目标违背了历史发展的必然规律。

第三，东盟一贯奉行“以小博大”的大国平衡政策，这是日本难以实现利用东盟制衡中国的决定性因素。东盟不会随着日本的节拍起舞，“脚踩一条船”。首先，声索国未能改变东盟的统一立场：例如，在2012年7月13日召开的第45届东盟外长会议上，柬埔寨担任轮值主席，由于菲律宾提出有关黄岩岛事件的议案没有获得与会各国的一致认可，会议未能发表新闻公报，导致45年来东盟内部首次出现如此严重的意见分歧。又如，2014年1月17日召开的东盟外长会议，在会议轮值主席国缅甸外长吴温纳貌伦的主持下，讨论了2015年之后东盟共同体的优先发展事项，尽管菲越两国要求以东盟名义对中国可能在南海划设防空识别区等表明“关切”，[①] 但最终并未如愿反映在会后的新闻公报中——东盟各国外长重申了“东盟关于解决南海问题的六点原则”以及维护南中国海的和平、稳定、海上安全和航行自由的重要性。尤其令人瞩目的是，各国讨论了“开拓加强东盟对外关系”问题。[②] 毫无疑问，这表明东盟各国将进一步结交合作伙伴增加“平衡资源”的共同愿望，对日本驾驭东盟的企图而言又是一个新变数。其次，“亲中”的国家没有选边：柬埔寨和老挝不

---

① 共同社缅甸蒲甘2014年1月17日电。

② 讨论东盟优先发展事项，新华网缅甸蒲甘2014年1月17日电。

但婉拒安倍首相在援助清除地雷哑弹的名义下构建双边安全合作框架的建议，而且与其他国家一起，挫败了安倍政府利用东盟诽谤中国划设防空识别区构成“安全保障上的威胁”的企图。由此可见，安倍“抓两头带中间”的投入实效不大。即便是日本最看重的战略支点国菲律宾和越南，也没有对日一边倒。2014 年 1 月 8 日中越启动共同开发海洋协商即是一个力证。中越政府、两党之间的交流互动，对两国间的敏感问题发挥着巨大的缓冲作用。东盟集团一如既往，在中日之间保持适时适度调整政策的态势，不断实现新一轮的战略平衡，将成为东南亚地区的新常态。日本主导东盟进而称霸亚太的战略目标绝无实现的可能。

第四，日本对东盟集团的安全合作、日本对东盟各国的安全合作，都给地区安全格局带来巨大冲击和不确定性。日本从反海盗打开突破口，在亚洲应对非传统安全领域的区域合作中确立了相对优势，在东南亚部分国家特别是马六甲海峡形成了日本的准军事存在。日本抓住在美国“重返”亚太，声索国借口“南海问题”兴风作浪的战略机遇，制定了将中国钓鱼岛及其附属岛屿“国有化”方针政策，一面在东海实施“购岛”，一面插手南海争议，将对东盟的非传统安全合作转变为包括防务部门的综合安全合作，意欲一举多得：彰显对美日同盟的贡献，扩大日本在东南亚的军事存在，支持声索国在南海主权争议上挑衅中国，进而鼓励声索国推动东盟集团对中国施压。安倍政府配合美国海空军力大举东移制造地区局势紧张，拉拢利用东盟制衡中国的所作所为，进一步干扰破坏了区域经济一体化和各国应对非传统安全威胁的合作进程，恶化了中国周边的安全环境。日本虽然在某种程度上满足了部分东盟国家“平衡”中国地区影响力的要求，但毕竟有悖于东盟一贯坚持的大国平衡立场，尤其是有悖于美国既要分享中国经济增长的红利，又要对中国进行战略遏制，还须借助中国不断增长的国际影响力解决朝核、伊核等棘手问题的对华战略。所以，日本对东盟的安全合作，既有被美国和东盟用来“平衡”中国的一面，也有打破美国对中、日和东盟各国、东盟各国对中美日的地区影响力进行“再平衡”的一面。无需赘言，“重视亚洲安全保障领域的合作”,[①] 企图“领导亚洲”的安倍政府是不知不扣的麻烦制造者。

① 「サイバー攻撃端末 ASEANと共同で駆除　外国・テロ組織対処来年度から政府」、『産経新聞』2013 年 9 月 22 日。

第十三章 从“反海盗”到“保卫”两洋海上通道

连接太平洋和印度洋的“海上十字路口”马六甲新加坡海峡（马六甲海峡），2005年发生了102次海盗事件，占世界海盗事件总数的约37%，[①] 在每年约9.4万艘各国过往船舶内，日系船舶约占1.4万艘。[②] 经苏伊士运河连接欧亚的索马里亚丁湾海域，每年约有1.8万艘船舶经过，日系船舶约占1700艘，2011年发生237次海盗事件，占世界海盗事件的一半以上。从2007年起共有3艘日系船舶分别受到海盗登船抢劫、劫持船员及破坏机器的损失。[③] 2006年亚洲16国响应小泉首相的倡议签署《亚洲地区反海盗及武装劫船合作协定（RECAAP）》（亚洲反海盗协定）以来，日本海上保安厅和海上自卫队的巡逻艇、护卫舰和预警机等，先后在太平洋和印度洋“反海盗”已8年有余。日本作为海盗活动的受害国之一参加反海盗——1999年“阿龙德拉”号船员遭海盗劫持事件即代表案例，本来无可厚非，然而，日本在

---

① 日本外務省：『ODA白書2006年版』、「第I部第2章第6節海の安全確保へのアジア沿岸諸国への支援－マラッカ海峡の安全航行への施策－」、http：//www.mofa.go.jp/mofaj/gaiko/oda/shiryo/hakusyo/06_hakusho/index.html

② 日系船舶：船籍为日本或属于日本船舶公司的外籍船舶，雇佣船员中少有日本人。

③ 内閣官房ソマリア沖・アデン湾における海賊対処に関する関係省庁連絡会：「2012年海賊対処レポート」、『ソマリア海賊による日本関係船舶の海賊被害状況（2007年～2011年）』（2013年3月）、http：//www.cas.go.jp/jp/gaiyou/jimu/pdf/siryou2/report2012.pdf

“反海盗”的旗号下，在连接太平洋和印度洋的两洋海上通道不断进行战略扩张，不能不令人提高警惕。

1999—2014年间，以在马六甲海峡反海盗为出发点，历届日本政府在前任的基础上不断推出名为反海盗实为海洋战略扩张的新政策，直至安倍二次执政后公然宣示“保卫”两洋海上通道。

第一节 日本历届政府的海上通道政策

1999年小渊首相在会晤东盟国家领导人时，首次提出合作打击海盗活动的建议。然而，马来西亚和印尼拒绝非沿岸国插手马六甲海峡安全事务。两国不仅反对美国太平洋舰队司令法格提出的解决马六甲海盗问题的区域海洋安全设想（RMSI），而且拒绝日本在马六甲海域举行打击海盗多边演习的建议。直到2006年11月根据亚洲反海盗协定的规定在新加坡建立亚洲反海盗信息共享中心（ISC），两国仍未在协定上正式签字。[①] 日本由此认识到，在涉及沿岸国主权管辖范围内“反海盗”必须制定相应的法律。

安倍第一次内阁把反海盗纳入日本海洋战略法制建设，2007年4月推动国会通过《海洋基本法》，其第21条规定：“确保海洋资源开发利用、海上运输安全与维持海洋秩序”。[②] 据此，福田政府2008年3月发表了《海洋基本计划》（福田海洋基本计划），针对“从中东经马六甲新加坡海峡到我国周边海域的海上运输通道上，海盗行为和大规模杀伤性武器扩散等问题”规定：1. 重点加强维护马六甲海峡安全的合作框架建设；以亚洲反海盗信息共享中心为平台，通过培养人才等提高应对能力。2. 把一揽子应

① 蔡鹏鸿：“日本主导东南亚反海盗合作机制对地区海洋安全事务的影响”，《东南亚研究》2007年第3期；羽原敬二：「海上保安庁による海事セキュリティの展開と強化」、www.kansai-u.ac.jp/ILS/PDF/nomos22-03.pdf·

② 「海洋基本法」（平成19年4月27日法律第33号）。

对海盗、走私、偷渡，恐怖活动等海上安全问题，定位为“海洋治安对策与确保航行安全”问题，支援相关国家提高应对海盗等的能力，与亚洲各国海上治安机构等开展取缔走私、偷渡，恐怖对策等方面的协调与合作。3. “研究建立在公海抑制和取缔海盗行为的体制”。[①]《福田海洋基本计划》将反海盗与反恐等非传统安全威胁统称为“海洋治安对策与确保航行安全”，以此为转折，日本将反海盗活动泛化为应对非传统安全威胁，在很大程度上改变了反海盗国际合作的性质。麻生政府为了完成上述《福田海洋基本计划》提出的“建立在公海抑制和取缔海盗行为的体制”的课题，2009年6月推动国会通过了《处罚海盗行为及应对海盗法》（应对海盗法），界定了日本打击海盗活动的范围是“公海（包括与海洋法相关的联合国条约规定的专属经济区）和日本的领海或内水”。[②] 但是，日本《应对海盗法》的这个规定，实际上违反了《联合国海洋法公约》第101条，以及由主权国家组成的国际海事组织（IMO）的规定——“在公海打击海盗”。[③] 日本把其他国家的专属经济区划为反海盗的行动范围，表明日本的“反海盗”活动是可以在其他国家的主权管辖范围内展开的。上述法律及政策文件表明，日本为应对海盗犯罪行为积极采取措施：第一，充分利用亚洲反海盗信息共享中心，通过培养人才等方式，扩大日本海上保安厅对马六甲海峡沿岸国及东南亚国家海警机构的影响。第二，全面应对包括海盗在内的各种海上非传统

① 総合海洋政策本部：「海洋基本計画」（平成20年3月18日）。

② 内閣官房：「海賊行為の処罰及び海賊行為への対処に関する法律」（平成21年6月24日法律第55号）、最終改正：平成24年9月5日法律第71号、http://www.cas.go.jp/jp/hourei/houritu/kaizoku_ houritsu.pdf、

③ 国际商会下属的国际海事局（IMB）发布的海盗定义与《海洋法公约》和国际海事组织的规定不同：没有必要区分海盗行为发生在公海还是发生在领土国家海域内，也不需要发生在两船之间，海盗攻击也可以包括政治目的。陈志瑞等：“国际反海盗行动与全球治理合作”，《国际问题研究》，2012年第1期。

安全问题，为日本防卫省自卫队参与构建双边及多边海上安全合作框架开通道路。第三，以建立“公海反海盗体制”为目标，确立日本在“国际公域”海上安全合作领域的主导权。

为了实现上述目标，日本建立了一元化的领导及推进体制。负责安全保障与危机管理的副官房长官代理，主持“应对索马里亚丁湾海盗相关省厅联络会”的工作。联络会的成员包括：内阁危机管理审议官，内阁审议官，内阁官房兼综合海洋政策本部事务局、法务省刑事局、外务省综合外交政策局、国土交通省海事局，海上保安厅警备救难部、防卫省运用企划局和统合幕僚监部（参谋长联席会议）运用部。这些政府部门在内阁官房的统一领导下紧密配合，打破外交、防务、海上治安等各部门之间的界限，从不同角度推进列入海洋本部预算清单的“反海盗”项目。

日本民主党执政后，在太平洋“反海盗”四年、派遣自卫队的军舰军机到印度洋索马里亚丁湾海域为商船护航一年零九个月后，推出了自卫队参与反海盗等非传统安全国际合作的新政策。菅直人政府在2010年12月发布的《2011防卫计划大纲》中，明确规定日本保障海上通道安全的政策：“切实保障从非洲、中东到东亚的海上交通安全等共同利益”。为了在马六甲海峡及东南亚海域继续扩大日本的军事存在，《2011防卫计划大纲》规定自卫队担负“支援地区各国的功能建设”任务，促进自卫队与东盟国家“推进实质性的合作”。[①] 据此，日本自卫队积极支援菲律宾、印尼等国加强能力建设，特别重视与海上运输线上的各国密切合作关系。《2011防卫计划大纲》把双边海上安全合作框架的联网提上日程，将自卫队推上国际合作的前台，发挥构建公海反海盗体制重要作用，将保卫“从非洲、中东到东亚”的海上通道作为自卫队的主要职能之一。这些规定在很大程度上转变了日本

① 首相官邸：「平成23年度以降に係る防衛計画の大綱について」。

“专守防卫”的军事战略，朝着发展和运用外向型军力的方向不断推进。日本从迄今分别在太平洋和印度洋“反海盗”，转变为在防卫省自卫队的直接参与下，在两洋统一推进包括非传统安全领域的综合安全合作，实现日本“保卫”两洋海上通道的目的。从2011年度起，日本外务省和国土交通省海事局、海上保安厅分别在马六甲海峡和亚丁湾推进的“反海盗”项目，合并为“索马里海域及马六甲海峡的海盗对策、确保安全的国际合作”项目。[①] 以上政策演变过程，反映出日本内阁（兼综合海洋政策本部）的决策推移：在反海盗的旗帜下，日本政府通过派遣自卫队参加国际安全合作，大力促进双边安全合作框架“联网”，扩大在“索马里海域及马六甲海峡应对海盗、确保安全的国际合作”的覆盖范围，将非洲、中东与东亚之间的海上通道，作为贯穿“两洋”政策的中心线，以“线”带“面”，针对海盗及其他危害海上通道安全的威胁深化国际安全合作，扩大日本的军事存在，逐步确立日本的主导地位。

安倍再次执政后，日本自卫队的“反海盗”活动更加名实不符，通过“维持海洋秩序”，“保卫”海上通道上升为首要目标，并且正式列入了国家安全保障战略，落实在防务方针中。安倍政府在2013年4月发布的《海洋基本计划》（安倍海洋基本计划），提出了“采取促进维持海洋秩序，确保海上通道安全的措施”的政策。[②] 同年12月，安倍政府发表了《国家安全保障战略》，《2014防卫计划大纲》和《2014中期防卫力量整备计划》，其中包括日本关于海上通道的方针政策。

《国家安全保障战略》首先渲染“海洋冲突的危险性”，指

---

① 综合海洋政策本部：「H23年度海洋関連予算一覧表」。

② 综合海洋政策本部：「海洋基本計画」（平成25年4月）、http：//www. kantei. go. jp/jp/singi/kaiyou/kihonkeikaku/

责“南海沿岸国与中国发生围绕主权的争议，给海洋法治、航行自由和东南亚地区稳定带来了担忧”。随后提出，日本作为“海洋国家”、国际政治经济的“主要行为体”，必须做出“超过以往的积极贡献”，在确保海洋安全上“发挥主导作用”，提出以下具体政策：1. 首次明确界定海上通道的地理位置：“经波斯湾及霍尔木兹海峡、红海及亚丁湾到印度洋，经马六甲海峡、南中国海到日本近海的海上通道，对于资源和能源大多依靠海上运输的日本特别重要”。2. 日本的海洋监视能力发挥重要作用，加强构筑综合性的国际网络。争取进一步增加与海洋安全保障相关的双边和多边联合训练等合作机会并提高质量。3. 对海上通道上的各种威胁，采取应对海盗等必要措施，在确保海上交通安全的同时，推进与各国间的海洋安全保障合作。4. 日本的合作伙伴包括美、澳、韩，“占据日本海上通道要冲的传统伙伴东盟各国”，“位于日本海上通道中央等地缘政治上重要的印度”，以及与日本“存在海洋安全保障共识”的国家。5. 合作目标为支援海上通道的沿岸国等提高海上治安能力，与此同时，与日本共有战略利害的伙伴加强关系，“深化相互理解提高共同应对的能力”。[①] 6. 合作区域：（1）在太平洋特别是南海地区，进一步促进和发展亚太地区的“双边安全对话框架”，以及东盟地区论坛等多边安全对话框架，进一步促进和发展多国联合训练；（2）在印度洋地区，与印度在以海洋安全保障领域为首的广泛领域内，通过联合训练和演习，共同实施国际和平合作活动，加强双边关系；（3）在印度洋及南中国海等日本周边以外的海域，也要利用各种机会，与存在海洋安全保障共识的各国充实联合训练和演习。[②]

按照《国家安全保障战略》的上述内容修订的《2014 防卫

① 首相官邸：「国家安全保障戦略について」。

② 首相官邸：「中期防衛力整備計画（平成 26 年度～平成 30 年度）について」。

计划大纲》，将自卫队担纲的包括海洋安全合作在内的“安全保障合作”，冠以“国际和平合作活动”，作为“构建综合机动防卫力量”的组成部分，[①] 以加强自卫队的能力。所谓国际和平合作活动，既有反海盗、反恐等非传统安全领域的合作，也有以“改善国际安全环境”为名的国际军事合作，一方面有利于掩饰日本大力推进海洋战略扩张的行径，另一方面有利于高效运用日本外交、政府开发援助（ODA）和防务领域的资源，为日本实现综合安全保障的目标，在太平洋和印度洋确立海上优势，掌握亚太地区主导权的国际地位，形成与美国“共治”全球性海洋安全事务的格局。从这个意义上说，遏制中国不是日本的终极战略目标，只是为了实现上述目标的必经之路。换言之，日本要瓦解中国在东南亚、非洲及其他地区的地缘政治优势取而代之，主导塑造日本认为能够确保本国安全的国际秩序，中国是目前拥有阻碍日本称霸亚太的综合实力的地区大国，日本必须排除中国这个障碍，既要协助美国完成亚太“再平衡”的军事部署、赢得美国的信任和支持，更重要的是为了日本自己的长远利益——在美国仍然强大时，在日美同盟框架内发展本国仅次于美国的实力；在美国不得不收缩其亚太战略时，填补美国留下的空白。

日本为了“确保海上通道安全”，在国家战略的顶层设计、防务方针政策以及国际安全合作三个层次上，确定了日本的合作目标是在海洋安全领域“发挥主导作用”，指定了合作伙伴、合作区域、合作形式及合作内容，日本不但没有将中国作为海上安全合作的伙伴，反而污蔑中国“给海洋法治、航行自由和东南亚地区稳定带来了担忧”，把中国作为日本海洋安全合作的“靶子”。特别是，日本明确提出海洋安全合作的区域包括“在印度洋及南中国海等日本周边以外的海域”，也要实施“确保海上通

① 首相官邸:「平成26年度以降に係る防衛計画の大綱について」。

道安全”的各项政策。[①] 安倍政府毫不掩饰日本扩大“两洋”军事存在，拉拢利用与日本“共有战略利害”关系的海上通道沿岸国，加强主要针对中国的国际安全合作的目的。著者认为，这就是《2014 防卫计划大纲》没有明示日本建立“海上优势”的具体地理位置的主要原因（后述）。

第二节　立足马六甲海峡扩大日本亚太军事存在

安倍政府从国家安全战略的高度提出确保海上通道安全的战略目标，具备相应的法律法规基础和实践经验。可以说，日本外务省、国土交通省、海上保安厅及防卫省自卫队等多个政府部门联合运作，不断积累和扩大日本在两洋海上通道的存在，在一定程度上奠定了物质基础。下面重点考察日本在马六甲海峡扩大军事存在的实际情况。

（一）2001 年小泉首相正式倡议缔结亚洲反海盗协定后，通过制造并利用马六甲海峡沿岸国之间的竞争关系，在这一“海上咽喉”要道立足。马来西亚和印尼一贯坚决反对美日插手海峡安全事务，维护其主权权益。特别是马来西亚有 1992 年国际海事局（IMB）设立的接收、汇总并向所有海上航行的船舶免费提供海盗活动信息的海盗信息报告中心，还有 1998 年国际海事组织（IMO）设立的 6 个船位通报接收站。[②] 因此，马来西亚不希望在新加坡另立一个亚洲反海盗信息中心（ISC）。于是，日本出人出钱并且同意由新加坡方面出任亚洲反海盗信息中心监管理事会的会长，采取了提高新加坡在海峡管理事务中的地位的措施。日本

---

① 首相官邸：「中期防衛力整備計画（平成 26 年度 ~ 平成 30 年度）について」。

② 日本参議院：「参議院重要事項調査議員団（第三班）報告書」。

对印尼提供防灾减灾、促进日本企业投资等多项援助，[①] 用日本政府开发援助（ODA）贷款，帮助印尼在海峡沿岸设立了4个具有自动识别船舶功能、33个应对海难事故和海盗的无线电局，无偿援助印尼建造3艘巡逻船，[②] 并且提供3艘日本新建的高速巡逻船，加强印尼的海警实力。[③] 与此同时，日本也向马来西亚派遣了来自海上保安厅的专家，提供海警人才培训等方面的“技术援助”。[④] 作为回报，印尼与日本发表共同声明：“沿岸国与日本关于马六甲海峡航行安全与海洋环境进行长期合作”。[⑤] 日本投其所好提供各种援助，通过制造三国在海峡安全管理事务中的地位变化，利用三方之间的竞争关系，各个击破，分而治之。虽然沿岸三国各有所得，但日本才是最大赢家——成功瓦解了沿岸国的反介入防线，在马六甲海峡及东南亚沿海区域确立了海上保安厅的“准军事存在”。

（二）推动海上安全合作框架联网。2011—2012年日本外务省综合外交政策局安全保障政策科海上安全保障政策室，负责实施“在东盟地区论坛内推进海上安全合作”的项目。[⑥] 出于“日本、东盟与美国在东海和南海问题上保持步调一致”的企图，[⑦] 2011年11月17日，野田首相在“日本与东盟”峰会上倡议，创建东亚峰会的下属机构“东亚海洋论坛”制定海上航行安全的原则，在东盟没有响应的情况下，日本转为主要利用中国南海岛礁

① 日本外務省：「日本・インドネシア共同声明『新たな挑戦へのパートナー』」、http://www.mofa.go.jp/mofaj/area/indonesia/ji_seimei/kh_a.html

② 日本外務省：『ODA白書2006年版』、「第I部第2章第6節海の安全確保へのアジア沿岸諸国への支援－マラッカ海峡の安全航行への施策－」。

③ 『世界の艦船』2008年（平成20年）1月号（通巻684号）、海人社发行、第50頁。

④ 日本参議院：「参議院重要事項調査議員団（第三班）報告書」。

⑤ 日本外務省：「海洋問題に関する日・インドネシア共同発表」（平成17年6月2日）、http://www.kantei.go.jp/jp/koizumispeech/2005/06/02press4.html

⑥ 综合海洋政策本部：「H24年度海洋関連予算一覧表」、https://www.kantei.go.jp/jp/singi/kaiyou/sisaku/ichiran_h24.pdf

⑦ 日本政府决定倡议新设“东亚海洋论坛”，《读卖新闻》2011年9月28日。

主权的声索国来推进既定政策。

（三）安倍政府努力提升日本与菲律宾之间的海洋安全合作框架，2013年2月，创立两国外交、海警、海军参加的"3+3"海上安全磋商框架。日方承诺以ODA方式援助菲律宾10艘巡逻艇等加强其海警实力。[①] 同年7月，安倍实现访问菲律宾，两国政府决定"在两国防务当局和海上保安机构之间，加强联合训练等实践性合作和各种交流"。[②] 2014年9月11日，日本陆上自卫队的最高将领、幕僚长岩田清文宣布，将首次派遣4名军官作为观察员参加美菲两国海军陆战队在菲律宾巴拉望岛等举行的联合训练，"收集水陆两栖作战和人道主义援助的信息。"[③] 日本对菲律宾的军事合作活动，不但有海上自卫队参加，而且还包括陆上自卫队。

（四）安倍政府积极促进越南在海洋安全问题上与日本合作，试图对越南复制日菲"3+3"海洋安全磋商框架。2013年1月，安倍首相访问越南与阮晋勇总理会谈，提供5亿美元贷款促进两国经济合作和安全、政治及外交领域的政策协调。[④] 12月，安倍首相再次与阮晋勇总理会谈，承诺日本新增1000亿日元贷款，双方关于日本向越南海警提供巡逻船等开始具体协商达成了共识。[⑤]

（五）以马六甲海峡沿岸国为重点加强海上安全合作。安倍首相于2013年7月访问了马来西亚，与马方签署了防务合作备

---

① 日本外務省：「第2回日・フィリピン海洋協議の開催について（結果概要）」（平成25年2月22日）、http：//www. mofa. go. jp/mofaj/press/release/25/2/0222_ 04. html

② 日本外務省：「日・フィリピン首脳会談（概要）」（平成25年7月27日）。

③ 「陸自、米比海兵隊の共同訓練に研修参加へ」『産経新聞』2014年9月211日。

④ 日本外務省：「安倍総理大臣のベトナム訪問（概要）」（平成25年1月17日）、http：//www. mofa. go. jp/mofaj/kaidan/s_ abe2/vti_ 1301/vietnam. html

⑤ 日本外務省：「日ベトナム首脳会談（概要）」（平成25年12月15日）。

忘录。[①] 日本还利用与新加坡举行第三次“海上安全保障对话”之机，试图对新加坡复制日菲“3+3”海洋安全磋商框架。[②] 12月，安倍首相向印尼许诺提供大约620亿日元的贷款，促进印尼与日本加强海洋安全合作，印尼终于同意与日本建立外交与防务当局参加的“2+2”磋商框架。[③]

以上事实证明，安倍政府不遗余力推广“2+2”“3+3”框架，主要目的是使日本自卫队参与迄今由外务省和海上保安厅唱主角的合作框架，在形成日本的“准军事存在”的基础上，通过海上安全对话、举行联合训练和演习等海洋安全合作，扩大日本的军事存在，逐步确立日本主导亚太海洋安全事务的作用，侧援日本在东海挑起的钓鱼岛主权争端。

第三节 日本在印度洋海上通道的战略扩张

近年来，索马里亚丁湾海域海盗犯罪活动猖獗，2008—2012年联合国安理会先后10次通过有关反海盗的决议，共有30个国家派军舰赴亚丁湾打击武装海盗，日本政府不失时机抓住了这个难得的战略机遇。由于印度洋沿岸的非洲国家经济发展相对落后，与日本之间不存在历史问题，地缘政治因素也不如亚太地区复杂，日本在印度洋扩大军事存在几乎没有顾忌，其力度之大，效果之显著，值得高度关注。

日本是在等不及国会立法的情况下，急匆匆向印度洋派兵

① 日本外務省：「安倍総理大臣日・マレーシア首脳会談及びナジブ首相主催晩餐会（概要）」（平成25年7月25日）、http://www.mofa.go.jp/mofaj/kaidan/page4_000130.html

② 日本外務省：「第3回日・シンガポール海上安全保障対話の開催（結果概要）」（平成25年7月23日）、http://www.mofa.go.jp/mofaj/press/release/press6_000457.html

③ 日本外務省：「日・インドネシア首脳会談（概要）」（平成25年12月13日）、http://www.mofa.go.jp/mofaj/area/page22_000793.html

“反海盗”的。2009 年 3 月，麻生首相在无法可依的状况下，发布了“海上警备行动命令”，日本陆海空自卫队组成两支“反海盗部队”前往印度洋。按照“海上警备行动命令”，日本派遣的反海盗部队最初只能为日系船舶护航，直到三个月后《应对海盗法》通过日本国会审议并生效，才依法为其他国家的船只护航。日本反海盗部队包括两支部队。海上部队由 2 艘护卫舰及补给舰组成，将位于战略要地的吉布提港、也门的亚丁港和阿曼的塞拉莱港作为“活动据点”；航空部队为“混合任务部队”，包括 P－3C 预警机（最多时 4 架）、C－130H 运输机等运输物资和人员的航空自卫队的部队，以及担任警戒管理日本驻吉布提基地的陆上自卫队的部队。[①] 日本航空自卫队预警机在执行反海盗任务期间，发挥了不可替代的重要作用，2009 年 3 月—2013 年 4 月底累计飞行约 6300 小时，向其他国家派遣参加反海盗活动的军舰和过往商船提供信息约 7300 次，[②] 通过提供“公共产品”扩大了日本的国际影响，同时也锻炼提高了实战能力。最重要的是，军用预警机和运输机需要着陆、补给和维修设施，这为日本在吉布提建立军事基地提供了有力的借口，对于日本实现自卫队不但“派出去”而且“留下来”做出了不可替代的贡献。2009 年 3 月，日本外务省首先在吉布提设立了联络处。在日本发动全面侵华战争的“七七事变”的 74 周年这一天——2011 年 7 月 7 日，日本航空自卫队驻扎吉布提的永久性军事基地正式挂牌，陆上自卫队担任保卫基地的任务，[③] 至此，日本陆海空自卫队不仅全部派往印度洋海上通道“反海盗”，而且建立了第二次世界大战后的第一

① ソマリア沖海賊の対策部隊派遣出典：フリー百科事典『ウィキペディア（Wikipedia）』。

② 内閣官房ソマリア沖・アデン湾における海賊対処に関する関係省庁連絡会：「2012 年海賊対処レポート」、2013 年 3 月。

③ 日本外務省：「ソマリア沖・アデン湾の海賊等事案の現状と取り組み」（平成 25 年 5 月）、http：//www. mofa. go. jp/mofaj/gaiko/pirate/africa. html#our-country-effort4

个海外军事基地，这也是日本有史以来第一个驻扎非洲的军事基地。2012 年 1 月，日本外务省驻吉布提的联络处升级为日本大使馆，日本与吉布提之间的外交与安全合作关系愈发密切。

安倍再次执政后，日本在印度洋海上通道的战略扩张进入新时期。作为“保卫”海上通道的措施之一，从 2013 年 12 月 10 日起，日本的印度洋反海盗派遣部队兵分两路，一路由护卫舰和预警机组成混编部队，加入了美、英等 15 个国家的军舰组成的多国部队“第 151 联合任务部队”（CTF151），分担特定海域的警戒任务。[①] 日本海空军力正式参加“防护海域自愿者联盟”执行任务，不仅有利于促进与其他国家的海军紧密协作，而且有利于军事情报的来源多元化，可以从在亚丁湾以外的印度洋和波斯湾周边活动的各国海军获得情报。[②] 此举对于急欲实现解禁“行使集体自卫权”的安倍政府而言，还有以“外”促“内”的政治意义：日本国内争论的焦点之一是，在同一海域执行同一任务的其他国家的军舰如果受到武力攻击，日本自卫队能否施以援手。2013 年 8 月，安倍首相设立的咨询机构“重构安全保障法制基础恳谈会”的会长代理北冈伸一曾透露说：“保卫海上通道”作为必须修改宪法解释“行使集体自卫权”的“状况”之一，将写入恳谈会的研究报告。[③] 海上自卫队加入“第 151 联合任务部队”的事实，无疑进一步促进了“行使集体自卫权”的解禁速度。由此可见，日本陆海空军力齐聚亚丁湾，名为“反海盗”，实为内外兼顾，无论军事基地、突破宪法解释的禁区、还是在印度洋海上通道扩大军事存在、扩大日本国际影响力方面，都收获

---

① 「ソマリア沖の海自護衛艦、国際艦隊の下で活動開始」、『産経新聞』2013 年 12 月 11 日。

② 「『集団的自衛権』想定、海自の海賊対処、新局面も、ソマリア沖、各国と初の本格任務」、『産経新聞』2013 年 11 月 19 日。

③ 「安保法制懇報告書、シーレーンやサイバー、宇宙も、北岡座長代理」、『産経新聞』2013 年 8 月 8 日。

了具有划时代意义的成果。

此外，日本在印度洋的反海盗派遣部队，还与日本外务省、海上保安厅及日本国际协力事业团（JICA）共同实施“应对索马里亚丁湾海盗相关省厅联络会”决定的下述“反海盗”措施。

（一）以吉布提为支点，在印度洋沿岸的非洲国家中构建多边海上安全合作框架。日本与吉布提、索马里及其周边的印度洋沿岸国，构建了名曰“协商反海盗相关方会议”的多边合作框架，开展“制定国际规则等环境建设”活动，企图通过日本主导建章立制，在印度洋建立“海洋秩序”。2012 年 10 月，日本海上保安厅邀请吉布提、肯尼亚、坦桑尼亚、阿曼、也门各国海警机构的负责人，在东京举办了“中东和东非地区海上保安机构高级工作会议”；同年 10—11 月日本国际协力事业团为吉布提等国的海警举办了“海上犯罪研修”。[①] 日本还在援助索马里的名义下，向印度洋沿岸的非洲国家扩大军事存在——日本政府声称 2007 年后共向索马里提供 2.939 亿美元的人道主义援助。[②] 实际上，其中包括援助肯尼亚联合国维和（PKO）中心、回收销毁“非洲之角”小型武器等项目的开销。这类援助是由日本自卫队承担的“技术援助”项目，是日本政府为了与受援国建立军事合作关系打开突破口的一贯做法。

（二）促进两洋海上安全合作联网。2013 年 9 月 24—26 日，日本外务省把马六甲海峡和索马里亚丁湾海上通道的沿岸国，与中国存在岛礁主权争议的声索国等 13 个非洲与东南亚国家的高级将领、海警机构的负责人召集到东京开会。会议以“确保海上通道安全的政策”为主题，日本外务省外务政务官城内实，在会

① 综合海洋政策本部：「平成 25 年度海洋関連予算（概算要求）の概要」。

② 日本外務省：「ソマリア沖・アデン湾の海賊等事案の現状と取り組み」（平成 25 年 5 月）。

上暗指中国发出呼吁："不能承认用力量改变现状"，强调"多边协调对于确保海上交通安全的重要性"，号召与会各国接受日本的积极援助。[①] 此次会议名曰"支援新兴海洋国家能力建设讲座"，旨在向各国提供海上保安厅的技术，提高各国的海上警备能力，"目的则在于协调各国采取联合行动，其中包括牵制加强海洋进出的中国"。[②] 日本政府已经向埃及和苏丹派遣了自卫队的常驻人员，2014 年度还将向阿尔及利亚、吉布提、埃塞俄比亚、肯尼亚、摩洛哥、尼日利亚和南非等国相继派驻军方常驻人员，在加强情报收集能力的同时，通过各种路径扩大日本在非洲的军事影响。

综上所述，八年多来，日本分别从两洋海上通道"反海盗"起步，不断扩大日本在两洋的军事存在，军事活动越来越频繁。与此同时，日本通过外交途径构建两洋海上安全合作框架，并且欲将日本在太平洋和印度洋建立的合作框架连接在一起。日本不但努力构建"公海反海盗体制"，而且力图打造"海洋秩序"，为实现日本"保卫"两洋海上通道的战略目标，主导海洋安全合作而不遗余力。

第四节　安倍政府的"海上通道战略外交"

访问海上通道沿岸国在安倍首相"俯瞰地球仪的战略外交"中占据最重要的地位。从东南亚十国到中东地区的海湾合作委员会（GCC）六国，再到吉布提、科特迪瓦、莫桑比克、埃塞俄比亚、阿曼和印度，在安倍首相上台后一年间访问的 21 个国家中，

---

① 「外務省、中国をけん制『力による現状変更は認められない』、海上交通路で初セミナー」、『産経新聞』2013 年 9 月 25 日。

② 「外務省：新興海洋国に警備セミナー」、『毎日新聞』2013 年 9 月 25 日、東京朝刊。

大多数是海上通道的沿岸国和太平洋和印度洋的沿海国家。下面通过深入分析安倍首相的“海上通道战略外交”的四场重要活动，解析日本落实与“共有战略利害关系的伙伴加强关系”的政策效果。

（一）2013年8月24—25日，安倍首相为深化经济与海上安全合作访问了巴林王国。日本已于2012年4月与巴林签署了外交政策对话和防务交流备忘录，但仅在2013年举行过一次外交政策对话。安倍首相此访的主要目的之一是，整合现有交流机制，建立外交与防务部门参加的“2+2”安全保障磋商框架。安倍首相与马哈德国王举行会谈并发表了《日本与巴林王国加强“面向稳定与繁荣的全面伙伴关系”的共同声明》，双方强调了日巴政府在政治和安全保障领域合作的重要性，决定在两国外交部、国防部和巴林内务部之间举行“安全保障对话”讨论地区形势，包括海上运输通道安全、应对海盗等海上安全保障问题，防扩散和反恐对策，人道主义援助及救灾等问题。两国政府希望根据2012年4月签订的防务交流备忘录，进一步促进双方的业务交流，两国军队之间的交流，教育和研究交流，以及包括多边合作在内的防务交流。[①] 与巴林新建“2+2”安全协商框架是安倍首相此访的最大成果，这对于日本在中东地区特别是与海湾合作委员会的其他成员国之间密切经济与安全合作关系具有非常重要的促进意义。

（二）2013年8月27日，安倍首相访问了索马里亚丁湾海上通道的战略要地吉布提，与总统盖莱进行了会谈。安倍表示：“位于海上通道要冲的吉布提”是日本重要的战略伙伴，日本要为提高吉布提的海上治安能力作出贡献，从9月起，日本将关于

① 日本外務省：「日本とバーレーン王国との間の『安定と繁栄に向けた包括的パートナーシップ』の強化に関する共同声明」、http：//www. mofa. go. jp/mofaj/files/000012181. pdf」

向吉布提海警提供巡逻艇一事展开调查，并且派遣海上执法专家等帮助吉布提加强海警的业务能力。[①] 另据日本媒体披露，安倍政府将与吉布提协商扩充日本驻吉布提的军事基地问题，建立日本自卫队的补给和中转基地。日本将向海上自卫队的“活动据点”之一——吉布提港，投入47亿日元建设停机坪、机库和补给仓库、危险物品保管仓库等设施。[②] 由此可见，安倍政府扩大对吉布提援助的目的是，在印度洋海上通道的“咽喉”进一步扩大日本军事力量的立足地，拥有能够长期驻扎一定规模的海空军及陆上兵力的基础设施。

（三）2014年1月9日，安倍首相访问了凸显“地缘政治重要性”的阿曼。此行集中体现了安倍推行海上通道战略外交的特点：瞄准战略要冲的港口，志在必得。阿曼的塞拉莱港，由于地处亚丁湾通道与霍尔木兹海峡的中间，能够兼顾两条海上通道，战略地位极其重要。此前，日本派往索马里亚丁湾“反海盗”的部队，已经把塞拉莱港作为海上自卫队的“活动据点”之一。安倍首相在与阿曼国王卡布斯的会谈中，首先感谢阿曼对日方提供的“合作”，同时强调，日本政府“决心为包括中东在内的世界和平与稳定作出超过以往的积极贡献”。日本的“积极贡献”载入《加强日本国与阿曼国“面向稳定与繁荣的全面伙伴关系”的共同声明》，除签署建立双边外交政策对话框架的备忘录，促进阿曼对日出口石油及天然气及其他合作之外，“双方一致认识到海上通道的稳定对国际社会全体和平与繁荣的重要性”，“双方一致认为，考虑到阿曼在地缘政治上的重要性，有必要加强包括应对海盗在内的海上安全保障合作”。卡布斯国王也重申了通过

---

① 日本外務省：「安倍総理大臣のジブチ訪問」（平成25年8月27日）、http：//www.mofa. go. jp/mofaj/kaidan/page4_ 000156. html

② 《产经新闻》2013年11月7日。

与国际社会合作，“为确保海湾地区和平稳定的海路继续努力”的重要性。“双方重申面向这一目标承担的义务及准备，表明促进各层次的事务交流的意愿”。[①] 看来，在为确保海上通道安全而“承担的义务及准备”的表述背后，隐藏着不宜公布的秘密。显然，安倍首相达到了此次访问的主要目的。

（四）为落实“与位于海上通道中央的印度”加强海洋安全保障合作的战略方针，[②] 安倍首相将印度之行作为海上通道战略外交的最后一站。日本与印度开展海洋安全合作已有 14 年的历史。自 2000 年起，日本海上保安厅就与印度海警每年举行联合演练，两国海警负责人进行互访。[③] 安倍第一次内阁执政时期，在前任的基础上，与印度进一步夯实了“日印战略性全球伙伴关系”，提出了深化合作关系的“路线图”。麻生太郎首相执政时期，两国政府在 2008 年发表了《日印安全保障合作联合宣言》，宣称“海上通道安全是两国的共同利益”，将在多种框架内继续推进海上安全合作，决定在国防部长、副部长及局长、各军种的最高长官、两国海军参谋级军官、各军种之间开展双边及多边军演等各种交流活动。[④] 2008 年 4 月，美、印、日三国还首次举行了马拉巴尔海上联合军演。日印两国高层每年互访并发表提升双边关系的共同声明。2009 年鸠山首相访问印度时，又建立了两国副部级的“2 +2”磋商框架。2014 年 1 月 6 日，安倍内阁防卫相小野寺五典访问印度，与印度国防部长安东尼会谈，决定日印海

---

① 日本外務省：「日本国とオマーン国との間の安定と繁栄に向けた包括的パートナーシップの強化に関する共同声明」、http：//www.mofa.go.jp/mofaj/files/000023761.pdf

② 首相官邸：「国家安全保障戦略について」。

③ 日本外務省南西アジア課：「最近のインド情勢と日インド関係」（2014 年 1 月）、www.mofa.go.jp/mofaj/files/000020898.pdf

④ 日本外務省：「日本国内閣総理大臣麻生太郎・インド共和国首相マンモハン・シン：『日本国とインドとの間の安全保障協力に関する共同宣言』」、http：//www.mofa.go.jp/mofaj/area/INDIA/visit/0810_ahks.html

军开展“反恐等方面的交流”，年内举行第三次海军联合训练，促进两国陆、海、空三军之间的合作交流。[①] 日本防长的这次访问，起到了为安倍首相访印之行“预热”的作用。同年1月25—27日，安倍首相对印度进行了访问。日印两国首脑举行会谈并发表了《加强日印战略性全球伙伴关系的共同声明》。安倍首相感谢印度邀请日本海上自卫队参加下一次马拉巴尔海上联合训练——这是日本政府一再要求的结果。双方决定，日本国家安全委员会与印度国家安全顾问建立定期协商机制，[②] 年内将举行第四次日印防卫政策对话等活动，双方还对日美印三边定期对话予以肯定。双方不仅表示促进在海上相关问题上加强双边及多边合作关系，而且决定“日印合作启动有关东盟的协商”。双方强调了两国海军联合训练的重要性，“重申定期和更频繁地继续实施两国海军联合训练的决心”。[③] 著者特别指出，印度海军与日本海上自卫队之间的联合训练，是日本政府构筑“中国包围圈”的重要举措，在2012年6月的首次演习中，双方“以舰队协作为重点”进行了“基础性的训练”，2013年12月升级为海上射击和反潜作战的实战训练，日本帮助印度海军学习海上自卫队的反潜搜索等以提高保卫海上通道的能力，“符合日印两国的利益”。[④]

以上分析表明，“保卫”两洋通道既是日本“反海盗”政策演化的结果，也是安倍政府为强化“遏制中国”加强海洋战略扩张的体现，值得高度关注。日本派遣在印度洋“反海盗”的两支

---

① 「自衛隊とインド軍が対テロ交流　日印防衛相会談」、『産経新聞』2014年1月6日。

② 日本外務省：「共同声明：日インド戦略的グローバル・パートナーシップの強化」、www. mofa. go. jp/mofaj/files/000025063. pdf

③ 日本外務省：「日・インド首脳会談（概要）」（平成26年1月25日）、http：//www. mofa. go. jp/mofaj/kaidan/page3_ 000632. html

④ 「首相、訪印から帰国　対中意識、積極外交でシーレーン安全確保へ着々」、『産経新聞』2014年1月28日。

部队，已经在沿岸战略要地吉布提，建立了航空自卫队和陆上自卫队共用的军事基地，拥有了三个海上自卫队的“活动据点”。这三个活动据点的战略位置极其重要：吉布提港和亚丁港，呈“钳形”扼住连接红海和阿拉伯海的咽喉，可有效控制亚丁湾海上通道；塞拉莱港能够兼顾亚丁湾通道与霍尔木兹海峡通道。安倍首相竭力推进海上通道战略外交的轨迹显示，日本在印度洋的军事存在迅速膨胀。但是，日本媒体却在“贼喊捉贼”：安倍首相访问非洲的目的，包括牵制中国的意图，因为中国“正在非洲东岸的印度洋谋求确保霸权”,[①]“日印防务全面合作，因为中国企图向印度洋发展”。[②]

综观日本历届政府从“反海盗”到“保卫”两洋海上通道的战略扩张活动，可总括为以下五个特点。

第一，参加“应对索马里亚丁湾海盗相关省厅联络会”的政府各部门，具有横向紧密协作的特点：1. 日本外务省“从战略高度运用 ODA”，重点援助两洋海上通道的沿岸国加强海警能力建设，大力支持声索国利用南海主权争议挑起事端，牵制中国；2. 日本国土交通省海事局和海上保安厅从扩大非传统安全合作切入，通过援助对象国的海警机构，在扩大日本准军事力量存在的同时，为日本军方挤进双边海上安全合作、特别是为海上自卫队的军舰建立“活动据点”创造条件；3. 日本法务省刑事局参与“反海盗”，使日本具备了对亚丁湾海盗进行“法庭审判”的条件，同时也为日本支援两洋通道的沿岸国加强海上执法能力建设发挥了重要作用；4. 日本政府极力推广的海上保安厅、防卫省、外务省等共同参加的“3 +3”海上安全合作框架，打破了准军事

① 「安倍首相、アフリカ外交強化、年明け訪問伝達へ、対中国牽制、海上安全・資源で協力」、『産経新聞』2013 年 9 月 26 日。

② 「日印防衛相会談、陸・空も交流強化へ…中国視野」、『読売新聞』2014 年 1 月 8 日。

与军事合作之间的界限，作为协调双边海洋安全对策加强海上安全合作的平台，是促进缔结准同盟框架、提升安全合作关系的重要抓手。总之，在日本内阁官房（兼海洋本部事务局）的一元化统辖下，各政府部门不受行政机构间“条块分割”的限制，不拘部门利益协同运作，是日本高效推行海洋战略扩张的根本保障。

第二，上述各政府部门的协作具有“非同步配合”和“同步配合”的特点。在日本曾经侵略邻国、中日两国政治博弈敏感度高等地缘政治因素复杂的太平洋地区，日本外务省和海上保安厅先行打开局面、防卫省随后参加安全合作框架的协作方式，集中体现了各部门之间非同步配合的特点。建立日菲“3+3”安全合作框架后，日本认为非同步配合升级为同步配合的条件已经成熟，于是开始向其他国家复制“3+3”框架。相对而言，在地缘政治敏感度较低的印度洋地区，日本外务省、国际协力事业团与海上保安厅等同步推进构建“海洋秩序”，日本海上保安官搭乘海上自卫队的护卫舰“反海盗”，海上自卫队的护卫舰与航空自卫队的预警机部队混编派遣、航空自卫队与陆上自卫队混编进驻吉布提基地的“混搭”派遣方式，特别是“应对索马里亚丁湾海盗相关省厅联络会”统一领导、协调政府各部门在两洋海上通道“反海盗”，都体现了各部门间同步配合的特点。通过因地制宜的运作方式，日本将非传统安全合作框架提升为综合安全合作框架，同步实现向海外派遣陆海空自卫队，在最重要的两洋海上通道拓展了日本自卫队和海警的存在空间。

第三，日本政府扩张海洋战略，与美国推行的亚太军事和外交战略相契合。例如，在安倍政府表明的向非洲提供3.2亿美元的资金援助内，包括向美国主导下的中非地区国际援助项目提供

300万美元。[①] 又如，安倍政府将保卫海上通道问题——包括海上通道的地理界限等——写入《国家安全保障战略》之前征询过美国军方的态度。2013年8月25日，安倍首相在巴林会见了美国海军第五舰队司令米勒，安倍强调：波斯湾及霍尔木兹海峡的稳定“对日本是生死攸关的问题，今后日本将切实负起稳定这一地区的责任”，“表明了加强干预中东地区确保海上通道安全的意向”。[②] 安倍是自民党内屈指可数的“亲美”派，深知美国军方对外交政策的影响，在获得美方支持其政策主张方面不循外交协商的惯例，可谓擅长走捷径。安倍首相之所以这样做，一方面，把日本在印度洋海上通道的战略方针向美方通报以争取支持，另一方面也可以借“外压”促内政，减少国内阻力。

第四，日本向国际组织“借壳”推进两洋海上通道政策。例如，通过“日本与联合国开发计划（UNDP）伙伴关系基金”，日本向设在马来西亚的联合国亚洲维和活动（PKO）训练中心提供了100万美元的援助，这笔钱用于日本内阁府国际和平协力本部向马来西亚派遣讲师前去授课，[③] 又如，日本向国际海事组织（IMO）醵资1460万美元创设信托基金，支援也门、肯尼亚、坦桑尼亚建立并运营海盗信息中心（ISC），并且将训练基地设在吉布提，为日本在印度洋构建多边安全合作框架发挥了重要促进作用。再如，日本向加强取缔海盗能力的国际信托基金醵资350万美元，用于联合国组织实施的取缔索马里亚丁湾海盗、帮助索马

---

① 日本外務省：安倍総理アフリカ政策スピ—チ：『「一人、ひとり」を強くする日本のアフリカ外交』、(2014年1月14日（於：AU本部? アディスアベバ))、http：//www. mofa. go. jp/mofaj/files/000023954. pdf

② 「『日本にとって死活的問題』、首相、シーレーン安全確保に意欲、ネックは集団的自衛権、中東歴訪」、『産経新聞』2013年8月27日。

③ 日本外務省：「マレーシアPKO訓練センターへの講師派遣」（平成24年3月9日）、http：//www. mofa. go. jp/mofaj/press/release/24/3/0309_ 09. html

里周边国家建立补充起诉海盗的制度。[①] 这一向国际机构提供有条件的援助，在两洋海上通道的沿岸国扩大日本影响的模式，在构建综合安全合作框架的起始阶段比较常用。日本向国际组织“借壳”推进两洋海上通道政策，有利于降低受援国对日本介入内政的警惕，同时也促进日本与国际组织之间的关系更加密切——从2010年4月起，日本向由主权国家组成的国际海事组织下属的应对索马里海盗小组派驻了海上保安厅的人员。

最后，日本的海洋安全和海上通道政策的最大特点是，充分利用中国岛礁和陆域领土主权的声索国，发挥日本对华“战略支点”的作用。日本视菲律宾、越南、印度等国为“共有战略利益”的国家。但这并不意味着声索国完全倒向日本。尽管日本与各声索国之间都有借对方之力牵制中国的打算，存在利益交汇点。但是，声索国与中国之间同样在经济等其他领域存在利益交汇点，而且不无得到中国援助的愿望与可能。加之，声索国拥有独自的外交与安全战略。中国南海岛礁主权的声索国之间也存在着难以调和的海洋权益冲突，对中国的立场不尽一致。印度也不会改变战后一贯坚持的不结盟政策。声索国与日本合作的出发点是互有需求，但声索国最大的考量是获取日方援助壮大本国的实力。各国增强实力的策略虽然不同，但有一点是共同的，各国绝不会“把鸡蛋放在一个篮子里”。这就是日本的企图不可能如愿以偿的重要原因。

① 日本外務省:「ソマリア沖・アデン湾の海賊等事案の現状と取り組み」（平成25年5月）。

第十四章　以“夺岛”为纲拉动强军备战

2013年12月发表的《2014防卫计划大纲》及《2014中期防》，与迄今的政策文件不同。因为这是安倍第二次内阁根据《国家安全保障战略》提前修订的防务政策，不但是落实《国家安全保障战略》提出的推进日本外交与防务的“战略抓手”的具体政策，而且也是应对因日本非法“购岛”引发的中日领土争端激化的军事布局。因此，无论在防务与外交相结合的政策的综合性，国内军事部署与国际安全合作相结合的政策的宏观性，还是在囊括岛屿、海洋、网络、宇宙及天灾人祸的政策的全面性等方面，都具有前所未有的战略意义。

对中国而言，《2014防卫计划大纲》及《2014中期防卫力量整备计划》是以中国为假想敌全面修订的防务政策，不但修改了日本防卫的目标、自卫队的建军方向、任务及作战指针，而且将日本的民用领域纳入军力建设，从“应对岛屿攻击”的实战需要出发全面推进强军备战。为了深入解读复杂且表述模糊的政策内涵，有必要对比分析此前民主党和自民党政府分别修订的2005、2011《防卫计划大纲》及《中期防卫力量整备计划》，解析执政理念不同的两大政党关于“防卫岛屿”的政策变化，尤其是以侵占中国钓鱼岛及其附属岛屿为主要目标的军事布局。

第一节　“岛屿作战”指针十年变迁

应对外来武装力量侵略或攻击日本的偏远海岛，历来是日本防务的主要目标之一。日本政府一贯站在否认中日之间存在领土主权争议的立场上，在官方文件中从不记载钓鱼岛主权争议。因此，日本的所谓离岛（偏远海岛）防御政策，均包括中国钓鱼岛及其附属岛屿。纵观十年来自民党和民主党政府制定的岛屿防御政策，不仅没有分歧和对立，而且无一不在保持政策连续性的基础上，推出岛屿政策的升级版。

在自民党小泉纯一郎内阁2004年修订的《2005防卫计划大纲》中，“应对岛屿侵略”在五项防卫目标中排在第三位：第一，应对弹道导弹攻击；第二，应对游击及特种部队攻击；第三，应对岛屿侵略；第四，警戒监视周边海空领域和应对侵犯领空及武装间谍船；第五，应对大规模及特殊自然灾害等。其中，应对岛屿侵略的作战指针相对简单：“统一运用自卫队，各部队相互配合，迅速集中部队阻止并击败敌人。”[①] 与《2005防卫计划大纲》相比，民主党菅直人内阁2010年修订的《2011防卫计划大纲》重新安排防卫目标：第一，确保周边海空领域安全；第二，应对岛屿攻击；第三，应对网络攻击；第四，应对游击及特种部队攻击；第五，应对弹道导弹攻击；第六，应对复合事态；第七，应对大规模及特殊自然灾害等。应对武力攻击岛屿的作战指针是：“迅速部署可机动运用的部队，与平时部署的部队联合阻止并排除对岛屿的攻击。届时，包括用巡航导弹应对在内，确立岛屿周边防空态势，同时确保周边海空领域的空中优势及海上

① 首相官邸：「平成17年度以降に係る防衛計画の大綱」（平成16年12月10日）。

运输线安全。”[①] 上述内容表明，《2011 防卫计划大纲》有关岛屿作战的用兵力度和作战区域的规定发生了重大变化。第一次提出了“确保周边海空领域安全”并作为首要防卫目标，《2005 防卫计划大纲》的第三个防卫目标“应对岛屿侵略”，在《2011 防卫计划大纲》中提前到第二位。《2011 防卫计划大纲》有关岛屿作战的指针也发生了较大改变：一是规定动用“平时部署和机动运用的部队”应对岛屿攻击，表明菅直人政府在 2010 年已经决定，在中国可能发动攻击的西南岛屿驻兵。二是扩大岛屿作战的区域，从阻止和击败攻击岛屿的敌方力量，扩大到“确保周边海空领域的空中优势及海上运输线安全”。日本政府曾在国会答辩时称，周边事态不是地理概念。《2011 防卫计划大纲》的规定表明，在没有地理界限的“周边海空领域”和“海上运输线”进行夺岛作战，实际上涵盖了第一和第二个防卫目标。三是《2011 防卫计划大纲》明确规定，可以使用射程远及中国的巡航导弹。使用巡航导弹的规定寓意深远：表明菅直人政府决心引进用于远程攻击的武器装备，要求美国在对日军事政策上进一步“松绑”。同时，以此暗示中国，日本或将“岛争”的战火延烧至中国领土，如果中国在钓鱼岛争端中使用武力，或在台湾海峡发生紧急事态之际攻击日本的西南岛屿，日本将不惜打一场没有区域限制的较大规模的“空海一体战”，夺取空中和海上优势，并且控制海上运输通道。另外，《2011 防卫计划大纲》规定的第六个防卫目标“应对复合事态”也与岛屿作战有关。所谓复合事态包括《2005 防卫计划大纲》中分别列出的“应对游击和特种部队的攻击”，“警戒监视周边海空领域，应对侵犯领空及武装间谍船”。由此可见日本进行军事斗争准备的首要目标已经在 2010 年锁定中国，凸显防务政策为实现海洋战略的占“岛”圈海服务，为应

---

① 首相官邸：「平成 23 年度以降に係る防衛計画の大綱」（平成 22 年 12 月 17 日）。

对中日因“岛争”在东海爆发武力冲突，大幅度提升了岛屿作战指针。《2011防卫计划大纲》的这一重大变化，表明日本已经预先设想中国可能对日方实施钓鱼岛“国有化”做出强烈反应，所以决定岛屿作战指针不设地理界限，控制中日共用的海上运输线，并把延伸攻击中国领土列为作战选项，这不仅是对中国公然进行战略威慑，而且是准备与中国展开较大规模的武力冲突的军事布局。

安倍内阁在《国家安全保障战略》中提出：日本“必须更积极地应对”《2011年防卫计划大纲》发布以来“日本直接面对复杂而重大的国家安全保障的课题”。[①] 安倍政府按照“有效遏制及应对各种事态”的标准再次调整防卫目标，增加了宇宙空间政策。《2014防卫计划大纲》将《2011防卫计划大纲》列出的七个防卫目标浓缩为五个：第一，确保周边海空领域安全；第二，应对岛屿攻击；第三，应对弹道导弹攻击；第四，宇宙及网络空间的应对；第五，应对大规模自然灾害。”[②] 比对《2011防卫计划大纲》，第一和第二防卫目标未变，第五个防卫目标“应对弹道导弹攻击”，在《2014防卫计划大纲》内提前到第三位，这个改动不但证明日本对“中国军事威胁”的重视程度进一步提高，而且蕴含日本试图实现正式建设进攻型军力的重大突破（后述）。《2011防卫计划大纲》内排序第三的“应对网络攻击”并入了第四位，统称为“宇宙及网络空间的应对”。相比之下，《2014防卫计划大纲》提出的第四个防卫目标显得有些另类。著者认为，这个改动有其必然性和可操作性。其必然性在于，网络与宇宙领域在安全保障的实际应用中是不可分割的。其可操作性在于，对“网络攻击”的反击，存在明确“攻击国”或“假想

① 内閣官房：「国家安全保障戦略について」。
② 首相官邸：「平成26年度以降に係る防衛計画の大綱について」。

敌”的难题。因为在攻击其他国家的网络方面，能力最强的“黑客帝国”是日本的盟国。其他国家从事“网络战”的能力，似乎还难以与日本匹敌。以前，日本多用“朝鲜开发核武器和弹道导弹”来说事儿，但这个技法在网络和宇宙问题上使不得。即便是捕风捉影鼓噪“中国威胁”论的日本媒体，也只能借用“美方主张”或使用“疑似”一词来谈论网络安全的假想敌。何况“宇宙攻击”至今仍未走出“星球大战”系列片的银屏。安倍内阁既要应对来自网络和宇宙空间的“威胁”，又不能妄自菲薄，所以，用“应对”一词来模糊表述日本的安全对策：一是可以避免日本在网络和宇宙安全问题上，妄指“假想敌”的尴尬；二是能够淡化日本企图确立宇宙军事技术优势，抢占“前沿”高地的战略指向。

《2014 防卫计划大纲》及《中期防卫力量整备计划》提出的五项防卫目标覆盖所有“事态”。从和平状态下的“平时”，发生“武力攻击事态”的“有事”，到既非完全和平、也非武力冲突的“灰色事态”（“灰色区域”），主要针对中日钓鱼岛及东海主权争议激化、台湾海峡安全局势恶化，以及所谓的朝鲜威胁，包括海、陆、空、网络、宇宙、国际安全合作、国际维和活动、防务及非传统安全、大规模自然灾害等各个领域。其中，“应对岛屿攻击”的新作战指针，与《2011 防卫计划大纲》相比堪称质的飞跃，不仅是岛屿作战指针的升级版，更重要的是对“夺岛”作战的重新定位：以应对所谓中国夺岛为“纲”全面推动陆海空自卫队强军备战。换言之，安倍内阁不但进一步提升了岛屿作战指针，而且以应对中国“夺岛”为纲，全面促进陆海空自卫队以及相关民用基础设施等适应现代化战争的需要，达到“纲举目张”，加速建设“能战”国家的综合实力的目的。

剖析《2014 防卫计划大纲》规定的现行作战指针，有助于认清日本当前对华军事抗衡的战略规划及具体政策。“应对岛屿攻击”的作战指针如下：“除部署部队外，机动展开阻止入侵攻击的所需部队，确保海上和空中优势，阻止并排除侵略。在发生入侵岛屿的情况下夺回岛屿。在此之际，精确应对弹道导弹和巡航导弹等的攻击。”① 上述内容文字简练寓意复杂。首先，作战指针涵盖了所有防卫目标——确保周边海空领域安全，应对弹道导弹攻击，宇宙及网络空间的应对等。其次，刻意模糊岛屿作战的区域，大幅度提高岛屿作战的预期目标和使用武器的标准：1. 不再明示应对岛屿攻击的作战区域的地理界限，删除了《2011 防卫计划大纲》“确立岛屿周边防空态势”的规定，将“确保周边海空领域的空中优势及海上运输线安全”的规定，修改为“确保海上和空中优势”。通过这一改动，确定作战范围不限于“岛屿周边”。“确保海上和空中优势”的作战目标，完全可以确保“海上运输线安全”，所以无需赘述。2. 自卫队的作战预期，从《2011 防卫计划大纲》规定的“阻止并排除对岛屿的攻击”，修改为“夺回岛屿”。以此体现日本领有并实际控制发生战事的岛屿。3. 修改有关作战武器的规定，凸显防卫政策发生质的飞跃，即，从“包括用巡航导弹”应对岛屿攻击，提升到“精确应对弹道导弹和巡航导弹等的攻击”。结合《2014 中期防卫力量整备计划》中关于防卫力量建设重点的政策深入研究，可见“应对弹道导弹攻击”的规定，不仅是自卫队体制建设的重点，而且新增了极其重要的内容：“根据日美之间适当的任务分担，为加强日美同盟的整体遏制力，希望加强日本自身的遏制和处置能力，亦应在研究具备应对弹道导弹发射手段等能力的基础上，采取必要措施”。② 上述规定包含重大战略转变，表明日本要求加强日美合

---

① 首相官邸：「平成 26 年度以降に係る防衛計画の大綱について」。

② 首相官邸：「中期防衛力整備計画（平成 26 年度～平成 30 年度）について」。

作提高弹道导弹的拦截能力，只要符合“精确应对”的政策规定，就能够使用能够精确摧毁弹道导弹及巡航导弹所需要的各种军事手段——包括对敌方国家的弹道导弹发射基地或发射设施发动“先发制人”打击。明文规定在研究具备这一能力的基础上“采取必要措施”，旨在彰显三重意图：约束后任日本政府必须采取行动；要求美方明确表态允许日本发展进攻型军力；对中国公然进行战略威慑。事实表明，安倍政府为应对中日钓鱼岛武力冲突的扩大化积极进行军事准备，以夺岛为纲推动反导系统建设，反导武器研发及其使用，发展宇宙及网络战新型军力，具备实施“先发制人”攻击，摧毁中国导弹基地或发射装置的实力。

安倍政府企图通过上述留有足够的解释空间的防务政策，实现日本军力从“专守防卫”、“建设基础防卫力量”，向拥有海、陆、空、网络及太空战的综合实力跃进。岛屿作战方针十年巨变的事实，充分证明日本针对中国调整防务政策的幅度之大，性质之严重前所未有。日本应对中国全面崛起的战略态势，已进入偶发性军事冲突因素增多，长期性战略对抗深化的新阶段。对中日双方经济发展与战略对峙的现状及其前景的预期，是促成日本军事战略发生重大转变的重要动因，“时间”不在日本一方。

第二节　以“夺岛”为纲全面推进强军政策

日本防卫省按照《2014 防卫计划大纲》及《中期防卫力量整备计划》的规定，以夺岛为纲，从实战需要出发，主要从四个方面推进军力建设和军事布局：

（一）建设岛屿常态警戒监视体制。陆上自卫队在与那国岛部署沿岸监视部队。在冲绳县的那霸基地，除了部署空中预警和管制机（E－767）及预警机（E－2）外，在担任警戒的航空队内，新编一个预警机（E－2）部队。在西南岛屿建设移动式警戒管制雷达设施，保持24小时警戒监视态势。[①] 这一常态警戒监视体制，决定自卫队在平时状态下有效遂行空中侦察、空中巡逻等警戒任务，战时则进行反潜及各种作战。

（二）“确保空中优势”。1. 在“提高应对包括巡航导弹在内的综合防空能力”的名义下，发展空中进攻能力：在那霸基地已经部署一支F35－A战机部队的基础上，新增一支战机部队。继续对F－15战机进行升级改造，与此同时，研究用性能更好的战机代替不能改造的战机。提高F－2战机的空战能力及数据联网功能。配备新型空中加油机和运输机，对C－130H运输机加载空中加油装置，以延长飞行半径。配备救援直升机（UH－60J）。2. 继续配备中程导弹，提高地对空导弹“爱国者”的性能，以搭载能够应对巡航导弹、飞机与弹道导弹的新型拦截导弹PAC－3 MSE。3. 研究太平洋一侧岛屿的防空态势。[②]

（三）“确保海上优势”。《2014中期防卫力量整备计划》制定了日本继续强化海战能力的5年计划：配备搭载宙斯盾系统的导弹驱逐舰（DDG），多功能护卫舰（DD）、潜艇、固定翼巡逻机（P－1）、巡逻直升机（SH－60K）。延长已有护卫舰、潜艇、固定翼巡逻机（P－3C）及巡逻直升机（SH－60J）的使用期限。引进具备多种作战功能的轻型护卫舰。另外，为护卫舰队引进多用途舰载直升机，配备扫雷舰、救难飞艇（US－2）及地对舰导弹。

（四）在印度洋和太平洋的海上通道对中国形成战略优势。加强海空军力对中国形成优势是日本自卫队军备建设的重点。与

---

① 首相官邸:「中期防衛力整備計画（平成26年度～平成30年度）について」。

② 首相官邸:「中期防衛力整備計画（平成26年度～平成30年度）について」。

此同时，日本也要在军事布局上对中国形成战略优势。即，在太平洋和印度洋的更大范围内，对中国展开战略包抄和围堵。集中体现这一战略规划的是，嵌入夺岛作战指针中的“确保海上优势”。《2014 防卫计划大纲》刻意模糊“海上优势”的地理概念，极易造成岛屿作战仅在“确保岛屿周边海上优势”的错觉，事实并非如此。只有比对分析安倍内阁同时公布的另外二个文件，才能看清其全貌和实质。在日本国家安全战略的总纲领《国家安全保障战略》中，已经界定了“海上交通”的地理范围：“经波斯湾及霍尔木兹海峡、红海及亚丁湾到印度洋，经马六甲海峡、南中国海到日本近海”。[①] 同时，在《2014 中期防卫力量整备计划》内也有明确规定：“加强海洋国家日本的和平与繁荣的基础——‘开放而稳定的海洋’的秩序，为确保海上交通安全，与同盟国等紧密合作，除在索马里亚丁湾应对海盗外，支援沿岸国提高自身的能力。另外，在印度洋和南中国海等日本周边以外的海域，也要利用各种机会，与存在海洋安全保障共识的各国充实联合训练和演习。[②] 将分别嵌入三个文件的政策拼接起来，可以看出这项战略规划的全貌：第一，日本将“周边海域”的防御范围扩大到印度洋和南海等海域，加强日本军力的存在，以围堵和牵制中国。第二，重点确保连接从中东、非洲到中日沿海的印度洋和太平洋之间的海上通道。两洋海上通道包括三条海峡——霍尔木兹海峡、亚丁湾和马六甲海峡，“确保”海上通道，意味着日本企图控制这些海上通道的“要冲”。第三，通过支援海上通道沿岸国的提高“海洋安全保障能力”，伺机增加日本的军事基地和“活动据点”。日本的战略意图可以概括为四个要点：以“点”带“线”，以“线”带“面”，实现联网。具体而言，其一，日

① 内閣官房：「国家安全保障戦略について」。
② 首相官邸：「中期防衛力整備計画（平成 26 年度～平成 30 年度）について」。

本在海上通道沿岸国中建立立足点，实现日本“保卫”三条海峡的目标；其二，在上述三条海峡扼制连接两洋的海上交通线，是为“点”带“线”；其三，日本通过扼制两洋海上交通线，带动日本周边海域、印度洋和南海等海域，与安全“伙伴”开展联合训练和军事演习，扩大军事存在，是为以“线”带“面”；其四，日本引导各国建章立制塑造“海洋秩序”，建立双边及多边安全合作框架并实现联网，发挥“主导国际纷争的作用”，形成威慑中国的战略优势。平时可对中国构成一定程度的战略威慑，战时则威胁中国的能源资源进口和对外贸易。由此可见，日本在夺岛的名义下设计了宏大的战略目标，针对中国经济发展高度依赖外部能源资源与市场的特点，制定了以“海”制“陆”的遏制战略，以此弥补日本在中日综合实力对比总量上的劣势。

（五）加强西南岛屿的军力部署。防卫省将加强西南岛屿的军事部署视为当务之急，在距离钓鱼岛、台湾地区较近的岛屿，特别是中国海军编队进入太平洋的海峡沿岸部署自卫队。迅速落实在冲绳县的石垣岛、宫古岛和鹿儿岛县的奄美大岛，配备陆上自卫队的沿岸监视部队的措施。在位于日本最西端，距离钓鱼岛约170公里、距离台湾地区仅110公里的与那国岛，计划在2016年3月底前驻扎约150人的沿岸监视部队并部署雷达，已于2014年4月19日举行了自卫队新基地的奠基仪式。此举让当地居民忧心忡忡，他们担心会“在出现突发事态时成为攻击对象”。持反对意见的居民还在举行奠基仪式的会场周围与防卫省一方的人员发生了冲突，导致防卫相小野寺五典出席仪式迟到。[①] 与那国岛的自卫队新基地能够向中国大陆及台湾地区延伸监视耳目，追踪在钓鱼岛及东海活动的中国船舶和飞机。这项填补西南岛屿“防卫空白”的举措，使自卫队在西南岛屿的基地，向中国大陆

① 共同社东京2014年4月19日电。

和台湾地区方向大距离前移，此前日本最西端的自卫队基地是距离冲绳本岛约290公里的宫古岛雷达基地。日本战机如果从与那国岛的基地起飞，6分钟可达钓鱼岛上空，比从距离钓鱼岛480公里的那霸基地起飞大大节约了时间和燃料。另一项填补“空白”的驻兵计划也在积极落实中：2018年度完成在鹿儿岛县的奄美大岛（奄美市和濑户内町）配备550人的陆上自卫队的警备部队，承担在“岛屿有事”时首先出击的任务。同时还在岛内分散部署地对空、地对舰导弹部队。当地自治政府出于“驻军可兼顾应对大规模自然灾害并振兴岛内经济”的考虑，同意新建自卫队基地。建设岛内驻军设施的土地购买费将列入2015年度财政预算。[①] 2014年4月20日，冲绳县的那霸基地为航空自卫队举行了E-2C预警机新部队的成立仪式。至2016年3月底，那霸基地部署的最先进的战机F35-A的数量将增加一倍。另一方面，防卫省为了避免因购买岛上土地刺激当地居民，影响11月举行的冲绳县知事选举，暂时搁置了在石垣岛和宫古岛的驻军计划，等选举尘埃落定后再付诸实施。[②] 在民主党菅直人内阁修订的《2011防卫计划大纲》中，也曾提出过在西南岛屿重点加强警戒监视、海上巡逻、防空、应对弹道导弹、运输、指挥通讯等功能等政策，[③] 但无论在政策的可行性，还是在落实政策的保障方面都远远不及安倍内阁。

安倍内阁以夺岛为纲全面推进强军备战，意欲一举多得。其一，发动媒体大肆渲染中国海警在钓鱼岛执法维权“侵犯日本领海领空”，制造中国“夺岛”危机，把应对“中国威胁”提高到军事博弈的层次上加强备战。其二，日本不再顾忌对中国大陆及

---

① 「奄美大島への陸自部隊配備、地元が受け入れへ」、『読売新聞』2014年8月13日。
② 「陸自配備、石垣・宮古は先送り…知事選に配慮」、『読売新聞』2014年7月31日。
③ 首相官邸：「平成23年度以降に係る防衛計画の大綱について」。

台湾地区的关系，在敏感的西南岛屿部署自卫队。其三，用打赢夺岛战争的标准，推进15.9万人（其中预备役自卫官为0.8万人）的陆海空自卫队的能力建设，整备国家安全保障体制，① 具备打赢现代化战争的综合实力。其四，用所谓的中国夺岛危机误导日本民众，操控社会舆论，以便在政府债务高达国民生产总值230%的窘境中，能够耗费巨资成批量购买美国及其他国家的先进武器装备。仅以空中军事装备为例，防卫省希望引进42架F－35隐形战机，制定了在截至2018财年的5年间购买28架F－35战机、3架高空无人侦察机和4架空中预警机的计划。在2012财年至今的3年间，总共购入10架F－35战机。但是，防卫省要求在2015年度加速购买，要求拨款5.05亿日元（约合480亿美元，比2014年度增加3.5%），购买6架F－35战机，20架P－1海上预警机、3架"全球鹰"高空无人侦察机及一艘新型驱逐舰。包括地面操纵设备在内每架"全球鹰"高空无人侦察机的费用高达1000亿日元（约合9.8亿美元），新型驱逐舰的价格为1620亿日元（约合16亿美元）。另外，自卫队原有装备的性能升级和购买导弹等费用也是一笔不小的开销。日本军费三年连增并创下历史最高记录。另一方面，海上保安厅也要求获得2041亿日元（比2014年度增加11%）的财政预算，其中504亿日元用于购买巡逻船和喷气式飞机等新装备。此外，增加566名海保厅人员组建钓鱼岛专属部队，在海上保安厅的总厅内设立分析中国公务船等信息的"船舶动向信息协调官"，进一步加强第11管区海上保安厅总部的总务和警备救援部门。② 据日本财务省2014年8月8日公布的最新数据显示，截至6月底，日本政府债务余额达到1039万亿日元（约合10.2万亿美元），比上一季度末增

---

① 「中期防衛力整備計画（平成26年度～平成30年度）について」。

② 美联社东京2014年8月29日电，共同社东京2014年8月28日电。

加约14万亿日元，再创新高。“船破又逢顶头风”，日本经济在2014年第二季度下滑了1.7%（折合年率6.8%），为三年来的最大降幅，“安倍经济学”吹出的肥皂泡接连破灭。但安倍政府仍然要从美国采购可在“直升机护卫舰”的甲板上垂直起降的F35－B联合攻击战斗机、54辆加强登岛作战功能的水陆两栖战车、17架V－22“鱼鹰”侧旋翼运输机等大型武器装备。如何让日本国民理解大笔军购以及再次提高消费税的必要性？安倍政府除了向澳、印等国极力推销武器装备及技术，动员东盟国家“团购”日本海警装备，以“武”养“武”的办法，唯有制造中国“夺岛”危机恐吓本国民众：多交税，“保平安”！

第三节 彻底改造自卫队的“冷战体质”

日本防卫省全面加强陆海空自卫队能力建设的另一个重点是彻底改造陆上自卫队的“基本作战部队”。在日美同盟体制内，日本海空兵力一直配合驻日美军的兵力部署，分担围堵和监视苏联及俄罗斯海空军的任务，在部队适应战争的能力和装备上（部分进攻型武器除外），基本上能够在军事现代化的大潮流中“与美俱进”。因此，改革陆上兵力相对落后的“冷战体质”受到高度重视。在日本人口老龄化、少子化倾向不断扩大的现状下，激活人数最多的陆上兵力的潜力加以重塑，既可克服兵源征集和训练时间上的困难，也能使陆上兵力紧跟军事现代化的步伐。日本民主党执政期间，也曾在《2011防卫计划大纲》及《中期防卫力量整备计划》中，提出过对防卫力量实行结构性改革的政策，包括裁减冷战时期配置的武器装备，对自卫队的装备、人员、编制及部署进行高效化和合理化改革，将有限的财政资源投向真正需要的能力建设等。例如，改变以往注重各兵种财政拨款均衡的“纵向分配预算”，向一线实战部队倾斜有限的军费；从人员结构上推进自卫队精“干”简政，改变部队中军官比例偏高的状态，实现一线战斗人员的年轻化；提出自卫队优先开展“通用型”的能力建设——自卫队员具备“非对称应对功能”，“不可替代的功能”等；要求加强自卫队部署的战略性，加强横向运用能力。做到一兵多能，一军多用，“构筑动态防卫力量”。[①] 显然，民主党政府也认识到改革自卫队的冷战体质势在必行，只是由于民主党政府为了体现其“政治主导”的执政理念，与政府各部门尤其是防务部门的行政官僚之间关系不睦，而且在修订防卫政策二年后，就被自民党赶下了台，所以很难评估民主党推行上述军事改革政策的效果。

安倍内阁修订的《2014 防卫计划大纲》及《中期防卫力量整备计划》，用“构建统一机动防卫力量”的建军方向，替代《2011 防卫计划大纲》提出的“构筑动态防卫力量”，制定了彻底改造陆上自卫队的体制和能力的政策。决定废除部分部队编制进行重组，大幅度调整武器装备的配置，力图将陆上兵力打造成能够从事水陆两栖作战、处置各种事态，具备快速反应、有效机动能力的新型战力。1. 重组“作战基本部队（机动师团、机动旅团和机甲师团）”：把 2 个师团和 2 个旅团重组为机动师团和机动旅团，使其具备高度机动能力和警戒监视能力。2. 新编沿岸监视部队和担任首先出击的岛屿警备部队，加强西南岛屿防御力量。3. 在岛屿受到武力攻击时，为迅速登陆、夺回并确保控制岛屿，正式组建水陆两栖部队：新编复数联队规模的水陆两栖作战专门部队，组成水陆机动团。水陆机动团将在日本国内外与美国海军陆战队等频繁进行联合训练，尽快形成水陆两栖作战的正规战力。同时，通过日美联合训练和演习，不断检验和修改应对各

---

① 首相官邸：「平成 23 年度以降に係る防衛計画の大綱について」。

种事态的计划。4. 改善和提高各方面总监部的指挥和管理效率，调整部分方面总监部的功能，新编陆上总队，废除中央快速反应集团，将其下属部队编入陆上总队。[①] 通过上述措施，实现将作战基本部队打造成具备实施空降、水陆两栖作战、特殊作战、空中运输、特殊武器防护及国际和平合作活动等专门技能的“机动运用部队”。5. 除了“机动运用部队”以外，针对师团和旅团以战车和火炮为中心的部队编制及装备结构，实施高效化和合理化改革，根据地区特点重新部署。[②] 至 2014 年 3 月底，自卫队共有战车约 700 辆、火炮 600 门，今后将分别减至 300 辆（门）。[③] 所谓根据地区特点重新部署，实际上是《2011 防卫计划大纲》“加强自卫队部署的战略性”的翻版——针对北方和西南方向的俄罗斯和中国调整兵力部署。《2014 防卫计划大纲》从迅速和灵活运用自卫队的需要出发重新配置战车和火炮：一是新编引进先进战车装备的部队；二是把九州地区的战车集中到新编西部方面队直辖的战车部队，其余基本作战部队不再配备战车；三是把北海道地区以外的基本作战部队的火炮，集中配备给新编各方面队直辖的特科部队；[④] 四是在大幅度裁减战车和火炮的同时，加强陆上自卫队的反导能力，在航空警戒管制部队及地对空导弹部队中，配备“宙斯盾”导弹驱逐舰等应对弹道导弹攻击的主要装备，建设反导基干部队。[⑤] 上述改革措施将在很大程度上促进陆上自卫队适应现代化战争的需要，特别是提高在地对舰、地对空导弹攻击、防空等近海战事中的作战能力，发挥陆海空军力统一运作、协同作战的重要作用。总之，防卫省要求日本陆上兵力做到在钓

---

① 首相官邸：「中期防衛力整備計画（平成 26 年度 ~ 平成 30 年度）について」。
② 首相官邸：「平成 26 年度以降に係る防衛計画の大綱について」。
③ 首相官邸：「平成 26 年度以降に係る防衛計画の大綱について」、附表注。
④ 首相官邸：「中期防衛力整備計画（平成 26 年度 ~ 平成 30 年度）について」。
⑤ 首相官邸：「平成 26 年度以降に係る防衛計画の大綱について」、附表注。

鱼岛或其他西南岛屿发生中日武力冲突并引发局部战争时，能够从距离最远的北海道地区快速向西南方向输送兵力驰援，配合其他部队使用海上和空中打击力量，夺取海空优势。

组建兼有海军陆战队和特种部队性质的水陆机动团，在日本军事史上尚属首次。这支部队形成作战能力的速度不可低估。2001—2010 年间，每年都有陆上自卫队西部普通特科连队（西普连）赴美，接受应对岛屿登陆作战等特殊训练，他们作为日本水陆两栖作战的骨干人才，无疑在水陆机动团及陆上自卫队基本作战部队打造多种特殊作战专门技能的过程中发挥非常重要的作用。多年来，美国海军陆战队等热心对西普连进行“传、帮、带”，一方面加强了日美同盟的战斗力；另一方面逐渐培养日本独自“夺岛”的本领，这些都有利于降低美军在中日军事冲突第一线参战的概率。2014 年 10 月下旬，水陆两栖机动团的全貌浮出水面——首先建立 3000 人规模的机动团，以配备橡胶登陆艇等装备、担负夺岛任务的精锐部队为主力，配备 52 辆水陆两栖战车的两栖战车部队，配备 17 架“鱼鹰”侧旋翼运输机的机降部队负责侧面支援。组建水陆机动团的工作提前一年进行。从 2017 年度开始，以陆上自卫队驻扎相浦的西普连为基础，增加队员和装备组建成军。防卫省将在 2015 年前引进 10 余辆、至 2018 年 3 月底引进约 50 辆美国海军陆战队的“AAV7”两栖战车，部署在长崎县佐世保市的崎边地区。陆上自卫队操纵“鱼鹰”运输机的机降部队，最早于 2019 年建成，驻扎地点仍在协调之中。[①] 不难预见，今后五年内自卫队的水路两栖作战能力将从无到有，具备参加“空海一体战”的实力，在日美同盟体制中发挥更大的作用。

---

① 「離島奪還部隊全容固まる、陸自 17 年度に前倒し発足」、『日本経済新聞』2014 年 10 月 26 日。

综上所述，《2014 防卫计划大纲》及《中期防卫力量整备计划》确定的改造陆上自卫队“冷战体质”的政策，有力度也有深度，使《2011 防卫计划大纲》的改革措施相形见绌。安倍政府以应对“夺岛”为纲实施的军事改革更为宏大、缜密，远非民主党政府能比。

第四节 建设“统一机动防卫力量”

《2014 防卫计划大纲》提出日本军力发展的新目标——建设“统一机动防卫力量”，主要通过以下路径实施：

（一）强化通讯和情报体制。当务之急是加强西南岛屿之间的通讯设施建设，提高陆海空自卫队之间的数据联网水平，增强抗打击能力。2014 年 3 月 4 日，美国国防部发布《四年防务评估报告》，在“防范朝鲜导弹攻击美国”的名义下，正式宣布在日本京都府丹后市的航空自卫队经岬分屯地部署 2 部 X 波段雷达。[①]日方做出的相应决定是，把自卫队的专用电路延伸至与那国岛，同时在那霸基地部署移动式多层次通讯设备。充实各自卫队间的数据链功能，提高野外通讯能力，继续促进宇宙开发为军事安全服务，建设高性能的 X 波段卫星通讯网等。[②] 同年 5 月，美军一度把部署在关岛基地的“全球鹰”高空无人侦察机临时部署在日本青森县的三泽基地，不久，防卫省决定在 2015 年度购买 3 架“全球鹰”无人机，也部署在三泽基地，解决有人飞机、甚至卫星都无法实现的滞空 30 小时连续收集情报的难题。防卫省将专门组建一支横跨陆海空自卫队的联合部队使用“全球鹰”，并且

① “美俄坚持重视亚洲”，《产经新闻》新华社东京 2014 年 3 月 6 日电。
② 首相官邸：「中期防衛力整備計画（平成 26 年度～平成 30 年度）について」。

考虑与美军共享情报，共同使用。[①] 日本全面借助美方的先进武器装备和技术加强自卫队的情报收集能力，提高日美共享情报的水平，深化同盟合作关系。

（二）提高陆海空自卫队的统一指挥和运用能力。1. 实现自卫队统一指挥高效化和合理化。为了加强战时统一指挥能力，防卫省拟引进一艘指挥水陆两栖作战、大规模海上运输、空中运输能力兼备的大型舰艇。2014 年 7 月，防卫相小野寺五典在访美期间，对美军“大黄蜂号”两栖登陆舰表示出浓厚的兴趣。据称，如果引进这艘集多功能于一身的舰艇，自卫队将拥有海外派兵的前线指挥舰，进一步强化“空海一体战”的指挥系统。此外，在防卫省推行的强军措施中，还有一项创新之举——在自卫队各方面总监部内，配备不同兵种的自卫官，促进指挥机构“共享”陆海空部队各自的专门知识和经验，使指挥系统更加高效合理。2. 加强陆海空自卫队之间的协同作战能力。以陆上自卫队为例，今后在近海作战和空战中，负责西南岛屿警备任务的驻岛部队，不但要与陆上自卫队的其他部队统一机动运用，还要与海上自卫队、航空自卫队“有机协作”，“构成岛屿防御网”；陆上自卫队的地对舰导弹部队和地对空导弹部队，不仅参加在海上阻击攻击岛屿之敌的作战，而且必须与航空自卫队的地对空导弹部队相配合，对作战部队及重要地区提供有效的防空保障。此外，防卫省还以引进或重新部署武器装备为契机，组建跨军种的联合部队，例如组建操纵“全球鹰”的陆海空联合部队。3. 提高陆海空自卫队的机动性。陆海空自卫队的机动运用水平，决定“构建统一机动防卫力量”的成败。防卫省加强在西南方向驻军，面临日本国土狭长，美军基地已经占据冲绳县的大量土地的现状。除了不惜巨资协助驻扎冲绳的美军搬迁关岛，再三要求日美共用军事设

① 《每日新闻》2014 年 8 月 13 日。

施外，在西南地区很难新增军事基地及训练区域。《2014 防卫计划大纲》决定，将 50% 的机动师团、机动旅团、机甲师团及师团、旅团部署在北海道。[①] 但是，这些基本作战部队及其他各种部队，必须依托海上和空中联合运输能力，才能做到迅速、机动、灵活调遣。目前，自卫队共有 3 艘大型运输舰，从北海道向西南方向调兵的运力严重不足，“刻不容缓”。一艘万吨级运输船的造价约 400 亿日元，租用一艘民用渡轮每年仅需 10 亿日元。造船不如租船。于是，防卫省采取了租赁民用船只的措施提高自卫队的机动性。2014 年 5 月，防卫省与民营渡轮公司签订了租用 20 年渡轮的长期合同，[②] 6、7 月间，防卫省又与兵库县的新日本海渡轮公司（以相生港为母港），北海道的津轻海峡渡轮公司（以函馆港为母港）签订了租船合同，并且要求这两家公司“必须保持在 72 小时内完成出港准备的态势”。按照“有事法制”和《自卫队法》的规定，在紧急状况下，全国 150 家民间业者“有采取相应措施的义务”，“必要时相关业者必须配合自卫队，服从自卫队的命令”。在第二次世界大战期间，日本为了对外进行侵略战争，日本军队共征用了 7000 余艘民船，大约 6 万名船员或葬身大海，或在无人岛上被活活饿死。几十年前的惨痛经历，使日本民众对防卫省的租船行为产生了强烈的质疑：日本政府是否正在为发动战争做准备？[③]

（三）以“民”补“军”。建立“综合防卫体制”。强军备战不是日本军方的独角戏，必然涉及其他政府部门，影响普通民众的生活环境。《国家安全保障战略》规定：以自卫队为核心“构筑彻底保卫日本的综合防卫体制”，在发展防务力量的同时，

① 首相官邸：「平成 26 年度以降に係る防衛計画の大綱について」。

② 自卫队将租用民营渡轮强化对华警戒，《读卖新闻》2014 年 5 月 2 日。

③ 防卫省租用民船令人想起战时的悲惨经历，《东京新闻》2014 年 8 月 30 日。

“不但政府机构，地方公共团体及民间部门必须深化合作。从平时做起，构筑无缝应对从武力攻击事态到大规模自然灾害等所有事态的综合防卫体制”。[①] 上述规定作为国家安全战略的顶层设计，标志着安倍政府极力推进的国家“正常化”，从军事领域进入国民生活空间的新阶段，不能不说是一个划时代的转折。为了贯彻《国家安全保障战略》的上述方针，《2014 防卫计划大纲》规定，民用机场和港口必须作为运送自卫队的基础设施，建立平时和战时都能使用的体制，[②] 尤其要确保西南地区的民用机场和港口，在发生各种事态之际能够为自卫队迅速展开部队所用。《2014 中期防卫力量整备计划》还规定：打破政府各部门之间的界限，政府作为一个整体应对各种事态，“警察、消防、海上保安厅等相关机构加强合作，平时就要按计划举行模拟各种事态的综合训练和演习”。[③] 可以预见，日本政府为了促进以“民”补“军”，建立“综合防卫体制”，必然使用更有冲击力的手法，用“中国军事威胁”抑制国内民众的反感。

（四）实现日美“共用”军力。涉及日美关系的一系列政府文件表明，安倍政府上台后加快摆脱战后体制束缚的步伐，与美国亚太“再平衡”战略紧密配合，扩大日美利益交汇点。日美两国之间软硬实力互补，在涉及第三方的课题上实现“战略对接”。特别是 2014 年 7 月 1 日安倍内阁通过题为《保全国家存在和保卫国民建设无缝衔接安全保障法制》的决议，完成“部分”解禁“行使集体自卫权”的夙愿，为重构“安全保障法制”，进一步深化日美同盟合作清除了障碍。2015 年上半年，安倍政府将与美方协商修订《日美防卫合作指针》，敲定日美间双向“集体自

① 内閣官房：「国家安全保障戦略について」。

② 首相官邸：「平成 26 年度以降に係る防衛計画の大綱について」。

③ 首相官邸：「中期防衛力整備計画（平成 26 年度～平成 30 年度）について」。

卫”政策，推出日美同盟的升级版，开辟日美在“国际公域”（海洋、宇宙及网络空间）军事合作的新领域。至2015年6月日本例行国会结束，安倍政府还要推动国会审议修改《自卫队法》、《周边事态法》等十余部法律，深化“能战”国家体制建设。

综上所述，《2014防卫计划大纲》及《中期防卫力量整备计划》提出加强统一指挥、灵活运用的建军目标，将应对中国崛起置于首要位置，采取了引进和重新配置武器装备，新编和重组水陆两栖机动团、机动师团、旅团及机甲师团等基本作战部队，在继续加强海空作战力量的同时，实施建设太空战和电子战等新型军力的强军政策。安倍政府以“夺岛”为纲全面拉动强军备战，正在朝着修改国家体制，以“民”补“军”的危险方向大步迈进。

综观2011、2014《防卫计划大纲》等政策文件，从“夺岛”到以“夺岛”为纲强军备战的政策演变，提出以下三个观点：

第一，从微观角度上看，以“夺岛”为纲强军备战的实质是，为夺取与邻国存在争议的所有岛屿加强日本的军事实力。在日本的“夺岛”目标中，既有中国钓鱼岛及其附属岛屿，也包括俄日、韩日争议岛屿。同样，“夺岛”军力建设也不仅针对中国。著者提出这个观点的依据是，2010年2月9日，菅直人政府推动日本国会通过的《促进保全及利用专属经济区及大陆架保全低潮线及建设据点设施等法律》（低潮线保护法），明文规定：对划定日本专属经济区（405万平方公里）及大陆架外缘的决定性根据——划界基点海岛，实施“国有化”。日本关于中日、俄日及韩日争议岛屿实施“国有化”的政策是完全相同的，只不过囿于无法勘测俄罗斯实际控制的南千岛群岛（日本称北方领土），韩国实际控制的独岛（日本称竹岛）而暂缓实施。因此，在这部法律的约束下，日本政府必须“在条件具备时调查勘探”，“划定保护区”进行管理。[①] 可以断言，日本将中国钓鱼岛“国有化”只是落实《低潮线保护法》的第一步。日本在俄日和韩日争议岛屿实施“国有化”，是具有法律约束的既定政策。所以，以“夺岛”为纲强军备战政策的实质是，在夯实对钓鱼岛的“国有化”、阻止中国夺岛的基础上，继续推进将俄日、韩日争议岛屿“国有化”的能力建设，创造夺取俄日、韩日争议岛屿的条件。这是日本准备用武力解决与邻国间的主权争议的有力证明。日本自卫队的军力部署同样印证了这一点。具备快速增援西南方向能力的1/2 的基本作战部队部署在北海道，兼顾中国、台湾海峡、朝鲜半岛及俄罗斯各个方向。没有理由否定，日本通过动用军事或军事威慑手段，对俄日及韩日争议领土完全或部分实现其主权要求。

第二，从宏观角度上看，应对“夺岛”仅仅是日本强军备战的多重目标之一。除了上述加强防止中国“夺岛”及将俄日、韩日争议岛屿“国有化”的能力建设等目标之外，还包括以下目标：1. 具备统一、综合运用军力的指挥和作战能力；2. 打造从北海道到西南方向的快速机动展开能力；3. 发展水陆两栖作战、太空和电子战的新型军力；4. 建立前方作战的后勤保障体制，实现军民共用基础设施；5. 将自卫队的防御范围从“日本周边海域”扩大到南海和印度洋，重点“保卫”两洋海上通道；6. 深化日美同盟合作，促进“共用”两国军力；7. 在经济大国地位下降的现状下，以日本实现军事大国化为依托，在国际安全事务中扮演仅次于美国的重要角色，实现日本“主导国际纷争”，塑造“国际秩序”，改善日本的安全保障环境的战略目标。以上目标兼顾平时与战时，军事、经济和外交，应急性政策与中长期政

---

① 首相官邸：「排他的経済水域及び大陸棚の保全及び利用の促進のための低潮線の保全及び拠点施設の整備等に関する法律」（平成22 年法律第41 号）。

策相结合，在提高陆海空自卫队适应现代化战争的能力的同时，利用美日同盟实现一己私利。这些经过顶层设计并且贯穿于防卫方针政策的目标，正在逐步落实到重新整合军力和民力的具体措施上。可以认为，日本在应对“夺岛”的名义下，大量引进先进武器装备，正在将自卫队建设成能够以武力解决国际争端，进行一场较大规模的现代化战争的军事力量。安倍政府全面协助美国推进亚太战略，竭力打造“安倍升级版”同盟体制，干扰中美构建新型大国关系。日本既要成为亚太地区美国最得力的军事伙伴，也要成为将来在美国力不能支的情况下取而代之的军事大国。对日本国内政治而言，这是不折不扣的违背战后日本和平宪法的行为，任其发展下去，不无颠覆日本战后“日式民主”政治体制的可能。

第三，日本从海空领域、宇宙空间、网络空间等推进战略布局，并不断要求美国对日政策“松绑”，实现拥有远程攻击能力的目的。日本“寄居”在日美同盟体制内，建设能够夺取与邻国间的争议岛屿及进攻邻国的军事力量，具备向世界各地出兵作战的能力。按照《国家安全保障战略》宣示的“国家安全保障利益”，日本今后将“改善亚太地区的安全保障环境，预防、减少对日本的直接威胁；加强建立在普遍价值和规范之上的国际秩序，发挥主导解决争端的作用，改善全球性安全保障环境”。[①] 解禁“集体自卫权”后，日本有战略、有能力、有条件与存在主权争议的邻国动用武力解决主权争议，并且能够对不涉及日本主权争端的国家，通过武力威胁或行使武力，发挥“主导国际纷争”的作用，实现日本称霸亚太的长期战略目标。

必须指出，日本针对中国的军事布局远远超出钓鱼岛及东海。在南海、太平洋和印度洋，日本以政府援助为诱饵，竭力与

① 内阁官房：「国家安全保障戦略について」。

中、朝、俄之外的“伙伴国”构建安全保障合作框架，对中国实施战略制衡。日本一方面是为了落实“新海洋立国”战略提出的确保日本国土面积12倍的“蓝色国土”的圈海目标；另一方面为应对较大规模的中日战争做准备。即，日本不但要在钓鱼岛及东海海域继续与中国抗衡，而且要用控制海上交通要冲的“质”，弥补与中国抗衡的“量”的不足。日本的战略意图是，通过在太平洋和印度洋形成战略优势，增加一个“不战而屈人之兵”的选项——即使中国在钓鱼岛和东海能够稳操胜券，最终也可能因海上运输通道受阻，不得不放弃武力解决主权争议，以此与中国展开长期战略较量。我们没有理由轻视日本作为“海洋国家”经略海洋的能力、效率和实力。

至2015年6月，安倍政府建设“能战国家”的一系列方针政策将落实在“安保法制”中。以夺岛为纲拉动强军备战的日本，正在朝着宪法第九条所禁止“以武力解决国际争端”的方向加速前行。在无视过去侵略历史错误的安倍首相的领导下，日本将给亚太地区和国际社会带来更多的不确定性，给中国的领土完整及安全环境带来重大威胁。对于日本侵略战争的受害邻国而言，脱离战后和平发展轨道的日本是不可低估的负能量，国际社会不能不保持高度警惕。

第十五章　日本宇宙战略的形成、“重启”与升级

日本宇宙事业45年间的发展过程非常复杂。严格地说，1969—2008年，指导日本宇宙事业发展的宇宙政策还不能称为宇宙战略。尽管如此，日本政府和民间企业在起步阶段联合研发宇宙技术，民间机构也曾参与决策，经过近40年的宇宙空间技术的发展应用，日本已经拥有了雄厚的技术实力和相关产业基础，为宇宙政策升级为宇宙战略，开放军事应用的禁区奠定了坚实的基础。2008年福田内阁执政时期，推动日本国会通过《宇宙基本法》后，宇宙技术研发的目的从和平应用转为包括军用，宇宙政策提升为宇宙战略。梳理迄今的宇宙政策，宇宙技术研发活动曾被纳入高速信息网络建设政策（IT政策），此后又作为构建地理信息系统政策（GIS政策）的组成部分，在准天顶卫星系统的开发应用方面取得了显著进展。从宇宙决策及领导体制来看，经历了从政府多部门共同参与、政府部门与民间共同参与，到内阁形成高度集权的一元化领导体制的不同时期。

第一节　日本宇宙战略的形成及政策演变

日本堪称卫星大国。根据日本内阁府公布的资料，截至2013

年8月，日本政府及民间机构所属的40颗各种卫星在轨运行，卫星数量位居世界第四位。[①] 然而，1969年日本国会通过《和平利用宇宙决议》，禁止宇宙技术用于军事目的，只能用于研制气象、通讯卫星等民生领域。1985年2月6日，中曾根内阁发布“政府见解”为发射侦察卫星放行，规定“限定在普遍应用功能范围内的卫星包括通讯卫星、气象卫星、定位卫星和情报收集卫星”。[②] 自1998年发射侦察卫星以来，日本目前共有4颗侦察卫星在轨运行收集情报。但是，这些卫星受制于“和平利用”原则，只能使用民用方面已经普及的技术，致使卫星的情报收集性能无法超过商业卫星的水平。

至安倍第二次执政前，21世纪日本的宇宙政策与领导体制的演变大致分为以下四个时期：

（一）宇宙政策纳入高速信息网络建设政策（IT政策）时期（2002—2006年2月）。日本政府在全球信息化的浪潮中，决定建设“高度信息化网络社会”（IT政策），其中包括实行“准天顶”卫星系统的研究开发计划。当时负责审议IT政策的是日本总务省通讯政策局宇宙通讯政策科下辖的“面向构建高速信息通讯网络社会的宇宙通信应有形态研究会”，共有总务省、文部科学省、国土交通省、防卫省、环境省五个政府部门下辖的研究开发机构参与准天顶卫星系统的研发。在日本政府部门取得的研究成果转移到民间企业应用之后，政府仍部分承担建设和应用“准天顶”卫星系统的责任。日本政府试图改变政府负责研究宇宙技术、民间企业负责技术实用化的状态，曾经“审议政府参与建设和应用业务的方式”，但并未得出结论。究其原因，虽然认为有

① 「日米宇宙ごみ監視強化、ガイドライン改定、人工衛星との衝突回避」、『産経新聞』2014年8月16日。

② 内閣府：「宇宙基本計画」（平成25年1月25日宇宙開発戦略本部決定）、http://www8.cao.go.jp/space/plan/keikaku.html

必要在政府中设立专管宇宙领域的机构，但却迟迟不能决定究竟由哪个省厅或机构来负责。于是，决定在政府做出最终决定之前采取共同管理的措施：从事技术研发的四个省代管“准天顶”卫星系统的建设和应用业务，综合科学技术会议及“‘准天顶’卫星系统相关省厅联席会议”负责审议具体政策。在此时期内，政府与民间机构共同参与决策，国家负责研发卫星定位技术，提高卫星定位的精准度，由民间企业实施卫星定位信号的增强事业。不过，民间企业最后放弃了卫星通讯事业。此后，相关政府部门成为决策的主体。

（二）建设地理信息系统政策（GIS 政策）时期（2006 年 3 月—2008 年 5 月）。2006 年 3 月，福田内阁制定了《关于推进准天顶卫星系统的基本方针》，决定分阶段推进“准天顶”卫星系统的研发计划，先从一号卫星进行技术实验和应用实验。由“定位与地理信息系统等推进会议”（后更名为“活用地理空间信息推进会议”）进行审议。上述基本方针赋予准天顶卫星系统计划以新定位——作为 GIS 政策的组成部分服务于政府机构。另一方面，宇宙政策的制定及实施仍处于各自为政的状态：文部科学省下属的日本宇宙航空研究开发机构（JAXA）侧重于科研及技术开发；内阁官房直接负责收集情报的侦察卫星；国土交通省负责运营气象卫星；总务省负责宇宙通讯系统；环境省负责地球环境观测卫星；防卫省的重点是收集和分析侦察卫星的情报及加强弹道导弹防御；外务省负责协调日美宇宙合作等“宇宙外交”。这些政府部门都设立了实施宇宙政策的相关机构，相互竞争瓜分每年大约 3000 亿日元的政府专项预算。直至 2008 年 5 月福田内阁推动国会通过《宇宙基本法》，废弃了 1969 年国会通过的《和平利用宇宙决议》，打破军事利用宇宙的禁区，将宇宙政策升级为宇宙战略。

（三）宇宙战略的形成期（2008 年 5 月—2010 年 8 月）。2008 年 5 月日本国会通过《宇宙基本法》，废弃了 1969 年和平开发宇宙技术的内阁决议，制定了从振兴产业、外交和安全保障、科学技术等方面推进宇宙研发应用的战略方针，确定了一元化的决策领导体制，规定由“宇宙开发战略本部”（宇宙战略本部）负责整合分散于文部科学省、经济产业省等部门的相关资源等。[①] 2008 年 5 月 21 日，宇宙战略本部正式挂牌，福田康夫首相担任了本部长，副本部长为宇宙开发担当相野田圣子，其他内阁成员均为本部员。来自内阁府及总务、文科、经产、防卫省的约 20 人组成战略本部的事务局。福田首相成为一身三职的第一位日本领导人——内阁首相、海洋综合政策本部长、宇宙开发战略本部长。2009 年 6 月，麻生内阁按照《宇宙基本法》的规定，制定了《宇宙基本计划》（麻生宇宙基本计划），公布了从“地球环境观测及气象卫星”、“宇宙科学”、到“载人航天”等宏大的宇宙开发应用计划，其中包括研发侦察卫星的十年规划和五年计划。[②]

另一方面，《宇宙基本法》附则第三条和第四条明确规定：宇宙基本法生效一年后，政府关于独立行政法人宇宙航空研究开发机构及其他相关机构的目的、功能、业务范围和组织形态的应有状态、管辖该机构的行政机构等，进行研究和重新调整。政府研究统一整体推进宇宙开发应用政策的行政组织并采取必要措施。[③] 上述规定在麻生宇宙基本计划中并未得到落实，决策领导体制依旧处于多元状态。

---

① 内阁府：「宇宙基本計画」（平成 25 年 1 月 25 日宇宙開発戦略本部決定）。

② 内阁府：「宇宙基本計画——日本の英知が宇宙を動かす」（平成 21 年 6 月 2 日宇宙開発戦略本部決定）、http：//www8. cao. go. jp/space/plan/keikaku. html

③ 内阁府：「宇宙基本法」（平成 20 年 5 月 28 日法律第 43 号）http：//www8. cao. go. jp/space/law/law. html

（四）“准天顶”卫星系统计划形成期（2009 年 9 月—2013 年 12 月）。民主党政府上台后全力构建海洋战略法律体系，忙于占“岛”圈海、向联合国大陆架界限委员会申报扩大日本大陆架的相关工作，直到海洋战略法制建设告一段落，才开始重新审视自民党政府制定的宇宙战略及其推进实况。“宇宙治理研究会”在详细分析宇宙政策的变化及实施状况的基础上，2010 年 6 月向刚上台的菅直人内阁提交了一份长达 103 页的最终研究报告《准天顶卫星计划形成期的治理研究》，“勾勒出日本今后以实用为目的的宇宙项目的决策课题”。[①] 参照宇宙治理研究会提出的政策建议，菅直人内阁于 8 月 27 日通过了《关于当前推进的宇宙政策》的内阁决议，决定在一号“准天顶”卫星发射之后，研究二号卫星以及后续卫星的发射计划。责成内阁官房协调相关省厅加强协作，在进行技术实验和应用实验的同时，研究今后宇宙项目的开发和应用，争取在 2011 年早些时候得出结论。[②] 2010 年 9 月 11 日，日本在鹿儿岛县的种子岛宇宙中心成功发射了第一颗“引路”号“准天顶”卫星，宇宙技术进入实用化的新阶段。

综上所述，“准天顶”卫星系统计划被列入高速信息网络建设与建设地理信息系统政策的“身份认定”周折，印证了日本宇宙领域长期缺失统一决策领导体制。纵观日本宇宙事业的发展历程，从受制于 1969 年的国会决议服务于“和平目的”的民生领域起步，1985 年放宽军事用途的羁绊后，得以使用民用技术研发军用侦察卫星。2008 年颁布《宇宙基本法》后，虽然解除了宇宙技术用于军事领域的限制，成立了内阁首相担任本部长的宇宙开发战略本部，但《宇宙基本法》建立宇宙战略体制的规定仍然

---

① 「準天頂衛星計画（立上げ期）のガバナンスの研究『最終報告』」（宇宙ガバナンス研究会 2011 年 6 月）第 1 頁。

② 内閣官房：「当面の宇宙政策の推進について」、http：//www. cas. go. jp/jp/seisaku/sokuitiri/220901/siryou3_ 2. pdf

不能落到实处，宇宙战略领导体制的“多元化”状态并未改变。直到民主党政府上台后，重新审视麻生宇宙基本计划，对症下药实施改革。

第二节　民主党政府改革宇宙战略

如前所述，2008年以前，日本的宇宙政策由文部科学省、总务省等多个政府部门及其所属机构的分别实施。此外，自民党和经团联等民间团体也参与决策，没有统一管辖的官厅。[1] 日本宇宙领域多机构长期并存、各自为政，分头制定并实施宇宙政策的状况，之所以在麻生和鸠山两届内阁执政期间内均未得到改善。内阁首相频繁更迭固然是一个主要原因，但自民党长期执政形成的政治弊病——政府各部门“条”“块”分割，各谋其利，自民党及自民党政权与政府部门之间的关系盘根错节，尤其是复杂的“人脉”因素，都对宇宙相关部门的整合构成很大阻力。相对而言，“草根”出身的民主党与各政府部门间的利益“粘连”较少，有利于改革长期形成的体制积弊。

菅直人内阁虽然把“治理”宇宙领域存在的问题提上日程，但真正操刀改革的是野田佳彦内阁。野田曾为促进宇宙战略的立法发挥了重要作用。2008年福田内阁推动国会通过自民党、公明党、民主党联合提出的《宇宙基本法》时，野田当时身为在野党民主党的国会议员，担任宇宙基本法案的国会立法小组的负责人。对日本制定宇宙战略可谓满腔热忱。因此，2011年9月2日，野田就任首相后立即大展身手，上任28天后相继公布一系列的改革政策：

---

① 「準天頂衛星計画（立上げ期）のガバナンスの研究『最終報告』」（宇宙ガバナンス研究会2011年6月）第67頁。

第一，9 月 30 日，野田内阁兼宇宙开发战略本部同时发表了两个内阁建议：《推进实用“准天顶”卫星系统事业的基本考虑》和《构建宇宙空间开发利用的战略性推进体制》。第二，12 月 22 日，野田内阁官房长官藤村修在记者会上宣布，将在内阁府内设置“宇宙战略室”作为“准天顶”卫星系统开发的“司令部”，调查审议关于宇宙开发应用政策的重要事项。第三，2012 年 7 月 12 日，野田内阁推动国会通过《部分修改内阁府设置法的法律》（平成 24 年法律第 35 号），发布了第 185 号、186 号、187 号政令，部分修改宇宙领域相关行政组织的政令，整顿分散的决策、研发及推进体制。深入解读上述内阁决议、法律及政令，有利于了解野田内阁推行的宇宙改革对宇宙战略产生的重大影响。

（一）《推进实用“准天顶”卫星系统事业的基本考虑》，从“麻生宇宙基本计划”提出的“构建五个应用系统”的宏大目标中，选取了“确保公共安全的需求”的一部分“构建“准天顶”卫星系统”，[①] 作为今后推进宇宙战略的优先项目。内阁决议强调：“准天顶”卫星系统是提高美国全球卫星定位系统（GPS）公共专用信号的精准度的人造卫星系统，供公共使用及公用，可以提高日本产业、生活和行政的效率，涉及多个相关政府机构，有助于日本的安全保障。还能提高日本对亚太地区的贡献，扩大日本的“国际存在”，有助于日美合作以及提高应对灾害的能力等“广义上的安全保障”。因此决定，在各国加强定位卫星系统建设的新形势下，日本在力所能及的条件下迅速建立实用“准天顶”卫星系统，在 2010 年代的后半期发射 4 颗卫星，将来建成由在轨运行的 7 颗卫星实现 24 小时持续定位的“准天顶”卫星

① 「宇宙基本計画——日本の英知が宇宙を動かす」（平成 21 年 6 月 2 日宇宙開発戦略本部決定）。

系统。“准天顶”卫星系统将充分应用第一颗“引路”号卫星的技术成果。内阁府负责实施实用“准天顶”卫星系统的开发、建设和运用，采取相应的修改法律及调整财政预算等必要措施。[①]这项政策从日本安全保障的需要出发，确定优先实行建设实用“准天顶”卫星系统计划，集中投入有限的财政资源，在内阁府的管辖下，迅速将已经掌握的卫星技术转化为宇宙产品。

（二）《构建宇宙空间开发应用的战略性推进体制》，旨在解决“日本宇宙政策的积年课题”，构建宇宙空间开发应用的战略决策及推进体制。即，通过修改相关法律，加强内阁府的体制建设，使内阁府具备宇宙战略“司令部”的功能，具备实施“准天顶”卫星系统的开发、建设、应用等政策的功能。第一，“构建“有实效的开发应用体制”，将设立“宇宙厅”一事作为将来的课题继续研究；第二，研究在行政组织上如何切割内阁府的“司令部”功能与实施“准天顶”卫星系统的开发、建设、应用等政策的功能，力求“中立、公正并防止机构臃肿”；第三，尊重日本宇宙航空研究开発机构的主管部门——文部科学省对该机构的监督效果并支付大部分经费的事实，研究如何确保内阁府发挥司令部作用的实效性。[②]

（三）野田内阁发布三项政令的主要目的是整顿、调整和新设相关行政组织。第 185 号政令规定了人造卫星的用途——根据《内阁府设置法》第 4 条第 3 项第 7 款（4）规定，“人造卫星的主要目的是发送定位信号”。[③] 第 186 号政令《宇宙政策委员会令》规定：出于调查审议宇宙政策的重要项目的需要，在内阁府

---

① 内阁府：「実用準天頂衛星システム事業の推進の基本的な考え方」（平成 23 年 9 月 30 日閣議決定）、http：//www8. cao. go. jp/space/qzs/qzs. html

② 内阁府：「宇宙空間の開発・利用の戦略的な推進体制の構築について」（平成 23 年 9 月 30 日宇宙開発戦略本部決定）、http：//www8. cao. go. jp/space/decision/kettei_ past. html

③ 内阁府：「政令第百八十五号内閣府設置法第四条第三項第七号の四の人工衛星等を定める政令」、http：//www8. cao. go. jp/space/qzs/qzs. html

设立“宇宙政策委员会”。委员会由首相任命的7名有识之士组成，委员任期2年并可连任。委员会将根据需要，有权向相关行政机构的长官要求提供资料、表明意见、说明及其他必要的合作。[①] 第187号政令《关于实施部分修改内阁府设置法等法律的完善相关政令等的政令》，主要包括三部分内容：第一，废除1969年发布的《宇宙开发委员会令》（昭和43年政令第130号）；第二，部分修改了《内阁府本府组织令》、《独立行政法人宇宙航空研究开发机构法施行令》、《经济产业省组织令》、《内阁府独立行政法人评价委员会令》、《经济产业省独立行政法人评价委员会令》；第三，规定了内阁府宇宙战略室的负责人“宇宙审议官”的职责和职权。[②]《部分修改内阁府设置法的法律》及上列政令从2012年7月12日开始付诸实施。

按照上述内阁决议及政令，野田内阁在内阁府设立了“准天顶”卫星系统开发和建设的“司令部”——宇宙战略室。宇宙战略室由宇宙审议官1人、审议官1人、参事官7人组成，宇宙审议官为最高负责人。按照第187号政令的规定，宇宙审议官的职责和职权为“受命总括整理与内阁府管辖事务中的重要事项有关的宇宙开发应用的企划和立项，并协调相关事务”。宇宙战略室的职能是，综合有计划地推进宇宙战略，全面汇总并协调政府各部门的宇宙政策，首要工作是与内阁府新设立的宇宙政策委员会进行协商，审查2013财年各政府机构提出的宇宙事业预算方案，提高财政投入的效率，避免项目重复。[③] 宇宙战略室的事务性工作，由分别来自总务省、经济产业省、国土交通省、文部科

---

① 内閣府：「政令第百八十六号宇宙政策委員会令」、http://www8.cao.go.jp/space/qzs/qzs.html

② 内閣府：「政令第百八十七号内閣府設置法等の一部を改正する法律の施行に伴う関係政令の整備等に関する政令」、http://www8.cao.go.jp/space/decision/kettei_past.html

③ 内閣府：「政令第百八十七号内閣府設置法等の一部を改正する法律の施行に伴う関係政令の整備等に関する政令」。

学省、防卫省、外务省、警察厅等各政府部门的20余名工作人员承担，负责与各相关机构进行政策协调。宇宙战略室成立后，重新审视麻生宇宙基本计划，认为自民党政府制定的这一规模庞大的计划已经不能适应当前国际形势的新变化，应该制定新的宇宙基本计划。日本宇宙领域的科学家等有识之士，在担任内阁府“宇宙政策委员会”的委员期间，为保证宇宙政策及计划的科学性和合理性发挥了重要作用。

2012年11月21日，内阁府与参与宇宙事业的相关各政府部门之间达成共识，发表了《相关府省关于举行“准天顶”卫星系统开发协调会议的协议》。决议认为：“准天顶”卫星系统是提高美国全球卫星定位系统（GPS）公共专用信号的精准度的人造卫星系统，供公共使用及公用，涉及多个相关政府机构，有助于日本的安全保障。为了今后在广泛领域内进一步扩大应用，由内阁府领导“准天顶”卫星系统的开发、实验和应用，相关行政机构需要相互保持紧密联系，以切实反映各机构的需求和运营状况。内阁府通过召开各方联席会议，解决在推进“准天顶”卫星系统开发的不同阶段中各部门之间的互相协作问题。相关府省协调会议的主席由内阁府事务次官担任，成员包括内阁府大臣官房宇宙审议官，警察厅长官官房技术审议官，总务大臣官房总括审议官，外务省综合外交政策局长，文部科学省研究开发局长，经济产业省制造产业局长，国土交通省大臣官房技术总括审议官，防卫省防卫政策局长，协调会的事务性工作在相关行政机构的协作下，在内阁府战略室处理。[①]

野田政府实施的上述改革旨在解决三方面的问题：第一，通过修改法律法令解决多年议而不决的问题，对迄今政府主要省、

---

① 内阁府：「準天頂衛星システム開発調整会議の開催について」（平成24年11月21日関係府省申合せ）、内阁府网页、http：//www8. cao. go. jp/space/qzs/qzs. html

府各自设置宇宙研发独立行政法人机构，分头制定并实施宇宙研发计划，竞相争取国家宇宙事业预算的无序状态进行彻底整顿。第二，建立内阁府一元化的管理体制，把宇宙研发机构的设置权，宇宙政策制定权、宇宙研发计划的立项和审批权、实施权和监督权收归内阁府所有。在内阁府设置了统一掌管“准天顶”卫星系统开发建设和运营的宇宙战略室，同时，为了保证决策的科学性和高效率，成立了由相关专业领域的科学家等组成的宇宙政策委员会。第三，建立了内阁府统辖所有相关部门的协调机制——由内阁府召集各宇宙战略相关政府部门举行联席会议，保障下情上达顺畅，“司令部”的决策指挥得到及时、有效的落实。第四，通过修改法律对日本宇宙航空研究开发机构进行了改革。2012 年 7 月实施的《独立行政法人宇宙航空研究开发机构法》的第四条“机构的目的”，按照《宇宙基本法》进行了“矫正”：“遵循日本国宪法的和平主义理念”，在“有助于安全保障的宇宙应用”中发挥重要作用。[①] 从此以后，研发日本宇宙空间技术的中坚机构——宇宙航空研究开发机构，必须依法从研发和平利用宇宙的技术，转型为研发军事利用宇宙的技术。

野田政府推行的上述改革举措，确立了宇宙战略本部对宇宙开发应用的领导地位。特别是从重视宇宙技术的实用性和军民两用性出发，调整了麻生宇宙基本计划铺就的全覆盖、综合推进的宇宙战略的轨道，把包括“载人航天”在内的宇宙空间技术研发，转变为集中投入有限的资金和技术资源，优先建设实用“准天顶”卫星系统。民主党政府推行的一系列改革，在整合宇宙战略资源，统一领导各宇宙相关部门，确定战略优先推进方向等方面取得实质性进展。终于确立了一元化的决策领导体制，完成了宇宙政策到宇宙战略的蜕变。

① 内阁府:「宇宙基本計画」(平成 25 年 1 月 25 日宇宙開発戦略本部決定)。

第三节　安倍内阁“重启”宇宙战略

2012年12月26日，安倍晋三首相组建了第二次安倍内阁以后，从建设“能战”国家的需要出发“重启”宇宙战略。2013年1月25日，安倍上台一个月后发表了《宇宙基本计划》（安倍宇宙基本计划）。《安倍宇宙基本计划》是继《麻生宇宙基本计划》之后的第二个宇宙计划。也是民主党政府推行宇宙改革，建立内阁府统一决策领导体制后的第一个《宇宙基本计划》。安倍内阁在继承野田政府的宇宙改革成果的基础上，进一步扩大和深化改革，根据国际环境的新变化和国内财政的实际情况，制定了大力促进宇宙技术为安全保障服务的战略蓝图。

安倍内阁制定《宇宙基本计划》的背景和动因如下。

首先，宇宙政策必须适应国际形势的新变化：欧美国家深陷财政困境，更加注重发挥民间企业的活力。新兴国家群体发射人造卫星的数量不断增加，除中国（后述）外，印度也提出了探测火星的计划，着手研发载人宇宙活动。在这种状况下，日本必须维护和加强国内宇宙产业的基础。另一方面，“近来国际形势导致安全保障上的要求更加强烈”。从东日本大震灾的复兴与防备巨大风险的经济社会结构出发，包括防灾减灾加强应对在内，确保安心和安全的要求越来越高。“日本的宇宙政策为了应对这种宇宙环境的变化，必须从以往以技术开发为重点，修改为重视应用，明确出口战略。”

其次，宇宙政策必须顺应日本国内的财政状况。《麻生宇宙基本计划》是以五年间政府和民间合计需要大约2.5亿日元资金的初步统计为前提制定的。但是，实际上由于财政窘迫，迄今为止，政府的宇宙预算每年都在3000亿日元的水平上徘徊，导致不能充分获得国内民间企业的需求以及来自国外的需求。近期日本国家财政状况没有大幅度改善的可能，因此需要通过宇宙技术的应用来提高社会效率，为此必须维护和加强国内宇宙产业的基础。所以，“必须改变宇宙产业过度依赖国内的政府需求的现状，向以亚洲为首的新兴国家发展，将在防灾方面加强国际合作等世界性的需求纳入视野”。“今后的宇宙政策不再是利益均沾，必须在资源有限的前提下筛选重点推进的领域，取得最大成果。”[①] 安倍内阁重视技术实用化、筛选重点领域推进的意图，与野田内阁的宇宙改革有许多共同之处。但在明确加强国际宇宙合作，扩大日本的宇宙产品出口方面远远超过民主党政府，更具有战略性和综合性。

《安倍宇宙基本计划》在野田改革“宇宙开发应用的推进体制”的基础上，继续扩大内阁府的功能——根据 2012 年 7 月修改的《部分修改内阁府设置法等的法律》的规定，内阁府担负了日本宇宙决策“司令部”的责任。此后，日本宇宙政策作为一个整体按计划综合推进。今后，内阁府不仅要继续协调估算相关省厅宇宙开发应用经费的方针等方面的事务，而且还要掌管“准天顶”卫星系统等在各种领域内供公共使用及公用的卫星的开发、建设和运用事务。相比之下，野田内阁对内阁府的功能定位主要集中在掌管“准天顶”卫星系统上，这是与其优先建设“准天顶”卫星系统的政策相匹配的。而安倍内阁将包括“准天顶”卫星系统在内的所有的宇宙政策“作为一个整体”，指定内阁府为按计划综合推进宇宙政策的主体，进一步确立了内阁府在宇宙事业中的领导地位。

《安倍宇宙基本计划》关于宇宙政策推进体制的改革力度更大，特别是对宇宙航空研究开発机构实施了彻底改造。如前所

① 内閣府：「宇宙基本計画」（平成 25 年 1 月 25 日宇宙開発戦略本部決定）。

述，野田内阁已经在《独立行政法人宇宙航空研究开发机构法》内，按照《宇宙基本法》对宇宙航空研究开发机构的“存在目的”进行了“矫正”——必须依法在安全保障领域做出重要贡献。安倍内阁再次对宇宙航空研究开发机构重新定位，参照《独立行政法人宇宙航空研究开发机构法》第19条、第18条及第26条的规定，对宇宙航空研究开发机构进行了第二次改造：日本宇宙航空研究开发机构是为日本政府的宇宙开发应用提供技术支撑的“核心实施机构”，将根据《宇宙基本计划》决定其中期活动的目标；为《宇宙基本计划》中规定的国家政策做出必要的贡献；日本宇宙航空研究开发机构的主管事务大臣为推进宇宙应用事务的内阁府长官——内阁首相，首相将与宇宙航空研究开发机构的前任主管大臣文部科学大臣和总务大臣“保持联系”；新增经济产业相，与首相共同发挥宇宙航空研究开发机构的作用，振兴宇宙产业；追加宇宙航空研究开发机构向民企提供援助和建议的业务；明确宇宙航空研究开発机构的存在“目的”是必须为国家安全保障做出重要贡献。[①] 安倍内阁通过制定宇宙基本计划，彻底解除了文科相和总务相的管辖权，把这一最重要的宇宙技术研发机构改造成首相直接掌管的核心政策执行机构，要求经产相参与管理，以保障统一解决宇宙技术为军事服务，全力振兴产业扩大出口两大重点课题。宇宙航空研究开发机构不但要继续从事宇宙技术研发，而且要承担支援民间企业的新业务，尤其要在军事利用宇宙空间上发挥核心作用。

《安倍宇宙基本计划》的战略意图非常明确：“利用宇宙是日本安全保障上的有效手段”。“近年的国际形势导致安全保障上的要求更加强烈”，包括加强防灾减灾在内，必须保障日本的“安心与安全”。“特别是中国，不仅构建独自的卫星定位系统，

---

① 内閣府：「宇宙基本計画」（平成25年1月25日宇宙開発戦略本部決定）。

而且独自建设宇宙空间站等宇宙开发应用进展迅速。同时，中国向国外扩展本国宇宙系统的活动也很活跃。”“日本也应该参与策划太空碎片对策和监视宇宙情况（SSA）等活动”。[①] 民主党政府以中国的“海洋活动”为借口，推行据“岛”圈海的“新海洋立国”战略，安倍政府以中国的“宇宙活动”为借口，重启“军事利用宇宙”战略，究其原因，既非故伎也非技穷，旨在对华战略制衡。

《安倍宇宙基本计划》继承了野田内阁优先发展实用“准天顶”卫星系统的政策，决定在2010年代的后半期首先构建4星体制，今后的“宇宙开发应用政策”包括七项内容：1. 定位卫星；2. 遥感卫星；3. 通讯和广播卫星；4. 宇宙运载系统；5. 宇宙科学与宇宙探测项目；6. 载人宇宙活动项目（重新研究）；7. 宇宙阳光发电研发项目。今后将分别从各个领域的现状出发确定课题。此外，《安倍宇宙基本计划》还提出了“十年目标”和“五年开发应用计划”，从以技术研发为重点，转变为重视技术应用，明确出口战略。”[②]

《安倍宇宙基本计划》的核心内容是，选定了优先投入财政和技术资源的“重点课题”：

（一）首要重点课题“安全保障及防灾”包括下列具体政策：1. 建成自卫队2015年启用的新通讯卫星，利用宇宙空间加强自卫队的指挥、统制、通讯、计算机、情报、监视和侦察功能。2. 继续扩充和加强侦察卫星的功能。3. 关注外国军事利用宇宙的动向。4. 为确保日本在民生和安保领域能够可持续开发利用宇宙，“构筑以防护太空碎片与人造卫星等相撞为目的的宇宙状况监视（SSA）体制”。“今后将通过国际合作，充分利用日本

① 内閣府:「宇宙基本計画」(平成25年1月25日宇宙開発戦略本部決定)。

② 内閣府:「宇宙基本計画」(平成25年1月25日宇宙開発戦略本部決定)。

的强项，切实开发全世界都需要的清除宇宙碎片等技术。”5. 开发下一代卫星定位技术应对紧急事态。美国已实行“Regional Denial 政策”，即，在发生紧急事态时继续提供全球卫星定位（GPS）服务，与此同时，美军根据需要向国内或国外的指定地区发出干扰电波，限制该地区使用 GPS 信号。“准天顶”卫星系统必须对外界因素具备一定的抗攻击性。日本必须“掌握东北亚的状况”，“尤其要从有助于加强日本安保的情报收集、警戒监视、情报通讯功能等角度推进宇宙开发应用”。

从 2013—2017 年日本宇宙开发应用五年计划来看，首要目标是“掌握并共有情报、指挥和统制手段等”，具体包括建设收集情报的基础和能力，发射侦察卫星和遥测卫星；构建自卫队共有情报、指挥和统制等所需要的高性能 X 波段卫星通讯网；研究提高“准天顶”卫星系统与美国全球卫星定位系统的相互运用性等“活用的卫星定位的策略”，提升侦察卫星的功能。确保宇宙计划与防卫计划大纲对接，根据防卫大纲推进宇宙安保政策等。此外，还提出了研究日本政府监视宇宙情况，利用宇宙监视海洋，红外线传感系统在宇宙空间的实验研究等研究课题。

（二）振兴日本宇宙产业扩大国际市场，是《安倍宇宙基本计划》的另一个重点课题。安倍内阁为了改变“不能充分获得国内民企的需求和来自国外的需求”的状况，决定“必须改变宇宙产业过度依赖国内政府需求的现状，向以亚洲为首的新兴国家发展，把加强国际防灾合作等“世界性的需求纳入视野。”① 为实现这一重大转变，《安倍宇宙计划计划》不但中止了 2020 年实现机器人登月的计划，还压缩了载人航天活动项目，考虑从 2016 年起削减每年 400 亿日元的国际宇宙空间站的费用。② 从节流入

---

① 内阁府：「宇宙基本計画」（平成 25 年 1 月 25 日宇宙開発戦略本部決定）。

② 日本共同社 2013 年 1 月 25 日电。

手，谋开源新路，抢占宇宙空间技术产品的国际市场。

（三）推行“宇宙外交”和“宇宙安全保障政策”。《麻生宇宙基本计划》曾提出“立足于外交的宇宙”与“立足于宇宙的外交”的政策，旨在通过宇宙外交与宇宙开发先进国加强合作，积极参加协商“宇宙交通”、宇宙碎片对策等建立“宇宙秩序”的活动。[①]《安倍宇宙基本计划》则提出：“充分利用宇宙加强外交与安全保障政策”，并且制定了“推进宇宙外交”的路径——充分利用联合国等多边框架，扩大和深化宇宙对话与合作；与以东盟为首的新兴国家积极开展宇宙外交，在双边框架内关于宇宙政策全面交换意见并加强合作。“宇宙安全保障政策”是根据日本宇宙安全保障方针的需要，对美国、欧盟、加拿大、英国、东盟等新兴国家推行不同的政策，[②] 其中，日美宇宙合作占据最重要的位置。

以上是安倍内阁重启宇宙战略的核心内容及重点。总之，《安倍宇宙基本计划》继承并深化了“野田宇宙改革”，扬弃了《麻生宇宙基本计划》，在拓展宇宙安保战略的同时，提出了促进宇宙产业的出口，通过加强宇宙外交促进国际宇宙安保合作等具体政策。

第四节　“准天顶”卫星系统与日美宇宙合作

安倍第二次内阁大力提升日美两国在宇宙领域的合作。日美宇宙合作关系密切，最长的合作项目是日本与美、俄、欧洲、加

① 「宇宙基本計画——日本の英知が宇宙を動かす」（平成21年6月2日宇宙開発戦略本部決定）。

② 内閣府：「宇宙基本計画」（平成25年1月25日宇宙開発戦略本部決定）。

拿大等15个国家共同参与的国际宇宙空间站（ISS）计划。日美合作主要分为两种形态，一是日本“准天顶”卫星系统与美国的全球卫星定位系统（GPS）相结合，为以日本为首的亚太地区提供新设备和卫星定位服务，二是积极拓展日美在宇宙领域的安保合作。

日美之间的第一种合作形态兼具民生与军用的两重性质，人造卫星定位系统是两国合作的中心。野田及安倍政府优先建设的“准天顶”卫星系统又称“准天顶轨道”，是将通过日本上空（天顶）的轨道的若干颗人造卫星组合的卫星系统，不同于美国的全球卫星定位系统（GPS）——大约30颗人造卫星即可组成覆盖全球的GPS。然而，在高楼林立的日本大城市和山谷等地区并不能全部接收GPS信号。日本开发的“准天顶”卫星技术，是提供在日本上空飞行的卫星定位信息，以此提高GPS信号的精准度。“准天顶”卫星系统发送的定位信号，与目前运行中的新型GPS的信号基本相同，能够增加在高层建筑群及山谷地区的定位地点和时间。“准天顶”卫星系统作为涉及多个应用领域的“宇宙基础设施”，不仅使日本产业、国民生活及政府行政更为便捷、高效，而且可以应用在安保及防灾等各领域，与GPS组合运用，无疑能够收获深化日美同盟合作，提升日本的国际地位，扩大国际市场等诸多成果。日本企业从中受益匪浅，创建了许多应用定位卫星的服务业。

“准天顶”卫星技术不但能够加强日本产业的国际竞争力，而且在有关卫星定位的国际商业市场有广阔的发展前景。日本提高美国全球卫星定位系统信号精准度的技术，能够大大提高美国GPS的应用价值。“准天顶”卫星发送的精准信号，能够将GPS从大约10米的分辨率提高到1米乃至2厘米，除了电子基准点分布在岛屿上（如石垣地区）的目标分辨率较低外，在日本全国能够达到厘米级的分辨率。[①] 由于世界各地的电离层不同，各国都要提高卫星定位的精准度。即便是美国和欧洲也有市场需求。日本政府宣称，“准天顶”卫星系统与美国的 GPS、俄罗斯的“格洛纳斯”卫星定位系统不同，是日本“为亚洲和大洋洲地区量身定做的提供定位服务的卫星系统”，亚洲、大洋洲均可使用“准天顶”卫星系统的轨道。建设实用“准天顶”卫星系统，能够补充定位卫星的功能，增加定位的时间和精准度，提高可信性和通讯功能；开拓高分辨率的卫星市场和卫星服务市场，在定位、航海及时间校准等方面，能够为提高产业、生活和行政效率做出贡献，增加日本在很多领域中的竞争能力。根据欧盟 2006 年进行的调查和预测，2005 年卫星定位的世界市场规模为 7 万亿日元，至 2025 年可达 56 万亿日元。目前日本宇宙技术产品在国际市场的占有份额有限，2008 年获得 2 颗来自新加坡和日本国内的卫星订单，2011 年土耳其和越南购买了 2 颗卫星，2009 年韩国发射 1 号卫星时使用了日本研制的火箭。2010 年 9 月 11 日，日本在种子岛宇宙中心发射的第一颗“引路”号“准天顶”卫星中，包括 200 多家日本企业、大学及团体研发的技术成果。然而，一颗准天顶卫星，在日本上空的飞行时间每天仅有 8 小时左右，至少需要发射 4 颗卫星才能做到 365 天提供 24 小时的服务，达到实用化的目标。《安倍宇宙基本计划》提出 5 年内构建 4 星体制，最终发射目标是 7 颗卫星。建成 7 星体制后，日本无需继续依赖 GPS，仅靠“准天顶”卫星系统就能够实现精准定位。[②] 总之，构建 4 星体制是日本当前宇宙技术研发应用的近期目标，

① 日本国土地理院地震調査官矢来博司：「準天頂衛星『みちびき』による高精度測位補正技術」、http：//www. gsi. go. jp/common/000054541. pdf・2011 -1 -6

② 内閣府宇宙戦略室参事官國友宏俊：「宇宙戦略室の役割と国主導による準天頂衛星システムの実現」、http：//www. jaxa. jp/article/special/michibiki/kunitomo_ j. html、内閣府：「準天頂衛星システムについて」、http：//www8. cao. go. jp/space/qzs/qzs. html

长期目标则是发射7星人造卫星建成能够覆盖亚洲和大洋洲的日本独自的卫星定位系统，具备彻底摆脱对美国GPS的依赖。

《安倍宇宙基本计划》决定，今后扩大“准天顶”卫星系统的国际市场，为包括日本的亚洲大洋洲国家提供新设备和卫星定位服务。今后将加强国内和国际宇宙合作，在国内构建“产学官协作体制”，从经济、政治及外交领域分头推进国际合作，达到“在亚太地区积极集结产业界、学会、政府等建造使用‘准天顶’卫星系统的共同体”。[①] 共同社认为，今后5年日本宇宙产业的发展，以定位卫星、气象卫星、通讯卫星和宇宙运载系统为四大支柱，以便到2020年使宇宙产业的产值能够达到15万亿日元。日本政府通过“构建东盟防灾网络设想”和“智利防灾警报系统”，推进“解答并建议型”的促销战略，以解决对象国需要的方式，发掘国际市场对日本宇宙产品的需求。[②] 上述政策及实施计划，对于与日本联手提供卫星定位服务的美国而言，可谓多多益善，乐见其成——长远前景另当别论。

日美宇宙合作的第二种形态是宇宙领域的安全保障合作，这是《安倍宇宙基本计划》的重中之重。两国在卫星定位领域的合作始于1998年9月举行的日美首脑会谈，会后发布的日美共同声明的规定，双方关于全球定位卫星展开协商。2008年11月，建立了日美宇宙政策协商机制以后，两国政府关于民生和商业应用领域（安全保障领域除外）的宇宙合作全面交换意见。2009年11月举行的日美首脑会谈决定，作为深化同盟合作的一环，在宇宙领域推进安全保障合作。从2010年9月起定期举行日美宇宙安保协商，关于政策对接，情报分析及运用等方面的合作广范交换意见。2011年6月，日美安全保障协商委员会（“2+2磋

① 内閣府:「宇宙基本計画」(平成25年1月25日宇宙開発戦略本部決定)。

② 日本共同社2013年1月25日电。

商”）发布共同文件，特别指定两国在宇宙安保领域加强合作。2012 年 4 月 30 日，野田首相与奥巴马总统会谈后共同发布的《事实清单：日美合作建议》，确定两国在民生和安全保障相关各领域深化合作，建立全面对话机制：对话机制分为民生、安全保障领域的宇宙合作对话及“一揽子宇宙对话”。宇宙安保合作对话的定义是：“日美两国以追求与宇宙活动有关的国际行为规范为首的、自发并实际提高宇宙领域的透明性及培育互信的措施，通过建立监视宇宙状况的服务、构建共有情报的框架等各种合作措施，深化在安全保障领域的宇宙伙伴关系。”“一揽子宇宙对话”包括：日美在从事环境调查、科学发现、国家和国际安全保障及促进经济增长的活动中有关宇宙的事项及合作，需要所有相关省厅及机构参与，加强宇宙对话，切实保证政府全体参与。[①]在上述文件的指导下，日美在宇宙领域建立了全面、扎实的合作关系。

《安倍宇宙基本计划》“重启”宇宙战略后，安倍内阁从国家安全战略的高度重塑日美宇宙合作。2013 年 5 月，日美两国政府签订了美方对日提供情报的协定。[②] 10 月 3 日，安倍内阁在东京举行了日美安全保障协商委员会的“2 +2 磋商”，会后两国防长和外长发表了共同文件《面向共有更强有力的同盟与更大的责任》，“决定了大幅度提高日美同盟能力的若干措施”，明确了修改 1997 年制定的《日美防卫合作指针》的目的，在 7 个需要修改“目的”中，针对安全保障环境的变化，将“包括宇宙及网络空间等新战略性领域的课题”列入两国修订防卫合作指针的“概念”——在不断变化的安全保障环境中，“为了确保同盟能

---

① 日本外務省：「ファクトシート：日米協力イニシアティブ」（2012 年 4 月）、http：//www. mofa. go. jp/mofaj/kaidan/s_ noda/usa_ 120429/pdfs/Fact_ Sheet_ jp. pdf

② 「超高速で飛ぶ『宇宙ごみ』米に情報提供、安保協力深化」、『産経新聞』2014 年 5 月 8 日。

够有效、高效并无缝应对包括宇宙及网络空间等新战略领域的课题，评估在紧急事态下成为两国间防卫合作指针的概念。”① 在美方表明可以评估与日本共同应对宇宙及网络空间的新课题的态度后，安倍内阁满怀自信在《国家安全保障战略》中写入了以下内容：“在包括宇宙及网络空间的广泛领域内，进一步加强日美之间的安全保障与防务合作。”② 按照《国家安全保障战略》修订的防卫政策，新增了“在宇宙空间及网络空间的应对”的方针。《2014 防卫计划大纲》规定：社会整体高度依赖宇宙及网络空间已成趋势，必须重视下列“功能和能力建设”：1. 加强充分利用搭载多种探测仪的各种人造卫星的情报收集能力和情报通讯能力；2. 通过监视宇宙状况等活动，提高卫星的抗攻击性能，确保即使发生各种事态也能继续发挥应有的功能和能力；3. 与国内相关机构及美国开展有机合作等。③《2014 中期防卫力量整备计划》进一步明示“推进利用宇宙”的细化政策：“1. 充分利用装载各种探测仪的各种人造卫星，继续充实情报收集能力；2. 切实建设高性能的 X 波段卫星通讯网，加强指挥统制和信息通讯能力；3. 为了在发生各种事态时仍能使用上述能力，积极推进有关监视宇宙状况的活动和防护人造卫星的研究，努力提高人造卫星的抗攻击性能；4. 国内相关机构与美国已经积累了与宇宙有关的最先进的技术和知识，包括培养人才在内，与这些机构等进行合作。”④

上述宇宙安全政策得到美方的大力支持。2014 年 10 月 3 日，日本国家安全保障会议通过修订《日美防卫合作指针》的中期报告，决定将日美在宇宙及网络空间的合作写入新指针：宇宙领域

---

① 日本外務省：「日米安全保障協議委員会共同発表、より力強い同盟とより大きな責任の共有に向けて」（2013 年 10 月 3 日）、http://www.mofa.go.jp/mofaj/files/000016027.pdf

② 内閣官房：「国家安全保障戦略について」。

③ 首相官邸：「平成 26 年度以降に係る防衛計画の大綱について」。

④ 首相官邸：「中期防衛力整備計画（平成 26 年度～平成 30 年度）について」。

的合作将包含“可能妨碍安全及稳定使用宇宙的行动和事象，关于在宇宙领域构建抗攻击性能的合作方法的信息共享”。[①] 安倍政府意欲改变日美同盟“单方面承担对日义务”的现状，把日美宇宙合作定为“互补性的日美安保合作布局”。日方判断，目前国际形势特别有利——以前引导宇宙技术开发的美俄等国面临财政困难，中国则在2013年成功实现无人探月飞船成功着陆“猛追美俄”。这正是需要日本做出重要贡献的最佳时机。对美国而言，日本即能共同承担“开发宇宙”的费用，也能分散摧毁卫星等安全保障上的风险，“多年积蓄了宇宙空间技术的日本，当然是美国的珍贵伙伴”。[②] 况且，宇宙合作与日美加强海洋警戒监视等军事合作紧密相关，能够促进两国侦察卫星无缝监视、能力互补、数据联网及共同分析，对于制定日美同盟的长期战略规划，特别是应对中国的军事布局具有非同寻常的战略意义。在安倍的积极推动下，2014年3月，日美两国军方首次进行了利用宇宙监视海洋的模拟演习。5月6日，两国政府在华盛顿举行了关于日美宇宙合作的“一揽子宇宙对话”，一致同意加强宇宙领域的合作。[③] 双方就日本宇宙航空研究开发机构向美国宇宙战略司令部提供宇宙碎片的信息，建立防卫省向美方提供情报的永久性体制达成共识并交换了文件，决定今后进一步推进两国在宇宙领域共有情报。上述事实表明，扩大日美宇宙安全保障合作的范围，增加日美战略利益交汇的空间，是安倍内阁重启宇宙战略的最大特征。

---

① 外務省:「日米防衛協力のための指針の見直しに関する中間報告」(2014年10月)、http://www.mofa.go.jp/mofaj/files/000055168.pdf

② 「超高速で飛ぶ『宇宙ごみ』米に情報提供、安保協力深化」、『産経新聞』2014年5月8日。

③ 「日米宇宙ごみ監視強化、ガイドライン改定、人工衛星との衝突回避」、『産経新聞』2014年8月16日。

第五节　安倍全力打造宇宙战略“升级版”

2014 年 7 月 1 日，日本国家安全保障会议与内阁联席会议通过了部分解禁集体自卫权的内阁决议（《为保全国家存在保卫国民建设无缝安全保障法制》）。此后，安倍内阁在着手修改十余部法律重建“安保法制”的同时，发动各方智库群策群力，打造安倍宇宙基本计划的升级版。为今后日本在宇宙安全领域“崛起”制定全面发展的蓝图，与美国的宇宙战略实现对接。8 月初，有媒体报道称，五年后日本将建成第一支太空部队，并向美国通报了这一计划。太空部队预定编入航空自卫队，主要任务是“监视已经完成任务的人造卫星和火箭等太空垃圾”，防止其与人造卫星发生碰撞。“此举的另一个目的是牵制中国”。防卫省希望把获取的太空情报提供给美军，加强日美共同应对的能力。

日本文部科学省和日本宇宙航空研究开发机构将从进行太空开发调查研究的“日本太空论坛”手中，联合接管分别设在冈山县镜野町、井原市的“监视宇宙垃圾”的雷达设施和大型光学望远镜设施，交给太空部队使用。[①] 随后，有关“军事利用宇宙”的三个政策建议报告扎堆出炉。

8 月 20 日，安倍首相设立的咨询机构宇宙政策委员会（JR 东海名誉会长葛西敬之担任委员长），向宇宙战略本部提交了咨询报告。报告建议国家财政预算应优先用于国家安全保障，根据《国家安全保障战略》尽早修改安倍内阁 2013 年 1 月制定的《宇宙基本计划》（安倍宇宙基本计划）。新的《宇宙基本计划》，应将重点放在充分利用宇宙空间加强安全保障能力，加强日美同盟等方面。咨询报告要求国家安全保障局、防卫省、海上保安厅等

① 自卫队要建太空部队，日本《东京新闻》2014 年 8 月 3 日。

相互协作，研究在监视海洋的活动中充分利用宇宙的技术问题。预设各种“有事”状况采取相应措施，是宇宙政策委员会等高度关注的焦点——如今，从通讯、情报收集，到舰船、飞机、部队行动，以及精确制导导弹的卫星定位系统，军事力量在很大程度上依赖宇宙。如果人造卫星受到攻击功能受损，军事力量就不能发挥应有的战斗力。为了适应安倍内阁解禁“集体自卫权”后对军事利用宇宙空间的新需求，宇宙政策委员会从实战需要出发，在咨询报告中提出特别值得担忧的假设“事态”——“包括美国全球卫星定位系统在内的宇宙系统与美军之间的数据链接被切断，导致遏制力大幅降低”，提出“防护人造卫星及确保卫星的替代功能，已经成为日美两国政府的共有课题”。宇宙政策委员会和防卫省提交的建议报告都提出了这样的建议：应该充分利用日本独自的“准天顶”卫星定位系统，日美合作推进掌握海洋及宇宙情报，提高人造卫星等宇宙系统的抗攻击能力。加强监视中国海洋活动的能力是当务之急。此外，为了振兴国内宇宙产业，日本政府有必要制定易于产业界投资的卫星系统的长期建设计划。关于俄、美、日等15个国家共同参加的国际宇宙空间站计划（ISS），到2020年以后是否延长一事，咨询报告提出，从“费用对效果”等各角度进行研究。① 宇宙政策委员会在提交报告的当月，设立了“基本政策部会”，研究加强宇宙与安全保障的关系问题及其对策建议。②《读卖新闻》就此发表评论称，“旨在针对中国强硬进出海洋以及对朝鲜开发核武的警戒不能放松的现状”，“有必要灵活运用各种人造卫星”。《产经新闻》一如既往抹黑中国：中国正在像设定制海权和制空权那样提倡设立“制宇宙权”。通过宇宙进行安全保障，强化对中国的海洋活动监视

---

① 「宇宙政策、安全保障への本格活用を」、『産経新聞』2014年8月24日。

② 「宇宙政策委員会、安全保障に重き、提言まとめる」、『毎日新聞』2014年8月20日。

能力是当务之急。① 不难看出，部分日本媒体对中国在太空领域的迅速发展感到非常嫉妒和“不适”，热衷于炒作“中国宇宙威胁”。究其原因，这样做既可以为日本打造太空军力提供借口，也可以通过抹黑中国的国际形象，宣传安倍政府向宇宙军事领域大举进军是“积极的和平主义”。

8 月 20 日，宇宙政策委员会提交咨询报告的同一天，日本自民党设立的宇宙综合战略小委员会召开会议，批准了题为《执行国家战略的宇宙综合战略》的建议草案。该草案指出：迄今的宇宙政策过于小心翼翼：“很难说，在安保领域利用太空取得了充分的进展”。应该改变宇宙开发相关预算以科研为主的现状，新增以安保和产业振兴为目的的预算。建议把“宇宙事业”官民合作项目的财政预算规模，从目前年均约 3000 亿日元增至约 5000 亿日元（约合人民币 295 亿元），并且创建一元化管理这笔政府费用的宇宙厅。② 这份递交给首相官邸的建议草案还提出：安倍首相直接领导下的国家安全委员会应该制定“国家安全保障宇宙战略”，提出与太空相关的安保政策的基本理念；制定与回收太空垃圾等有关的“宇宙活动法”；为促进企业参与宇宙产业完善法律；防卫省有必要设立专门负责宇宙安保事务的部门；在年内修订“日美防卫合作指针”时，明确写入日美两国加强宇宙合作政策的内容。③

8 月 29 日，日本防卫相小野寺五典正式宣布，防卫省制定了在安全保障领域利用宇宙空间的新基本方针。此前，防卫省在 2009 年制定的《宇宙开发利用基本方针》中，已经“明确了加强在安保领域利用宇宙的意义”。五年后防卫省修订的新《宇宙

---

① 日本将增加 7 颗情报搜集卫星应对中国进出海洋，《环球时报》2014 年 8 月 25 日

② 「宇宙政策、安全保障への本格活用を」、『産経新聞』2014 年 8 月 24 日。

③ 日本自民党将建议新设“宇宙厅”推进太空开发，共同社 2014 年 8 月 20 日电。

开发利用基本方针》进一步提出多项具体计划：自卫队计划从2016年起引入自卫队专用卫星，用于指挥、管理、情报传递。此前自卫队传递情报一直依赖日本宇宙航空研究开发机构。着眼于这一目标，防卫省计划创建一支用于监视人造卫星周围的宇宙垃圾、电磁干扰等情况的新部队，隶属于自卫队统合幕僚监部，预计初期将由来自陆海空自卫队的数十名队员组成。目前使用的3颗民间X波段卫星2015年到期报废，2016、2017年将开始使用防卫省专用的2颗新卫星，2018年后引入第三颗卫星。此外，防卫省将研究是否引进能够对宇宙空间的异变实施常态化监视的传感器及图像解析系统等设备。新基本方针提出，在人造卫星“作为重要的基础设施已经被普遍使用”的状况下，卫星与火箭、卫星的碎片等不断增加的太空垃圾相撞的风险不断增加，“太空垃圾已经成为宇宙开发利用的重大威胁。”日本有必要讨论创建宇宙监视部队充实应对力量，“监视并遏制来自卫星摧毁武器的对卫星的攻击”——“有意见认为，中国在开发能够摧毁人造卫星的武器，而朝鲜在推进核武器和导弹的研发”。此外，防卫省还应该与宇宙航空研究开发机构进行合作，“多层次获取人造卫星拍摄的图像”，把防卫省研发的高性能红外线传感器，搭载在宇宙航空研究开发机构与文科省计划合作开发的新型卫星上，在宇宙空间展开有关早期探知弹道导弹发射征兆的实证研究。并且，探讨容易发射的小型卫星系统等课题。[①] 日本媒体解读说，宇宙垃圾增加，特别是中国研发攻击卫星的导弹，对宇宙开发构成了重大威胁。为了确保宇宙空间安全，有必要创建用于监控宇宙卫星垃圾的专业部队。防卫省透露，将派遣自卫队员前往政府的宇宙航空研究开发机构工作，从宇宙空间收集情报和监控地面动态情报。防卫省将与文部科学省一起，沟通研发对宇宙垃圾和卫星

① 日本防卫省将加强从太空收集图片的能力，共同社2014年8月28日电。

的追踪监控和情报分析系统。[①] 此外，防卫省将在宇宙航空研究开发机构研发的卫星上搭载红外线监控设备，从宇宙空间收集情报和监控地面的动态情报。日本宇宙航空研究开发机构将与美军进行合作。[②] 11 月，经团联也提交了政策建议报告，要求政府每年发射 6 颗以上的人造卫星。[③]

在上述政策建议报告的铺垫下，9 月 12 日，安倍在宇宙战略本部会议上宣布制定新《宇宙基本计划》（《安倍宇宙基本计划Ⅱ》），督促负责宇宙政策的科学技术大臣山口俊一等人加快研究，“在安保领域正式利用宇宙”。《日本经济新闻》就此评论说：“中国不断加强军力，在冲绳县的尖阁诸岛周围反复侵犯领海等，日本的安保环境愈发严峻。中国也实施了用导弹摧毁人造卫星的试验。不仅海洋和空中，宇宙空间的威胁也在增加。”美国已提出希望与日本联手合作，利用人造卫星加强对海洋的监视，维持宇宙空间的秩序。日本政府高官表示：“目前的环境是，已经不能说只有日本不能使用宇宙空间。”新计划将包括利用人造卫星监视在日本周围活动的舰船，现有的 4 颗情报收集卫星需要增加，加强监视宇宙碎片等内容。此外，安倍指出日本独立开发宇宙的产业基础正在动摇，制定振兴宇宙产业的中长期蓝图也将写入新计划。[④]

在日美两国政府多次协商的基础上，2014 年 10 月 3 日，安倍首相召开国家安全保障会议，讨论和通过了修订日美防卫合作指针的中期报告，决定将日美在宇宙及网络空间的合作载入新防卫合作指针，“关于宇宙领域的合作包括可能妨碍安全及稳定使

---

① 日本新闻网 2014 年 8 月 28 日报道。

② 「『宇宙ごみ』から衛星守れ…監視組織設置の方針」、『読売新聞』2014 年 8 月 29 日。

③ 「宇宙基本計画の工程表案、衛星『10 年で最大 45 基』」、『日本経済新聞』2014 年 12 月 2 日。

④ 「宇宙利用、安保に重点」、『日本経済新聞』2014 年 9 月 13 日。

用宇宙的行动和事象，以及与在宇宙领域构建抗攻击性能的合作方法相关的信息共享”。[①] 不难预见，即将出台的《安倍宇宙基本计划Ⅱ》，将会提出促进宇宙技术为军事服务的新政策，并把行使日美之间的“集体自卫权”，体现在双边宇宙安保合作政策上，在日美宇宙安保合作领域取得新进展，特别是在宇宙垃圾对策的包装下，联合研发摧毁卫星的太空作战武器，建立日美两国联合监视卫星并共有情报的体制。安倍政府既要为日本在宇宙安全领域“崛起”制定发展蓝图，也想达到日美两国的宇宙战略“无缝”对接的目的，在日美共同建立宇宙秩序，加强宇宙安全保障的名义下，努力发展日本的太空军力。

著者认为，当前日本推进宇宙战略的当务之急是，整合国内的宇宙相关资源为军事目的服务。即，将防卫省、日本宇宙航空研究开发机构和文部科学省等政府部门的相关资源加以整合，形成防卫省主导下的军用宇宙技术的研发应用系统。在宇宙技术人才紧缺的情况下，民为军用，安保与防灾兼用。日本宇宙战略的重心越来越向安保领域倾斜，服务于军事安全并由军方主导。另一方面，通过加强日美宇宙安保合作壮大日本，以中国为假想敌，加强日美联手应对的能力，发展太空武器，同时创建日本的太空军力。在“保全宇宙环境”的名义下确定的“防护太空碎片与人造卫星等相撞”的能力建设与运用，兼具防御与进攻双重性质——控制或处理太空碎片的能力，与针对其他国家的卫星采取“控制或处理”行动的能力可谓息息相通，其军事用途远远超过民生领域。只要深入分析冠以“和平”的太空政策的具体内容，不难看出，日本利用宇宙的“和平主义理念”，与加强军事实力的实际目的完全背道而驰。

---

① 日本外務省:「日米防衛協力のための指針の見直しに関する中間報告」（2014 年 10 月）。

2014 年 12 月 3 日，日本宇宙中心使用大型火箭 H－2A 成功发射了“隼鸟 2 号”小行星探测器。H－2A 同时携带了日本九州工业大学等制造的 3 颗小型卫星。三菱重工业制造的 H－2A 和 H－2B 火箭迄今共发射 29 次失败一次，成功率为 96.6%。[①]“隼鸟 2 号”是“隼鸟号”的后续机型。四年前采集小行星物质后返回 JAXA 的“隼鸟号”，共有 100 多家日企参与研制。参加“隼鸟 2 号”研制的除 JAXA 外，还有三菱重工业、I H I 的子公司和 NEC 等大企业，凝聚了日企的“技术精华”。[②] 这对于安倍政府增加宇宙运载系统的国际竞争力、扩大出口市场的政策无疑是个好消息。12 月 2 日，安倍政府公布了即将完成修订的《安倍宇宙基本计划Ⅱ》的工程表草案，提出在 2015 年后的十年内最多发射 45 颗人造卫星的目标。其中，使用 H－2A 火箭发射的卫星将有 3 颗，使用 2013 年首次成功发射的小型火箭“艾普斯龙”发射 5 颗卫星。在宇宙战略中加强安全保障的内容令人瞩目，尤其是，增加侦察卫星的发射数量的计划，令相关人士颇感“待遇优厚”。[③] 不难预见，《安倍宇宙基本计划Ⅱ》将会出台宇宙安保新政策，尽快构建“准天顶”卫星定位系统，并把行使日美之间的“集体自卫权”体现在双边宇宙安保合作政策上，促进日美共同规划宇宙安保合作的战略方针及路线图。安倍要在“准天顶”卫星系统和 GPS 的“捆绑营销”上做足文章，尤其要在宇宙垃圾对策的包装下，实现日美联合研发摧毁卫星的太空武器，建立日美侦察卫星、联合监视并共有情报的体制。既要为日本在宇宙安全领域“崛起”制定发展蓝图，也想达到日美宇宙战略“无

---

① 「打ち上げ回数、欧米先行、中国も追い上げ、実績積む」、『日本経済新聞』2014 年 12 月 4 日。

② 「日本企業の『技術の粋』結集」、『産経新聞』2014 年 12 月 4 日。

③ 「宇宙基本計画の工程表案、衛星『10 年で最大 45 基』」、『日本経済新聞』2014 年 12 月 2 日。

缝”对接的目的，尤其是要以中国为假想敌，日美共建“宇宙秩序”，在加强日美宇宙安保的名义下，借助美方的先进技术建设日本的太空作战军力。

日本宇宙战略的重启、升级，反映出安倍内阁为了加强日美同盟体制，在对美国宇宙航天事业贡献资金、技术和情报的同时，企图“绑定”美国的亚太军事政策，达到借助美方的先进宇宙空间技术，促进日本掌握海上和空中优势，在太空领域开辟对华军事抗衡新战场的目的。必须看到，日美双方在资金、技术、人才方面互补互利，存在深化合作的共同战略利益。另一方面，日本追求独自的卫星定位系统，也有实现掌握情报收集自主权的目的，情报独立自主，是一个国家军事战略独立自主的前提。这也是日本对美方既利用又防范的两手准备。美方的对日军事合作政策，也有同样的宗旨。从以上分析不难看出，安倍内阁“重启”军事利用太空技术的战略意图和猛追中国航天技术发展势头的决心。此举的政治意义在于，可能成为日本破坏中美构建新型大国关系的有效路径之一。日美在宇宙空间领域的合作少有对其他国家——例如中国和俄罗斯的顾忌，也不必担心会被迫卷入战事。有“黑客帝国”之称的美国占据绝对技术优势，拥有丰富的经验教训，因此不太担心日本会与其“平分秋色”。美国对日本的资金、人力、宇宙技术及相关设施等“宇宙资源”的需求，是促进两国深化合作的最大动力。对日方而言，捉襟见肘的财政资源是最大的制约因素。

纵观日本宇宙战略的发展历程，在《和平利用宇宙决议》的束缚下，宇宙技术在研发初期禁止用于军事领域。直到各方面条件比较成熟的 20 世纪 80 年代，宇宙技术在民生领域普遍应用，日本国家综合实力显著提高，国内政治环境有利的时期，才迈出了打破禁区的第一步。从只能服务于“和平目的”的宇宙空间技术的研发和应用，到1985年中曾根内阁部分缓和军事用途的限制，准许使用民用技术研发侦察卫星，再到2008年通过《宇宙基本法》解禁宇宙技术研发的军事禁区，日本军事利用宇宙空间基本上已经没有羁绊可言。唯一的限制在于日本战后颁布的“和平宪法”，《日本国宪法》第九条禁止日本发展进攻型军事力量。这是安倍第二次内阁重启日本宇宙战略的关键。如果说，2013年实施的《安倍宇宙基本计划》，在突破发展日本的太空军力这一最后的禁区上“犹抱琵琶半遮面”，2014年7月解禁行使集体自卫权的内阁决议所带动的日本宇宙战略的再升级的重要节点——即将面世的《安倍宇宙基本计划Ⅱ》，将大步迈进打造日本太空军事实力的新阶段。

日本“准天顶”卫星系统计划被列入信息化政策和地理空间信息政策的“政策定位”周折，印证了日本宇宙事业长期缺失一元化的决策和领导体制。从这一角度上看，“野田宇宙改革”可圈可点。从修改法律政令入手，有效改善了相关省厅之间重复研发、效率不高的老大难问题，确立了宇宙开发战略本部的领导地位；特别是从重视宇宙技术的实用性和军民两用性出发，调整了《麻生宇宙基本计划》“探测月球”、“载人航天”等宇宙研发项目，优先建设实用“准天顶”卫星系统。为安倍再次执政后重启、升级宇宙战略打下了牢固的基础。日本政界两个主要政党权柄易手，不但没有对宇宙战略的发展带来负面影响，反倒是来自“草根”的执政新手，消解了老牌保守政党迟迟没有解决的顽症。这似乎是对日本政党政治“保守”与“革新”的又一个新注解。无论被贴上“鸽派”或“鹰派”标签内阁首相，无论内阁首相在上台执政前后的言行轨迹是“偏左”、“偏右”还是“极右”，“九曲十八弯条条归大海”，无论何党上台，制定、重启及升级日本的岛屿防卫战略、海洋战略、宇宙战略等，都是历届政府必须履行的职责。

日本宇宙战略的形成及演化具有以下特点：

第一，日本宇宙政策发展为宇宙战略的决定性因素，是一元化的决策领导体制。日本领导人一身三职：内阁首相，海洋综合政策本部长，宇宙开发战略本部长，内阁机构一套班子三块牌子，形成高度集权的统一领导体制。日本政府吸取了宇宙战略体制建设上的经验教训，推行海洋战略更加全面、科学、高效。

第二，日本政府各部门在内阁府设立的“准天顶卫星系统开发协调会议”（内阁府事务次官担任会议主席）的平台上形成了合力。参会成员并非各部门的主要领导：内阁府大臣官房宇宙审议官，警察厅长官官房技术审议官，总务大臣官房总括审议官，外务省综合外交政策局长，文科省研究开发局长，经产省制造产业局长，国土交通省大臣官房技术总括审议官，防卫省防卫政策局长。[①] 专职领导及一线负责官员直接参与，是日本宇宙战略的推进体制执行政策无阻，办实事、有实效的重要原因。值得充分借鉴。

第三，日本“准天顶”卫星系统与美国 GPS 合作的现状与前景，象征日美关系的现在与将来。为了制衡中国，日本需要与美国进行更加紧密的互利互惠合作，在合作中达到与美国比肩的目的。形成 7 星定位自成一统之日，便是结束对 GPS 依赖之时。美方如果只顾眼前利益不计长远，难免失大于得。

第四，日本主流媒体发动舆论战的作用不可小觑。尽管宇宙技术为军事服务之路早在六年前开通，而且实施了两个包括军事利用项目的《宇宙基本计划》，但媒体仍视而不见，鼓噪日本被

① 内閣府：「準天頂衛星システム開発調整会議の開催について」（平成 24 年 11 月 21 日関係府省申合せ）。

1969年的国会决议的惰性“束缚至今”。[①] 自我矮化也好，刻意掩盖也罢，一向勇于担负引导舆论、造势助推任务的日美等西方媒体，又将矛头对准了和平发展的中国。在宇宙空间等“国际公域”构建“国际秩序”的舆论攻势，已经拉开了序幕。中国必须有所准备。

综上所述，安倍内阁制定的《国家安全保障战略》，从岛屿、海洋、网络到宇宙空间，从外交、包括军事及非传统安全领域的国际安全合作，到发动国际舆论战，向国际机构派遣日本人，囊括了所有领域。著者根据一手资料论证的大量事实充分证明，安倍内阁实现国家“正常化”的实质，是以中国为假想敌建设“能战国家”。这是中日两国之间的战略互信严重缺失，日本架空中日战略互惠关系的关键。日本大多数民众是否真正认识到安倍政府已经引领日本脱离了战后和平发展的轨道？中国不能没有准备。

① 「宇宙政策、安全保障への本格活用を」、『産経新聞』2014年8月24日。

引用文献

「『安全保障と防衛力に関する懇談会』報告書」(2009 年 8 月)、http://www. 9joren. net/9jou-now/9jou-now (18). htm

首相官邸:「新たな時代の安全保障と防衛力に関する懇談会(第 1 回)議事要旨」(平成 22 年 2 月 18 日)、www. kantei. go. jp/jp/singi/shin-ampobouei2010/dai1/gijiyousi. pdf

首相官邸:「新たな時代の安全保障と防衛力に関する懇談会(第 8 回)議事要旨」(平成 22 年 5 月 28 日)、www. kantei. go. jp/jp/singi/shin-ampobouei2010/dai8/gijiyousi. pdf

首相官邸:「内閣官房:これまでの議論と主要な論点」(平成 22 年 5 月)、www. kantei. go. jp/jp/singi/shin-ampobouei2010/dai8/siryou. pdf

日本外務省:「共同発表日米安全保障協議委員会」(2010 年 5 月 28 日)、http://www. mofa. go. jp/mofaj/area/usa/hosho/joint_ 1005. html

首相官邸:「平成 22(2010)年 5 月 28 日に日米安全保障協議委員会において承認された事項に関する当面の政府の取組について」(平成 22 年 5 月 28 日閣議決定)。

首相官邸:「平成 17 年度以降に係る防衛計画の大綱について」(平成 16 年 12 月 10 日)、http://www. kantei. go. jp/jp/kakugikettei/2004/1210taikou. html

防衛省防衛研究所編:『東アジア戦略概観 2011』平成 23 年 3 月 30 日発行

首相官邸:「平成 23 年度以降に係る防衛計画の大綱について」(平成 22 年 12 月 17 日)、http://www. kantei. go. jp/jp/kakugikettei/2010/1217boueitaikou. pdf

日本外務省:「日米安全保障協議委員会(「2 +2」)共同記者会見」(平成 23 年 6 月 21 日)、http://www. mofa. go. jp/mofaj/area/usa/hosho/kaiken1106. html

日本防衛省:「中期防衛力整備計画(平成 23 年度 ~ 平成 27 年度)について」(平成 22 年 12 月 17 日)、http://www. mod. go. jp/j/approach/agenda/guideline/2011/chuuki. pdf

日本防衛省:「『平成 23 年度以降に係る防衛計画の大綱』及び『中期防衛力整備計画(平成 23 年度 ~ 平成 27 年度)』の決定について(防衛大臣談話)」(平成 22 年 12 月 17 日)、http://www. mod. go. jp/j/approach/agenda/guideline/2011/daijin. pdf

日本防衛庁:「日本の防衛」(防衛白書)平成 16 年度版。

http://www. clearing. mod. go. jp/hakusho _ data/2004/2004/index. html

日本防衛庁:『日本の防衛——より危機に強い自衛隊を目指して』(防衛白書)平成 17 年度版。

日本防衛庁:「日本の防衛」(防衛白書)平成 18 年版、http://www. clearing. mod. go. jp/hakusho _ data/2006/2006/index. html

日本防衛省:『日本の防衛——危機により強く、世界の平和により役立つために』(防衛白書)平成 19 年度版。

日本防衛省：『日本の防衛』（防衛白書）平成20年度版

日本防衛省：『日本の防衛』（平成22年版防衛白書）

日本防衛省：「日本の防衛」（防衛白書）平成23年度、http：//www. clearing. mod. go. jp/hakusho_ data/2011/2011/html/n1231000. html

防衛省統合幕僚監部：「平成22年度日米共同統合演習（実動演習）について」（平成22年11月11日）、http：//www. mod. go. jp/jso/press2010/press_ pdf/p20101111. pdf

「『安全保障と防衛力に関する懇談会』報告書——未来への安全保障・防衛力ビジョン—」（2004年10月）。

新たな時代の安全保障と防衛力に関する懇談会『新たな時代における日本の安全保障と防衛力の将来構想—「平和創造国家」を目指して—』（2010年8月）。

日本防卫省防卫研究所编：《中国安全战略报告2011》，2012年出版中文版

日本防卫省防卫研究所编：《中国安全战略报告2012》，2012年出版中文

INSS特別レポート：『米国と日本：成熟したパートナーシップに向けて』（2000年10月11日）、http：//www. h5. dion. ne. jp ~ hpray/shakai/yuujihou/yuujirekisi. htm

第2次アーミテージ報告：「米日同盟、2020年に向けアジアを正しく方向付ける」（2007年2月16日）、http：//www. kyodo – center. jp/ugoki/kiji/070216armitage. htm

鳩山由紀夫：「私の政治哲学」、『Voice』2009年9月号

首相官邸：「福田内閣総理大臣スピーチ、太平洋が『内海』となる日へ—『共に歩む』未来のアジアに5つの約束—」、http：//www. kantei. go. jp/jp/hukudaphoto/2008/05/22asia. html

首相官邸：「内閣官房長官談話」（平成22年12月17日）、http：//www. kantei. go. jp/jp/tyokan/kan/2010/1217danwa. html

日本外務省：「日米安全保障協議委員会共同発表」（2012年4月27日）、ttp：//www. mofa. go. jp/mofaj/area/usa/hosho/pdfs/joint_ 120427_ jp. pdf

日本外務省：「日米共同声明：未来に向けた共通のビジョン」（2012年4月29日）、http：//www. mofa. go. jp/mofaj/kaidan/s_ noda/usa_ 120429/pdfs/Joint_ Statement_ jp. pdf

日本外務省：「日米安全保障協議委員会共同発表より深化し，拡大する日米同盟に向けて：50年間のパートナーシップの基盤の上に」（2011年6月21日）、http：//www. mofa. go. jp/mofaj/area/usa/hosho/pdfs/joint1106_ 01. pdf

日本外務省：「日米首脳会談（概要）」（平成24年5月1日）、http：//www. mofa. go. jp/mofaj/kaidan/s_ noda/usa_ 120429/pmm. html

《日本之风》，日本国驻华大使馆出版中文版，2012年9月。

日本外務省：「グローバル・サプライチェーン・セキュリティに関する日米共同声明」（平成24年5月1日）、http：//www. mofa. go. jp/mofaj/kaidan/s_ noda/usa_ 120429/pdfs/Joint_ Statement_ jp. pdf

日本经济产业省日本资源能源厅能源企划室：《平成17年度能源报告》（能源白皮书2006）、http：//www. meti. go. jp

日本国土庁：「全国総合開発計画『21世紀の国土のグランドデザイン－地域の自立の促進と美しい国土の創造－』」（平成10年3月）、http：//www. kokudokeikaku. go. jp/document_ archives/ayumi/26. pdf

「離島の概要」、http：//www. pref. kagoshima. jp/_ _ filemst

__/38312/ritou-seika1－1. pdf)

日本国土交通省：都市・地域整備局離島振興課「離島の概要・日本の島嶼の構成（資料）」（平成18年4月1日）、http：//www. pref. kagoshima. jp/__filemst__/38312/ritou-seika1－1. pdf

《離島振興法》,（昭和28年7月22日法律第72号）最終改正、(平成20年6月18日法律第75号)、http：//law. e-gov. go. jp/htmldata/S28/S28HO072. html

日本衆議院:「海洋構築物等に係る安全水域の設定等に関する法律」(平成19年4月20日成立、7月27日施行)、http：//www. shugiin. go. jp/itdb_gian. nsf/html/gian/honbun/houan/g16601012. htm

日本参議院:「参議院国土交通委員会海洋基本法案に対する付帯決議」（平成19年4月19日)、http：//www. sangiin. go. jp/japanese/gianjoho/ketsugi/166/f072_041901. pdf

「海洋基本法」(平成19年4月27日法律第33号)、(平成19年4月20日成立、4月27日公布、同7月27日施行)、http：//law. e-gov. go. jp/announce/H19HO033. html

首相官邸:「海洋基本計画」（平成20年3月18日閣議決定）、http：//www. kantei. go. jp/jp/singi/kaiyou/kihonkeikaku/080318kihonkeikaku. pdf

日本国土交通省:「海洋管理のための離島の保全・管理・利活用のあり方に関する検討委員会報告書」（2009年6月)、http：//www. mlit. go. jp/common/000048460. pdf

社団法人経済団体連合会:「21世紀の海洋のグランドデザイン～わが国200海里水域における海洋開発ネットワークの構築～」（2000年6月20日)、http：//www. keidanren. or. jp/japanese/policy/2000/028. html

社团法人日本経済団体連合会：「海洋立国への成長基盤の構築に向けた提言」（2010 年 4 月 20 日）、http：//www. keidanren. or. jp/japanese/policy/2010/033/honbun. html

日本财团：「海洋基本法が成立、日本の海洋政策を一元化」（2007 年 4 月 20 日）、「第 10 回海洋基本法研究会」（2006 年 12 月 7 日）、http：//nippon. zaidan. info/seikabutsu/2001/00889/contents/00004. htm

日本財団・海洋管理研究会：「21 世紀におけるわが国の海洋政策に関する提案」、http：//nippon. zaidan. info/seikabutsu/2001/00889/contents/00004. ht

社团法人海洋産業研究会：「解説『海洋基本法』について」、http：//www2u. biglobe. ne. jp/ ~ RIOE/kaiyokihon1. htm

社团法人海洋産業研究会常務理事中裕幸：「解説『海洋基本計画策定に関する動きについて』」、『会報』第 339 号、http：//www2u. biglobe. ne. jp/ ~ RIOE/kaiyokihon1. htm

社团法人海洋産業研究会事務局：「解説『海洋基本計画』について」、『会報』第 340 号、http：//www2u. biglobe. ne. jp/ ~ RIOE/kaiyokihon1. htm

首相官邸：「海洋の開発・利用構想の推進に関する調査会海洋の開発・利用構想の推進に関する調査報告書」（平成 22 年 3 月）、http：//www. kantei. go. jp/jp/singi/kaiyou/chousa/h21_houkokusho. pdf

総合海洋政策本部：「排他的経済水域（EEZ）外縁を根拠付ける離島の地図・海図に記載する名称の決定について」、https：//www. kantei. go. jp/jp/singi/kaiyou/ritouhoushin/meisyou120302. html

総合海洋政策本部：「平成 21 年度海洋関連施策の概要」、http：//www. kantei. go. jp/jp/singi/kaiyou/sisaku/gaiyou _ h21 _ hosei. pdf

総合海洋政策本部：「平成 22 年度海洋関連施策の概要」、http：//www. kantei. go. jp/jp/singi/kaiyou/sisaku/gaiyou_ h22. pdf

総合海洋政策本部：「平成 23 年度海洋関連施策の概要」、http：//www. kantei. go. jp/jp/singi/kaiyou/sisaku/gaiyou_ h23. pdf

総合海洋政策本部：「平成 24 年度海洋関連施策の概要」、http：//www. kantei. go. jp/jp/singi/kaiyou/sisaku/gaiyou_ h24. pdf

総合海洋政策本部：「H20 年度海洋関連予算一覧表」、http：//www. kantei. go. jp/jp/singi/kaiyou/sisaku/ichiran_ h20. pdf

総合海洋政策本部：「H23 年度海洋関連予算一覧表」、http：//www. kantei. go. jp/jp/singi/kaiyou/ichiran_ h23. pdf

総合海洋政策本部：「H24 年度海洋関連予算一覧表」、https：//www. kantei. go. jp/jp/singi/kaiyou/sisaku/ichiran_ h24. pdf

総合海洋政策本部：「H25 年度海洋関連予算一覧表」、https：//www. kantei. go. jp/jp/singi/kaiyou/sisaku/ichiran_ h25. pdf

総合海洋政策本部：「平成 25 年度海洋関連予算（概算要求）の概要」、https：//www. kantei. go. jp/jp/singi/kaiyou/sanyo/dai10/siryou2. pdf

首相官邸：「『新成長戦略』について」（平成 22 年 6 月 18 日閣議決定）、http：//www. kantei. go. jp/jp/kakugikettei/2010/sinseichou01. pdf

日本国土交通省：「海洋管理のための離島の保全・管理・利活用のあり方に関する検討委員会報告書」（2009 年 6 月）、http：//www. mlit. go. jp/common/000048460. pdf

総合海洋政策本部：「海洋管理のための離島の保全・管理のあり方に関する基本方針」（平成21年12月1日）、http：//www. kantei. go. jp/jp/singi/kaiyou/dai6/siryou2. pdf

首相官邸：「排他的経済水域及び大陸棚の保全及び利用の促進のための低潮線の保全及び拠点施設の整備等に関する法律」（平成22年法律第41号）、http：//www. kantei. go. jp/jp/singi/kaiyou/teichousen/keikaku. pdf

内閣官房：「排他的経済水域及び大陸棚の保全及び利用の促進のための低潮線の保全及び拠点施設の整備等に関する法律施行令」（平成22年6月24日政令第157号）、http：//www. cas. go. jp/jp/hourei/seirei/sekourei. pdf

首相官邸：「排他的経済水域及び大陸棚の保全及び利用の促進のための低潮線の保全及び拠点施設の整備等に関する基本計画」、http：//www. kantei. go. jp/jp/singi/kaiyou/teichousen/keikaku. pdf

首相官邸：「内閣総理大臣・総合海洋政策本部長菅直人7月19日「海の日」を迎えるに当たっての内閣総理大臣メッセージ」（平成22年7月16日）、http：//www. kantei. go. jp/jp/kan/statement/201007/16msg_ umi. html

日本参議院：「海上保安庁法及び領海等における外国船舶の航行に関する法律の一部を改正する法律案」（参議院第一八〇回・閣第四五号・海上保安庁法の一部改正）、http：//www. sangiin. go. jp/japanese/joho1/kousei/gian/180/pdf/t031800451800. pdf

首相官邸：「福田内閣総理大臣スピーチ、太平洋が『内海』となる日へ—『共に歩む』未来のアジアに5つの約束—」、http：//www. kantei. go. jp/jp/hukudaphoto/2008/05/22asia. html。

日本経済産業省、環境省:『アジア経済・環境共同体』構想」(2008 年 5 月)、http://www.env.go.jp/press/file_view.php? serial = 11475&hou_id = 9759

日本外務省:「第 1 回日本・メコン地域諸国首脳会議東京宣言—共通の繁栄する未来のための新たなパートナーシップの確立—」(平成 21 年 11 月 7 日)、

http://www.mofa.go.jp/mofaj/area/j_mekong_k/s_kaigi/j_mekong09_ts_ka.html

日本外務省:「第 2 回日本・メコン地域諸国首脳会議(概要)」(平成 22 年 10 月 29 日)、http://www.mofa.go.jp/mofaj/area/j_mekong_k/s_kaigi02/s_kaigi02.html

日本外務省:「第 3 回日本・メコン地域諸国首脳会議共同声明」(平成 23 年 11 月 18 日)、http://www.mofa.go.jp/mofaj/area/j_mekong_k/s_kaigi03/index.html

日本外務省:「第 3 回日本・メコン地域諸国首脳会議(概要)」(平成 23 年 11 月 18 日)、http://www.mofa.go.jp/mofaj/area/j_mekong_k/s_kaigi03/index.html

日本外務省:「第 4 回日本・メコン地域諸国首脳会議(評価と概要)」(平成 24 年 4 月 21 日)、http://www.mofa.go.jp/mofaj/area/j_mekong_k/s_kaigi04/gaiyo.html

日本外務省:「日・ミャンマー首脳会談(概要)」(平成 24 年 11 月 19 日)、http://www.mofa.go.jp/mofaj/kaidan/s_noda/asean_12/myanmar.html

日本外務省:「日越外相会談(結果概要)」(平成 22 年 7 月 24 日)、http://www.mofa.go.jp/mofaj/kaidan/g_okada/asean_1007/vietnam_gk.html

日本外務省:「日・フィリピン首脳会談(概要)」(平成 23

年 9 月 27 日)、http://www. mofa. go. jp/mofaj/kaidan/s_ noda/philippines_ 1109. html

首相官邸:「特別な友情の絆で結ばれた隣国間の『戦略的パートナーシップ』の包括的推進に関する日・フィリピン共同声明」(2011 年 9 月 27 日)、http://www. kantei. go. jp/jp/noda/statement/201109/27philippines. html

日本外務省:「日本・ベトナム間の戦略的パートナーシップに向けたアジェンダ」(平成 19 年 11 月 27 日)、http://www. mofa. go. jp/mofaj/area/vietnam/visit/0711_ ag. html

日本外務省:「日本ベトナム共同声明『アジアの平和と繁栄のための戦略的なパートナーシップに向けて』」(2006 年 10 月 19 日)、http://www. mofa. go. jp/mofaj/area/vietnam/visit/0610_ sei. html

日本外務省:「日・ベトナム首脳会談(概要)」(平成 18 年 11 月 19 日)、http://www. mofa. go. jp/mofaj/kaidan/s_ abe/apec_ 06/kaidan_ jv. html

日本外務省:「日・ベトナム首脳会談(概要)」(平成 19 年 11 月 27 日)、http://www. mofa. go. jp/mofaj/area/vietnam/visit/0711_ sk. html

日本外務省:「レー・ホン・アイン・ベトナム社会主義共和国公安大臣の来日について」(平成 19 年 4 月 13 日)、http://www. mofa. go. jp/mofaj/press/release/h19/4/1173053_ 802. html

日本外務省:「杉良太郎・日・ベトナム親善大使のベトナム訪問について」(平成 19 年 10 月 26 日)、http://www. mofa. go. jp/mofaj/press/release/h19/10/1175884_ 814. html

日本外務省:「アジアにおける平和と繁栄のための戦略的

パートナーシップに関する日本ベトナム共同声明」(2009 年 4 月 20 日)、http://www.mofa.go.jp/mofaj/area/vietnam/visit/0904_ks.html

日本外務省:「日・ベトナム首脳会談(概要)」(平成 22 年 4 月 13 日)、http://www.mofa.go.jp/mofaj/area/vietnam/visit/1004_sk.html

日本外務省:「日越外相会談(結果概要)」(平成 22 年 7 月 24 日)、http://www.mofa.go.jp/mofaj/kaidan/g_okada/asean_1007/vietnam_gk.html

日本外務省:「菅総理のベトナム公式訪問(概要)」(平成 22 年 10 月 31 日)、http://www.mofa.go.jp/mofaj/kaidan/s_kan/vietnam_1010.html

日本外務省:「アジアにおける平和と繁栄のため戦略的パートナーシップを包括的に推進するための日本・ベトナム共同声明」(平成 22 年 10 月 31 日)、http://www.mofa.go.jp/mofaj/kaidan/s_kan/vietnam_1010_ksk.html

首相官邸:「平成 26 年度以降に係る防衛計画の大綱について」、http://www.kantei.go.jp/jp/kakugikettei/2013/__icsFiles/afieldfile/2013/12/17/20131217-2_1.pdf

「海洋基本法」(平成 19 年 4 月 27 日法律第 33 号)、http://law.e-gov.go.jp/announce/H19HO033.html

《联合国海洋法公约》http://big5.xinhuanet.com/gate/big5/news.xinhuanet.com/ziliao/2005-04/04/content_2784208_7.htm

内閣官房:「海賊行為の処罰及び海賊行為への対処に関する法律」(平成 21 年 6 月 24 日法律第 55 号)最終改正:平成 24 年 9 月 5 日法律第 71 号、http://www.cas.go.jp/jp/hourei/houritu/kaizoku_houritsu.pdf

首相官邸：「国家安全保障会議設置法（昭和61年5月27日法律第71号）」（最終改正：平成25年12月4日法律第89号）、http：//www. kantei. go. jp/jp/singi/anzenhosyoukaigi/konkyo. html

内閣官房：「国家安全保障戦略について」、http：//www. cas. go. jp/jp/siryou/131217anzenhoshou/nss-j. pdf

日本外務省：「小泉総理による日・ASEAN協力の『5つの構想』」、http：//www. mofa. go. jp/mofaj/area/asean/5_ koso. html

首相官邸：「鳩山総理によるアジア政策講演『アジアへの新しいコミットメント——東アジア共同体構想の実現に向けて』」（平成21年11月15日）、http：//www. kantei. go. jp/jp/hatoyama/statement/200911/15singapore. html

日本外務省：『ODA白書2006年版』、http：//www. mofa. go. jp/mofaj/gaiko/oda/shiryo/hakusyo/06_ hakusho/index. html

日本防衛省：「日本国防衛省とシンガポール共和国国防省との間の防衛交流に関する覚書」、http：//www. mod. go. jp/j/press/youjin/2009/12/16a. pdf

日本外務省：「日・シンガポール首脳会談（概要）」（平成25年12月13日）、http：//www. mofa. go. jp/mofaj/area/page22_ 000794. html

日本外務省：「第3回日・シンガポール海上安全保障対話の開催（結果概要）」（平成25年7月23日）、http：//www. mofa. go. jp/mofaj/press/release/press6_ 000457. html

日本外務省：「日・マレーシア首脳会談及びナジブ首相主催晩餐会（概要）」（平成25年7月25日）、http：//www. mofa. go. jp/mofaj/kaidan/page4_ 000130. html

日本外務省:「日・マレーシア首脳会談(概要)」(平成25年12月12日)、http://www.mofa.go.jp/mofaj/area/page3_000590.html

日本外務省:「日・インドネシア首脳会談(概要)」(平成25年12月13日)、http://www.mofa.go.jp/mofaj/area/page22_000793.html

日本外務省:「第2回日・フィリピン海洋協議の開催について(結果概要)」「平成25年2月22日」、http://www.mofa.go.jp/mofaj/press/release/25/2/0222_04.html

日本外務省:「日・フィリピン首脳会談(概要)」(平成25年7月27日)、http://www.mofa.go.jp/mofaj/shin/shin16_000003.html

日本外務省:「日・フィリピン首脳会談(概要)」(平成25年12月13日)、http://www.mofa.go.jp/mofaj/area/page22_000792.html

「日本外務省:フィリピン共和国に対する円借款に関する交換公文の署名」(平成25年12月13日)、http://www.mofa.go.jp/mofaj/press/release/press4_000415.html

日本外務省:「日越外相会談(結果概要)」(平成22年7月24日)、http://www.mofa.go.jp/mofaj/kaidan/g_okada/asean_1007/vietnam_gk.html

日本外務省:「菅総理のベトナム公式訪問(概要)」、「アジアにおける平和と繁栄のため戦略的パートナーシップを包括的に推進するための日越共同声明」(平成22年10月31日)、http://www.mofa.go.jp/mofaj/kaidan/s_kan/vietnam_1010_ksk.html

日本防衛省:「日越防衛相会談(概要)」(平成23年10

月）、http：//www. mod. go. jp/j/approach/exchange/nikoku/s _ e _ asia/vietnam/gaiyou11_ 10. html

日本外務省：「安倍総理大臣のベトナム訪問（概要）」（平成 25 年 1 月 17 日）、http：//www. mofa. go. jp/mofaj/kaidan/s_ abe2/vti_ 1301/vietnam. html

日本外務省：「日ベトナム首脳会談（概要）」（平成 25 年 12 月 15 日）、http：//www. mofa. go. jp/mofaj/area/page18 _ 000142. html

日本外務省：「日ミャンマー首脳会談（概要）」（平成 25 年 12 月 15 日）、http：//www. mofa. go. jp/mofaj/area/page18 _ 000141. html

日本外務省：「安倍総理大臣のカンボジア及びラオス公式訪問（主な成果）、『日本・カンボジア共同声明（首脳会談の主な成果をまとめたもの）』、『日本・ラオス共同声明（首脳会談の主な成果をまとめたもの）』」（平成 25 年 11 月 17 日）、http：//www. mofa. go. jp/mofaj/kaidan/page3_ 000542. html

日本外務省：「日カンボジア首脳会談（概要）」（平成 25 年 12 月 15 日）、http：//www. mofa. go. jp/mofaj/area/page18 _ 000144. html

日本外務省：「日・ブルネイ首脳会談（概要）」（平成 25 年 12 月 13 日）、http：//www. mofa. go. jp/mofaj/area/page22 _ 000791. html

日本外務省：「日・フィリピン首脳会談（概要）」（平成 25 年 10 月 9 日）、http：//www. mofa. go. jp/mofaj/kaidan/page4 _ 000242. html

日本外務省：「日・ベトナム首脳会談（概要）」（平成 25 年 10 月 7 日）、http：//www. mofa. go. jp/mofaj/kaidan/page3

_ 000468. html

日本外務省:「第 16 回日・ASEAN 首脳会議(概要)」(平成 25 年 10 月 9 日)、http://www. mofa. go. jp/mofaj/area/page3_ 000476. html

日本参议院:「参议院重要事項調査議員団(第三班)報告書」、http://www. sangiin. go. jp/japanese/kokusai_ kankei/jyuyoujikou/h18/h183houkoku. html

内閣官房ソマリア沖・アデン湾における海賊対処に関する関係省庁連絡会:「2012 年海賊対処レポート」、『ソマリア海賊による日本関係船舶の海賊被害状況(2007 年 ~ 2011 年)』(2013 年 3 月)、http://www. cas. go. jp/jp/gaiyou/jimu/pdf/siryou2/report2012. pdf

综合海洋政策本部:「海洋基本計画」(平成 25 年 4 月)、http://www. kantei. go. jp/jp/singi/kaiyou/kihonkeikaku/

日本外務省:「日本・インドネシア共同声明『新たな挑戦へのパートナー』」、http://www. mofa. go. jp/mofaj/area/indonesia/ji_ seimei/kh_ a. html

羽原敬二:「海上保安庁による海事セキュリティの展開と強化」、www. kansai-u. ac. jp/ILS/PDF/nomos22 – 03. pdf・

『世界の艦船』2008 年(平成 20 年)1 月号(通巻 684 号)、海人社发行。

日本外務省:「海洋問題に関する日・インドネシア共同発表」(平成 17 年 6 月 2 日)、http://www. kantei. go. jp/jp/koizumispeech/2005/06/02press4. html

日本外務省:「第 2 回日・フィリピン海洋協議の開催について(結果概要)」(平成 25 年 2 月 22 日)、http://www. mofa. go. jp/mofaj/press/release/25/2/0222_ 04. html

日本外務省:「安倍総理大臣のベトナム訪問（概要）」（平成 25 年 1 月 17 日）、http://www.mofa.go.jp/mofaj/kaidan/s_abe2/vti_1301/vietnam.html

日本外務省:「日ベトナム首脳会談（概要）」（平成 25 年 12 月 15 日）、http://www.mofa.go.jp/mofaj/area/page18_000142.html

日本外務省:「安倍総理大臣日・マレーシア首脳会談及びナジブ首相主催晩餐会（概要）」（平成 25 年 7 月 25 日）、http://www.mofa.go.jp/mofaj/kaidan/page4_000130.html

日本外務省:「第 3 回日・シンガポール海上安全保障対話の開催（結果概要）」（平成 25 年 7 月 23 日）、http://www.mofa.go.jp/mofaj/press/release/press6_000457.html

日本外務省:「日・インドネシア首脳会談（概要）」（平成 25 年 12 月 13 日）、http://www.mofa.go.jp/mofaj/area/page22_000793.html

ソマリア沖海賊の対策部隊派遣出典：フリー百科事典『ウィキペディア（Wikipedia）』。

日本外務省:「ソマリア沖・アデン湾の海賊等事案の現状と取り組み」（平成 25 年 5 月）、http://www.mofa.go.jp/mofaj/gaiko/pirate/africa.html#our-country-effort4

日本外務省:「日本とバーレーン王国との間の『安定と繁栄に向けた包括的パートナーシップ』の強化に関する共同声明」、http://www.mofa.go.jp/mofaj/files/000012181.pdf」

日本外務省:「安倍総理大臣のジブチ訪問」（平成 25 年 8 月 27 日）、http://www.mofa.go.jp/mofaj/kaidan/page4_000156.html

日本外務省:「日本国とオマーン国との間の安定と繁栄に向けた包括的パートナーシップの強化に関する共同声明」、http：//www. mofa. go. jp/mofaj/files/000023761. pdf

日本外務省南西アジア課：「最近のインド情勢と日インド関係」（2014 年 1 月）、www. mofa. go. jp/mofaj/files/000020898. pdf・

日本外務省：「日本国内閣総理大臣麻生太郎・インド共和国首相マンモハン・シン：『日本国とインドとの間の安全保障協力に関する共同宣言』」、http：//www. mofa. go. jp/mofaj/area/INDIA/visit/0810_ ahks. html

日本外務省：「共同声明：日インド戦略的グローバル・パートナーシップの強化」、www. mofa. go. jp/mofaj/files/000025063. pdf

日本外務省：「日・インド首脳会談（概要）」（平成 26 年 1 月 25 日）、http：//www. mofa. go. jp/mofaj/kaidan/page3_ 000632. html

日本外務省：安倍総理アフリカ政策スピーチ：『「一人、ひとり」を強くする日本のアフリカ外交』（2014 年 1 月 14 日於：AU 本部・アディスアベバ）、http：//www. mofa. go. jp/mofaj/files/000023954. pdf

日本外務省：「マレーシアPKO 訓練センターへの講師派遣」（平成 24 年 3 月 9 日）、http：//www. mofa. go. jp/mofaj/press/release/24/3/0309_ 09. html

内閣府：「宇宙基本法」（平成 20 年 5 月 28 日法律第 43 号）http：//www8. cao. go. jp/space/law/law. html

内閣府：「宇宙基本計画——日本の英知が宇宙を動かす」（平成 21 年 6 月 2 日宇宙開発戦略本部決定）、http：//www8. cao. go. jp/space/plan/keikaku. html

「準天頂衛星計画（立上げ期）のガバナンスの研究『最終報告』」（宇宙ガバナンス研究会 2011 年 6 月）

内閣官房：「当面の宇宙政策の推進について」、http：//www. cas. go. jp/jp/seisaku/sokuitiri/220901/siryou3_ 2. pdf

内閣府：「実用準天頂衛星システム事業の推進の基本的な考え方」（平成23年9月30日閣議決定）、http：//www8. cao. go. jp/space/qzs/qzs. html

内閣府：「宇宙空間の開発・利用の戦略的な推進体制の構築について」（平成23年9月30日宇宙開発戦略本部決定）、http：//www8. cao. go. jp/space/decision/kettei_ past. html

内閣府：「政令第百八十五号内閣府設置法第四条第三項第七号の四の人工衛星等を定める政令」、http：//www8. cao. go. jp/space/qzs/qzs. html

内閣府：「政令第百八十六号宇宙政策委員会令」、http：//www8. cao. go. jp/space/qzs/qzs. html

内閣府：「政令第百八十七号内閣府設置法等の一部を改正する法律の施行に伴う関係政令の整備等に関する政令」、http：//www8. cao. go. jp/space/decision/kettei_ past. html

内閣府：「準天頂衛星システム開発調整会議の開催について」（平成24年11月21日関係府省申合せ）、http：//www8. cao. go. jp/space/qzs/qzs. html

内閣府：「宇宙基本計画」（平成25年1月25日宇宙開発戦略本部決定）、http：//www8. cao. go. jp/space/plan/keikaku. html

日本国土地理院地震調査官矢来博司：「準天頂衛星『みちびき』による高精度測位補正技術」、http：//www. gsi. go. jp/common/000054541. pdf

内閣府宇宙戦略室参事官國友宏俊：「宇宙戦略室の役割と国主導による準天頂衛星システムの実現」、http：//www. jaxa. jp/article/special/michibiki/kunitomo_ j. html

内閣府：「準天頂衛星システムについて」、http：//www8.cao. go. jp/space/qzs/qzs. html

日本外務省：「ファクトシート：日米協力イニシアティブ」（2012 年 4 月）、http：//www. mofa. go. jp/mofaj/kaidan/s_ noda/usa_ 120429/pdfs/Fact_ Sheet_ jp. pdf

日本外務省：「日米安全保障協議委員会共同発表、より力強い同盟とより大きな責任の共有に向けて」（2013 年 10 月 3 日）、http：//www. mofa. go. jp/mofaj/files/000016027. pdf

日本外務省：「日米防衛協力のための指針の見直しに関する中間報告」（2014 年 10 月）、http：//www. mofa. go. jp/mofaj/files/000055168. pdf

李中邦："日本调查大陆架及台湾地区政治情势对钓鱼岛主权的影响"，《日本学刊》2003 年第 6 期

蔡鹏鸿："日本主导东南亚反海盗合作机制对地区海洋安全事务的影响"，《东南亚研究》2007 年第 3 期

陈志瑞等："国际反海盗行动与全球治理合作"，《国际问题研究》，2012 年第 1 期

『毎日新聞』（東京朝刊、東京夕刊、西部夕刊）、『読売新聞』、『産経新聞』、『朝日新聞』、『日本経済新聞』、『東京新聞』、日本《经济学人》周刊、《选择》月刊、『正論』、共同社、日本会議ホームページ、http：//www. nipponkaigi. org/opinion/archives/4775

《人民日报》、《人民日报》海外版、人民网、中国网、新华社、新华网、中新社、《解放日报》、《经济新闻》、《环球时报》、香港《明报》、台湾地区《独家报道》周刊、《日本新华侨报》、

美国国际新闻社、《华尔街日报》、美国《新闻周刊》、美联社、英国《泰晤士报》网站、路透社、法新社、《澳大利亚悉尼先驱晨报》、《世界日报》、韩联社、新加坡《海峡时报》网站、《联合早报》、《菲律宾明星报》网站、印尼《雅加达邮报》网站、彭博新闻社网站、拉美社等

图书在版编目（CIP）数据

日本国家安全保障战略研究/李秀石著. —北京：时事出版社，2015.5

ISBN 978-7-80232-830-3

Ⅰ.①日… Ⅱ.①李… Ⅲ.①国家安全—国家战略—研究—日本 Ⅳ.①D731.335

中国版本图书馆 CIP 数据核字（2015）第 050890 号

出版发行：时事出版社
地　　址：北京市海淀区万寿寺甲 2 号
邮　　编：100081
发行热线：（010）88547590　88547591
读者服务部：（010）88547595
传　　真：（010）88547592
电子邮箱：shishichubanshe@sina.com
网　　址：www.shishishe.com
印　　刷：北京昌平百善印刷厂

开本：787×1092　1/16　印张：28.25　字数：342 千字
2015 年 5 月第 1 版　2015 年 5 月第 1 次印刷
定价：98.00 元